Aggression und Gewalt in der Pflege

Karsten Hartdegen

23 Tabellen und 4 Abbildungen

GUSTAV FISCHER
GUSTAV FISCHER Stuttgart Jena Lübeck Ulm

Inhaltsverzeichnis

Karsten Hartdegen

Aggression und Gewalt in der Pflege

Autor

Karsten Hartdegen, * 1963 in Lingen/Ems, Krankenpflegeexamen 1988 in einem psychiatrischen Fachkrankenhaus, 8 Jahre Berufserfahrung als Krankenpfleger auf medizinischen und chirurgischen Stationen, Ausbildung zum Lehrer für Pflegeberufe 1994 - 1996

Karsten Hartdegen, Schillerstraße 47, 41464 Neuss

Danksagung

Diese Arbeit wurde ursprünglich im Rahmen meiner Ausbildung zum Lehrer für Pflegeberufe 1994/1996 im ÖTV-Fortbildungsinstitut für Berufe im Sozial- und Gesundheitswesen, Bismarckstraße 67 in Duisburg verfaßt. Für diese Publikation wurde sie mehrfach überarbeitet, korrigiert, erweitert, umgeschrieben und aktualisiert.

Folgenden Personen möchte ich für die Unterstützung an der Erstellung und Verfassung des Manuskriptes besonders herzlich danken:

- meinem Bruder C.-D. in Dortmund/Berlin für die fundierte Beratung in vertragsrechtlichen Aspekten
- meinen Eltern Christel und Hans Hartdegen in Lingen/Ems für die jahrelange ideelle und finanzielle Unterstützung meiner Ausbildung
- allen Teilnehmern des Weiterbildungslehrgangs U 17 1994/1996 und vor allem unserem zuständigen Dozenten Hubert Krol für die warmherzige Lernatmosphäre
- Frau Sjamken, Herrn Ballmann und insbesondere Frau Anita Kugelmann vom Fachseminar für Altenpflege des DRK-Kreisverbandes, Potsdamer Straße 43 in Düsseldorf-Reisholz, für die hervorragende und der Thematik adäquaten Begleitung sowohl im 2. als auch im 3. Unterrichtspraktikum
- Frau Antje Möring/Mülheim an der Ruhr und Herrn Bernd Staden/Köln für die inhaltliche Kritik, Diskussion und Korrektur des Manuskriptes
- meiner die Sachanalyse betreuenden Fachdozentin vom ÖTV-Fortbildungsinstitut, Frau Ellen Bögemann-Großheim, für die kritisch-konstruktive Diskussion der Unterrichtseinheit „Aggression und Gewalt in der Pflege" und für die fachlich sehr konstruktiven und fundierten Vorschläge zur Korrektur der Publikationsvorlage
- und ganz besonders Frau Tanja Meissner/Mülheim an der Ruhr für das unglaubliche Verständnis, die Geduld und Ausdauer in der Diskussion und in der Korrektur meiner Ausführungen. Ohne ihre Hilfe bei der Umformulierung und ohne ihre inhaltliche Verknüpfungsarbeit wäre der Text unlesbar geblieben.

Ich wäre dem Leser für Hinweise, Anregungen, Ergänzungen und eine kritisch-konstruktive Kritik sehr dankbar.

Für Tanja

1. Einleitung

Nicht nur in den Medien sind Gewalt und Aggression eine nahezu omnipräsente Thematik. In der Psychiatrie, in Altenheimen und auch in Artikeln diverser Fachzeitschriften wird dieses Thema immer häufiger aufgegriffen.

Dabei werden Tips und Ratschläge zum Umgang mit diesen Erscheinungen zumeist in einer Art „Nachschlagversion" angeboten.

Ich hingegen möchte in dieser Arbeit die Komplexität von Aggression und Gewalt in der Pflege angemessen behandeln, wobei ich mein Interesse auf die eher subtilen Erscheinungsformen fokussieren möchte. Diese sind nach meiner Erfahrung viel zahlreicher in den Pflegehandlungen integriert.

Die Thematik erscheint äußerst komplex. Nahezu jede Form der menschlichen Kommunikation wird hiervon tangiert. Ich werde mich deshalb auf die wichtigsten Punkte konzentrieren. Bei detailliertem Interesse zu Einzelpunkten möchte ich den Leser auf die angegebene Literatur verweisen.

In der Arbeit werde ich mich auf die Situation im Krankenhaus beziehen. Dies geschieht der Einfachheit halber. Prinzipiell sind alle Ausführungen auch auf Einrichtungen der Altenpflege, der ambulanten Pflege oder der Rehabilitationspflege übertragbar.

Nach der Klärung der Begriffe in Kapitel 2 werde ich in Kapitel 3 die bekanntesten Aggressionstheorien kritisch vorstellen, um deren Wirkung und Aussagekraft für das allgemeine Verständnis von aggressiven und gewalttätigen Verhaltensweisen aufzuzeigen.

In Kapitel 4 muß ich einen kurzen Überblick über die zwei wichtigsten Kommunikationsmodelle geben, damit die Inhalte der weiteren Kapitel leichter verständlich werden.

In Kapitel 5 werde ich die Erscheinungsformen der Aggression und Gewalt in der Pflege nennen.

In Kapitel 6 werde ich versuchen, die vielgestaltigen Gründe für Aggression und Gewalt speziell in der Pflege anzuführen.

In Kapitel 7 werde ich schließlich Vorschläge zum konstruktiven Umgang mit Aggression und Gewalt in der Pflege machen. Auf dieses Kapitel habe ich mein Hauptinteresse gelegt, um dem Leser nicht nur Fehler, Defizite und Mängel zu verdeutlichen, sondern auch Hinweise und Vorschläge zum *konstruktiven* Umgestalten von Kommunikationssituationen in der Pflege nahe zu bringen.

2. Definitionen

2.1 Vorbemerkungen

Der Begriff *Aggression* wird mit

⇒ „Angriff, Überfall [< lat. aggredi „hinzugehen, angreifen"]"
(Wahrig 1985, S. 31)

oder

⇒ „1. Angriff, Überfall auf einen fremden Staat. 2. aggressives Handeln, Verhalten" (Duden 1985, S. 37 - 38)

erläutert.

Aggressiv bedeutet

⇒ „geneigt, bereit, andere anzugreifen, seine Absichten direkt und ohne Rücksicht auf andere zu verfolgen; gegen andere gerichtet" (ebd., S. 38)

Aggressivität ist

⇒ „...i. w. S. Neigung zu schneller, heftiger Reaktion (...); i. e. S. Angriffsbereitschaft, Angriffsbedürfnis, feindseliges Verhalten als situationsbedingte Reaktionsbereitschaft oder als Persönlichkeitsmerkmal eines Menschen..."
(Brockhaus 1986, S. 211)

Eine abgegrenzte und klar definierte Begriffsbestimmung in der Art einer Definition sind diese Ausführungen nicht.

Das Eingehen auf eine derart komplexe Thematik wie die der *Aggression* und der *Gewalt* muß gerade deshalb mit einer ausführlichen Beschreibung der Begriffe beginnen, weil eine Eliminierung von Unklarheiten und Mißverständnissen der Begriffsdefinitionen die weitere Lektüre dieser Arbeit erleichtert. Nur mit einem einheitlichen und klar definierten Begriff kann ein Präventions- und Therapieprogramm nachvollzieh- und faßbar gemacht werden.

Doch schon hierbei kann deutlich werden, daß alleinig der Versuch, die Begriffe *Aggression* und *Gewalt* zu definieren - oder lediglich einzugrenzen - , schwierig werden kann, weil die begriffliche Herangehensweise fachspezifische, normative und zum Teil auch

ideologische Aspekte beinhaltet. Historischen Bedingungen und metaphysischen Einflüsse spielen ebenfalls eine nicht zu unterschätzende Rolle.
Ich möchte dies mit einem Rückblick auf die historische Entwicklung des Begriffs *Aggression* und des darin implizierten Menschenbildes verdeutlichen.

2.2 Historische Retrospektive der Begriffsentwicklung

In einem der ersten Lexika des deutschen Sprachraumes, das ` Große vollständige Universal-Lexikon aller Wissenschaften und Künste ´ aus dem Jahre 1732, kann zu dem Begriff *Aggression* keine Erklärung gefunden werden. Zu dem Wort *Aggressor* wird jedoch ausgeführt, daß diese Person ` angreife ´ oder ` einen Angriff tut ´ (vgl. Zedler 1732, S. 31).
In dem Meyer Konversations-Lexikon aus dem Jahre 1871 können keine Eintragungen zu dem Begriff *Aggression* oder artverwandten Wörtern gefunden werden (vgl. Meyer, 1871, S. 25).
Anfang des 20. Jahrhunderts wird der Begriff *Aggression* erstmalig in einem Lexikon explizit erwähnt und mit „Angriff" (vgl. Brockhaus 1928, S. 153) übersetzt. Weitere Erläuterungen erscheinen nicht.
In Meyers Lexikon aus dem Jahre 1936 ist über die Übersetzung des Wortes *Aggression* hinaus keine Eintragung zu finden (vgl. Bibliographisches Institut 1936, S. 138).
Erst im Jahre 1966 wird das Wort und der Begriff *Aggression* ansatzweise definiert und mit Hinweisen auf theoretische Modelle zu erklären versucht. Die Ausführungen sind jedoch noch nicht umfassend und können den Begriff nicht ausreichend verdeutlichen (vgl. Brockhaus 1966, S. 191).
In der Brockhaus-Ausgabe aus dem Jahre 1986 wurde erstmals der Komplexität des Begriffs *Aggression* inhaltlich und vom Umfang Rechnung getragen (vgl. Brockhaus 1986, S. 211 - 212).
An dieser exemplarischen Auflistung lexikalischer Erwähnungen des Wortes Aggression aus diversen Jahrhunderten und Dekaden wird sichtbar, daß ab Mitte des 20. Dezennium eine rasante Entwicklung zugunsten der Aggressionsforschung stattgefunden hat.
Kriege und andere aggressive, gewalttätige Aktionen waren schon immer existent und haben viele Menschen veranlaßt, die Motive, Gründe und Ursachen dieser beeindruckenden menschlichen Verhaltensweise zu bestimmen. Erst seit dem Anfang des 20. Jahrhunderts haben Freud (1905) und Adler (1908) begonnen, die Betrachtung menschlicher

Gefühle und Aktivitäten im wissenschaftlichen Sinne zu untersuchen, zu beschreiben und zu erklären (vgl. Herrmann et al. 1977, S. 15).

Der erste Weltkrieg hat dieser Forschung historisch gesehen keine wesentlichen quantitativen oder qualitativen Impulse gegeben, obwohl er wegen des erstmaligen Einsatzes konventioneller, biologischer und chemischer Massenvernichtungswaffen ein Trauma sondergleichen für jedes humanistisches Menschenbild darstellte.

Die Gründe hierfür mögen sein,

- daß Aggression zu dieser Zeit durch Freuds ` defätistisches ´ Theoriegebäude hinreichend erklärt zu sein schien,
- daß die Vehemenz der erlebten Kriegsaktivitäten eine Beschäftigung hiermit von vornherein verhindern mußte, oder
- daß aus dem Erleben derartiger Aggressionspotentiale heraus gewachsene Schuldgefühle eine nähere Betrachtung unmöglich machen mußte.

Erst im Jahre 1939 erstellten Dollard et al. die bemerkenswerte Annahme der Aggressions-Frustrations-Hypothese, welche ich in Kapitel 3.4 näher beschreiben werde. Zumindest für die damaligen Jahre und Jahrzehnte stellte diese Theorie einen eminent wichtigen wissenschaftlichen Beitrag zur näheren Erläuterung äußerer Einflüsse auf menschliches Verhalten dar (vgl. ebd.).

2.3 Definition des Begriffs Aggression

Wie schon oben erwähnt kann eine fachspezifische und normativ geprägte Forschungsausrichtung die Definition und somit den Umgang mit dieser Thematik beeinflussen. Entsprechend unterschiedliche Definitionsversuche von Aggression können in der wissenschaftlichen Literatur gefunden werden.

Im <u>pädagogischen</u> Sinne bedeutet Aggression folgendes:

> „Unter A. wird ein manifestes Verhalten verstanden, dessen Ziel die körperliche oder bloß symbolische Schädigung oder Verletzung einer anderen Person, eines Tiers oder einer Sache ist." (Meyer Lexikonredaktion 1989, S. 13)

In dieser Definition wird kurz und knapp Aggression als zielgerichtetes und schädigendes Verhalten bewertet.

Im psychologischen Sinne bedeutet Aggression folgendes:

> „Von der Psychologie wird jedes, insbes. das affektbedingte Angriffsverhalten des Menschen, das auf einen Machtzuwachs des Angreifers und eine Machtminderung des Angegriffenen zielt, als A. bezeichnet. A. äußert sich hierbei als Reaktion auf wirkliche oder vermeintliche Bedrohung der eigenen Machtsphäre.
> ...A. richtet sich in erster Linie gegen andere Menschen, aber auch gegen Objekte und Institutionen (Staat, Gesellschaft, Kirche, Schule) und mitunter gegen die eigene Person (Autoaggression; als Selbstverachtung, Selbsthaß usw.), wenn jemand mit der Realität und den Forderungen der Gesellschaft nicht zurechtkommt oder sich im Prozeß der sozialen Anpassung aus seiner Machtspähre verdrängt sieht." (Meyer Lexikonredaktion 1981, S. 13)

Bei diesem Definitionsversuch wird die Tendenz sichtbar, Aggression breiter (gegen Menschen und auch Gegenstände) und vielschichtiger (ebenfalls gegen Institutionen) zu betrachten. Er beinhaltet neben einer ausführlicheren Auslegung der Bedingungsfaktoren und Auswirkungstendenzen normative Aspekte, indem er der aggressiven Person eine Schwäche oder zumindest einen Machtverlust attestiert.

Zwei psychoanalytische Autoren definieren Aggression wie folgt:

> „Tendenz oder Gesamtheit von Tendenzen, die in realen oder phantasierten Verhaltensweisen aktualisiert werden und darauf abzielen, den anderen zu schädigen, ihn zu vernichten, zu zwingen, zu demütigen usw. Die Aggression kennt andere Modalitäten als die heftige und zerstörerische motorische Aktion; es gibt keine Verhaltensweise, weder eine negative (z.B. Verweigerung von Hilfeleistung) noch eine positive, symbolische (z.B. Ironie) noch eine effektiv ausgeführte, die nicht aggressiv sein könnte. Die Psychoanalyse hat der Aggression eine wachsende Bedeutung eingeräumt, indem sie ihre Wirkung schon sehr früh in der Entwicklung des Subjekts aufzeigte und das komplexe Spiel ihrer Mischung und Entmischung mit der Sexualität betonte." (Laplanche/Pontalis 1972, S. 40)

Diese Autoren versuchen, Emotionen und auch das Verhalten Aggression im Kontext und Theoriegebäude der Psychoanalyse zu integrieren und somit erklärbar zu machen. Diese Definition erscheint deutlich komplexer, vielschichtiger und auch aussagekräftiger.

Im sozialpsychologischen Sinne ist die folgende Definition konzipiert:

> „Aggression is an action that produces harm or injury to another person or persons, and the harm can be either physical or psychological. Unfortunately, this definition leaves out many things that we would want to call aggression, and includes some that we would not.
> ...For these reasons, most social psychologists include an intentional and motivational component in the definition: Aggression is an intentional action whose goal is to inflict harm to another person or persons." (Meyer 1979, S. 530)

In dieser Definition wird Aggression eher als interaktionistisches Geschehen ges(
Wie in der vorherigen Beschreibung wird auch hier eine Intention des Aggressor
ausgesetzt. Der zugefügte Schaden als Folge einer aggressiven Verhaltensweise
zwar sowohl psychischer als auch somatischer Natur sein, eine nähere Erläuterui
die Ausdrucksform erfolgt jedoch nicht. Diese intentional-begründete Aggressioi
tion wird von nahezu allen Psychologen unterstützt[1].

Wenn Aggression mehr subjektivisch als objektivistisch betrachtet und definiert \
sollte, werden Sichtweisen ermöglicht, welche nahezu alle menschliche Gefühle ι
haltensweisen mit Aggression in Verbindung setzen[2].

In der modernen Psychologie wird unter Aggression zumeist ein Verhalten verst
für dessen Motive und Emotionen wiederum andere Begriffe hinzugezogen resp.
werden müssen. Jedes Verhalten wird von anderen Personen beobachtet und inte
tiert. Die vorausgesetzte aggressive Absicht wird bei dieser Interpretation mit dem Verhalten unweigerlich verknüpft (vgl. Herrmann et al., 1977, S. 15f.).

Ich möchte nun eine Arbeitsdefinition des Begriffs Aggression vorstellen, welche die relevantesten Items der oben genannten Begriffsklärungsversuche beinhaltet:

> „Aggressives Verhalten liegt nur dann vor, wenn die Absicht der Schädigung bei einem Täter vorhanden ist. Wenn also eine Person absichtlich etwas macht oder unterläßt, um eine psychische oder physische Beeinträchtigung einer anderen Person herbeizuführen, verhält sie sich aggressiv. Aggression wird aufgrund der Intention definiert.
> Im üblichen Begriff der Aggression steckt weiterhin auch die Aggression als Gefühl, also derjenigen Wut (oder schwächer: Ärger), die man als aggressive Gefühle bezeichnen kann, die aber lange noch nicht zur aggressiven Handlung führen müssen." (Ruthemann, 1993, S. 15)

Wichtig erscheint mir hierbei,

- daß sowohl Emotionen als auch Aktivitäten von Aggression tangiert sein können,
- daß sie intentional definiert wird, und
- daß eine Schädigung einer anderen (oder der eigenen) Person das Ziel sein muß.

---

[1] Werbik begründet dies u.a. folgendermaßen: „One may argue against any behavioristic approach to define aggression, that classification of behavior will depend on observer´s subjective variables. Therefore we may prefer to define aggression intentionally, i.e. to base definition on subject´s own classification of his behavior." (Werbik 1981, S. 159)

[2] Exemplarisch hierfür schreibt Haase: „Es wird damit deutlich, daß wir unter aggressivem Verhalten nicht nur körperlich kämpfendes oder zerstörendes Verhalten verstehen, sondern jede Form des aktiven Herantretens an Menschen und Dinge. Auf höchster Ebene entfalten sich aggressive Energien auf den Gebieten von Kunst und Wissenschaft, wie der Gestaltung des öffentlichen Lebens." (Haase 1981, S. 346)

Dieses inkludiert eine sorgfältige und vorsichtige Interpretation der beobachteten Verhaltensweisen anderer Menschen, weil sie von der Intention dieses Menschen ausgehen und eine Projektion[3] der eigenen Einstellung möglichst vermieden werden sollte.
Dies gilt insbesondere für die physischen und verbalen Verhaltensweisen des Pflegepersonals bei und mit Patientinnen.

2.4 Definition des Begriffs Gewalt

Eine Definition des Begriffs Gewalt ist deshalb relativ einfach zu erstellen, weil die Interpretationsmöglichkeiten und -fähigkeiten des Begriffes historisch gesehen begrenzt sind.
Etymologisch[4] ist eine gering ausgeprägte Entwicklung zu verzeichnen.
Von dem Wort Gewalt sind gewaltig (` mächtig ´ und ` außerordentlich stark ´) und gewältigen (` in seine Gewalt bringen; mit etwas fertig werden ´) abgeleitet. Seit dem 15. Jahrhundert wurden diese Begriffe durch ` bewältigen ´ (sich einer Sache gewaltig zeigen), durch überwältigen und auch durch vergewaltigen (spätmittelhochdeutsch ` Gewalt antun; notzüchtigen ´) ergänzt. Ab dem 15. Jahrhundert bilden sich zusammengesetzte Wörter wie ` Gewaltherrscher ´ oder ` gewaltsam ´ und ab dem 19. Jahrhundert Wörter wie ` Gewaltakt ´ (vgl. Duden 1989, S. 23 - 24).
Folgende Arbeitsdefinition von Gewalt werde ich in dieser Arbeit verwenden:

> „Es wird immer dann von Gewalt gesprochen, wenn eine Person zum „Opfer" wird, d.h. vorübergehend oder dauernd daran gehindert wird, ihrem Wunsch oder ihren Bedürfnissen entsprechend zu leben. Gewalt heißt also, daß ein ausgesprochenes oder unausgesprochenes Bedürfnis des Opfers mißachtet wird. Dieses Vereiteln einer Lebensmöglichkeit kann durch eine Person verursacht sein (personale Gewalt) oder von institutionellen oder gesellschaftlichen Strukturen ausgehen (strukturelle Gewalt). Bei der personalen Gewalt erscheint darüber hinaus die Unterscheidung zwischen aktiver Gewaltanwendung im Sinne der Mißhandlung, und passiver Gewaltanwendung im Sinne der Vernachlässigung. Gewalt sollte immer aus der Sicht des geschädigten Opfers definiert werden." (Ruthemann 1993, S. 14)

Dieser Definition muß ich hinzufügen, daß der Staat den Anspruch auf ein Gewaltmonopol erhebt. Er kann Gewalt legalisieren und auch sanktionieren[5]. Politisch und staatlich

[3] Projektion: In der Psychoanalyse ein Abwehrmechanismus, durch welchen unangenehme oder verbotene eigene Wünsche und Gefühle in andere Personen verlagert, bei diesen wahrgenommen und abgelehnt werden (vgl. Pschyrembel 1990, S. 1355).
[4] Etymologie: Forschungsrichtung der Sprachwissenschaften, welche sich mit dem Ursprung und der Geschichte der Wörter befaßt. Mit der Entwicklung der historisch-vergleichenden Sprachwissenschaft im 18./19. Jahrhundert gewann die Etymologie eine wissenschaftliche Grundlage, auf welche sie sich zunehmend den historischen Bedeutungsveränderungen von Wörtern widmet und Volkskunde, Kultur- und Geistesgeschehen berücksichtigt (vgl. Meyers 1995, Band 6, S. 237).
[5] Aus diesem Grund fordern insbesondere „linke" Parteien eine Restriktion resp. verschärfte Kontrolle dieses Monopols. Stellvertretend für diese Politikrichtung möchte ich einen Auszug aus dem Grundsatzprogramm der „Grünen" zitieren: „Wir befürworten die Gewalteilung im demokratischen Rechtsstaat einschließlich des Monopols polizeilicher Macht in der Hand des Staates, fordern aber eine Stärkung ihrer demokratischen Legitimation durch mehr Partizipation, mehr Kontrolle und mehr direkte Demokratie. Das dem Staat

legitimierte Gewalt kann nach Erfolgen der Tat rechtlich nur erschwert sanktioniert werden[6]. Was in dem einen Staat als Gewalt an Pflegebedürftigen bezeichnet wird, muß nicht in einem anderen Staat als Gewalttätigkeit definiert sein. Im Krankenhaus kann eine Fixation oder Zwangsernährung einer Patientin als Gewalt, oder auch als legitimes Mittel zur Sicherung von Leben in einer kurzfristigen Phase von Desorientierung definiert und interpretiert werden (vgl. Dießenbacher et al. 1993, S. 31). Vom Opfer her betrachtet wird in beiden Fällen Gewalt angewendet (vgl. Vincentz Verlag 1995).
Selbst der Idee der genuinen Gewaltlosigkeit von Mahatma Gandhi (1869 - 1948) (*passiver Widerstand*, *non-cooperation* oder *ziviler Ungehorsam*[7] genannt), welche mit dem Gesetz der Liebe identisch sein soll, keine Handgreiflichkeiten gegenüber dem Gegner zuläßt etc., ist nach der Definition anderer Autoren ein Anteil von Gewalttätigkeit immanent. Streiks, Stoffverbrennungen, Verkehrsmittelbeschädigungen, Vandalismus, Insubordination jeglicher Kooperation etc. können als moralisches Druckmittel und somit als eine Art von Gewalt verstanden werden, welche Bitterkeit, Frustration, Zorn, Wut und physische Gewalt des Kontrahenten provozieren und nach sich ziehen können (vgl. Wolff 1963, S. 99). Seit nunmehr vier Dekaden werden Aggression und Aggressivität, Gewalt und Gewalttätigkeiten, Gehorsam und Autoritätshörigkeit, das Vergessen und Erlernen u. a. menschlichen Verhaltensweisen systematisch wissenschaftlich untersucht. Heutzutage stehen uns eine Vielzahl an Theorien, empirische Studien, historische Retrospektionen, systematische Feldversuche und wissenschaftlich begleitete und analysierte Präventivmaßnahmen zur Verfügung, um nähere Aussagen zu dem Phänomen Aggression zu machen.

übertragene Gewaltmonopol muß deshalb durch Verfassung und Gesetze auf das Notwendige beschränkt und durch die Verfassung begrenzt bleiben, sowie einer ständigen und umfassenden Kontrolle durch eine unabhängige Justiz und demokratische Entscheidungsorgane unterworfen sein. ...Gegen den Mißbrauch staatlicher Gewalt beanspruchen wir das Recht auf zivilen Ungehorsam und Widerstand." (Bündnis 90/Die Grünen 1993, S. 34)

[6] Wie Präzedenzfälle und Musterprozesse gezeigt haben, können Handlungen, welche in der ehemaligen DDR als legitim erachtet worden sind, nach der Jurisdiktion der BRD nur unter erschwerten Konditionen rechtlich verfolgt werden.

[7] Der Begriff *gewaltloser Widerstand* spielt in der modernen Friedens- und Konfliktforschung und auch in der Ökologiebewegung eine wichtige Rolle. Ebenso wie Gandhi hat auch der Führer der schwarzen Bürgerrechtsbewegung, Martin Luther King (1929 - 1968), im bewußten Gegensatz zum Revolutionsgedanken den Begriff des *gewaltlosen Widerstandes* verwendet und die Gewaltlosigkeit zur wirksamen Waffe der Bürgerrechtsbewegung der amerikanischen Schwarzen gemacht (vgl. Duden 1993, S. 175 f.).

Ich möchte im folgenden Kapitel versuchen, die wichtigsten Theorien und Fakten über die Entstehung und Bedingungen von Aggression in einer für dieses Thema reduzierten Form zu erklären. Entsprechend der Erklärungsmöglichkeit für die Entstehung und Quelle der aggressiven Verhaltensweisen können die Ansätze therapeutische und präventive Maßnahmen nach sich ziehen. Deshalb werde ich die Ausführungen in den einzelnen Unterkapiteln relativ ausführlich gestalten.

3. Aggressionstheorien

3.1 Vorbemerkungen

Schon im vorwissenschaftlichen Zeitalter[8] haben sich unzählige Persönlichkeiten Gedanken über die Ursachen und Auswirkungen von aggressiven und - zumeist - kriegerischen Auseinandersetzungen gemacht. Vieles davon ist schriftlich niedergelegt.

Für den griechischen Philosophen Heraklit (etwa 540 - 480 v. Chr.) war der Krieg 'Vater aller Dinge'.

Im 17. Jahrhundert argumentierte der englische Philosoph Thomas Hobbes (1588 - 1679), daß Menschen von Natur aus bösartig, feindselig und kriegerisch seien (das sog. Bestia-Humana-Konzept). Sein Ausspruch „homo homini lupus est"[9] ist weltberühmt geworden. Er asserierte, Menschen seien nur an ihrem Eigennutz und Vorteil interessiert, weswegen Regierungen benötigt würden, um Konflikte und wechselseitige Destruktionen zu verhindern (vgl. Crider et al. 1983, S. 458; vgl. Eibl-Eibesfeldt 1970, S. 12 - 15; vgl. Störig 1992, S. 348 - 351).

Der preußische Offizier und Kriegstheoretiker Carl von Clausewitz (1780 - 1831) sah den Krieg als 'Fortsetzung der Politik mit anderen Mitteln' (vgl. Clausewitz 1990, S. 34).

Der deutsche Philosoph Georg Wilhelm Friedrich Hegel (1770 - 1831) erkannte diejenigen Kräfte und Einflüsse, welche im Krieg zutage kommen, zwar als negativ für die Persönlichkeit. Er interpretiert diese Kräfte aber als erhaben , wenn die Intentionalität dieser Kräfte auf die Erhaltung des Ganzen (des Volkes, des Staates) gerichtet sei (vgl. Rattner 1970, S. 210 - 212).

Der deutsche Philosoph Friedrich Nietzsche (1844 - 1900) sah im Menschen vor allem die Bestie, welche durch die Notlüge Moral belogen werden wolle, damit er nicht innerlich zerrissen würde (vgl. Nietzsche 1990, Band 1, S. 57 ff.; vgl. Band 3, S. 621 ff.; vgl. Band 4, S. 32 ff.). In „Also sprach Zarathustra" wird seine Kriegsapotheose[10] deutlich. Eine gute Sache legitimiere nicht nur einen Krieg, sondern ein guter Krieg heilige jegliche Sachen und Mittel. Es sei in diesem Fall ein Mittel für einen guten Zweck (vgl. Rattner 1970, S. 211).

[8] Hiermit will ich nun nicht behaupten, daß es zur hellenischen Zeit keine Wissenschaft gegeben hat. In der Mitte des 15. und während des 16. Jahrhunderts begann mit ersten Signalen des Humanismus und der Renaissance eine Zeitenwende. Ab dieser Zeit wird von dem Zeitalter der *modernen Wissenschaft* (*'instauratio magna'*) gesprochen, welche ich von der zeitlich vorausliegenden *vorwissenschaftlichen* Erkenntnislehren trenne (vgl. Störig 1992, S. 227 - 233).

[9] „Der Mensch ist des Menschen Wolf."

[10] Kriegsapotheose: Verherrlichung, Vergötterung des Krieges

In dem Werk ` Entstehung der Arten ´(1859) erkannte und erklärte der englische Naturforschers Charles Robert Darwin (1809 - 1882) den Kampf der Tiere ums Überleben, die Mutation und Selektion zur Heranbildung neuer Arten und das Durchsetzen der Besten und Tüchtigsten als evolutionären Impetus (vgl. Glaubrecht 1990, S. 92 ff.).
Die grobe Übertragung des Darwinismus auf das kulturelle und soziale Leben der Menschen im sog. Sozialdarwinismus[11] machten sich Potentaten des sog. Manchester-Liberalismus zunutze, um die Ausbeutung der proletarischen Massen und weitere Subsidierung der Haute volee zu legitimieren.
Friedrich Engels (1820 - 1895) sah die Darwinsche Lehre als Ausdruck gesellschaftlicher Verhältnisse an, welche auf die Natur übertragen wurde. Er entwickelte zusammen mit Karl Heinrich Marx (1818 - 1883) den sog. Marxismus. Danach sei die gesamte Menschheitsgeschichte als Kampf der Klassen zu betrachten. Das Proletariat solle aus der Situation der Ausbeutung herausführen werden (vgl. Rattner 1970, S. 212 - 214; vgl. Fromm 1971, S. 110; vgl. Bertelsmann 1995, Band 2, S. 382 f.; vgl. Störig 1992, S. 155 - 167).
Unter dem Eindruck des zweiten Weltkrieges wurde von Psychologen und Philosophen eine intensive Diskussion geführt, ob der Mensch ontologisch[12] betrachtet böse sei[13]. Der Frankfurter Philosoph Theodor W. Adorno (1903 - 1969) repräsentierte damals die Meinung vieler, als er der menschlichen Spezies Friedenstauglichkeit und Liebesfähigkeit absprach. Nach seiner Ansicht sei im 2. Weltkrieg erneut die `Vertiertheit ´ des Menschen hervorgetreten.
Evident ist, daß sich insbesondere solche Autoren resigniert und frustriert über die Menschheit äußern, welche zuvor große Anstrengungen in humanistisch orientierter pädagogischer und politischer Bildung investiert hatten (wie z. B. auch Mitscherlich) (vgl. Bahr 1994, S. 41 f.; vgl. Kron 1993, S. 84 - 101)[14].

---

[11] Im <u>Sozialdarwinismus</u> wird die menschliche Gesellschaft als Fragment der Natur und den Naturgesetzen unterworfen angesehen. Die Menschen seien von Natur aus ungleich. Dies führe zur Etablierung gesellschaftlicher Hierarchien, denn im Lebenskampf und in den sozialen Konflikten setzten sich die Qualifiziertesten durch, während sich die weniger Geeigneten unterordneten. Als Hauptvertreter des Sozialdarwinismus werden W. G. Sumner, F. H. Giddings und W. Bagehot gesehen (vgl. Bertelsmann 1995, Band 9, S. 94).

[12] <u>ontologisch;</u> zu Ontologie: die allgemeine Lehre vom Sein resp. von dem Seienden, sofern es in Wirklichkeit existiert. Neben Logik und Erkenntnistheorie zählt sie heute zu den zentralen Einzeldisziplinen der Philosophie (vgl. Meyer Lexikonredaktion 1985, S. 295).

[13] Unter dem schockierenden Eindruck des 2. Weltkrieges wurden die Adjektive *aggressiv* und *böse* häufig gleichgesetzt. Den meisten war es nicht erklärlich, wie der Mensch zu solchen Grausamkeiten wie Holocaust und Massenvernichtung fähig sein konnte.

[14] Exemplarisch hierfür möchte ich eine Ausführung von Mitscherlich zitieren: „Das an so vielen Plätzen aufgestellte Kreuz mit dem unter Qualen Verstorbenen ist ein Mahnmal: Töten heißt Schuld auf sich laden. Schuldgefühle sollen der Lust am Foltern entgegentreten. Wir müssen uns eingestehen, die Mahnung hat versagt. Zu viele Menschen foltern nach Jahrtausenden der Predigt, des Gebots, nicht zu töten. ...Angesichts der verdeckten und unverdeckten Grausamkeiten in aller Welt, müssen wir uns eingestehen, daß die großen Sittenlehrer und Sittenlehren der Menschheit gescheitert sind. So wenige sich ans große Vorbild halten konnten, wo sie selbst ins Gedränge der Versuchung kamen, so viele vergaßen total am Wochentag, was sie am Sonntag vielleicht dumpf zu begreifen begonnen hatten. Freud nannte das „Kulturheuchelei" und fand das durchschnittliche Individuum der Kultur von seiner Moral und ihrem Anspruch auf Triebverzicht überfordert. Hier scheint abermals die Grausamkeit geheimer Sieger zu bleiben. Verbirgt sie sich nicht in jenen verbietenden Moralen, die dem schwächlichen Individuum immer die Fehlerrechnung präsentieren und sich an der Qual seines Versagens verlustieren? Der große Rückzug aus dem moralischen Engagement, die verächtliche Auflehnung gegen die Großmeister der Verbotsmoral, hat seine starke Wurzel darin, daß wir heute den geschichtlichen Weg der Menschheit besser kennen als je Menschen zuvor. Wir wissen z. B., daß während wir uns noch vom Exzeß unserer kollektiven Grausamkeit im Zweiten Weltkrieg erholten, an anderen Stellen

Hierbei wird nun deutlich, daß die moralische, ethische und normative Sichtweise aggressiver Verhaltensweisen von Laien *und* Wissenschaftlern von dem jeweiligen historischen, metaphysischen und sozialen Kontext dependiert. Dieser Kontext muß bei der Reflexion aggressiver Verhaltensweisen immer berücksichtigt werden. Ich werde versuchen, diesem Anspruch gerecht zu werden und beginne mit der ältesten wissenschaftlich-theoretischen Überlegung[15] zu dem Verhalten Aggression, dem psychoanalytischen Modell der Aggressionsentstehung.

der Erde schon neue Exzesse aufbrachen. Die Ermahnung, nett zueinander zu sein und einen Völkerbund zu gründen, ist eben keine Vorbeugung. Die Autorität, die uns belehren könnte, müßte uns durch *mehr* Wissen über uns befreiend helfen, statt uns vorzuspiegeln, mit gutem Willen wären in Jahrtausenden ausgetretene Fußstapfen der Brutalität zu vermeiden." (Mitscherlich 1969, S. 99 ff.)

[15] Wie oben erwähnt soll mit diesem Begriff alle vorherigen Gedankengebäude nicht als un- oder vorwissenschaftlich i. e. S. bezeichnet werden. Mit dem psychoanalytischen Modell wurde jedoch erstmals ein eigenständiges und umfassendes theoretisches Konstrukt nach wissenschaftlichen Gesichtspunkten errichtet, in der Praxis angewendet und kritisch reflektiert (vgl. Zimbardo 1983, S. 633 f.).

3.2 Triebtheorien

3.2.1 Psychoanalytisches Modell nach Freud

Ich werde zur Verständniserleichterung versuchen, die Grundsäulen der Psychoanalyse grob zu erläutern, damit dem Leser ein Zugang zu dieser Begründungsweise von aggressiven Verhaltensweisen möglich wird.

Der österreichische Mediziner und Psychiater Sigmund Freud (1856 - 1939) hat die Psychoanalyse Anfang dieses Jahrhunderts begründet und wollte mit ihr die unbewußten Vorgänge in der Psyche seiner Patientinnen erfassen und bewußt machen. Seine theoretischen Ansätze wurden von ihm selbst mehrfach revidiert, modifiziert und von seinen Schülern weiterentwickelt. Weitere tiefenpsychologische Theorien wurden von Adler mit der Individualpsychologie[16], von Biswanger mit der Daseinsanalyse und von Fromm mit der Komplexen Psychologie aufgestellt.

Psychoanalytische Therapien haben das Ziel, das Unbewußte zu öffnen und es bewußt zu machen. Dadurch könne die Patientin ihren Problemen besser und offener gegenübertreten. Eine Problemlösung würde überhaupt erst ermöglicht werden. Dieses könne nicht vom Individuum durch Aufmerksamkeit, Introspektion[17] oder Bewußtheit erschlossen werden. Der Zugang zum Unbewußten könne nur durch die Auslegung und Interpretation von Träumen, Fehlleistungen, freien Assoziationen[18] und durch Hypnosetechniken durch einen speziell ausgebildeten Psychoanalytiker erfolgen.

Das Unbewußte setze sich aus Trieben, Affekten und Phantasien mit zugehörigen Emotionalitäten zusammen. In der Kindheit entwickele sich das primärprozeßhafte lustvolle Verhalten peu a peu zum gesellschaftlich angepaßten sekundärprozeßhaft realitätsorientierten Verhalten von Erwachsenen. Der Erwachsene richte sein Verhalten überwiegend an der Realität aus. Von ihm könne das Lustprinzip jedoch niemals vollständig verdrängt werden.

Freud ging davon aus, daß allen Erlebnis- und Verhaltensweisen elementare psychische Kräfte - die Triebe - zugrunde lägen. Diese werden als Drangerlebnis verstanden, welches zumeist gezielt, ohne Mitwirkung des Bewußtseins, mit Gefühlsbeteiligung und mit

---

[16] Eine ganz andere Bestrebung innerhalb der Psychoanalyse hat Alfred Adler (1870 - 1937) vorgenommen. Er war als Schüler Freuds ebenfalls der Psychoanalyse nahestehend, wandelte diese jedoch zur *Individualpsychologie* um. Nach dieser verfügt der Mensch ein Macht- und Geltungsstreben, um Gefühle der Minderwertigkeit durch Machtausübung und Geltung zu kompensieren. Diese Machtgelüste durchdringen sämtliche menschliche Bestrebungen, wie z. B. den Einsatz in Forschung, Politik, Kunst, Wirtschaft und Verwaltung (vgl. Schönpflug/Schönpflug 1995, S. 391; vgl. Adler 1966, S. 71 - 89). Adlers Hypothesen werden jedoch nicht mehr ernsthaft diskutiert, sie konnten einer näheren wissenschaftlichen Überprüfung nicht standhalten und hatten in der Therapie wenig praktische Relevanz.

[17] Introspektion: die Selbstbeobachtung; Methode der Datenerhebung, bei welcher trainierte Personen so genau wie möglich über ihre Bewußtseinsinhalte berichten sollen.

[18] freie Assoziationen: In der Psychoanalyse die unmittelbaren Äußerungen nicht gelenkter, unwillkürlicher Gedankeneinfälle der Patientin

Herabsetzung der Gedankenklarheit einhergeht (vgl. Dorsch 1987, S. 701). Es verleiht dem menschlichen Dasein eine ganz individuelle Spannung. Die Spannung werde kontinuierlich im Innern gebildet. Den Bildungsort benannte er jedoch nicht. Ein Anwachsen dieser Spannungszustände würde kontinuierlich durch Aktivitäten reduziert. Das Anwachsen sexueller Spannungszustände könne durch Masturbation oder Kohabitation reduziert werden (vgl. Hanke et al. 1976, S. 36 - 46).

Die Triebtheorie geht zwar ebenso wie die Instinkttheorie von dem Vorhandensein einer Quelle, einem Ziel und einer bestimmten Energie des Triebes oder Instinktes aus. Die Instinkttheorie sagt darüber hinaus, daß es eine genetisch determinierte Verhaltensweise gäbe, welche auf ein ebenfalls festgelegtes Objekt ausgerichtet sei. Durch ein Ausleben könne die Triebspannung vermindert werden (vgl. Mitscherlich/Muck 1975, S. 112).

Nach der frühen Freudschen Theorie gibt es einen Grundtrieb, den Lebens- oder Sexualtrieb (Eros). Aggressive Verhaltensäußerungen interpretierte Freud vor dem ersten Weltkrieg als Behinderung des Auslebens dieses Triebes. Wenn der Eros durch gesellschaftliche Normen, Tabus etc. dahingehend eingeschränkt wird, daß die Energie nicht auf eine adäquate Befriedigung hinausläuft, können Neurosen, Konflikte oder auch Aggression auftreten (vgl. Jakobi 1982, S. 37 - 40).

1920 hat Freud in seinem Werk *Jenseits des Lustprinzips* dieses Modell um eine weitere Triebkomponente, den Aggressions- oder Destruktionstrieb (Thanatos) ergänzt. Er war betroffen von der Zerstörungswut und der allgemeinen Sinnesverwirrung, welche die Menschen in der Zeit des 1. Weltkrieges (1914 - 18) umgab. Zutiefst niedergeschlagen war er auch darüber, daß eine solch kriegerische Auseinandersetzung zwischen hochzivilisierten, weißen Völkern stattfand (vgl. Rattner, 1970, S. 219; vgl. Crider et al. 1983, S. 459; vgl. Selg 1982, S. 41).

Dieser Thanatos sei rückwärts ins Unbelebte gerichtet und versuche, das Leben zur Ruhe zu bringen. Der Eros hingegen dränge den Menschen nach vorn, nach körperlicher und geistiger Lust, nach Kreation von Neuem und nach Reproduktion[19] (vgl. Schönpflug/ Schönpflug 1995, S. 393).

Die vom Eros produzierte Energie wird *Libido*, die vom Thanatos produzierte *Destrudo* genannt[20].

---

[19] Reproduktion: (geschlechtliche) Fortpflanzung

[20] Die Entwicklung der Psychoanalyse hat in bezug auf die Triebtheorie eine Einteilung in drei Gruppen hervorgebracht. Diese sog. Neopsychoanalytiker setzen sich wie folgt zusammen:

* eine kleine Gruppe, welche Freuds Thanatos-Konzept weiterführten (Nürnberg, Menninger, Klein),
* eine größere Gruppe, deren Theorie zwar einen selbständigen, der Libido entgegengestellten Aggressionstrieb postulierte, diesen aber nicht aus einem Thanatos ableitete (Harttmann, Kris, Loewenstein, evtl. auch Mitscherlich),

Die Persönlichkeit eines erwachsenen Menschen besteht nach Freud aus den drei Instanzen *Es*, *Ich* und *Über-Ich* (*Instanzen- oder Strukturmodell*):

* Das *Es* besteht aus den Trieben, Triebtendenzen, sexuellen und aggressiven Kräften. Es hat permanente Triebbefriedigung zum Ziel.
* Das *Ich* ist der Kontaktor zur Realität und Intergrations- und Synthetisierungsobjekt, damit der Mensch in der Wirklichkeit per kognitiver Fähigkeiten adäquat leben kann. Das Ich versucht, das Es zu domestizieren.
* Das *Über-Ich* bildet sich aus tradierten Idealen, Normen, Werten, Bestrebungen, Geboten, Tabus, Stigmata und Verboten. Zu unterscheiden sind das Ideal-Über-Ich und das Über-Ich im engeren Sinne. Das Ideal-Über-Ich orientiert sich an den geliebten Aspekten der Eltern (und anderer Vorbilder). Das Über-Ich im engeren Sinne besteht aus dem Gewissen mit den Restriktionen von Triebbefriedigungen. Das Ideal-Über-Ich ist mehr idealisierend, das Über-Ich im engeren Sinne mehr restriktiv geprägt.

Schließlich wird im psychoanalytischen Modell die kindliche und jugendliche Entwicklung in Phasen eingeteilt (Phasenmodell), welche seriell durchschritten werden. Diese Phasen werden speziellen Körperzonen zugeordnet, und Störungen können zu ganz bestimmten Erkrankungen oder Symptomen führen (wie z.B. Psychose, Sucht, Depression, Manie, Organneurose, Aggression, Pedanterie, Geiz, Schulschwierigkeiten oder unverantwortlicher Einsatz von Trieben) (vgl. Hanke et al. 1976, S. 41 - 45; vgl. Störig 1992, S. 375 - 383; vgl. Gurvitz 1978, S. 171 ff.; vgl. Spiegel 1978, S. 177 - 183).
In seiner ersten Triebtheorie benennt Freud die Aggression als eine Komponente des Eros, welche sich in den einzelnen Phasen der kindlichen Entwicklung unterschiedlich zeigt und unterschiedlich ausgeprägt ist. Aggression dient der Selbstbehauptung und kann als eine Reaktionsweise des Individuums auf eine Umweltbedingung bezeichnet werden. In seiner letzten Theorie schreibt Freud dem Thanatos die Funktion eines arterhaltenden Todes- oder Destruktionstriebes zu. Dessen rigorose Unterdrückung könne pathologische Folgen für die menschliche Psyche haben (Autoaggression wie z. B. Sucht, Depressionen oder Zwangsneurosen) (vgl. Hanke et al. 1976, S. 134).
Wenn die Triebe sich nicht äußern dürften oder könnten, versuche das Ich Möglichkeiten zu eruieren, diesen äußeren Zustand zu modifizieren. Ansonsten würden infantile Trieb-

* und eine weitere Gruppe, die Aggression nicht als triebgesteuert und somit nicht als autonom agierend verstand, sondern als reaktiv verstand (Fenichel, Horney) (vgl. Jakobi et al. 1982, S. 45; Nolting 1978, S. 31).

ziele in Form von kindlichen Reaktionsweisen reaktiviert. Wird dies vom Über-Ich nicht toleriert, könne es zu Aggressionsausbrüchen, neurotischen oder psychosomatischen[21] Symptomen kommen. Dabei sei die individuelle Reaktionsweise höchst unterschiedlich und von Faktoren wie Frustrationstoleranz, Verlauf der kindlichen Entwicklung und introjizierter[22] oder introvertierter[23] Aggressionshemmung in Form des Über-Ich abhängig (vgl. Selg 1982, S. 41 - 46; vgl. Mitscherlich 1966, S. 58 f.).

Freud hält zu große Introjektionen/Introversionen von Aggression für höchst bedenklich und mißt der Extroversion[24] des Destrudo eine große Bedeutung für den Fortbestand der Menschheit zu, wenn seine Reduzierung durch Herstellung von Liebesbeziehungen und andere zwischenmenschlichen Bindungen eine konstruktive Triebspannungsregulierung ermöglicht wird (vgl. Selg 1982, S. 41 - 46).

Als Mittel zur Wendung der Aggression nach außen wird die *Katharsis* gesehen, welche - im Modell der Spannungsreduktion verbleibend - die Abnahme von aggressiven Gefühlszuständen (Aggressivität) durch das Ausführen/Ausleben von aggressiven Handlungen meint.

Die z. T. äußerst interessanten Laborergebnisse zur *Katharsishypothese* werde ich in dem Kapitel 3.2.3 der Instinkttheorie und dem Kapitel 3.4 der Frustrations-Aggressions-Theorie näher beschreiben. Die Autoren dieser Theorien haben sich mit diesem Katharsiseffekt intensiv und empirisch-wissenschaftlich beschäftigt, so daß sie zu diesem Effekt ausführlicher Stellung beziehen können. Freud selbst äußerst sich nicht explizit dazu. Er wird von Neopsychoanalytikern jedoch in der Hinsicht interpretiert, daß seine Theorie die *Katharsishypothese* impliziere (vgl. Selg 1982, S. 12 - 13; vgl. Jakobi et al. 1982, S. 45). Ich möchte auf diese Diskussion hier nicht näher eingehen, da diese Erläuterung den Rahmen dieser Arbeit verlassen und keinerlei Bezug zur Thematik herleiten würde.

Über die Sublimierung[25] der Aggression und über Möglichkeiten, aggressive Handlungen in den Dienst der Gesellschaft (pro-sozial) und konstruktiv implementieren zu können, macht sich Freud nur wenige weiterführende Gedanken. Er wendet sich fast ausschließlich der Libido und ihren restriktiven Bedingungen und Erscheinungsformen zu (vgl. Hanke et al. 1976 S. 135 ff).

Wenn das *Es* Handlungen (wie z. B. das Schlagen mit der Faust) durchführen möchte, welche vom Über-Ich aufgrund internalisierter Normvorstellungen (z.B. Handschlag als

---

[21] psychosomatisch: abgeleitet von der *Psychosomatik*, der Lehre von den Beziehungen zwischen Körper (soma) und Seele (psyche)
[22] introjiziert: nach innen „geworfen“
[23] introvertiert: nach innen gewendet, nach innen gedreht
[24] Extroversion: die Kehrung, die Wendung nach außen

Begrüßung) blockiert werden, muß das Ich mehr oder weniger unbewußte Mechanismen erstellen und anwenden, um diese Konflikte zu meistern und zu bewältigen. Wenn das Ich Triebmechanismen des Es verhindert, blockiert oder gar nicht wahrnimmt, werden diese Triebenergien nicht gelöscht, sondern in Form anderer Verhaltensweisen gelebt. Aggression wird z.B. in gesellschaftlich oder vom Ich akzeptierte Bahnen geleitet. Unter dem Begriff der *Kanalisierung* wird die Steuerung der Bedürfnisbefriedigung durch das Individuum oder durch die Gesellschaft verstanden (vgl. Edelmann, 1980, S. 50).

Daraus hat Freud eine große Anzahl der sog. *Abwehrmechanismen* entwickelt, welche als Bewältigungsversuche des Ichs angesehen werden können, das Triebpotential zu kanalisieren (vgl. Zimbardo 1983, 408 - 410; vgl. Freud 1984, S. 7 - 54).

Ich möchte nun einige dieser Abwehrmechanismen vorstellen, da sie zum Verständnis von Aggressionsursachen in der Pflege hilfreich und im späteren Kapitel vorausgesetztes Wissen sein werden:

* **Kompensation**
  Verhüllung einer Schwäche durch Überbetonen eines erwünschten Charakterzuges. Frustration auf einem Gebiet wird aufgewogen durch übermäßige Befriedigung auf einem anderen.
* **Identifikation**
  Erhöhung des Selbstwertgefühls durch Gleichsetzung mit und emotionale Bindung an eine Person oder Institution von hohem Rang
* **Introjektion**
  Einverleibung äußerer Werte und Standardbegriffe in die Ich-Struktur. Das Individuum muß diese Drohungen dann nicht mehr als von außen eindringend erleben.
* **Projektion**
  Übertragung der Mißbilligung eigener Unzulänglichkeiten und unmoralischer Wünsche auf andere
* **Rationalisierung**
  Versuch, die eigenen Verhaltensweisen als verstandesmäßig begründet und sich selbst und allen anderen als gerechtfertigt einzureden

[25] Sublimierung: Verfeinerung, Ästhetisierung, „Verzärtelung", Umwandlung von Triebimpulsen in geistige Tätigkeit

* **Regression**

Rückzug auf eine frühere Entwicklungsstufe mit primitiveren Reaktionen und i. d. R. auch niedrigerem Anspruchsniveau (vgl. Zimbardo 1983, S. 411). Sie kann verstanden werden als Primitivierung des Verhaltens, des Zurückgehens auf eine unreife Stufe, über welche das Individuum bereits hinausgewachsen war (vgl. Edelmann 1980, S. 50).

* **Verdrängung** (repression)

Verhinderung des Eindringens unerwünschter oder gefährlicher Impulse ins Bewußtsein

* **Sublimierung**

Befriedigung nicht erfüllter sexueller Bedürfnisse durch „verfeinerte" Ersatzhandlungen (z. B. durch ausgeprägte künstlerische, schöpferische oder wissenschaftliche Aktivitäten wie Komponieren, Zeichnen oder wissenschaftliches Forschen), welche von der Gesellschaft und vom Über-Ich akzeptiert und toleriert werden (vgl. Zimbardo 1983, S. 411; vgl. Lauster 1985, S. 82 - 89).

Der Wiener Kongreß der Psychoanalytischen Vereinigung hat erst im Jahre 1971 die Thanatos-Theorie abgelehnt. Ein anderer klar definierter biologischer Trieb als Ursache destruktiven Verhaltens wurde ebenfalls zurückgewiesen (vgl. Bahr 1994, S. 45).

3.2.2 Kritik am psychoanalytischen Modell

Sigmund Freuds psychoanalytisches Triebkonzept wurde in der psychologischen, pädagogischen und soziologischen Literatur äußerst heftig diskutiert, zum Teil akzeptiert und zum Teil kritisiert.

Freud hat die Wissenschaft und Kultur hinsichtlich der unbewußten Determinanten und Ursprünge irrationaler und bizarrer Verhaltensweisen sehr bereichert. Insbesondere im Bereich der Sexualität ebnete er den Weg für eine liberalere und wissenschaftlich-sachliche Beschäftigung mit einer „verklemmten Thematik" im puritanischen viktorianischen Zeitalter[26]. Therapeutische Behandlungsweisen von Neurosen sind durch die Psychoanalyse unbestritten besser verständlich geworden und haben vielen Patientinnen geholfen (vgl. Zimbardo 1983, S. 410 - 412).

---

[26] viktorianische Zeitalter: Zeitalter benannt nach Königin und Kaiserin Viktoria V. (1819 - 1901) von Indien; während ihrer langen Herrschaft (von 1837 an Königin, ab 1876 Kaiserin) erlebte Großbritannien - Indien war eine Kolonie des britischen Commonwealth - eine ökonomisch prosperante Blütezeit, welche sich durch eine „bigotte Lustfeindlichkeit" auszeichnete.

Jedoch muß die Psychoanalyse bezogen auf wissenschaftliche Ansprüche im gesamten als verschwommen und gering operationalisierbar[27] definiert werden. Unter den Psychoanalytikern selbst war die Postulierung des Thanatos von jeher umstritten, seine Existenz konnte nie geklärt resp. ` bewiesen ´ werden. Der Thanatos war pure Spekulation (vgl. Nolting 1978, S. 30). Erklärungen von Verhaltensweisen werden in der Psychoanalyse post hoc[28] und ihre Anwendung retrospektiv geleistet. Prädiktionen sind nicht möglich, allenfalls Spekulationen. Darüber hinaus ist die Psychoanalyse anhand zumeist neurotischer Patientinnen entwickelt worden und somit nicht ohne weiteres auf psychisch „gesunde" Menschen projizierbar (vgl. Zimbardo 1983, S. 411 - 412).

Faschistische und faschistoide Persönlichkeiten, skrupellose wirtschaftliche oder politische Führungsgestalten werden mit dieser Theorie nicht erklärt. Freuds präventive und prophylaktische Vorschläge verbleiben im individuellen Raum, eine Verständigung unter Völkern kennt sein eher kulturpessimistischer Ansatz nicht. Seine Sublimierungstheorie führe sich selbst nach Ansicht mancher Autoren ad absurdum, weil die beeinflussende Kultur als Angelegenheit der Oberschicht angesehen werden könne, welche abhängig von der Arbeitsleistung der Masse sei (vgl. Andritzky 1982, S. 77 f.).

Gesellschaftlich betrachtet muß das psychoanalytische Konzept als einseitig gesehen werden, weil Freud die Funktion einer hedonistischen und sich autoaggressiv destruierenden Masse für eine permissive Gesellschaft und deren Oberschicht nicht thematisiert hat. Einflußfaktoren von Normen, Werten und Ethik auf die Erlebniswelt des einzelnen Menschen werden nur einseitig angerissen.

Wenn der Mensch aufgrund seiner Triebimmanenz domestiziert werden müsse, so könne und müsse die Kultur als Mittel der Oberschicht diesen Menschen bändigen. Ein Krieg könne - auch im kleinen Rahmen - ein konsequentes und notwendiges Übel eines derart gestalteten Triebmenschen sein (vgl. Schmidbauer 1972, S. 12). Auch Ängste bei psychisch instabilen Menschen werden als Konfliktreaktionen und Verdrängungen unbewußter *innerer* Konflikte zwischen Es, Über-Ich und Ich interpretiert. Gesellschaftliche Einflußfaktoren fallen dabei heraus (vgl. Ammon 1970, S. 51).

---

[27] Die Operationalisierung eines Begriffs (z. B. Aggression in einer psychologischen Untersuchung) wird durch eine operationale Definition vorgenommen. Operationale Definitionen sind solche Begriffsbestimmungen, in welche die Entstehungsbedingungen eines Phänomens mit eingehen, welche für das Auftreten eines Sachverhalts erforderlich sind. Beispielsweise kann Hunger als der Zustand eines Individuums nach einer gewissen Zeitspanne (gemessen in Stunden) des Nahrungsentzuges definiert werden (vgl. Meyer Lexikonredaktion 1981, S. 244; Meyer Lexikonredaktion 1989, S. 290). Um Hypothesen empirisch überprüfen zu können, müssen die theoretischen Begriffe operationalisiert werden, d. h. sie müssen in Variablen überführt werden, welche auf der empirischen Ebene meßbar sind. Das theoretische Konstrukt ist auf direkt sinnlich resp. durch Apparaturen wahrnehmbare Elemente zu untersuchen. Z. B. kann das Phänomen *Angst* in Form der Herzfrequenz, des Hautwiderstandes, des Zittern, des subjektiven Gefühlseindrucks, durch Befragung oder Beobachtung operationalisiert werden (vgl. Wendt 1987, S. 2 f.).

[28] post hoc: (lat.) nachher, im nachhinein

FrauenrechtlerInnen interpretieren tiefenpsychologische Modelle wie die Psychoanalyse als patriarchalische Instrumente, weil die männliche Aggression als normativ, aktiv und identitätsstiftend, die weibliche Aggression hingegen als masochistisch, regressiv, passiv und auto-destruktiv betrachtet würde. Die Psychoanalyse diene der Konsolidierung patriarchaler gesellschaftlicher Strukturen, Konzepte und Gesetze (vgl. Camenzind 1992, S. 35; vgl. Schmidbauer 1977, S. 38 - 47; vgl. Graber 1974, S. 35 - 43).

Auf die nähere Erläuterung der neuen und z. T. eindeutig stark modifizierten Theorien der Neopsychoanalytiker (z. B. Fromm) möchte ich aus Platzgründen nicht eingehen.

Die Psychoanalyse hat eindeutig an Gewicht verloren und mußte zumeist behavioristisch oder sozialpsychologisch orientierten Strömungen Raum geben. Sie dient zwar immer noch als Erklärungs*grundlage* irrational erscheinender Phänomene menschlicher Verhaltensweisen wie das der menschlichen Aggression. Zur Therapie und Prävention konnte sie jedoch nur eingeschränkt beitragen.

3.2.3 Instinkttheorie

Der bekannte österreichische Forscher Konrad Lorenz (1903 - 1989) begründete die moderne Ethologie[29]. Er hat umfangreiche Untersuchungen über instinkthaftes Verhalten aufgestellt. Er erforschte (u. a. bei Graugänsen) Auslöser und Auslösemechanismen von Instinkthandlungen sowie individuelle und genealogische Entwicklungen von Tieren. Er entdeckte und definierte das Phänomen der Prägung und klärte mit dem niederländischen Zoologen Nikolaas Tinbergen zusammen viele Grundbegriffe der vergleichenden Verhaltensforschung (vgl. Lehrmann1987, S. 46 ff.).

Vor diesem Hintergrund kam er zu der Ansicht, daß Aggression eine spontane, angeborene Kampfbereitschaft sei, welche für das Überleben jedes einzelnen notwendig sei.

Er versteht unter Aggression im eigentlichen Sinn die innerartliche (intraspezifische) Aggression, welche als Kampftrieb auf Artgenossen von Mensch und Tier gerichtet sei (vgl. Hanke et al. 1976, S. 138). Tötungen seien unter Tieren innerhalb derselben Spezies nur selten anzutreffen, da diese durch Beschwichtigungsgesten und Unterwerfungsrituale gehemmt würden. Lorenz nahm an, daß diese hemmenden Mechanismen dem Menschen nicht mehr zur Verfügung stünden, die aktivierenden Angriffs- resp. Verteidigungsaktivitäten hingegen noch verblieben seien.

Im Organismus würden permanent aggressive Triebimpulse erzeugt, welche sich bis zur Spannungsreduktion an auslösenden Stimuli aufstauen würden (das sog. *psychohydraulisches Energiemodell*) (vgl. Heckhausen 1989, S. 319 f.).

Lorenz und Tinbergen haben versucht, die Gemeinsamkeiten zwischen Menschen und Tieren aufgrund ihrer phylogenetischen[30] Entwicklung zu erklären (vgl. Zimbardo 1983, S. 634 - 635; vgl. Englert 1976, S. 208 f.; vgl. Tinbergen 1987, S. 524 - 537).

Lorenz selbst stellte dazu fest:

> „...dann können sie feststellen, daß der heilige Schauer, den Sie spüren, das Sträuben des rudimentären Pelzes ist, den der Mensch gar nicht mehr hat. Diese Reaktion ist hypothalamisch, ist also instinktiv, und wenn der Hypothalamus brüllt, schweigt der Cortex, bei jedem Instinkt." (Lorenz 1978, S. 312)

---

[29] Ethologie: in der Verhaltensforschung die objektive Beschreibung des Verhaltens von Mensch und Tier mit biologischen Merkmalen (z. B. Systematik, Morphologie, Embryologie).

[30] Phylogenetik: syn. Phylogenie; die Stammesentwicklung der Lebewesen

Er hielt dieses instinktgesteuerte Verhaltensrepertoire für höchst gefährlich für das politische demokratische System:

> „Der Mensch spricht mit geradezu reflexhafter Voraussagbarkeit auf Situationen an, die eine kämpferische Verteidigung irgendeiner sozialen Einheit verlangen. Diese Einheit kann ganz konkret die Familie, die Nation, die Alma Mater[31] oder der Fußballklub sein oder auch ein Abstraktum, wie etwa das Arbeitsethos der Naturforschung, die Unbestechlichkeit künstlerischen Schaffens oder die „alte Burschenherrlichkeit". Ganz wie dies auch bei anderen Emotionen der Fall ist, wird die Reaktion der Begeisterung nicht durch die Einsicht gehemmt, daß ihr Objekt so rückhaltlosen Einsatz wert ist. ...Die besondere Gefährlichkeit des psycho-physiologischen Zustandes solcher Begeisterung liegt darin, daß in diesem Zustand dem Menschen alle Werte als nichtig erscheinen, mit Ausnahme des einen, für den er sich im Augenblick begeistert." (Lorenz 1983, S. 186 - 187)

Auch der österreichische Lorenzschüler, Zoologe und Ethologe Irenäus Eibl-Eibesfeldt (1928 geboren), sieht große Gefahren in dem instinktgesteuerten Sozialverhalten der Menschen:

> „Die Parallelen zum Menschen *(die Parallelität der Rhesus-Affen zum Menschen, Anm. d. Verf.)* sind sicher mehr als bloß Analogien. Als in geschlossenen Gruppen lebende Primaten neigen wir dazu, uns bei Gefahr enger zusammenzuschließen. Gemeinsame Verteidigung oder gemeinsame Aggression stiften ein außerordentlich starkes Band. Das ist bei Naturvölkern so, und es ist keine Frage, daß wir dem gleichen Muster folgen. Selbst über die ritualisierten Kampfspiele (Fußball und dergl.) einigt man die Gruppen. Es fällt ferner auf, daß die Symbole, unter denen eine anonyme Gruppe zusammenfällt, meist aggressiver Natur sind. ...Um eine Gruppe über die Aggression zu binden, benützt man oft Sündenböcke. ...In inneren Krisensituationen kann man über sie Aggressionen ableiten, und man verwendet sie als Feindattrappe, um über die Angst die Gruppe zu festigen. In der christlichen Welt spielten die Juden lange Zeit diese Rolle, und man machte es ihnen unmöglich, sich anzupassen, weil man sie in der Rolle des Sündenbockes brauchte." (Eibl-Eibesfeldt 1970, S. 188 - 190)

In diesem Beitrag wird das gesamte menschliche Gruppenverhalten - sowohl beim Fußball als auch bei der Verteidigung bis hin zum Sündenbockphänomen der jahrhundertelangen Judenverfolgung - in Analogie resp. Parallelität zum Sozialverhalten der Rhesus-Affen als instinktgesteuert analysiert[32].

---

[31] Alma Mater (lat. „nährende Mutter"): die Hochschule, Universität

[32] Auch heute sehen einige Autoren wie z. B. der Psychotherapeut und Psychoanalytiker Ludwig Haesler Residuen instinktgeleitetes Verhalten als Wirkungsursache für menschliches Verhalten in der Masse an, welche das Denken effektiver zu leiten und zu beherrschen vermögen als die kognitive kritische Reflexion. Er führt hierzu an: „In der Gruppe, Großgruppe und Masse verliert der Einzelne bis zu einem gewissen Grad seine Individualität und Verfügbarkeit über sich selbst und seine individuelle Ordnung und Orientierung zugunsten einer Vereinheitlichung mit den anderen Mitgliedern der Gruppen, Großgruppen und Massen. ...Im Prozeß der Massenbildung und im Massenverhalten werden offensichtlich Residuen instinktgeleiteten Verhaltens wirksam, die nicht selten das Denken wirkungsmächtiger zu leiten und zu beherrschen vermögen als die kritische Reflektion. Die Strukturen in Großgruppen und Massen werden vor allem über

Lorenz hat die Triebtheorie auf Tiere bezogen entwickelt und aufgrund der evolutionären Entwicklung zum Teil auf den Menschen übertragen.

Ich möchte nun kurz Schlüsselbegriffe der Lorenzschen Theorie erklären:

* **Instinkt**

  hierarchisch organisierter nervöser Mechanismus, welcher auf bestimmte vorwarnende, auslösende und richtende Impulse (sowohl innere als auch äußere) anspricht und sie mit wohl koordinierten, lebens- und arterhaltenden Bewegungen beantwortet. Lorenz setzt Instinkte mit Trieben gleich und nennt insgesamt vier große Triebe: die Aggression, den Nahrungserwerb, die Flucht und die Fortpflanzung. Die kleinen Triebe wie z. B. Laufen, Fliegen etc. dienen den großen Trieben als Werkzeug (vgl. Lorenz 1981, S. 33 ff.; vgl. Jakobi et al. 1982, S. 47; vgl. Dorsch 1987, S. 309).

* **Instinkthandlung**

  angeborenes Verhaltensmuster/Bewegungsweise, welche im Verhalten häufig wiederkehrt und nicht gelernt worden ist; es kann sowohl bereits postpartal[33] als auch im Laufe der Entwicklung auftauchen.

* **Schlüsselreiz/Signalreiz (Auslöser)**

  Fungieren weniger spezieller Stimuli der allgemein wahrgenommenen Reize fungieren mit der Folge einer Erbkoordination, welche einmal ausgelöst, weitgehend unabhängig von externer Stimulation abläuft. Wichtig sind bei dieser Erbkoordination der automatische Ablauf, der Mangel an kognitiver Einsichtsfähigkeit und die Reduktion auf wenige und einfach auszulösende Reize aus dem möglichen Perzeptionsbereich[34] der jeweiligen Tierart.

* **Interne Faktoren**

  interne Beeinflussung des Verhaltens, welche eine Handlungsbereitschaft provoziert (interne sensorische Stimuli wie Magen- und Blasenfüllungszustand, Hor-

---

Kanäle der affektiven Kommunikation vermittelt, über die der Einzelne in der Großgruppe und Masse angesprochen, ergriffen und zur Identifizierung mit der Masse, ihren Idealen und ihrem Führer bzw. ihren Führen aufgefordert wird." (Haesler 1995, S. 160 f.) Pointiert führt er wenige Zeilen später fort: „Die spezifische Dynamik der jeweiligen Großgruppe und Masse, vor allem die Minderung der Individualität des Einzelnen und deren Einfluß auf sein individuelles kritisches Denken, schafft Möglichkeiten der Beeinflussung und Manipulierung der Masse, die es dem Einzelnen immer schwerer macht, sich dem Einfluß der Masse auf sein Denken und Fühlen zu entziehen. Dies gilt in besonderer Weise auch für die Beziehung des Einzelnen zur modernen Massengesellschaft. Die wachsende allgemeine Entfremdung, die die moderne Massengesellschaft kennzeichnet, setzt den Einzelnen immer mehr unter Druck, sich irgendeiner Gruppe anzuschließen, dazuzugehören und sich mit dieser Gruppe und ihren Vorstellungen und Zielen zu identifizieren. Dies macht es dem Einzelnen immer schwerer, unter dem Druck, dazugehören zu wollen und zu müssen, der Manipulation von politischen und kommerziellen Strategen eine individuelle, unabhängige und kritische Perspektive, und das heißt, kritisches Denken entgegenzuhalten, das nicht Macht und Profitmaximierung, sondern die Freiheit menschlicher Verständigung zwischen autonomen Subjekten zur Referenz hat." (ebd., S. 163 f.)

[33] postpartal: nach der Geburt

[34] Perzeption: die allgemeine, auch unbewußt ablaufende und unspezifische Wahrnehmung; Antonym: Apperzeption, welches die bewußte Wahrnehmung spezifischer Stimuli bezeichnet

monsekretion endokriner Drüsen, anabole und katabole Metabolismus). Instinkthandlungen, welche längere Zeit nicht abgelaufen sind, haben eine niedrigere Reizauslöseschwelle zur Folge, d. h., wenn ein Instinkt eine längere Zeit nicht ausgelöst wurde, wird nur ein geringes Quantum stimulierender Reize benötigt, um diesen sofort in Gang zu setzen.

* **Appetenzverhalten**
  das spezifische Suchverhalten nach einer Reizsituation, deren spezifische Reize ein Instinktverhalten quasi automatisch ablaufen läßt und auf die Reduktion der Bedürfnisspannung intendiert ist (Laichaktivitäten von Fischen, Beutesuchverhalten von Raubtieren, Suchverhalten nach einem Kopulationspartner) (vgl. Müller et al. 1986, S. 274 - 278; vgl. Mitscherlich/Muck 1975, S. 113)

* **Leerlaufaktivität**
  eine Spontanaktivität, welche auftreten kann, wenn sich über längere Zeit keine Gelegenheit bietet, bestimmte Handlungen auszuführen. Wenn auch die Durchführung an Ersatzobjekten nicht gelingt, kann sie im Leerlauf (d. h. ohne Partner, ohne Ersatzobjekt o. ä.) auftreten. Lorenz postulierte die Hypothese der Kumulation artspezifischer Energie infolge endogener Stimulusproduktion.

* **Angeborener Auslösemechanismus (AAM)**
  Kennzeichnung des Reizfilters, welcher mit unterschiedlicher Sensibilität auf Schlüsselreize anspricht. Jeder Erbkoordination liegt eine zentrale Erregungsproduktion zugrunde, welche durch höhere zentrale Instanzen inhibiert wird. Durch das Verlernen der Reaktion auf einzelne Reize kann der Umfang des Verhaltens reduziert werden, jedoch kann darauf auch die Fokussierung auf einen spezifischen Schlüsselreiz und eine Intensivierung der Reaktion erfolgen.

* **Prägung**
  Bezeichnung für eine sehr schnell ablaufende Fixierung eines Lebewesens und seiner Instinktbewegungen auf einen Auslöser, welche in einer sensiblen Phase gelernt wird. Nachdem die Prägung erfolgt ist, können weitere Eigenschaften und Merkmale dieses Prägungsobjektes (z. B. der Bezugsperson) das Lebewesen nachprägen (die sog. Nachfolge-Prägung) und weiterhin nachhaltig beeinflussen. Durch Prägung gelernte Verhaltensweisen können nicht extingiert[35] werden.

---

[35] extingieren: löschen, das Verlernen (oder das Nichtmehrzeigen) von Verhaltensweisen infolge von Vergessen, Abschwächung oder fehlender Darbietung

* **Individualdistanz**

die individuell ausgeprägte räumliche Distanz eines Lebewesens, welche u. U. gegenüber Artgenossen abgegrenzt und verteidigt wird (vgl. Müller et al. 1986, S. 274 - 278). Die Tatsache, daß aggressive Verhaltensweisen unter Freunden, Bekannten und Ehepartnern häufiger anzutreffen ist, wird mit dem permanenten Unterschreiten dieser Individualdistanz begründet (vgl. Merz 1965, S. 94).

* **Fluchtdistanz**

die kritische, individuell ausgeprägte räumliche Distanz eines Lebewesens, deren Unterschreiten durch einen Feind Fluchtverhalten auslöst. Sie kann durch Lernen modifiziert werden (vgl. Müller et al. 1986, S. 274 - 278; vgl. Rosemeier 1987, S. 57 - 60).

Nach Lorenz hat der Aggressionstrieb vier lebens- und arterhaltende Funktionen:

1. Verteilung der Artgenossen in dem verfügbaren Raum zur optimalen Nutzung der Möglichkeiten zur Nahrungssuche
2. Rivalenkämpfe zur Auslese der stärksten Tiere zur Zucht der eigenen Art und Verteidigung des Reviers
3. Gewinnung starker Verteidiger für die Nachkömmlinge und somit für das Überleben der eigenen Art
4. Entwicklung von hierarchischen Ordnungen, um durch deren Einhaltung die Wahrscheinlichkeit weiterer Kampfhandlungen zu reduzieren
   (vgl. Jakobi 1982, S. 47; vgl. Leyhausen 1968, S. 292 - 296).

Lorenz hält das Ausagieren von Aggression zur Stabilisierung der psychischen und physischen Gesundheit für lebensnotwendig (*Katharsishypothese*). Er hält sportliche Betätigungen zur Reduzierung der menschlichen Aggression für sinnvoll. Darüber hinaus könnten persönliche Bindungen und Bekanntschaften unter den Menschen Individual- und Sozialkonflikte minimieren und Kriegsgefahren reduzieren (vgl. ebd., S. 47 - 48). Als Gründe für die Entartung der Aggression beim Menschen führt Lorenz drei Thesen an:

1. Der Mensch modifiziert seine soziale Umwelt durch seine intellektuellen und instrumentellen Fähigkeiten in einer derart rasanten Geschwindigkeit, in welcher sich seine Instinkte nicht haben adaptieren können.

2. Die Dominanz über die Umwelt und das Fehlen natürlicher Feinde haben zur Folge, daß Zuchtwahl nicht nach Umweltbezugspunkten stattfindet und so zu einer intraspezifischen Aggressionshypertrophie[36] führt.
3. Das Gleichgewicht zwischen der relativ schwach ausgeprägten Tötungshemmung und der menschlichen Möglichkeit zu töten ist durch die Entwicklung von Waffensysteme (wie z. B. Präzisionsgewehre, Fernlenkraketen, Flugabwehrwaffensysteme, ABC-Waffen), mit denen sog. ` chirurgische Militäroperationen ´ durchgeführt werden können, pervertiert. Die technische Entwicklung ist im heutigen High-Tech-Zeitalter exorbitant beschleunigt. Es erscheint nicht abzusehen, wann dieser Beschleunigungsvorgang verlangsamt und ab wann er - und ob er überhaupt - gestoppt wird. Dieser Entwicklungsprozeß läßt die Diskrepanz zwischen sozialem Evolutionsniveau des Menschen und dem Stand der Waffentechnik weiter anwachsen. Der Mensch muß zum Töten keinen Kraftaufwand (mehr) betreiben. Das Töten wird durch die zunehmende Distanzierung des Täters vom Opfer und durch die daraus folgende Anonymisierung immer „leichter" (vgl. Hanke et al. 1976, S. 139 - 140).

3.2.4 Kritik an der Instinkttheorie

Die Instinktlehre führt uns vor Augen, daß ein derart komplex organisiertes Säugetier wie der Homo sapiens mit einem Repertoire archaischer anthropologischer Relikte ausgestattet ist. Der Mensch zeigt nicht nur in extremen Notsituationen atavistische Verhaltensweisen. Sein Repertoire der zur Verfügung stehenden Verhaltensmöglichkeiten wird kulturell sublimiert, aber ist dennoch phylogenetisch geprägt (vgl. Parish 1992, S. 114 - 117).

Diese Tatbestände werden jedoch - vorwiegend von Älteren - weiterhin geleugnet, abgelehnt oder verdrängt (vgl. Unterberger 1996). Hier zeigt sich die Brisanz der Entdekkungen, welche von Lorenz analysiert, dokumentiert und z. T. korrekt interpretiert worden sind.

Es scheint erwiesen zu sein, daß menschliche Aggressionsäußerungen vor allem in Konfliktsituationen, in räumlich beengten Rahmenbedingungen und bei bestimmten somatischen und psychischen Erkrankungen ein rudimentäres, zum Überleben notwendiges Verhaltensrepertoire darstellen.

---

[36] Hypertrophie: übermäßiges Wachstum, Vergrößerung

Lorenz führte eine stringente Beweisführung dafür, welche Funktionen ein menschlicher Aggressionsinstinkt habe. Die Frage, ob ein Aggressionstrieb/-instinkt beim Menschen überhaupt existiert, wurde von ihm viel sparsamer thematisiert (vgl. Nolting 1978, S. 35).

Lorenz konnte nicht nachweisen, daß *alle* Menschen eine einheitlich geartete aggressive Natur besitzen.

Der deutsche Psychoanalytiker Erich Fromm (1900 - 1980) und die amerikanische Ethnologin[37] Margaret Mead (1901 - 1978) konnten unabhängig voneinander in interkulturellen Vergleichsstudien nachweisen,

1. daß es <u>friedliebende, lebensbejahende Gesellschaften</u> gibt (Zuni-Pueblo-Indianer, Semang, Polar-Eskimos, Berg-Arapeshen, Semai auf Malaysia),
2. daß <u>nichtdestruktiv-aggressive Gesellschaften</u> existieren, welche Aggressivität, kriegerische Auseinandersetzungen, Rivalitäten, Individualismus und hierarchische Strukturen als Normzustand kennen, diesem jedoch nicht eine zentrale Bedeutung beimessen (Krähen-Indianer, Grönland-Eskimos, Inka, Hottentotten, Tasmanier, Bachiga, Ifugao),
3. daß es <u>aggressiv-destruktive Gesellschaften</u> gibt, für welche Brutalität, Grausamkeit etc. kennzeichnend sind (Kwakiutl-Indianer, Azteken, Mundugumors, Haida, Dobu, Witoto, Ganda).

Die Unterschiede zwischen diesen drei Kulturen sind zu gravierend, als daß sie mit der Instinkttheorie alleinig erklärt werden könnten (vgl. Nolting 1978, S. 37 f.; vgl. Rattner 1970, S. 225 ff.; vgl. Fromm 1974, S. 148 - 162; vgl. Alland 1974, S. 107 - 134).

Aus dieser Theorie Rückschlüsse auf das individuelle Verhalten ziehen zu wollen, erscheint mir aber nicht nur fragwürdig, sondern auch z. T. gefährlich, da dieser monokausale Erklärungsversuch die Komplexität und den Variantenreichtum des menschlichen Verhaltens (wie z. B. Morde, Krieg, Sadismus) zwangsläufig simplifizieren und reduzieren.

[37] <u>Ethnologie</u>: die Wissenschaft von den Kulturen der schriftlosen, außereuropäischen Völker. Die Ethnologie wurde in der zweiten Hälfte des 19. Jahrhunderts eine eigene Universitätsdiziplin. Es bildeten sich Schulen heraus, bei denen sich die Ethnologie unterschiedlich stark und naturwissenschaftlich verschieden orientierte an Anthropologie, Geographie, Geschichte, Linguistik, Psychologie, Ökonomie und Soziologie. Ein neues Aufgabengebiet erwuchs der Ethnologie im 20. Jahrhundert durch die Transformation vieler Stammeskulturen in moderne Industriegesellschaften, d. h. durch den damit verbundenen sozialen Wandel, wobei sie sich verstärkt an Soziologie und Ökonomie orientiert (vgl. Meyers 1995, Band 6, S. 234 f.).

Auch psychische Störungen wie z. B. Neurosen können mit Störungen der Prägung in der sensiblen Phase nicht hinreichend erklärt und die weitere psychische Entwicklung nicht prognostiziert werden.

In der Boulevardpresse werden instinkttheoretische Erklärungsansätze gern zur Beratung von Partnerschaftskonflikten hinzugezogen. Wenn der Mann hinter dem Lenkrad seine Kontrolle verliert, sei der Steinzeitmensch in ihm wach geworden, und er kämpfe eigentlich im eigenen mobilen Revier um Frauen, Anerkennung und Macht. Alles, was sich langsamer als er selbst bewege, würde somit zum Gegner. Wer derart determiniert die Kontrolle über sein Leben resp. seine Taten für kurze Zeit verliere, sei Opfer seiner Instinkte und für kurze Zeit „schwach" geworden. Die Konsequenz müsse sein, neue, sozial akzeptablere Kompensationsmechanismen zu eruieren und seine Instinkte dort - wenn möglich in vollem Umfang - zur Geltung zu bringen (vgl. Rüppel 1995, S. 70).

Bezüglich der von Lorenz (partiell auch von Freud) postulierten Katharsishypothese sind etliche Forschungen praktiziert worden, um diese These einer Falsifizierung zu unterziehen. Eine Verifizierung konnte nicht geleistet werden.

Berkowitz stellte dazu fest:

> „Actually, nonfrustration-aggressive play subjects consistently showed higher aggression scores...than nonfrustration-social talk subjects. ...Taken together, the findings suggest that aggressive play, with or without previous frustration, has no cathartic play. ...Verbal expressions of hostility...may actually lead to an increase of aggressive behavior toward the subject of the hostile expression...."
> (Berkowitz 1969, S. 103 f.)

Sowohl verbales als auch körperliches Ausdrücken von Aggression führt eher zu einem Anstieg als zu einem Abbau von Aggressivität. Durch die physische Erschöpfung nach aggressivem Verhalten können Pseudo-Katharsis-Phänomene auftauchen. Die Wahrscheinlichkeit der Repetition der aggressiven Verhaltensweisen ist dann erhöht, wenn das Verhalten erfolgreich war. Durch Beobachtung und Ausführung erfolgreicher Aggression erhöht sich die Wahrscheinlichkeit weiterer aggressiver Verhaltensweisen, und es kann sogar ein besonderer Bedarf nach weiteren aggressiven Verhaltensweisen entstehen (vgl. Selg 1982, S. 34 f.). Die Katharsishypothese muß somit in ihrer Aussagekraft deutlich eingeschränkt werden.

Das Übertragen der Katharsishypothese auf gesellschaftliche, soziale und politische Umständen würde fatale Folgen haben. Folgende Situation wäre denkbar:
In einem demokratischen Sozialstaat werden Protestaktionen als Abreagieren aufgestauter Energien gewertet. Studentenrevolten werden als Ventil des Aggressionsinstinktes und gewalttätige basisdemokratische Innovationstendenzen wie z. B. gewalttätige Großdemonstrationen als rudimentäres Verhaltensrepertoire interpretiert, unabhängig davon, welche soziale Mißstände, historische Faktoren und individuelles Fehlverhalten dazu beigetragen haben (vgl. Schmidbauer 1972, S. 13).
Das scheinbare Paradoxon zwischen den wissenschaftlichen Befunden, daß kathartische Effekte keinen Einfluß auf aggressive Gefühlszustände haben oder sie noch steigern, und der *Vox populi*, daß kathartische Effekte Aggressivität mindere, kann geklärt werden:
Das Ausdrücken von Gefühlen, Spannungszuständen und Ängsten (weinen, lachen, sprechen, „Dampf ablassen") kann zu einem emotionalen Zustand der Erleichterung, des „Freiseins" und der Relaxation führen. Die meisten Menschen fühlen sich besser, wenn sie vorhandene Ängste und Spannungen abbauen können (vgl. Zimbardo 1995, S. 431).
Lorenz et al. konnten ihre Kritiker bezüglich des Ausmaßes der menschlichen Aggressivität im Vergleich zu der tierischen nicht überzeugen. Lorenz konnte nicht deutlich machen, warum der Mensch im Gegensatz zu anderen Primaten zu solch brutalen Taten wie Genozid, Holocaust, Progrom, Sadismus etc. fähig sein kann (vgl. Fromm 1982, S. 139 - 148; vgl. Meyer et al. 1979, S. 530 f.).
Volker Sommer vom anthropologischen Institut der Universität Göttingen analysierte in einer neueren Studie die Beobachtungen von vegetarisch lebenden Schlankaffen in Asien, den Grauen Languren. Er konnte dabei nachweisen, daß bei diesen ein erwachsenes Männchen so lange herrscht, bis es von einem Nachfolger gewaltsam verjagt wird. Etliche Kinder des ehemaligen Anführers und von anderen Gruppenmitglieder wurden von dem neuen Herrscher in einem Infantizid[38] umgebracht, um dessen Fortpflanzungserfolg zu sichern. Interessant und bemerkenswert ist auch, daß unter den getöteten Jungtieren mehr männliche als weibliche zu finden waren. Sommer interpretierte dies damit, daß Weibchen als mögliche Sexualpartner geschont werden müßten und männliche Jungtiere häufig als Konkurrenz zu den eigenen männlichen Nachkommen gelten könnten (vgl. König 22.01.1996; vgl. Degen 1993).

[38] Infantizid: Kindermord

Heinsohn et Packer der University of Minnesota konnten sogar charakterliche Differenzen im Verhalten von Löwinnen wissenschaftlich nachweisen. Dabei wurde konstatiert, daß diese Tiere unterschiedlich aggressives Verhalten aufwiesen. Dies konnte sowohl beobachtend beschreibend als auch experimentell nachgewiesen werden (vgl. FAZ 06.12.1995).

Diese Tatbestände hätte Lorenz mit seiner Instinkttheorie nicht erklären können.

Einige Psychologen (wie z. B. Stanley Milgram) bestreiten nicht, daß es Aggressionstriebe gibt, führen aber selbst evozierte Laborergebnisse (wie z. B. die Resultate seiner Experimente zur Gehorsamsbereitschaft gegenüber Autoritäten) nicht auf Aggressionstriebe, sondern auf die Integration der Probanden[39] in eine Sozialstruktur zurück, aus der auszubrechen sie nicht in der Lage sind (vgl. Milgram 1974, S. 193; vgl. Milgram 1987, S. 590 - 602; vgl. Schwartz 1988, S. 46 - 60).

Grundsätzlich ist auch zu hinterfragen, ob es „natürliches" Verhalten an sich gibt, oder ob sowohl individuelles als auch kollektives Verhalten ausschließlich kulturbedingt und -beeinflußt wird (vgl. Nolting 1978, S. 39; vgl. Lehrmann 1987, S. 46 - 58).

Ich schließe mich der Meinung der meisten Autoren an, daß die Instinkttheorie der Aggression wegen der oben genannten Gründe in vielen Aspekten zurückgewiesen werden muß.

[39] Proband: (lat. „ein zu Erprobender, zu Prüfender") experimentelle Versuchsperson

3.3 Physiologische Grundlagen der Aggression

3.3.1 Allgemeine Aussagen

Die Interdependenz zwischen Emotionen, sichtbarem Verhalten und physiologischen Vorgängen im Organismus ist äußerst komplex und Gegenstand intensiver Forschung unterschiedlicher Disziplinen wie Neuroanatomie, Neurophysiologie, vegetative Physiologie, psychologische Streßforschung, Psychosomatik, Neurologie, Psychiatrie, Lernpsychologie. In jüngster Zeit wird zunehmend interdisziplinär geforscht.

Das menschliche Verhalten wird insbesondere bei den neurophysiologischen Forschungen mit dem der Tiere verglichen. In der Presse werden solche Tierexperimente aufgegriffen, welche die Existenz bösartiger aggressiver Instinkte oder Triebzentren im Gehirn nachweisen sollen. So lassen Tierversuche amerikanischer Wissenschaftler der John Hopkins University vermuten, daß Stickoxidmangel einen genetischen Defekt an Neurotransmittern[40] auslöse und zu stärkerer Aggression führe als bei Tieren ohne Stickstoffmangel. Diese Beobachtung sei nur bei männlichen Tieren zu konstatieren (vgl. Spiegel 48/95, S. 208).

Die Hamburg-Mannheimer-Stiftung für Informationsmedizin asseriert, daß ein erhöhter Bleiserumspiegel die Aggressivität zumindest bei Kindern erhöhen und zu strafbaren Handlungen oder sozial deviantem[41] Verhalten führen könne (vgl. RP 11.05.1996).

Eine Arbeitsgruppe um H. G. Brunner meint herausgefunden zu haben, daß eine Mutation des männlichen X-Chromosoms eine Beeinträchtigung der Synthese des Enzyms Monoamino-xydase A zur Folge hätte. Dadurch würden Männer zu auffälligem Verhalten und zur Gewalttätigkeit neigen (vgl. Müller-Hill 1994).

Aber auch genetische Fragestellungen in bezug auf Kriminalität, Gewalttätigkeit und Aggression werden insbesondere in den Vereinigten Staaten zum Teil erbittert diskutiert. Durch die rapiden Fortschritte der Molekulargenetik erscheint es in absehbarer Zeit möglich zu sein, das Genom[42] zu entschlüsseln. Der Vizepräsident der Human Genome Organisation (HUGO) in Europa gab in einem Interview bekannt, daß bis zum Jahre 1998 sämtliche Gene kartiert seien und bis zum Jahre 2002 das gesamte menschliche Erbmaterial sequentiert sein werde (vgl. RP 23.03.1996).

Fragen nach jenen Genen, welche für eine kriminelle Neigung, für Gewalttätigkeit oder für aggressive Handlungen zuständig seien, kommen insbesondere von Genetikern zur

---

[40] Neurotransmitter: Nervenbotenstoff; chemische Substanzen, welche an den Synapsen im Zentralnervensystem und in den peripheren Nerven eine Erregung weiterleiten

[41] deviant: (in der Soziologie) von der Norm abweichend

Sprache. Dagegen machen Liberale ihre Vorstellungen und Meinungen zum Phänomen Aggression geltend. Sie führen Zwillingsforschungsresultate an, welche zeigten, daß adoptierte Zwillinge, deren Verhalten mit dem ihrer Eltern verglichen worden waren, die Genetiklehre zwar insofern unterstützten, daß ihr Verhalten dem der Eltern sehr ähnlich sei. Dies sei vornehmlich der Genetik zuzuordnen. Kriminelles Verhalten könne aber deshalb nicht vorhergesagt werden. Dieses Verhalten unterläge multidimensionaler Kausalität und könne nicht monokausal auf die Genetik allein zurückgeführt werden. Liberale Jugendliche und BürgerrechtlerInnen interpretierten die Versuche, aggressives und kriminelles Verhalten mit genetischen Ursachen zu begründen, als sehr brisant. Solche Erklärungsversuche sollten den ökonomischen und sozialen Status quo vornehmlich konservativer Bürger der Mittel- und Oberschicht etablieren und helfen, ethnische Gruppierungen auszugrenzen. Diese „eugenische[43] Rassendiskriminierung" mit pseudowissenschaftlichem Anspruchsverhalten solle Ungleichheiten jeglicher Art genetisch erklären, die Schuld und Verantwortung den betroffenen Gruppen selbst zuweisen und alle anderen Individuen von Gefühlen der Schuld und Mitverantwortung entlasten.

In der Literatur wird die Genomforschung zur Ursachenforschung von devianten Verhaltensweisen, von Erbkrankheiten, Intelligenz etc. pp. als zunehmend wichtig erachtet. In den nächsten Monaten und Jahren können insbesondere in diesem Bereich eine Vielzahl von Forschungsergebnissen erwartet werden. Der wissenschaftliche Fortschritt ist besonders in dieser Disziplin exorbitant (vgl. Der Spiegel 40/95, S. 230 - 232; vgl. Hausen 1996; vgl. Simon 1995; vgl. Der Spiegel 41/1995, S. 208 - 210; vgl. La Roche 1992, S. 63 - 67).

Daraus wird deutlich, daß diese Diskussion immer auch ethisch-moralische und soziale Aspekte impliziert.

Ich möchte hier nur kurz einen Überblick über Grundlagen zu neurophysiologisch und vegetativ bedingten Erregungsmustern geben:

In den neunziger Jahren des letzten Dezennium konnte Bard herausarbeiten, daß Katzen, welche decortifiziert[44] worden waren, auf triviale Stimuli mit inadäquat starken Wutanfällen reagierten, als seien sie sehr bedroht worden. Diese Reaktion konnte als Aktivität

---

[42] Genom: Gesamtheit der Gene, der menschlichen Erbanlagen eines Individuums (für weitere und leicht faßbare Information vgl. Hessisches Ministerium für Umwelt, Energie, Jugend, Familie und Gesundheit 1995, S. 8 ff.)

[43] Eugenik: die Erbhygiene, die Erbgesundheitslehre, Teilgebiet der Humangenetik; Ziel ist es, einerseits die Ausbreitung von Genen mit ungünstigen Wirkungen in menschlichen Populationen möglichst einzuschränken (*negative* oder *präventive Eugenik*), andererseits erwünschte Genkonstellationen zu erhalten oder zu vermehren (*positive Eugenik*) (vgl. Meyers 1995, Band 6, S. 239).

[44] Decortifizierung: Entfernung der Großhirnrinde

des Diencephalon[45] identifiziert werden. Es besteht aus vier funktionell und topographisch unterschiedlichen Gebieten: dem Epithalamus, dem Subthalamus, dem Thalamus und dem Hypothalamus. Wenn die Decortifizierung eine Abtrennung des Diencephalons mit einbezog, hörten diese Wutreaktionen auf. Spätere Untersuchungen in den vierziger und sechziger Jahren dieses Jahrhunderts zeigten, daß verschiedene Reizungen des Hypothalamus unterschiedlichste affektive Reaktionen nach sich ziehen. Der Thalamus beeinflußt vermutlich die Motivation, Emotion und Aufmerksamkeit. Er bildet eine Umschaltstelle für alle zum Großhirn laufenden sensorischen Bahnen und wird deshalb häufig als „das Tor zum Bewußtsein" bezeichnet. Über zahlreiche Verbindungslinien zu kortikalen und subkortikalen motorischen Zentren sowie zum Cerebellum[46] steuert der Thalamus Bewegungsabläufe durch Koordinierung der Abläufe von Einzelbewegungen (vgl. Schandry 1981, S. 26 f.). Der Hypothalamus kontrolliert äußerlich sichtbare emotionale Reaktionsweisen und autonome physiologische Reaktionen wie Blutdruckregulierung, Herzschlag- und Atemfrequenz, Schlaf, Sexualfunktion, Metabolismus, Körpertemperatur, Wasserhaushalt, Atemminutenvolumen, Miosis[47] und Mydriasis[48], Muskeltonussteigerung oder -minderung und weitere Aktivitäten des sympathischen und parasympathischen Nervensystems (vgl. Kolb/ Whishaw 1993, S. 363 - 365; vgl. Schandry 1981, S. 27 f.).

Untersuchungen von W. R. Hesse haben ergeben, daß eine elektrische Reizung verschiedener hypothalamischer Regionen sowohl vegetative Effekte (s. o.) als auch charakteristische Wut- und Fluchtreaktionen hervorrufen. Der Hypothalamus gehört neben der Hippocampusformation, der Nuclei amygdalae[49], dem Bulbus olfactorius[50], des Fornix cerebri[51], der Septum-Rinde, dem Corpus mamillare[52] und Teilen des temporalen Kortex zum sogenannten *limbischen*[53] *System*. Dieses ist als komplexe Struktur ringförmig um den Hirnstamm und die medialen Hemisphärenflächen angeordnet. Das limbische System

---

[45] Diencephalon: das Zwischenhirn; Teil des Hirnstamms, umschließt den dritten Hirnventrikel.

[46] Cerebellum: das Kleinhirn; in der hinteren Schädelgruppe unterhalb der Hinterhauptlappen gelegener Teil des Gehirns. Mitwirkung bei der Aufrechterhaltung des normalen Tonus der Skelettmuskulatur und des Körpergleichgewichts, Regulation der Innervationsgröße der Einzelbewegungen und deren Zusammenfassung zu koordinierten kombinierten Bewegungsabläufen.

[47] Miosis: die zeitweise Engstellung der Augenpupille (< 1, 5 mm) durch Kontraktion des Musculus sphincter pupillae oder infolge Lähmung des Musculus dilatator pupillae; physiologisch als Licht- und Konvergenzreaktion, ferner ophthalmisch als Effekt von Parasympathomimetika (sog. Miotika).

[48] Mydriasis: Weitstellung der Augenpupille (> 5 mm); physiologisch bei Dunkeladaptation und Blick in die Weite; krankhaft und anhaltend bei Sympathikusreizung.

[49] Nuclei amygdalae: die Mandelkerne

[50] Bulbus olfactorius: zwiebelförmige Anschwellung am Beginn des Tractus olfactorius, nimmt die Riechnerven auf

[51] Fornix cerebri: das Hirngewölbe; bogenförmiges Markbündel, welches als Crus fornicis aus den Fimbria hippocampi hervorgeht.

[52] Corpus mamillare: paarige Erhebung am Boden des Zwischenhirns; die Schaltstelle des limbischen Systems (vgl. Pschyrembel 1990, S. 311)

[53] limbus (lat.): Saum, Rand, Kante

erhält Erregungen der Formatio reticularis des Hirnstamms, von den Stammganglien, vom vorderen Thalamus und auf indirektem Weg auch vom Neocortex[54].
Es hat eine wichtige Funktion für die Erregungsspeicherung, fördert Lernvorgänge[55] und löst Handlungen vegetativen und somatischen Erregungsursprungs aus. Emotionale Reaktionen wie Furcht, Aggression und Vermeidungsverhalten werden vor allem in dieser Region entwickelt (vgl. Schütz et al. 1982, S. 308; vgl. Miketta/Siefer/Begley 1996, S. 165 f.).
Das limbische System steht unter direktem Steuerungseinfluß des Frontallappens, so daß es nachvollziehbar erscheint, daß Störungen des Frontallappens im allgemeinen emotionale Beeinträchtigungen zur Folge haben. Funktionelle Läsionen der Nuclei amygdalae können zu verminderter Aggressivität und Furchtlosigkeit, elektrische Stimulationen derselben jedoch zu aggressivem Verhalten führen. Sie scheinen bei der Hemmung von Aggressivität und Sexualität ebenso wie beim Erwerben und Aufrechterhalten von Vermeidungsverhalten beteiligt zu sein (vgl. Schandry 1989, S. 34; vgl. Hagehülsmann 1992, S. 29 f.; vgl. Miketta et al. 1996, S, 163 ff.).
` Psychochirurgische ´ Eingriffe[56] an den Nuclei amygdalae bei Gewalttätern konnten deren Aggressivität und Dominanzstreben mindern (vgl. Pöppel 1984, S. 324).
1939 konnten Klüver und Bucy feststellen, daß Affen, an welchen eine bilaterale Lobektomie der medialen Temporallappen[57] durchgeführt worden war, zahm und furchtlos wurden, ein undifferenziertes Freßverhalten zeigten, eine autoerotische, homo- und heterosexuelle Hyperaktivität vorwiesen, eine Hypermetamorphose[58], Pica[59] und eine visuelle Agnosie[60] zeigten. Ähnliches Verhalten wurde auch bei anderen ebenfalls lobektomierten Tieren beobachtet.

---

[54] Neocortex: phylogenetisch jüngster Anteil der Großhirnrinde

[55] Im limbischen System wird insbesondere der Hippocampus (griech. „das Seepferdchen“) für die Speicherung von Informationen im Kurzzeitgedächtnis verantwortlich gemacht. Elektrische Ableitungen konnten zeigen, daß der Hippocampus optische, akustische, taktile, viszerale und nur in geringem Maße olfaktorische Impulse empfängt. Es stellt ein Integrationsorgan dar, welches über seine Verbindungen mit dem Hypothalamus, den Septumkernen und dem Gyrus cinguli das endokrine, viszerale und emotionale Geschehen beeinflußt. Die doppelseitige Entfernung bei schwer epileptisch Erkrankten führt zu einem Verlust der Merkfähigkeit. Während alter Erinnerungen erhalten bleiben, kann Neues nur für Sekunden behalten werden. Ein solches Sekundengedächtnis kann über Jahre bestehen bleiben. Die Hippocampuskerne besitzen eine sehr niedrige Reizschwelle für Krampfentladungen. Dem Hippocampus wird daher beim Zustandekommen von epileptischen Krampfanfällen, Dämmerzuständen und Gedächtnislücken eine besondere Bedeutung zugeschrieben (vgl. Kahle 1986, S. 216). In weiteren Berichten wird beschrieben, daß das limbische System auch bei spiritistischen Aspekten eine Rolle spielt. Wallis führt dazu aus: „The limbic system, which is found in all primates, plays a key role in emotions, sexual pleasure, deep-felt memories and, it seems, spirituality. When either the amygdala or the hippocampus is electrically stimulated during surgery, some patients have visions of angels and devils. Patients whose limbic systems are chronically stimulated by drug abuse or a tumor often become religious fanatics.“ (Wallis 1996)

[56] psychochirurgische Eingriffe: Eingriffe chirurgischer Art am menschlichen Gehirn, um Veränderung des menschlichen Verhaltens zu bewirken

[57] bilaterale Lobektomie der medialen Temporallappen: Durchschneidung der Nervenbahnen an beiden innen gelegenen Scheitellappen der Großhirnrinde

[58] Hypermetamorphose: große Reizreaktionstendenz

[59] Pica: eine Neigung, alles in den Mund zu nehmen

[60] visuelle Agnosie: Störung des optischen Erkennens

Bei Menschen mit neurologischen Auffälligkeiten, welche den oben genannten Symptomen bei Affen entsprechen, wird dieses Phänomen *Klüver-Bucy-Syndrom* genannt. Grundsätzlich können die Auswirkungen einer Hirnläsion auf Funktionen wie Sprache und Gedächtnis viel konstanter und kalkulierender prognostiziert werden als die auf Emotionen (vgl. Kolb/ Whishaw 1993, S. 363 - 369).

Im Jahre 1935 veröffentlichte der amerikanische Psychologe Carlyle Jacobsen die Ergebnisse seiner Versuche an Schimpansen. Er hatte diesen Aufgaben gestellt, deren Lösung für sie zu schwierig war. Wenn dies mehrmals hintereinander geschah, wurden die Affen wütend. Sie schrien, kreischten, rüttelten an den Käfigstäben und wälzten sich am Boden. Wurden die Aufgaben über eine längere Zeit gestellt, zogen sich die Schimpansen zurück. Sie wollten nicht mehr fressen und waren für weitere Laborexperimente nicht mehr einsatzfähig. Nachdem diesen Tieren das Stirnhirn chirurgisch entfernt worden war, wurden sie gleichmäßig freundlich und kooperativ. Sie machten bei den Aufgaben viel mehr Fehler als vorher, doch störten sie sich nicht daran (vgl. Lausch 1974, S. 77 f.).

Der portugiesische Neurologe Almeida Lima war von diesen Ergebnissen zutiefst beeindruckt und dachte an seine schwerkranken PatientInnen, welche an permanenter, unkontrollierbarer Unruhe, Aggressivität, quälender Angst, erhöhter Reizbarkeit, Schlaflosigkeit und Suizidalität litten.

Lima war bekannt, daß insbesondere der menschliche Lobus frontalis im Vergleich zu relativ intelligenten Tieren wie Katze oder Hund sehr stark ausgeprägt ist. Er beträgt beim Menschen fast ein Drittel des gesamten Gehirns. Elektrische Stimulationen hatten jedoch keine eindeutige Funktion dieses Abschnitts nachweisen können. Zwar gehören im Rahmen ihrer Funktion als Teil des kortikalen Repräsentationsfeldes[61] auch ein Teil der motorischen Rinde[62] und zwei der drei Sprachzentren[63] zum Lobus frontalis, doch sein vorderes Gebiet konnte funktionell nicht kategorisiert werden (vgl. ebd., S. 75 -85). Noch im gleichen Jahr operierte er seine PatientInnen. Er führte die sog. Leukotomie durch, indem er diesen das Stirnhirn nicht vollständig exzidierte, sondern an exakt berechneten Stellen jene Axone[64] durchtrennte, welche vom kortikalen Frontalhirn zu tieferen Regionen des Cerebrums führen. Von 20 derart operierten PatientInnen wurden nach Limas Angaben 7 „geheilt", der Zustand von weiteren sieben konnte „verbessert" werden

[61] kortikales Repräsentationsfeld: Hirnrindenbereich, welcher mit einem spezifisches Körperteil afferent oder efferent verbunden ist; der menschliche Körper wird sowohl sensorisch als auch motorisch auf der Hirnrinde im sog. *Homunculus* abgebildet und funktionell dargestellt (vgl. Pschyrembel 1990, S. 1085).

[62] zur willkürlichen Steuerung und Aktivierung vom Muskelbewegungen

[63] zum sensorischen Verständnis der rezipierten akustischen Signale und zum kognitiven und motorischen Ausformulierung von Wörtern und Sätzen

und für sechs änderte sich nichts. Die „Geheilten" oder „Verbesserten" erschienen nach der Operation ausgeglichener, die Intensität ihrer Symptome hatte z. T. deutlich nachgelassen.
Der „Preis" für diese Besserungen war jedoch eine Vielzahl schwerer hirnorganischer Persönlichkeitsdefekte. So mußte beobachtet werden, daß die PatientInnen indolent, lethargisch, apathisch, initiativlos, desinteressiert, indifferent, verantwortungslos und ohne Ehrgeiz waren. Falls Kreativität vormals existiert hatte, war sie nun völlig erloschen. „Höhere" Gefühle wie Selbstbewußtsein, Stolz, Scham und Reue fehlten ihnen, die Gefühlsregungen waren flach bis oberflächlich. Religiöse Interessen und Konflikte waren verschwommen oder verschwunden (vgl. ebd., S. 78 - 85). Bei anderen Versuchen mußte über die genannten Symptome hinaus fehlendes Einfühlungsvermögen, Witzelsucht[65] und manchmal auch konsistentes Euphoriegefühl der PatientInnen konstatiert werden (vgl. Pöppel 1984, S. 324; vgl. Dörner/Plog 1992, S. 549 f.).
Eigenartige Veränderungen sind bei SchmerzpatientInnen zu beobachten. Sie nehmen nach einer Leukotomie von Axonen der schmerzauslösenden Region ihre Schmerzen zwar noch wahr, empfinden diese jedoch nicht mehr als störend. Sie verfügen über eine sensorische Indolenz. Gravierende Charakterveränderungen sind nach Läsionen der orbitalen Rinde des basalen Neocortex zu konstatieren. Ein Abbau von Anstand, Takt und Schamgefühl und emotionale Irritationen ähnlicher Art können bei bisher differenzierten und gebildeten Menschen auftreten und zu schwerwiegenden sozialen Entgleisungen führen (vgl. Kahle 1986, S. 230).
Trotz dieser postoperativen Persönlichkeitsveränderungen breitete sich diese Operationstechnik in den vierziger Jahren dieses Jahrhunderts vor allem in den USA aus und entwickelte sich dort zu einer Art Standardoperation. 1954 wurde dort die Zahl der vorgenommenen `psychochirurgischen ´ Eingriffe auf 50000 und in England auf 10000 geschätzt. Sogar Alkoholiker wurden auf Wunsch leukotomiert: Sie tranken nach der Operation zwar weiter, dies störte sie jetzt jedoch nicht mehr.
Eine für diese Euphorie bezeichnende Sendung der NDR-Nordschau vom 27.05.1969 befaßte sich mit einer speziellen Operation am Gehirn devianter Gewalt- und Sexualtäter, bei der gezielte, über Trepanationsöffnungen[66] ausführbare Ausschaltungen unter der

---

[64] Axone: efferente Nervenfasern, welche Erregungsimpulse von der Nervenzelle - dem Neuron - zur Peripherie weiterleitet
[65] Eine interessante Ausführung zur sog. Witzelsucht (eine amüsierte Gleichgültigkeit oder Nivellierungstendenz) kann bei Sacks 1987, S. 162 ff. nachgeschlagen werden.
[66] Trepanation: chirurgische operative Eröffnung der Schädelhöhle (die sog. Schädel-Trepanation) unter Verwendung eines Trepans, welcher in Form eines zylinder-, kegel- oder kugelförmigen Bohrers oder als kreisförmig schneidender Fräser eingesetzt wird (vgl. La Roche 1993, S. 1661).

Hirnrinde befindlicher Strukturen unter Einsatz eines speziellen Zielgerätes vorgenommen werden (vgl. NDR-Nordschau 1969).

Die Daten, welche vom Zielpunkt übertragen wurden, konnten mittels Pneumenzephalographie[67] gewonnen werden. Heutzutage kann durch eine räumliche Darstellung des Gehirns mit dem cranialen Computertomogramm[68] oder ein noch genaueres Kernspinresonanztomogramm[69] die Schnittstelle eingestellt und am Hirnmodell korrigiert werden (vgl. La Roche 1993, S. 1570 f.).

Das folgende Zitat aus dieser Sendung mag den Enthusiasmus für diese Vorgehensweise in jener Zeit verdeutlichen:

> „Das Göttinger Ärzteteam wagt als einziges in der Welt diesen komplizierten Eingriff, bei dem eines der beiden Sexualzentren des Zwischenhirns vernichtet wird. Sie bekämpfen den Trieb also an der Stelle, die ihn verursacht. Eines ihrer nächsten Patienten wird voraussichtlich der Kirmesmörder Jürgen Bartsch[70] sein. Nach Ansicht der Wissenschaftler ist sein laut psychiatrischer Gutachten abnorm starker raubtierhafter Trieb *(Hervorhebung durch d. Verf.)* allerdings nur durch einen weit radikaleren Eingriff zu beseitigen. Nicht nur beide Sexualzentren, sondern auch beide Mandelkerne im Gehirn - Zentrum aller bösartigen Instinkte - müssen bei ihm ausgeschaltet werden." (NDR-Nordschau 1969)

Bei dieser Kommentierung wird deutlich, in welcher Art sich die Instinkttheorie mit den neurophysiologischen und auch endokrinologischen Aggressionstheorien verknüpfen kann. Der Mörder war in einem solche geartetem Fall kein Mensch mehr, welcher für seine Taten mitverantwortlich gemacht werden konnte, sondern vielmehr Opfer seiner Triebe und Instinkte. Deren Einfluß wollten die Neurochirurgen durch eine Hirnoperation einschränken. Die Auswirkungen derartiger Vergehensweisen sind verheerend und deprimierend. Insbesondere bei leukotomierten Patientinnen sind die Ergebnisse hervorstechend.

---

[67] Pneumenzephalographie: Darstellung der Liquorräume des Gehirns (Ventrikel, Subarachnoidalräume) nach Einbringen von Luft (besser Krypton, Helium) durch subokzipitale oder lumbale Punktion (im fraktionierten Liquoraustausch). Aufnahmen am Sitzenden, später am Liegenden in mindestens 2 Ebenen (vgl. La Roche 1993, S. 1325).

[68] craniales Computertomogramm: röntgendiagnostisches, computergestütztes bildgebendes Verfahren nach dem Prinzip der Tomographie; es gestattet, minimale Dichteunterschiede innerhalb des Gehirngewebes darzustellen und quantitativ zu analysieren. Das Verfahren ist schon bei dem klinischen Verdacht auf einen raumfordernden intrakraniellen Prozeß indiziert (vgl. Pschyrembel 1990, S. 305 f.).

[69] Kernspinresonanztomogramm: nichtinvasives bildgebendes, als topographische Magnetresonanz-Spektroskopie aufzufassendes Diagnoseverfahren unter Nutzung des Magnetfeldes hoher Feldstärke sowie von in gepulster Form eingestrahlten Radiowellen im Megahertz-Band von geringer Intensität. Diese Untersuchungsmethode ermöglicht durch die dargestellten Wasserstoffdichte- und Relaxationszeitunterschiede die scharfe Abgrenzung von Geschwulstbildungen, Ödemen, Hämorrhagien oder Nekrosen gegenüber der gesunden Umgebung (vgl. La Roche 1993, S. 898; vgl. Arndt/Bodemeyer 1995, S. 40 - 45).

[70] Ausführlich über die Lebensgeschichte des Jürgen Bartsch, welcher bereits im Alter von 16 - 20 Jahren mehrfach äußerst grausame und brutale Morde an Kindern begangen hatten, berichtet Alice Miller in ihrem Buch „Am Anfang war Erziehung". Bartsch hatte die Kinder durch Schläge gefügig gemacht, gefesselt und an den Genitalien manipuliert. Er selber masturbierte dabei, tötete das Kind durch Erwürgen oder Erschlagen, schnitt dann den Leib auf und leerte Bauch- und Brusthöhle vollständig. Er zerstückelte die Leichen, trennte die Gliedmaßen ab, enthauptete, kastrierte die Kinder, stach ihnen die Augen aus, schnitt Fleischstücke aus dem Gesäß und den Oberschenkeln (vgl. Miller 1980, S. 237 f.). Miller macht in ihrem Buch sehr deutlich, wie eine äußerst rigide und repressive „Erziehung" das Leben eines unbeschreiblich grausamen Mörders (mit-) verursachte. Ihre Ausführungen zu der Lebensgeschichte des Jürgen Bartsch halte ich für sehr empfehlenswert (vgl. ebd., S. 232 - 284).

Da die Leukotomie gerade jene Hirnareale destruiert, welche für die höchsten psychisch-kognitiven Fähigkeiten des Menschen verantwortlich zu sein scheinen, gab es massive ethisch-moralische Dispute.

Nach Einführung der ersten Psychopharmaka im Jahre 1952 änderte sich das Bild der Psychiatrie grundlegend, die Diskussion um operative Eingriffe am menschlichen Gehirn ebbte ab.

Eine weitere Methode, menschliches Verhalten hirnchirurgisch zu modifizieren, ist die sog. stereotaktische Operation. Dabei werden mit einer Gehirnsonde gezielt ein- oder beidseitig winzige mm-große Felder subkortikaler Zentren ausgeschaltet. In der Bundesrepublik Deutschland wird diese Methode seit Anfang der achtziger Jahren bei folgenden Erkrankungen und unterschiedlichsten Symptomen angewendet: Morbus Parkinson, Schmerzzustände, Sexualstörungen, Zwangsneurosen, Epilepsien, Depressionen, Schizophrenie, Bulimie und Äthylismus (vgl. Dörner/Plog 1992, S. 549 f.). Die Ergebnisse waren anfangs sehr beeindruckend, doch wurde schon 1976 von Organisationen wie die „Deutsche Gesellschaft für Sexualwissenschaft" und „Deutsche Gesellschaft für Soziale Psychiatrie" in Gedenken an die Katastrophen der Leukotomien auf die Gefahren hingewiesen. Danach gäbe es keine klaren Indikationen für die Anwendung der stereotaktischen Operationstechnik. Eine ausreichende Anzahl an empirischen Studien über Folgen und Nebenwirkungen fehlte. Außerdem sei das Verfahren unkontrolliert und für eine Manipulation offen zugänglich. In der Bundesrepublik Deutschland wurde eine Kommission beim früheren Gesundheitsamt gebildet, welche Kriterien für die Anwendbarkeit dieser Technik ausarbeiten sollte. In anderen europäischen Ländern ist diese Methode längst verboten (vgl. ebd.).

Wenn Psychopharmaka jenen Patientinnen nicht mehr helfen können, die an schweren, therapieresistenten Zwangsneurosen, Schizophrenien, chronischen endogenen Depressionen und chronischen Cephalgien[71] leiden, wird auch heutzutage eine Leukotomie erwogen und z. T. angewendet. Diese Eingriffe sind heutzutage aber relativ selten, weil ihr Einsatz durch die Entwicklung der modernen Psychopharmaka zunehmend redundant werden (vgl. ebd., S. 81 f.).

Beeindruckend sind Befunde an Patientinnen, welche an cerebraler Dysfunktion, Ischämie[72], Demenz[73] oder Tumoren leiden. Zimbardo beschreibt Funktionsstörungen des

---

[71] Cephalgie: Kopfschmerz
[72] Ischämie: Durchblutungsstörung, häufig verbunden mit einem Mangel an Sauerstoff
[73] Demenz: Unter einer Demenz wird - im Gegensatz zur frühkindlichen erworbenen Oligophrenie - ein Intelligenzabbau resp. der Verlust von Fähigkeiten verstanden, deren Ursachen hauptsächlich in organischen Hirnerkrankungen zu suchen sind (vgl. Martin 1986, S.

menschlichen Gehirns aufgrund pathophysiologischer Prozesse sehr plastisch anhand eines jungen Mannes, welcher von aggressiven „Trieben“ peu a′ peu übermannt worden war: Er erschoß 16 Menschen, bevor er selbst erschossen wurde. Bei der anschließenden Autopsie des Täters konnte ein walnußgroßer, maligner Hirntumor vom Typ eines Glioblastoma multiforme[74] im Gebiet der Nuclei amygdalae gefunden werden (vgl. Zimbardo 1983, S. 635 f.; vgl. Schmidbauer 1972, S. 60 - 64).

Aktuelle Ergebnisse dazu lieferte der amerikanische Psychologe Roben Gur. Er konnte bei mürrischen, leicht reizbaren älteren Männern eine Atrophie[75] der Hirnsubstanz im linken anterioren Teil des Cortex konstatieren. Dies sei nur bei Männern, nicht aber bei Frauen festzustellen (vgl. RP 12.04.1996).

Die psychomotorische Temporallappenepilepsie[76] kann ebenfalls als eine Erkrankung bezeichnet werden, welche jähe aggressive Attacken zur Folge haben kann. Bei jeder zweiten Patientin mit psychomotorischer Epilepsie - nicht zu verwechseln mit Epilepsieformen der generalisierten oder lokal-fokalen Form - treten diese unkontrollierbaren Wutanfälle auf (vgl. Schmidbauer 1972, S. 67 f.).

Ich werde auf ähnliche, aber weniger dramatisch erscheinende Krankheitsbilder im Kapitel 6.3.4 eingehen. Pharmakologische Nebenwirkungen werde ich im Kapitel 6.3.5 behandeln.

3.3.2 Aggression und Hormone

Frauen verüben erheblich weniger Straftaten als Männer. Dies ist statistisch eindeutig belegt (vgl. Schwind 1995, S. 52 - 70).

Dies sei nach Meinung einiger Autoren endokrinologisch verursacht.

Das maskuline Hormon Testosteron scheint bei Mäusen eindeutig stimulierende Effekte auf das Aggressionsverhalten zu haben. Trotz zahlreicher Untersuchungen konnte bisher jedoch nicht eindeutig geklärt werden, ob das aggressivere Verhalten von Jungen/Männern genetisch prädisponiert oder von der Umwelt beeinflußt ist, da der Untersuchungsgegenstand sehr komplex und schlecht operationalisierbar ist[77]. Es ist nicht ge-

---

638). Von einer Demenz i. e. S. spricht man dann, wenn die Hirnleistungsfähigkeit so eingeschränkt ist, daß sie zu einer sozialen Beeinträchtigung führt und der Kranke sich nicht mehr selbst versorgen kann (vgl. Haas/Malin 1989, S. 564).

[74] Glioblastoma multiforme: entdifferenzierter neuroepithelialer Tumor; hoch maligne mit evtl. multifokalem Wachstum; Aussaat über den Liquorraum möglich. Sitz in den Cortexhemisphären; infauste Prognose; Tod nach durchschnittlich 12 Monaten (vgl. Berlit/Seeger 1991, S. 181 f.)

[75] Atrophie: Rückbildung eines Organs oder Gewebes, pathologisch-anatomisch als einfache zelluläre Atrophie mit Verkleinerung der Zellen oder als numerische resp. hypoplastische Atrophie mit Abnahme der Zellzahl (vgl. Pschyrembel 1990, S. 150).

[76] psychomotorische Temporallappenepilepsie: Epilepsie mit Anfällen bei Entladungen im Schläfenhirn, bei denen sowohl psychische Beeinträchtigungen als auch Bewegungsautomatismen auftreten

[77] Neil Carlson faßt dies folgendermaßen zusammen: „Androgens apparently promote aggressive behavior in humans, but this topic is more difficulty to study in our species than in laboratory animals. Differences in testosterone levels have been observed in criminals with

klärt, ob aggressives Verhalten mit physiologischen Erregungszuständen kausal oder korrelativ verknüpft ist. Langelüddeke asserierte, daß die Kastration von Delinquenten zur Aggressionsminderung geführt habe. Dagegen haben Kermanis Befunde gezeigt, daß es keine Korrelationen zwischen Aggressivität und Testosteronblutspiegel gibt (vgl. Lischke 1982, S. 114).

Wenn bei Hormonen wie dem Testosteron im Laborversuch an Tieren apodiktische Resultate und an menschlichen „Realobjekten" keine eindeutigen Ergebnisse in bezug auf Aggressivität und Aggression evoziert[78] werden konnten, muß diese Konklusion auch auf die Veränderung von psychischen Zuständen durch alle anderen Hormone (wie z. B. Serotonin, Insulin, Adrenalin, Cortison, Östrogen) gezogen werden (vgl. Sutherland 1990, S. 1002; vgl. Carlson 1988, S. 357; vgl. Zimbardo 1995, S. 429).

Der Mensch scheint hinsichtlich seiner Gefühle und der sichtbaren Verhaltensweisen signifikante Differenzen zum Tier aufzuweisen. Sein Verhalten erscheint im Vergleich zur Ratte oder zum Rhesus-Affen von weitaus komplexerer Struktur.

3.3.3 Neurophysiologie, Aggression und Geschlecht

Nicht nur die Aggression selbst, sondern auch der Gefühlszustand der Angst, welcher die Wahrscheinlichkeit des Auftretens von Aggression und Aggressivität eher begünstigt, ist bei Mädchen signifikant häufiger zu konstatieren als bei Jungen. Dennoch reichen die zur Zeit vorliegenden Forschungsergebnisse nicht aus, um dahingehend eindeutige Konklusionen treffen zu können (vgl. Sutherland 1990, S. 1002 f.).

Auch neuere Studienergebnisse über cerebrale Aktivitäten konnten keine eindeutigen Ergebnisse ermitteln. Mittels modernster Techniken wie Funktionelle Magnetkernspintomographie (FMRI), Magnetoenzephalographie oder Positronen-Emissions-Tomographie lassen sich Untersuchungen aller Regionen und Bereiche des lebendigen menschlichen Gehirns ohne operative Intervention durchführen. Anhand von Stoffwechsel- und Elektrizitätsveränderungen können dort Aktivitäten und Ruhepausen beobachtet werden. Männer weisen bei diesen Untersuchungen signifikant höhere Aktivitätspotentiale im limbischen System auf als Frauen. Gehirne von Frauen hingegen zeigten eine höhere Aktivität in evolutionär neueren Hirnstrukturen.

---

a history of violence, but we cannot be sure whether higher androgen levels promote violence or whether successful aggression increases androgen levels. Studies with monkeys suggest that testosterone and alcohol have synergistic effects, particularly in dominant animals. ...Perhaps these effects are related to our observation that some men with a history of violent behavior become more aggressive when they drink." (Carlson 1992, S. 316)

[78] evozieren: hervorrufen, hervorlocken, „provozieren"

Eine Folgerung hieraus könnte sein, daß Männer sich häufiger evolutionär älterer Bereiche des Gehirns bedienen als Frauen. In diesen Untersuchungen zeigten sich jedoch auch, daß Frauen ihr Gehirn umfassender, gleichmäßiger und ökonomischer in Anspruch nehmen. Diese Ergebnisse beziehen sich - wie immer bei solch angelegten Studien - auf den statistisch-arithmetischen Mittelwert. Einzelne Männer können ihr Gehirn evolutionär betrachtet „besser" einsetzen als Frauen, und einzelne Frauen haben eine äußerst einseitig ausgebildete Nutzung ihres Gehirns gezeigt. Entscheidend ist hier aber gemäß der Gauß'schen Normverteilung der statistische Normfall (vgl. Begley/Odenwald 1995; vgl. Wendt 1987, S. 63 ff.).

Ob diese neurophysiologischen Differenzen zwischen maskulinen und femininen Hirnen genetisch, phylogenetisch oder lernbiologisch zu interpretieren sind, läßt sich im Augenblick noch nicht sagen.

3.3.4 Aggression und Erregung

Das retikuläre Aktivationssystem (RAS) - oder Formatio reticularis (FR) - ist im Hirnstamm befindlich und gilt als Erregungsregulationszentrum des Organismus. Die Energie z. B. bei explorierenden Verhaltensweisen sind eindeutig dieser Hirnstruktur zuzuordnen. Das RAS ist älter als das limbische System und ihm funktionell untergeordnet. Das RAS scheint - stark simplifiziert dargestellt - die Energie zu liefern, welche dann vom limbischen System und von hohen kortikalen Ebenen (wie z. B. dem Lobus frontalis) gesteuert, inhibiert oder exzitiert werden (vgl. ebd., S. 40 -42).

Die Arousal-Theorie[79] versucht, das menschliche Hirnerregungspotential damit zu erklären, daß der menschliche Organismus sehr starken internen Arousals ausgesetzt ist und versucht, seine Bedürfnisse zu befriedigen. Der Organismus weist dann ein Appetenzverhalten auf und versucht, in einen Zustand der internen Homöostase[80] zu gelangen (vgl. Lefrancois 1976, S. 38 - 40; vgl. Thayer 1989, S. 46 - 87). Hier werden Parallelen zur Lorenzschen Instinkttheorie evident.

Ich möchte an dieser Stelle den für die Aggressionsgenese nicht ganz unwesentlichen Erregungsfaktor Streß nennen.

Der kanadische Mediziner Hans Selye (1907 - 1982) entwickelte die Lehre vom Streß (englisch *stress* „Druck") und prägte den Begriff Adaptationssyndrom (AAS). Unter

---

[79] Arousal-Theorie: die Erregungstheorie, arousal (engl.): Erregung, Aufrüttelung, Wecken (vgl. Lefrancois 1976, S. 38 ff.)

[80] Homöostase: syn. Homoiostase; Konstanz und Aufrechterhaltung des sog. inneren Milieus des Körpers mit Hilfe von Regelsystemen (Regelung des Kreislaufs, der Körpertemperatur, des PH-Werts, des Wasser- und Elektrolythaushalts, Steuerung des Hormonhaushalts etc.) (vgl. Pschyrembel 1990, S. 716)

Streß verstand er eine Belastung, unter welcher der Körper zu lange dauernde, unangemessene Reize und schädigende Einflüsse erfahre. Er führe zu Veränderungen im hormonellen Bereich und zu Hypoglykämien[81] (vgl. Bertelsmann 1995 Band 8, S. 524; vgl. Band 9, S. 249)[82].

Für die Regelung von Streßabläufen im Körper sind zwei in großen Teilen entgegengesetzte Regelungssysteme zuständig:

* Der *Sympathikus*, welcher für die Ausschüttung der Hormone Adrenalin und Noradrenalin zuständig ist, der aktivierend und leistungssteigernd wirkt, und
* der *Parasympathikus*, welcher eher für körperliche Entspannung und Ruhe sorgt. (vgl. Stuhr et al. 1979, S. 175 f.).

Ich möchte in einer tabellarischen Übersicht die Wirkungen der Sympathikus- und der Parasympathikusinnervation verdeutlichen.

Dies ist nach meiner Ansicht deshalb in dieser Arbeit wichtig, weil eine physiologische Erregung (wie auch Streß) aggressive Verhaltensweisen zwar nicht kausal bedingen, jedoch die Wahrscheinlichkeit ihres Auftretens erhöhen können. Auch können Arousals die Frustrationstoleranzgrenze senken.

Die pflegerische Krankenbeobachtung von physiologischer Erregung hat ein besonderes Gewicht, weil das Apperzeptieren und Interpretieren von physiologischen Erregungen ein Gewaltpräventions- und De-Eskalationsverhalten nach sich ziehen sollte.

---

[81] Hypoglykämie: Verminderung des Blutzuckers unter 50 mg % (vgl. Pschyrembel 1990, S. 747)

[82] In der heutigen Zeit werden Streßreaktionsmuster differenzierter beschrieben. Birbaumer/Schmidt führen dazu aus:
„Selye sprach daher von einem ***generellen Adaptationssyndrom*** (...). Daher betonte er, daß weniger physikalisch definierbarer Streß (z. B. Lärm) als die *subjektiv erlebte* Belastung darüber entscheidet, ob eine dauerhafte Störung der Körperhomöostasen und Krankheit oder ob Adaptation eintritt. Da Erschöpfung, die mit Entleerung der Hormone aus ihren Speichern und Veränderungen an den Rezeptoren einhergeht, selten auftritt, unterscheidet man heute eher ***Kurzzeit- und Langzeitfolgen*** von Belastung. Pathophysiologische Konsequenzen treten nur dann auf, wenn Streßreaktion *zu lange* (chronische Stressoren), *zu häufig* oder *ohne physiologische Notwendigkeit* wie bei psychologisch-sozialen Stressoren auftritt." (Birbaumer/Schmidt 1996, S. 94)

Tbl. 1: Wirkungen einer Parasympathikus- und einer Sympathikusinnervation:

Parasympathikus	Organ	Sympathikus (Hormone: Adrenalin, Noradrenalin)
Miosis, Einstellung auf Nahsicht, Kontraktion des Ziliarmuskels auf Nahsicht	**Auge**	Mydriasis, Einstellung auf Fernsicht
Abnahme der Herzschlagfrequenz, Kontraktion der Koronargefäße, Verlängerung der Überleitungszeit	**Herz**	Zunahme der Herzschlagfrequenz und Schlagstärke, Erweiterung der Koronargefäße, Verkürzung der Überleitungszeit
Dilatation der peripheren Blutgefäße	**Blutgefäße**	Konstriktion der arteriellen Blutgefäßen (Arterien)
Konstriktion der Bronchialmuskeln und Stimulation zur Schleimsekretion	**Lunge**	Dilatation der Bronchialmuskeln und Inhibition der Schleimsekretion
Stimulation der Verdauungsperistaltik und -motilität und Zunahme der Verdauungssaftsekretionen	**Magen**	Abnahme der Darmmotilität und -peristaltik und Hemmung der Abgabe von Verdauungssäften
Zusammenziehen und Entleerung	**Gallenblase**	Erweiterung
Ausschütten von Verdauungssäften und von Hormonen (Insulin)	**Bauchspeicheldrüse**	Hemmung der Ausschüttung von Hormonen (Insulin)
allgemeines dünnes Schwitzen	**Haut**	leichtes, lokalisiertes klebriges Schwitzen, Zusammenziehen der Muskeln, welche die Haare aufrichten
	Gehirn	verstärkte Bereitschaft zur Aufmerksamkeit
Penis- und Klitoriserektion	**Genitale**	Ejakulation
Dilatation	**Skelettmuskulatur**	Konstriktion

(vgl. Stuhr et al. 1979, S. 177; vgl. Brandis/Schönberger 1985, S. 419 - 422; vgl. Gross et al. 1990, S. 10.15 f.; vgl. Eichhorn 1991, S. 3.1 - 3.15; vgl. Schandry 1989, S. 42)

Die Physiologen Ulrich und Mayring folgern aus diesen Wirkungen:

> „Vor allem über das Streßhormon Adrenalin werden alle in der Gefahrensituation unnötigen Körperfunktionen (z. B. Verdauung) gedämpft und der Körper in Alarmzustand versetzt (verstärkte Hirnaktivität, Pupillenerweiterung, erhöhter Blutdruck und Pulsschlag, stärkere Atmung). Daraus ist leicht ersichtlich, daß ein permanenter oder immer wiederkehrender Streßzustand, vor allem ohne körperliches Ausagieren (z. B. Autofahren, komplexe Entscheidung unter Zeitdruck im Beruf) zu körperlichen Krankheiten führen kann. Magen-/Darmgeschwüre und Herzinfarkt werden hier vor allem angeführt, aber auch Krebs, Haltungsschäden mit ihren Folgen, Kopfschmerz, Gelenkerkrankungen, Asthma

> werden diskutiert. Solche Folgen sind vor allem dann zu erwarten, wenn sich das Angespanntsein als Persönlichkeitszug verfestigt hat (Typ-A-Persönlichkeit).Die darauf bezogenen Therapieformen reichen von (oft problematischer, weil nur symptombezogener) medikamentöser Behandlung über Entspannungstraining (...), Gymnastik (z. B. Wirbelsäulengymnastik und Bewegung, Joggen) bis hin zur Veränderung der Belastungssituation (Meiden der Stressoren). ...Ein spezifisches Ausdrucksverhalten wird erst bei langandauernden Anspannungszuständen (Nervosität, Unruhe) offensichtlich. Eine verspannte Haltung und verspannte Gesichtszüge, Zusammenbeißen der Zähne, fahriges Verhalten sind hier zu nennen." (Ulrich/Mayring 1992, S. 178 f.)

Selye hat die Streßreaktion in drei Phasen unterteilt:

1. die Phase der Alarmreaktion/Schockphase
2. die Phase des Widerstandes
3. die Phase der Erschöpfung.

In der Phase der Alarmreaktion wird der Organismus mit sehr vielen verschiedenen Reizen konfrontiert. Physiologische Körperfunktionen (wie z. B. der Blutdruck oder der Blutzuckerspiegel) können in dieser Phase abfallen, weil sich der Organismus den neuen Anforderungen noch nicht ausreichend angepaßt hat.

In der Widerstandsphase hat sich der Mensch den neuen Bedingungen angepaßt, eine Verteidigungsposition eingenommen und sich körperlich auf Flucht oder Angriff eingestellt.

In der Erschöpfungsphase droht die Belastungssituation die Belastungsgrenze des Individuums zu überschreiten. Hier kann es ebenfalls zu psychischen Zusammenbrüchen und somatische Funktionsstörungen kommen (vgl. Stuhr et al. 1979, S. 175 - 179).

Der Sinn der Streßreaktion scheint darin zu liegen, unterschiedlichste Belastungssituationen in relativ monotoner - und somit sicherer - Art und Weise zu beantworten und effizientes Anpassungsverhalten zu zeigen. Nervliche Zusammenbrüche und chronische Überbelastungen können und müssen eher den Anforderungen (Stressoren) als dem nicht genügend angepaßten Körper zugeschrieben werden. Durch emotionale Faktoren und Wahrnehmungen können körperliche Streßreaktionen verstärkend oder vermindernd beeinflußt werden (vgl. Vester 1978, S. 92 ff.). Der oben schon genannte subjektive Wahrnehmungs-, Verarbeitungs- resp. Bewältigungsaspekt darf dabei nicht außer acht gelassen werden.

Diagramm 1: Möglicher Entstehungsablauf von Krankheit durch Streß

Lebensbedingungen

Über- und Unterforderung in Beruf, Schule und Familie
Einschränkung der Handlungsmöglichkeiten
eingeschränkte Kenntnisse und Fähigkeiten für die gestellte Aufgabe

Bewältigungsverhalten

Vorstellungen, Werte, Motive
Reaktionen und Verhaltensweisen

Streßreaktionen

psychische und somatische Mitreaktionen bis hin zur Krankheit
(vgl. Stuhr et al. 1979, S. 180 f.)[83].

Wenn die Patientin unter Bedingungen leben oder arbeiten muß, welche ihn über- oder unterfordern, dann entwickelt sie eine kognitive Imagination[84] von der Umwelt und den Ursachen für diese Einwirkungen. Verdrängt er diese Gedanken ins Unbewußte, werden kommende Streßsituationen generell als belastender empfunden. Die Person wird für Streßsituationen sensibilisiert. Das Bewältigen und Auseinandersetzen mit neuen Problemen wird allgemein als bedrohend und gefährlich empfunden. Angst und Versagensgefühle können die Folgen sein.

Aus diesen Konklusionen wären relativ viele Zivilisationskrankheiten begründbar und präventiv und therapeutisch gut zugänglich. Sicherlich darf eine unkritische Generalisierung auf die häufigsten Erkrankungen in der westeuropäischen Gesellschaft (Herz-

---

[83] Hierzu führen die Autoren weiter aus: „Wir haben anfangs gesehen, daß der Körper bei jeder Reaktion oder Verhaltensweise, aber auch schon bei jeder Vorstellung mitreagiert. Wir haben weiterhin die Bedingungen, die streßvolle Mitreaktionen hervorrufen, eingegrenzt. ...Der erste Stein kennzeichnet die Lebensbedingungen, der zweite den Umgang mit den Bedingungen und der dritte die körperlichen Reaktionen bis hin zur Krankheit. Muß der einzelne unter Bedingungen leben und arbeiten, die ihn über- und unterfordern und einschränken (...), so entwickelt sich davon ein Abbild in unserem Kopf. Sowohl die Bedingungen als auch deren Vorstellung können dann unangenehme körperliche Mitreaktionen hervorrufen. Dieser Prozeß kann anstrengend und quälend sein, weil die Ohnmacht, nichts tun oder verändern zu können, oder die Angst, unterliegen zu müssen, so groß werden können, daß der Betroffene schließlich „beschließt": ich will davon jetzt nichts mehr wissen. Mit diesem Schritt wird das eigentliche Problem verdrängt." (Stuhr/Karmaus 1979, S. 180)

[84] Imagination: Einbildungskraft; Fähigkeit, sich abwesende Gegenstände, Personen, Situationen etc. in Form von Vorstellungen zu vergegenwärtigen.

Kreislauf-Erkrankungen, Gelenk- und Haltungsschäden, Krebs und Schwächung des Immunsystems) nicht unreflektiert vorgenommen werden.
Ein konstruktives Konfliktmanagement, Streßbewältigungstrainingsprogramme, kognitive Reflexionsstrategien und meditative Entspannungstechniken unterschiedlichster Art können den schädigenden Stressor zurückdrängen oder ausschalten, das Selbstbewußtsein und die Frustrationstoleranz erhöhen und somit die Wahrscheinlichkeit von Aggressivität und aggressiven Verhaltensweisen senken (vgl. Stuhr et al. 1979, S. 175 - 182).

3.3.5 Kritik am neurophysiologischen Erklärungsmodell

Das Phänomen Aggression ist viel zu komplex strukturiert und interindividuell zu unterschiedlich entwickelt, als daß einfache (neuro-)physiologische oder endokrinologische Einflußfaktoren alleinig verantwortlich für aggressive Verhaltensweisen sein können (vgl. Klama 1988, S. 33 - 51, 69 - 84).
Bei Erkrankungen des Gehirns und Störungen im Hormonhaushalt hingegen können beeindruckende Parallelen zu experimentellen Laborergebnissen gesehen werden. Aggression scheint neurophysiologisch betrachtet ein aktivierender Impuls diverser Hirnareale zu sein, welcher permanent von „höheren" kognitiven Instanzen kontrolliert, moduliert und kanalisiert werden kann. Ein Zentrum der Aggression konnte bisher nicht nachgewiesen werden (vgl. Angst 1980, S. 87 f.).
Unbestritten ist, daß durch Manipulationen im Hormongleichgewicht und im Zentralnervensystem Aggressivität und Aggression ausgelöst werden kann. Die physiologisch ausgelöste Aggression läßt sich eher als psychologische Reaktion auf undifferenzierte und ominös bedrohliche Stimuli betrachten. Das Gehirn interpretiert die Manipulationen als externe Stimuli und reagiert entsprechend. Eine solche Aggression könnte als Strukturierungsprozeß der Wahrnehmung interpretiert werden (vgl. Lischke 1982, S. 126).
Wir müssen uns das Gehirn in bezug auf Aggressivität und Aggression als parallel geschaltet, simultan exzitatorisch und inhibitorisch innerviert und neuronal hierarchisch systematisiert vorstellen (vgl. Engel 1992, S. 6 - 25; vgl. Mechsner 1992, S. 120 - 129).
Es scheint, daß die mentale und kognitive Kontrolle über aggressives Verhalten evolutionär betrachtet eine geistig höher entwickelte Fähigkeit ist.
Braitenberg und Schüz meinen hierzu:

> Der Cortex allgemein gleicht also, nach unserem Modell, weniger einer präzise vorprogrammierten Maschine als einem Netzwerk von diffusen, durch Aktivität veränderlichen Verbindungen. Die Grundzüge der Verschaltung sind vorgege-

> ben, variieren aber leicht von Region zu Region - kenntlich beispielsweise an den besonderen Formen der Dendriten[85] und axonalen Verzweigungen. Durch seine ausgiebige Selbstverkabelung arbeitet der Cortex als assoziativer Speicher. Seine volle Funktionsfähigkeit erhält er in der Auseinandersetzung mit der Umwelt: durch Koppeln gleichzeitig aktiver Zellen zu Ensembles[86], durch Stärken oder Schwächen der Verbindungen an plastischen Synapsen. Es genügt, den Grundtypus einer in groben Zügen überall gleichen Verschaltung geringfügig abzuwandeln (Beispiel Hemmzentren), um selbst Mechanismen, die eine raffinierte Vorverdrahtung zu verlangen scheinen, mühelos zu erklären."
> (Braitenberg/Schüz 1989, S. 86)

Die Funktionalität eines menschlichen Gehirns mit einer derartigen Plastizität und Variabilität kann nicht mit monokausalen und simplifizierten Erläuterungen befriedigend erklärt werden (vgl. Mechsner 1990, S. 118 ff.).
Dennoch bin ich mir sicher, daß die neuroanatomische, neurophysiologische und molekulargenetische Forschung in den nächsten Jahren überraschende Ergebnisse liefern werden. Der technologische Fortschritt ermöglicht es der Medizin erstmalig, umfangreich und detailliert Forschungen am lebenden menschlichen Subjekt durchzuführen. Sie kann somit über makroskopische Betrachtungen und Tierzellforschungen hinaus elementare Erkenntnisse über die Strukturen und deren Funktionen in dem evolutionär am differenziertest entwickelten Organ - dem menschlichen Gehirn - gewinnen. In der nun sich anschließenden Theorie werden die (komplexeren) Verbindungen zwischen externen (und internen) Frustrationsereignissen und aggressiven Verhaltensweisen vorgestellt.

---

[85] Dendrit: kurzer, baumartiger Fortsatz einer Nervenzelle; ein Neuron hat etwa 1 - 12 Dendriten. Dem Aufbau nach stehen die Dendriten dem zellulären Soma näher als der Neurit (Axon). Die Dendriten werden als afferente Nervenfasern bezeichnet, weil sie rezipierte Stimuli zum Neuron weiterleiten.
[86] Ensemble (frz.): Ganze, Ganzes, Ganzheit, Gesamtheit (vgl. Larousse 1975, S. 151)

3.4 Frustrations-Aggressions-Hypothese

3.4.1 Allgemeine Aussagen

Eine Gruppe von Wissenschaftlern von der Yale-University um J. Dollard haben im Jahre 1939 die *Frustrations-Aggressions-Hypothese* vorgestellt.

Frustration wurde als Zustand definiert, welcher eintritt, wenn eine zielgerichtete Handlung unterbrochen wird oder gar nicht erst begonnen werden kann (vgl. Zimbardo 1983, S. 636 f.).

Die Frustrationsintensität wird - gemäß dieser Hypothese - von drei Faktoren beeinflußt:

1. der Stärke der Motivation, ein bestimmtes Ziel zu erreichen,
2. dem Interferenzfaktor[87], dieses Ziel zu erreichen, und
3. der Unterbrechungshäufigkeit, eine Handlung auszuführen.

Eine Intensivierung der Frustration wird das Ausmaß der Aggressivität und Aggression erhöhen (vgl. Zimbardo 1983, S. 637; vgl. Rosemeier 1987, S. 36; vgl. Hanke et al. 1976, S. 142 f.).

Es werden drei Arten von Frustrationen unterschieden:

1. Frustration als Störung einer zielgerichteten Aktivität (Hindernisfrustration), unabhängig von internen oder externen Zielaktivitäten,
2. Frustration aufgrund von Mangelzuständen und Entbehrungen (z. B. durch Nahrungsentzug, emotionale Vernachlässigungen),
3. Frustration durch schädigende Reize (noxios stimuli), z. B. durch verbale und physische Attacken, Belästigungen wie z. B. Lärm, Krach.

Eine objektive Definition von Frustration ist ohne Integration des subjektiven Empfindens einer Person nicht möglich, da jedes Individuum Außenreize aufgrund einer individuell entwickelten kognitiven Struktur unterschiedlich wahrnimmt und gewichtet. Die Einschätzung von als frustrierend erlebten Ereignissen ist interindividuell höchst divergent (vgl. Nolting 1978, S. 40 f.).

Eine etwas andere Herangehensweise nahm Selg vor, indem er die externen Ereignisse als Frustration und den internen Zustand des Empfindens als Frustrationserlebnis bezeichnete.

---

[87] Interferenzfaktor: der Hemmungsfaktor, Grad der Behinderung

Dorsch hingegen unterscheidet bei der Frustration den internen Zustand (des Empfindens und Erlebnis) der Frustration und die externen Gegebenheiten als Frustrationsereignis, Frustrationssituation oder Frustrationsbedingung (vgl. ebd.).
Ich möchte nun eine Arbeitsdefinition der Frustration vorstellen:

„Von Frustration einer Person wird immer dann gesprochen, wenn sie eine hohe Motivation hat, eine bestimmte Handlung auszuführen, aber durch Barrieren irgendeiner Art an der Ausführung dieser Handlung gehindert wird, ohne daß die Person auf diese Barrieren Einfluß nehmen kann."
(Ruthemann 1993, S. 30)

Die Mehrheit der bisherigen Untersuchungen legt die Vermutung nahe, daß Hindernisfrustrationen und schädigende Stimuli die Wahrscheinlichkeit aggressiven Verhaltens erhöhen.
Hingegen führen Entbehrungen, Mangelzustände und andere physische Zustände (wie z. B. langandauernde Unterernährung) nicht zu Aggressivität sondern zu einer erhöhten emotionalen Irritabilität wie Reizbarkeit, Nervosität u.ä. Wenn diesen Zuständen Hindernisfrustrationen und schädigende Reize (wie z. B. Schlafentzug) hinzutreten, wird das Auftreten aggressiver Reaktionen häufiger resp. wahrscheinlicher (vgl. ebd. S. 42 f.).
O´Neal und McDonald konnten nachweisen, daß sowohl Krach und Lärm als auch Hitze und Menschenansammlungen Aggressivität fördern.
Das Separieren von ethnischen Nachbarschaftsgruppen durch eine klar definierte Grenzziehung scheint die Konfliktaustragung zu reduzieren (vgl. O´Neal/McDonald 1976, S. 169 - 189).
Die Parallelität zu Lorenz Ansicht, daß territoriales Verhalten mit Distanzbestreben eine (potentielle) Aggressionsquelle sei, ist evident. Dieser Teilaspekt der Instinkttheorie von Lorenz konnte hiermit empirisch nachgewiesen werden.
Unsicher erscheint in der Diskussion, ob die Beziehung zwischen Frustration und Aggression angeboren, erworben oder gelernt ist. Theorien über das Auftreten einer solchen Beziehung konnten nicht erbracht werden (vgl. Miller 1981, S. 66).
Sicher hingegen ist, daß Kinder sich vornehmlich gegen den Verursacher, gegen die „Quelle" der Frustrationssituation in aggressiver oder ärgerlicher Weise wenden wollen. Kann das Kind dieses Verhalten wegen antizipierter und angedrohter Sanktionen nicht zeigen, wird die Aggression gehemmt, oder das Kind sucht sich ein - schwächeres - Stellvertreterziel (kleinere Geschwister oder Haustiere) aus.

Diese Erscheinung wird als Sündenbockphänomen bezeichnet. Entsprechendes Verhalten entwickelt sich bis ins hohe Erwachsenenalter. Es wird vorwiegend auf Minoritäten und sozial schwächere Gesellschaftsgruppen (Homosexuelle, Ausländer, religiöse Minderheiten, Untergebene, Strafgefangene, psychisch Kranke, Frauen, Kinder und Betagte) angewendet. Als Beispiel soll die Untersuchung von Hovland and Sears aus dem Jahre 1940 fungieren.

Sie haben in einer statistischen Evaluation aufzeigen können, daß in den Südstaaten der USA in den Jahren von 1882 bis 1930 eine hohe Korrelation zwischen der Anzahl der Lynchmorde und der Höhe der Baumwollpreise festzustellen war. Wenn der Preis als Indikator einer „frustrierenden“ ökonomischen Situation und das Einkommen der Baumwollanpflanzer niedrig waren, stiegen die Zahlen der Lynchmorde an. Stiegen dagegen die Preise der Baumwolle an, sank die Anzahl der Morde (vgl. Crider et al. 1983, S. 459 f.).

Nach der Frustrations-Aggressions-Hypothese wird die Aggression in dem Maß stärker sein, je ähnlicher das Sündenbockphänomen (die projizierte Person) der originären Aggressionsquelle ist. Dieser Prozeß wird in der Psychologie *Verschiebung* genannt.

Der Katharsiseffekt[88] müßte dieser Theorie entsprechend korrelativ ansteigen. Diese Ergebnisse scheinen aber noch nicht endgültig geklärt zu sein.

Geklärt ist hingegen, daß die Wahrscheinlichkeit des Auftretens von aggressiven Verhaltensweisen in einer Frustrationssituation dann am höchsten ist, wenn die Aggression einen instrumentellen Wert zur Veränderung und Beeinflussung der Frustration hat (vgl. Zimbardo 1995, S. 429; vgl. Selg 1982, S. 24 f.).

Dollard et al. haben die These aufgestellt, daß Frustration immer zu Aggression führe. Dembo konnte sie jedoch demonstrativ falsifizieren, indem er nachwies, daß sich nicht alle Probanden in Frustrationssituationen aggressiv verhalten. Die Yale-Autoren revidierten daraufhin ihre These. Sie stellten nun das Postulat auf, daß Frustrationen Verhaltenstendenzen wie z. B. Aggression provozieren (vgl. Nolting 1978, S. 41).

Der folgende Schaukasten veranschaulicht die originäre Frustrations-Aggressions-Hypothese:

Frustration ⟶ **Aggression**

[88] Die Fragwürdigkeit der Katharsishypothese habe ich bereits im Kapitel 3.2.3 bei der Lorenzschen Instinkttheorie hervorgehoben.

Dem Frustrationsereignis folgt unmittelbar das Aggressionsereignis resp. das Aggressivitätserlebnis.
Schon vorher (1962) hatte Dollard ein Modell aufgestellt, welches die ursprüngliche Sequenz dahingegen veränderte, daß die Variable „Ärger, Wut, Zorn, Enttäuschung, Verärgerung" vermittelnd intervenieren müsse.
Somit entstand die neue Sequenz:

Frustration ⟶ **Ärger/Zorn/Wut** ⟶ **Aggression**

Abhängig ist die negative Bewertung einer Situation von

- der eigenen Sicht- und Interpretationsweise, aus welcher eine Situation als Behinderung gesehen wird oder nicht,
- der Bewertung einer Frustration als vorsätzliche und willkürliche Tat oder als durch Objekte bedingt,
- der Interpretation von Verhaltensweisen (wie z. B. Kritikäußerung) anderer Individuen als gegen die eigene Person gerichtet resp. auf die eigene Person bezogen.

Somit wird das Frustrationserlebnis kognitiv (bewertend) und emotional (sich ärgernd) erlebt. Eine negative Emotion kann zumeist nur nach negativer kognitiver Bewertung erfolgen, wenn z. B. ein Gespräch als destruktiv, komplementär und somit als ärgerlich wahrgenommen wird (vgl. Nolting 1978, S. 43 f.; vgl. Knutson 1973, S. 272 ff.).
Berkowitz konnte kürzlich nachweisen, daß die eigene Wahrnehmung der frustrierenden Faktoren die Reaktionsarten entscheidend mitbestimmt (vgl. Zimbardo 1995, S. 429).
Eine hohe *Frustrationstoleranz* beschreibt ein Verhaltensrepertoire, welches auf Allo- und Auto-Aggression[89] und auch Aggressionshemmungen verzichtet. Eine humorvolle, gelassene Sichtweise einer Situation mit entsprechend hoher Frustrationstoleranz läßt ein Frustrationserlebnis gar nicht erst entstehen. Eine Person mit einer ausgeprägt hohen Frustrationstoleranz bleibt bei einer Beleidigung unbeteiligt, eine andere Person mit einer niedrig etablierten Toleranzgrenze wird sich darüber (evtl. stark) erregen.
Von einer konstruktiven Frustrationsverarbeitung kann u. a. dann gesprochen werden, wenn von derjenigen Person, welche als Verursacherin einer potentiellen Frustration gilt,

[89] Allo-/Auto-Aggression: (griechisch allos „anders"; griechisch autos „selbst") die Fremd-Aggression (gegen andere Personen gerichtet) und Eigen-Aggression (gegen die eigene Person oder/und eigenen Körper gerichtet)

eine Lösung der Situation erwartet wird. Somit kann die Quelle direkt angegangen und die eigene Person von negativen Emotionen verschont werden (vgl. Heckhausen 1989, S. 36).

Die Schwächen einer Frustrations-Aggressions-Hypothese i. e. S. werden hier deutlich. Frustrationen können nicht nur aggressive Reaktionen, sondern auch konstruktives Handeln, abwartendes Hinauszögern oder sogar motiviertes kreatives Schaffen zur Folge haben.

Bandura/Walters und auch Selg haben daraufhin eine modifizierte Hypothese der Frustrations-Antriebs-Hypothese entwickelt, nach welcher Frustrationen im Organismus eine Aktivierung und einen Antrieb (*drive*) nach sich zögen, welche die Verhaltensintensität erhöhten. Daraus müssen wir schlußfolgern, daß Frustration nicht nur mit unterschiedlichem Verhalten, sondern auch mit subjektiv unterschiedlichen Gefühlen verbunden sein kann (vgl. ebd. S. 48).

Im Zusammenhang mit dieser Hypothese können wir folgende zwei Faktoren nennen, welche das Auftreten von Aggression erleichtern oder wahrscheinlich machen:

1. Funktion der Aktivierung eines Organismus, um im Alarmzustand sich selbst zu schützen, Hindernisse und Gefahren zu eliminieren, und
2. der einfache Handlungsablauf, bei dem nicht reflektiert, begründet und analysiert werden muß, sondern geschimpft, gestritten und zugeschlagen wird; im Erregungszustand sind kognitive Leistungen blockiert, weil der Körper durch eine sympathikomimetische[90] Stimulation auf eine Flucht vorbereitet wird.

Daraus wird ersichtlich, daß z. B. Kinder, multimorbid[91] Erkrankte oder Hirngeschädigte das von uns als selbstverständlich angesehene pro-soziale Verhalten nicht immer adäquat leisten können. Eine sachgerecht-konstruktive Konfliktlösung ist schwieriger zu erlernen als eine relativ banale aggressive Verhaltensweise, wie z. B. das Fluchen (vgl. ebd. 49 f.). Das Pflegepersonal sollte Verständnis, Toleranz und auch pädagogische Fähigkeiten insbesondere gegenüber gerontopsychiatrischen[92] Patientinnen zeigen, damit diese weder überfordert noch unterfordert ein konstruktives und pro-soziales Verhalten in ihrer eigenen Geschwindigkeit wiedererlernen können. Wenn aggressives Verhalten zur Beseitigung der Frustration dienen sollte, dann müßte es möglich sein, dieses aggressive Ver-

[90] sympathikomimetisch: eine Anregung des Sympathikus bewirkend
[91] multimorbid: mehrfach erkrankt
[92] gerontopsychiatrisch: durch das Altern bedingt psychiatrische Krankheiten oder Symptome erworben (z. B. durch senile Demenz bedingte Wahrnehmungsstörungen, Verkennungen, Halluzinationen und mnestische Einschränkungen)

halten durch nicht-aggressives Verhalten (*non-aggressive behavior*) zu ersetzen, um damit das Ziel der Beseitigung des Frustrationsgegenstandes und des Frustrationshindernisses zu erreichen. Es sollte z. B. möglich sein, anstatt des Zuschlagens oder Beleidigens konstruktive Gespräche zu führen und somit die Quelle der Frustration zu beseitigen.
Hier werden die Übergänge zu den sozialen Lerntheorien deutlich:
Kognitive Reflexion wird gelernt, sie ist niemandem immanent und wird gesellschaftlich beeinflußt (vgl. Heckhausen 1989, S. 320 ff.; vgl. Nold 1986, S. 21).
Leonard Berkowitz modifizierte und revidierte die Frustrations-Aggressions-Theorie im Jahre 1974. Er nahm an, daß Frustration eine Bereitschaft zu aggressivem Handeln erzeuge und fördere. Ob diese Aggressivität in Handlungen umgeleitet wird, hänge davon ab, ob Außenreize als Hinweisreize mit Aggressivität assoziiert und als solche interpretiert werden. Er glaubte, daß Aggression häufiger eine impulsiv reagierende als eine intentional kalkulierende Verhaltensweise sei. Äußere Reize würden diese Bereitschaft zu aggressivem Handeln fördern oder hemmen.
Statistisch spricht hierfür, daß Tötungen gerade in solchen geographischen Gebieten ansteigen, in denen es zuvor einen Krieg gegeben hatte. Durch die Impulse der kriegerischen Auseinandersetzungen werden interne Zustände reaktiviert und das Äußern der eigenen Aggressivität provoziert. Auch die fehlende Abschreckung von Hinrichtungen weist auf eine latente Bereitschaftshaltung hin. Nach der Abschaffung der Todesstrafe kann sogar ein Absinken von Tötungsdelikten konstatiert werden (vgl. Zimbardo 1995, S. 429 f.; vgl. Wiegandt 1996; vgl. Mück-Raab 1996).
Eine wichtige Zusatzaussage zur Frustrations-Aggressions-Hypothese ist, daß Aggressionshemmungen den Ausbruch von Aggression verzögern, eingrenzen oder blockieren können. Hemmungen sollen u. a. durch Sanktionen und Strafen erzeugt werden. Diese sind hierfür ein denkbar ungünstiges Mittel und sind sowohl experimentell als auch biographisch als Hauptverursacher von erlernter Aggression entlarvt worden. Zwar wird eine Aggressionshemmung um so wahrscheinlicher sein, je stärker die Erwartung der Bestrafung oder Erfolglosigkeit der aggressiven Tat ist. Aber diese hohe Erwartung von starken Bestrafungen korreliert in hohem Maße mit einer hohen neurotischen Bereitschaft, mit Bestrafungen und Mißerfolg zu rechnen.
Ruhiges, konsequentes und aggressionsfreies Erläutern von Verboten und das eindringliche Beharren auf deren Einhaltung sind erwiesenermaßen erfolgreicher (vgl. Selg 1982, S. 24 - 26).

3.4.2 Kritik an der Frustrations-Aggressions-Theorie

Die Frustrations-Aggressions- und die Frustrations-Antriebs-Hypothese haben der Psychologie einen wertvollen Dienst erwiesen, weil erstmals systematisch im Labor und auch statistisch in Feldstudien[93] eine pluralistische Aggressionshypothese unter Berücksichtigung sozialer Zusammenhänge im wissenschaftlichen Sinne untersucht werden konnte. Es konnten interessante und praxisrelevante Ergebnisse erzielt werden, welche deutlich machen konnten, daß Streß und Frustration trotz aller potentieller Verursacher die Hauptquellen für aggressives Verhalten darstellen (vgl. Gerow et al. 1989, S. 540; vgl. Houston et al. 1983, S. 388 - 391).

Diese Ergebnisse haben pädagogische und politische Konsequenzen nach sich gezogen: Es konnte begonnen werden, eine repressive, hierarchisch strukturierte und obsolete Erziehungskultur zu hinterfragen und wissenschaftlich begründet zu modifizieren, deren Struktur transparent zu machen und das Gesellschaftssystem von Grunde auf zu demokratisieren.

In der Boulevardpresse wird diese Theorie jedoch zum Teil unreflektiert eingesetzt, um komplexe Verhaltensweisen zu erklären. So wird männliche Aggression am Steuer eines Pkws damit erklärt, daß sie oftmals Probleme hätten, mit ihrer Frustration umzugehen. Frauen im allgemeinen seien nicht so frustriert wie Männer und könnten auch besser mit möglichen Frustrationen umgehen (vgl. Weber 1995, S. 70).

Auch die Frustrations-Aggressions-Theorie kann das komplexe Phänomen Aggression nicht allein erklären. Frustration zieht häufig Aggression nach sich, aber nicht immer muß Frustration einer aggressiven Handlung vorausgehen. Aggression kann kühl kalkuliert und instrumentell intendiert sein. Es existieren Menschen, welche trotz starker Frustrationsquellen eine hohe Frustrationstoleranz haben, somit sehr selten aggressiv sind, sich konstruktiv und souverän in ihrer Umwelt bewegen.

Mit der Frustrations-Aggressions-Theorie können Verhaltensweisen psychologisierend bagatellisiert werden, indem das gesamte menschliche Verhalten als reaktives Geschehen interpretiert werden kann. Ein gewaltsamer Disput zwischen Patientinnen sei - nach dieser Theorie - auf Frustration zurückzuführen. Die Existenz weiterer Faktoren würde zwar nicht bestritten, jedoch würde lediglich konkret erfahrene Frustrationen eine Relevanz auf das sichtbare aggressive Verhalten der Patientinnen haben. Frustrierende soziale Verhältnisse und traumatische Kindheitserinnerungen können viele - aber nicht alle - ag-

[93] Feldstudie: Untersuchung, welche nicht unter klinischen oder experimentellen Bedingungen, sondern an Personen in ihrer normalen, nicht vom Untersucher beeinflußten Umwelt durchgeführt wird (vgl. Pschyrembel 1990, S. 507).

gressive Verhaltensweisen erklären. Sie dürfen jedoch nicht als Vehikel und Hilfsmittel zur Rechtfertigung von deviantem Verhalten mißbraucht werden.
Streß als generelles Reaktionsmuster des Menschen auf eine erhöhte Beanspruchung jeglicher Art (vgl. Meyer Lexikonredaktion 1981, S. 361) kann ebenfalls als ein Erlebnis von Frustration interpretiert werden. Manche Individuen werden durch externe oder interne Stimuli wenig, andere dagegen massiv tangiert. Die Wahrnehmung und Interpretation der Außenreize spielen dabei eine wesentliche Rolle. Diese Erweiterung der Hypothese um die Interpretation und die Attribution[94] wird insbesondere von der attributionszentrierten Psychologie in jüngster Zeit erforscht (vgl. Mummendey 1978, S. 14).
Die Frustrations-Aggressions-Theorie vernachlässigt die potentiellen Fähigkeiten des Menschen, die Wahrnehmung von Frustrationen zu reflektieren und daraufhin kognitiv - und nicht zwangsläufig reaktiv - Bewältigungsmethoden zu entwickeln und anzuwenden (vgl. Hobmair 1994, S. 146).
Die Schlußfolgerung, daß die effektivste Art, mit Stressoren umzugehen, jene sei, diese entweder zu vermeiden oder sie zu eliminieren, stößt zunehmend auf Kritik. Wer ständig überfordert, hektisch, exaltiert, affektiert oder gereizt ist, dessen Frustrationstoleranz niedrig etabliert und dessen Ärgerpotential erhöht ist, kann dieser Reiz- und Frustrationssituation nicht permanent entfliehen. Der Betroffene müßte sich zu entspannen lernen. Er müßte den Stressor aktiv angehen und die Wahrnehmung der Außenwelt reflektieren, analysieren und ggf. konstruktiv diskursiv in Frage stellen (vgl. Gerow et al. 1989, S. 539 f.; vgl. Kolb 1974, S.313 - 318).
Das Frustratrations-Aggressions-Modell hat als alleiniges Modell in der ernsthaften wissenschaftlichen Aggressionsforschung an Aktualität verloren und ist von der Theorie des sozialen Lernens aggressiver Verhaltensweisen relativiert worden.

---

[94] Attribution: Zuweisung, Zuschreibung von Eigenschaften zu einem Gegenstand oder zu einer Person; Prozeß, durch welchen einem Ereignis ein Motiv oder eine Ursache zugeschrieben wird. Bei der internen Attribution werden Ursache oder Motiv auf die eigene Person, bei der externen Attribution auf die Umwelt zurückgeführt. Attributionsstile sind individuell verschieden und beeinflussen wesentlich das Verhalten; z. B. zeigen PatientInnen mit Depression die Tendenz, negativen Ereignissen Intentionalität, Unveränderbarkeit und Globalität zuzuschreiben. Durch Veränderung der Attribution in der Reattribution wird unter Umständen eine bessere Kontrolle der Realität erreicht.

3.5 Theorie des sozialen Lernens aggressiven Verhaltens

3.5.1 Allgemeine Vorbemerkungen

Der Unterschied zwischen der Theorie sozialen Lernens, der zuvor behandelten Trieb-/Instinkt-Theorien und des Modells der Neurophysiologie besteht darin, daß sowohl bei der Frustrations-Aggressions-Hypothese als auch bei der Theorie des sozialen Lernens Zusammenhänge zwischen externen Stimuli und sichtbarem Verhalten berücksichtigt werden. Dabei werden nicht die internen Auslösemechanismen, welche zu diesem sichtbaren Verhalten geführt haben könnten, sondern vornehmlich externe Umweltfaktoren als Verhaltensdeterminanten betrachtet und analysiert.

Diese Theorien stehen konträr zur Tiefenpsychologie, welche zuvorderst Abwehrmechanismen und Neurosen definierte und per Traumdeutung und freier Assoziation Unbewußtes vorbewußt und dann bewußt machen wollte.

Das soziale Lernmodell hingegen beschäftigt sich mit fehlerhaftem oder fehlangepaßtem Verhalten als Produkt von unerwünschtem, falschem Lernen. Die Verhaltenstherapie der sozialen Lerntheorie zielt somit nicht wie das tiefenpsychologische Modell auf eine Heilung intrapsychischer Traumata, Emotionen, Kognitionen und Bewußtseinszuständen, sondern auf eine Manipulation der Reizkonditionen und sozialen Determinanten, unter denen das unerwünschte Verhalten höchstwahrscheinlich gelernt worden ist. Dann könne erwünschtes Verhalten neu hinzugefügt werden. Tiefenpsychologen wollen die Probleme der Patientinnen offenlegen und ihnen deren Interpretation ermöglichen. Die Theoretiker des sozialen Lernens hingegen wollen die Umwelt der Patientinnen verändern und ihr Verhalten in bezug auf diese Umwelt optimieren (vgl. Bandura 1973, S. 252).

Ich muß bei der Präsentation der sozialen Lerntheorie aufgrund zeitlicher und organisatorischer Rahmenbedingungen auf eine detaillierte und umfassende Übersicht verzichten und beschränke mich auf essentielle Aussagen und Kernthesen dieser Theorie, welche für die Krankenpflege auf der Station im besonderen von Gewicht sein könnten.

Ich möchte nun vorab die wichtigsten Begriffe und Fakten der Lerntheorie erläutern.

3.5.2 Klassische Konditionierung

Der Behaviorismus ist ein Teilgebiet der Lernpsychologie, welche sich mit den beobachtbaren Aspekten des Verhaltens (behavior) beschäftigt. Als Urheber und Verfechter dieser Theorie werden der russische Physiologe Iwan Petrowitsch Pawlow (1849 - 1936) und der amerikanische Psychologe John Broadus Watson (1878 - 1958) genannt.

Watsons Lernmodell ging davon aus, daß, wenn ein Reiz häufiger dargeboten wird, bestimmte Emotionen die eigentliche Reaktion begleiten. Das Bohren der Zahnärztin vermag ängstliche Personen dahingehend zu beeinflussen, daß sie bereits Zahnschmerzen verspüren, wenn sie lediglich das Bohrgeräusch vernehmen. Das Bohren ist der *nicht bedingte* (nicht gelernte oder konditionierte) Reiz (unconditioned stimulus, *UCS*), welcher Schmerzen und Ängste als nicht konditionierte Reaktionen (unconditioned reaction, *UCR*) nach sich zieht. Das Geräusch des Bohrens wird jetzt mit dieser Situation und dieser vormals erlebten Emotion assoziiert. Er gilt als konditioniert, wenn auch dann Schmerzen und Ängste (*UCR*) auftreten, wenn das Bohren (UCS) (noch) nicht stattgefunden hat. Die Ängste und Schmerzen ohne direkte Bohrereinwirkung alleinig durch das gelernte (konditionierte) Geräusch wird als konditionierte Reaktion (conditioned reaction, CR) bezeichnet. Dieser Prozeß der Verflechtung von nicht direkt beteiligten, sondern assoziativ und konditionierend gelernten Reizen mit den ursprünglichen, nicht konditionierten Reaktionsweisen wird *klassische Konditionierung* genannt.

Historisch bedeutsame Experimente hierfür sind die Laborversuche von Pawlow mit einem Hund, welcher bei Darbietung der Nahrung immer ein Läuten einer Glocke vernahm und dessen Magen daraufhin Speichel produzierte. Nach mehrmalig derartig gestalteter Fütterung hatte der Hund bereits bei einem vorherigen Läuten der Glocke Speichelfluß. Das Glockensignal wurde von dem Hund mit dem Essen assoziativ gelernt und hat dann trotz fehlender Essensdarbietung eine vermehrte Speichelsekretion ausgelöst. Eine sichtbare Verhaltensweise trat auf. Das Signal wurde somit sichtbar gelernt.

Ein anderes, ebenso beeindruckendes, aber grausames Experiment wurde von John Broadus Watson an dem kleinen 11 Monate altem Albert durchgeführt. Albert hatte sich mit einer weißen Ratte angefreundet und spielte häufig mit dieser. Watson ließ nun ein unangenehmes, lärmendes Geräusch jedesmal dann ertönen, wenn Albert ein Bild dieser Ratte sah. Albert reagierte dann mit Angst und Fluchttendenz. Nach mehrmaliger derartiger Darbietung erschrak Albert schon allein beim Anblick der Ratte und versuchte zu fliehen. Albert hatte somit den Lärm mit dem Anblick der Ratte assoziiert und mit Angst und Fluchtbestrebungen reagiert. Er hatte dieses Verhalten gelernt. Ähnliche Angst- und Fluchtreaktionen zeigte Albert auch beim Anblick eines Hundes, Pelzmantels, Wattestücks und einer bärtigen Nikolausmaske. Der Reiz wurde auf Objekte generalisiert, welche dem originären ähnlich waren (*Reizgeneralisierung*). Watson konnte an anderen

Probanden feststellen, daß diese Fluchtkonditionierung auch abgeschwächt werden kann (vgl. Lefrancois 1976, S. 46 - 51).
Es gibt in der *klassischen Konditionierung* auch die sog. *Reizdiskriminierung*, bei welcher durch eine differentielle Verstärkung[95] der Reize (z. B. durch Belohnung, Lächeln, freundlichem Ton der Sprache oder Belobigung) eine Hervorhebung des gewünschten Verhaltens erreicht wird. Ein Beispiel hierfür wäre, wenn ein Lächeln eines Kindes nur dann mit Lob belohnt wird, wenn dieses Lächeln gegenüber den Eltern und Freunden und nicht gegenüber Fremden gezeigt wird. Das Kind lernt hierdurch, nur noch gegenüber Bekannten und Freunden freundlich zu sein und Fremden gegenüber feindlich resp. vorsichtig zu sein (vgl. Hanke et al. 1976, S. 48 - 50).
Die *klassische Konditionierung* kann zur Erklärung von aggressiven Verhaltensweisen nur subsidiär eingesetzt werden, weil derart komplexe und komplizierte Handlungsvorgänge wie die der Aggression nicht hinreichend durch einfache Erklärungsmodelle gedeutet werden können. In der *klassischen Konditionierung* werden alle beeinflussenden Umweltfaktoren wie aversive Reize (Lärm, Hitze etc.), Interaktionen, gruppendynamische Aspekte, kognitive Denkmuster und vieles anderes mehr nur als begleitende und gestaltende Faktoren interpretiert. Dies kann der menschlichen Fähigkeit zur Abstraktion und Reflexion nicht gerecht werden.

3.5.2 Operantes (oder instrumentelles)Konditionieren

Während bei der *klassischen Konditionierung* der Zusammenhang zwischen Reiz und Reaktion betrachtet wird, geht es bei der *operanten Konditionierung* vor allem um die Verbindung zwischen Verhalten als Reaktion und nachfolgender Konsequenz. Die Konsequenzen sind hierbei die Determinanten für die Entscheidung eines jeden Individuums, ob er ein Verhalten zeigt oder nicht; ob es die Taste drückt, um eine Belohnung zu erhalten oder nicht. Die dem einzelnen Verhalten vorausgehenden Stimuli interessiert die Verfechter der operanten Konditionierung nur in sofern, daß sie die Situation, in welcher ein Verhalten entsteht, beschreiben (*diskriminierende Reize*). Sie werden aber nicht als verhaltensauslösende Kondition betrachtet.
Die *klassische Konditionierung* kann als Reizreaktionsverhalten, die *operante Konditionierung* als spontanes, antizipierendes Verhalten beschrieben werden. Den Verhaltens-

[95] differentielle Verstärkung: unterschiedlich fein abgestimmte Verstärkung

psychologen interessiert nicht, warum, sondern wann und unter welchen Bedingungen ein gewünschtes Verhalten auftritt (vgl. Hanke et al. 1976, S. 51).

Die zentrale Frage, welche sich der Begründer der *operanten Konditionierung*, der amerikanische Psychologe Burrhus Frederic Skinner (1904 - 1990), gestellt hat, ist, wie Lernen durch Verstärkung beeinflußt werden kann.

Skinner versuchte, Beziehungen zwischen Bedingungen (*Variablen*) herzustellen, welche durch den Versuchsleiter nicht veränderbar (*abhängige Variablen*) und welche vom ihm beeinflußbar sind (*unabhängige Variablen*).

Unter Verstärkung (Reinforcement, Bekräftigung) wird die Erhöhung der Motivation und Handlungsbereitschaft durch Erfolgserlebnisse, Belohnung (*positive Verstärkung*) resp. Verminderung der Bereitschaft durch Mißerfolg (*negative Verstärkung*) verstanden (vgl. Meyer Lexikonredaktion 1981, S. 393; vgl. Hanke et al. 1976, S. 51 f.).

Reize, welche auf eine Reaktion folgen und Konsequenzen für das Verhalten haben, werden *Verstärker* genannt.

Es werden drei Arten von Verstärkern unterschieden:

* *primäre Verstärker*: Sie stehen im Zusammenhang mit biologischen Bedürfnissen (Trieben), wie z. B. Hunger, Sexualtrieb;
* *sekundärer Verstärker*: Diese häufig neutralen Reize werden durch Konditionierung mit *primären Verstärkern* gelernt;
* *generalisierte Verstärker*: Wird ein Stimulus mit verschiedenen neutralen Reizen dargeboten, wird die Reaktion auf ihn verallgemeinert (generalisiert).

Um die Wahrscheinlichkeit einer erwünschten Verhaltensmodifikation zu erhöhen, bieten sich nun zwei verschiedene Möglichkeiten an:

* Bei der *Löschung* (Extinktion) werden z. B. nicht gewünschte Verhaltensweisen nicht (weder positiv noch negativ) verstärkt. Sie werden nicht beachtet, treten sodann seltener auf (Abschwächung) und werden „vergessen" (gelöscht).
* Bei der *Strafe* (Sanktionierung) werden entweder angenehme Stimuli (als positive Verstärker) entzogen oder aversive Reize (negative Verstärker) angewandt.
* Bei der *Verstärkung durch Belohnung* (positiver Verstärker) werden angenehme Stimuli vermehrt und aversive Reize nicht mehr angeboten. Das Verhalten wird durch die Nichtbeachtung der aversiven Stimuli und durch die verstärkte Beachtung der angenehmen Reize in die gewünschte Richtung gelenkt (oder ` manipuliert ').

Bei der Sanktionierung wird das Verhältnis zwischen ehemaligem Verstärker und Verhaltensweise jedoch nicht verlernt, sondern lediglich unterdrückt.
Skinner schlägt zur Verhaltensverstärkung ein Konzept der Verhaltensformung (*Shaping*) vor, bei welchem eine sukzessive Approximierung an das gewünschte Verhalten durch eine differenzierte Verstärkung von Vorstufenverhaltensweisen geschehen solle. Wenn die Verhaltensweise des Lächelns und der Freundlichkeit angestrebt werden soll, wäre die Belohnung (positive Verstärkung) eines moderaten statt eines aggressiven Tonfalls ein solcher Schritt. Die nächste Stufe wäre die Verstärkung eines freundlichen Tons, dann die Verstärkung des Fehlens eines mürrischen Gesichtsausdrucks, danach des freundlichen Gesichtsausdrucks etc. pp.
Langfristig betrachtet sollte ein erwünschtes Verhalten nur zu Beginn kontinuierlich und später intermittierend verstärkt werden. Kontinuierliche Verstärkungen hinterlassen auf Dauer einen ermüdenden, habitualisierenden Eindruck auf Individuen. Intermittierend auftretende Verstärkungen entsprechen den Umweltbedingungen in weit aus realistischerer Form (vgl. Hanke et al. 1976, 51 - 54; vgl. Belschner 1982, S. 64 ff.).
In bezug auf den Sozialarbeiterbereich kommentiert Belschner dies folgendermaßen:

> „Mangelnde Konsequenz eines Erziehers dürfte somit bewirken, daß der so Behandelte sich geradezu aggressiver benehmen muß, um „endlich wieder“ eine Belohnung zu erhalten, denn die Pause „muß“ doch nach seiner Erfahrung „beim nächsten Mal“ (irgendwann) zu Ende sein. Da Belohnungen aggressives Verhalten stimulieren können, wird es beispielsweise von einem Kind in erhöhtem Maße angewendet werden, um die Pause bis zur nächsten Bekräftigung möglichst schnell zu überbrücken.“ (Belschner 1982, S. 66)

Das Kind wird aggressives Verhalten zeigen wollen und müssen, um seine Belohnung erhalten zu können. Würde der Erzieher die Belohnung jedoch gezielt intermittierend beim Auftreten von erwünschtem Verhalten einsetzen, könne der entgegengesetzte Effekt erzielt werden.

3.5.4 Modellernen/Lernen am Erfolg

Albert Bandura und seine Mitarbeiter konnten im Jahre 1973 aufzeigen, daß Aggression häufig durch Beobachtungslernen, Imitationslernen und *Lernen am Modell* erworben wird. Lernen am Modell wird nicht durch das o. g. *successive shaping*, sondern vor allem durch eine schnelle Etablierung neuer Verhaltensweisen durch Beobachtung anderer

erlernt. Diese Prozesse erscheinen komplizierter und komplexer organisiert zu sein, als dies bei der *klassischen* und der *operanten Konditionierung* der Fall ist.
Bei dem Vorgang der aufmerksamen Beobachtung wird nach Aufnahme und Speicherung von aufgenommenen Informationen eine Kodierung dieser Daten auf imaginativer und symbolisch-verbaler Weise vorgenommen.
Das eigene Aus- und Durchführen dieser erworbenen Fähigkeiten hängt von den motorischen und motivationalen Kompetenzen des Beobachters und den Bedingungen der Außenwelt ab. Wenn ein beobachtetes Modell ein schon vom Beobachter akquiriertes Verhalten zeigt, kann dies nochmals - obwohl bereits erworben - verstärkt werden und die Wahrscheinlichkeit einer provozierten Reaktion erhöhen. Diese Verstärkung einer bereits vorhandenen Verhaltenstechnik wird *vikariierende Verstärkung*[96] genannt (vgl. Hanke 1976, S. 54 - 57).
Außer der Vermittlung neuer Verhaltensweisen durch Beobachtung (Modelliereffekt) können Modelle bereits vorhandene Verhaltensweisen reaktivieren (Auslöseeffekt).
Walters et al. konnten bereits 1962 und 1967 feststellen, daß ein Film, in welchem eine Messerstecherei gezeigt wurde, erwachsene Probanden dazu animierte, anderen Personen Elektroschocks zu verabreichen. Berkowitz stellte dazu 1963 fest, daß ein solcher Film die Aversion der Probanden gegenüber dem Versuchsleiter erhöhte, wenn dieser sie vorher frustriert hatte. Lovaas und Mussen/Rutherford konnten 1961 zeigen, daß Kinder nach dem Betrachten eines aggressiven Spielfilms Spielzeuge bevorzugten, welche selbst schlagende Bewegungen ausführen konnten (vgl. Nolting 1978, S. 59 ff.).
Hieraus kann die motivierende, „mitreißende“ Wirkung anderer Personen in einer Gruppe plausibler werden: Aggressive Verhaltensweisen werden nicht nur gelernt, sondern auch aktiviert resp. reaktiviert. Jede Aggression kann andere Formen der Aggression mit resp. nach sich ziehen.
Untersuchungen von Christy et al. aus dem Jahre 1971 konnten zeigen, daß eine emotionale Erregung bei Kindern die Wahrscheinlichkeit erhöht, ein aggressives oder auch nicht-aggressives Modellverhalten zu imitieren. Bei eher ausgeglichenen Kindern war die Wahrscheinlichkeit geringer (vgl. Zimbardo 1995, S. 430). Untersuchungen von Mittenecker konnten zeigen, daß schlecht angepaßte Jugendliche einem Leitbild aufgrund einer Identifikation signifikant häufiger sine conditione folgen als gut angepaßte (vgl. Nikkel 1979, S. 341).

---

[96] vakariierende Verstärkung: die stellvertretende Verstärkung einer bereits akquirierten Verhaltensweise; das Verhalten wird reaktiviert und muß nicht vollständig neu gelernt werden.

Kulturelle Umweltfaktoren und soziale Normen können ebenfalls als Modell fungieren. Sie können Prestige, Status, Erhöhung des Selbstwertgefühls, Verbesserung des Leistungsniveaus, Stabilisierung der eigenen sozialen Struktur, Macht und Einfluß versprechen und somit die Wahrscheinlichkeit des Auftretens aggressiver Verhaltensweisen evident erhöhen (vgl. Mayer 1968, S. 80 ff.). Die Intention und Funktion progromartiger Ausschreitungen, rassistischer und nationalistischer Hetzpropaganda und scheinbar irrationaler Vorurteile gegenüber religiösen, rassischen und nationalen Minoritäten wird vor dem Hintergrundbild *Lernen am Modell* deutlich.

Pädagogische Traditionen machen die Umformung weitreichender Erziehungsmethoden schwierig. Viele Eltern - und auch Pädagogen - sind sich nicht bewußt, daß das Sanktionieren in Form von verbaler oder physischer Gewalt als Modell fungieren kann, welches von dem Kind als evtl. erfolgversprechendes Problemlösungsverhalten interpretiert wird.

Erscheint eine Handlung als gerechtfertigt und legitim, ist die Wahrscheinlichkeit ihres Auftretens deutlich höher, als wenn sie als falsch, böse oder unfair eingeschätzt wird.

Modellpersonen, welche erfolgreich und mit Macht und Prestige ausgestattet sind (*Vorgesetzteneffekt* oder *Lernen am Erfolg*), werden nur dann signifikant häufiger imitiert, wenn die antizipierten Folgen des Verhaltens als nicht nachteilig für den Betreffenden angesehen und interpretiert werden (vgl. Nolting 1978, S. 59 ff.).

H. Tochs Analyse von 344 Haftbefehlen im Jahre 1969 kam zu der Schlußfolgerung, daß in gewalttätigen Verhaftungssituationen immer beide Parteien aggressionsbezogen interagierten (vgl. Zimbardo 1995, S. 430). Beide hatten eine Bedrohung ihrer Unbescholtenheit und ihres Selbstwertgefühls verspürt. Viele der potentielle Delinquenten hatten negativ auf das Auftreten der Beamten reagiert und eine Kooperation verweigert, worauf der Beamte dieses Verhalten als potentiell gefährlich, respektlos und verschleiernd interpretierte. Der Zivilist dagegen empfand das Auftreten der Polizisten als ungerechtfertigt, unhöflich und als persönlich aversiv.

Tochs Analyse konnte zwei Gewalteskalationsstandardmuster konstatieren:

* **Provokationsmuster**

  Die für Beamte als Pflicht angesehene Annäherungsweise an den potentiellen Täter interpretierte dieser als Provokation und Bedrohung seiner persönlichen Würde und Integrität .

* **Eskalations- und Konfrontationsmuster**

Aus der zuerst höflichen Aufforderung der Beamten war unter der subjektiven Wahrnehmung der potentiellen Täter eine Anordnung und dann eine Bedrohung geworden. Die Zivilisten sind zuerst vom Widerstand reagierend zum Beschimpfen und Fluchen übergegangen, um dann die zwei grundlegenden Möglichkeiten des physisch aggressiven Verhaltens zu zeigen: Flucht oder Angriff (vgl. Zimbardo 1983, S. 643 - 645).

Höchst interessant ist, daß über 90 % aller Opfer von Morden, Raubüberfällen und anderen Gewalttätigkeiten Personen derselben Rasse und Hautfarbe wie die Gewalttäter sind. In den USA sind die Hauptopfer von kalkulierten Tötungen von Menschenleben arm, schwarz und süchtig (vgl. ebd., S. 645).
Eine Analyse der amerikanischen Kriminalitätsstatistik hat ebenfalls interessante Daten und Korrelationen ergeben: Es besteht ein signifikanter, wahrscheinlich kausaler Zusammenhang zwischen der Zahl der im Handel gebräuchlicher Schußwaffen und der Mordzahlen. Die Mordanalysen haben darüber hinaus ergeben, daß lediglich 7 % der Morde kühl und kalkuliert durchgeführt wurden. Die meisten Tötungen fanden bei Streitigkeiten und Auseinandersetzungen in der Familie, im Freundes- oder Bekanntenkreis statt. Früher wurden bei interfamiliären Disputen Messer benutzt, heute sind es Schußwaffen. Diese werden dann im Affekt - wenn die nächst verfügbare Waffe benötigt wird - angewandt und haben häufig tödliche Folgen (vgl. Heckhausen 1989, S. 326 f.).
Es fällt außerdem auf, daß Gewalttätigkeiten der unterschiedlichen Gesellschaftsschichten anders wahrgenommen werden[97]. „Typische" Gewalttätigkeiten der Mittel- und Oberschicht (wie Steuerhinterziehung, Preisstop und irreführende Werbung) werden häufig als „legitime" und „tolerierbare" Gewalt angesehen, weil sie von der Gesamtbevölkerung (und nicht nur von der Unterschicht) aufgrund ihrer Komplexität äußerst schwierig zu durchschauen und darum weniger transparent sind. Sie wirken zudem persönlich weniger bedrohlich als Tötungen bei einem Raubüberfall, das Entreißen einer Handtasche in einer Fußgängerzone o. ä. (vgl. ebd., S. 646).

[97] In der Soziologie wird zwischen objektiven und subjektiven Merkmalen der Zugehörigkeit zu einer sozialen Schicht unterschieden. Die *objektiven Merkmale* sind die *zugewiesenen*, vom einzelnen nicht änderbaren (z. B. Herkunft, Geschlecht, Hautfarbe), und die *erworbenen*, vom einzelnen zumindest teilweise beeinflußbaren *Positionsmerkmale* (z. B. Bildungsstand, Beruf, Arbeitssituation, Einfluß, Autorität, Einkommen, Vermögen). *Subjektive Merkmale* sind vor allem soziales Ansehen (Prestige) und Selbsteinschätzung (vgl. Meyers 1995, Band 19, S. 226; zur näheren und detaillierten Definition der Schichten und weiteren Informationen zu dieser Thematik vgl. Kaiser/Kaiser 1981, S. 155 ff.; vgl. Wiswede 1991, S. 297 ff.; vgl. Hurrelmann 1983, S. 1321 - 1326).

Die Möglichkeit, Macht ausüben zu dürfen, verleitet manche Personen, Aggression in legitimierter Form kanalisiert an Untergebene weiterzuleiten.
Belschner meint dazu:

> „Durch die Legitimation von Personen/Instanzen, andere Personen durch die Zuschreibung von aggressivem Verhalten in die Rolle eines Stigmatisierten einzuweisen, wird verdeckt, daß grundlegende Rechte von Personen/Gruppen aufgehoben werden und ihre Mißachtung unrechtmäßig ist. Dieses Problem stellt sich sowohl für den aggressiven Schüler wie für den Straftäter."
> (Belschner 1982, S. 81)

Dieses Problem stellt sich auch im besonderen Maße für Krankenpflegepersonal im Krankenhaus. Die Rollenverteilungen sind relativ klar definiert und werden von mir im Kapitel 6.2.2 ausführlicher besprochen.
Massenmedien wie Fernsehen (TV), Video, Kino, Boulevardblätter, Comics, Tageszeitungen, Zeitschriften und Computerspiele wurden und werden auch weiterhin intensiv untersucht bezüglich ihrer Wirkung auf Kinder, Jugendliche und auf Erwachsene. Verfechter der Trieb- und Instinkttheorie beschreiben die Auswirkungen von Gewaltdarstellungen im TV als Katharsiseffekt. Aggressive Triebimpulse könnten durch das Betrachten von Gewalttaten anderer „abreagiert" und insgesamt vermindert werden.
Die soziale Lerntheorie sagt hingegen, daß Gewalttaten in Massenmedien als Modell fungieren können, Bestätigung eigener aggressiver Verhaltensweisen liefern und antisoziales Verhalten eher fördern. Dem entsprechen würde eine über zehn Jahre geführte Analyse des NIMH[98] in den USA. Aus dieser geht eindeutig hervor, daß das Betrachten von Gewalt im Fernsehen bei Kindern und Jugendlichen eine erhöhte Aggressivität verursache (vgl. Crider et al. 1983, S. 461; vgl. Murphy 1977, S. 360 - 370). Die Verantwortlichen der zuständigen Fernsehanstalten bestritten dies umgehend und bezeichneten die Studie als unseriös durchgeführt. Sie gaben zu bedenken, daß eine Ursachenforschung im Labor mit einer Ursachenforschung in Feldstudien nicht verwechselt und verglichen werden dürfe.
Viele Soziologen konnten ein drastisches Ansteigen der Kriminalitätsraten kurz nach dem politischen Mord an John F. Kennedy 1963, nach den berühmt-berüchtigten Morden von Speck-Whitman im Sommer 1966 und den ausführlichen Berichterstattungen in den Medien über diese Fälle konstatieren (vgl. Meyer 1979, S. 533 f.). Nach Experimenten von Bandura ahmten Kinder aggressives Verhalten von realen Modellen annähernd gleich

[98] NIMH: National Institute of Mental Health; das nationale Institut für „geistige Gesundheit" in den Vereinigten Staaten von Amerika

häufig nach wie das von menschlichen Vorbildern z. B. im TV (vgl. Nickel 1976, S. 220). Donnerstein konnte 1980 herausfinden, daß männliche Probanden nach dem Betrachten aggressiv-erotischer Filme Frauen gegenüber eine höhere Aggressionsbereitschaft aufwiesen als Probanden nach dem Betrachten neutraler oder rein erotischer Filme. Diese Aggressivität bezog sich jedoch lediglich auf Frauen und nicht auf Männer. Interessant erscheint mir die Schlußfolgerung aus zahlreichen Studien, welche Donnerstein und Linz 1986 geschlossen haben: Nicht die Darstellung von Pornographie und Erotik allein fördere Aggression, Aggressivität und Gewalt gegenüber Frauen, sondern hauptsächlich die Gewalt an sich, unabhängig davon, in welchem Rahmen sie gezeigt wird (vgl. Zimbardo 1995, S. 433 - 435).

Grundsätzlich kann festgehalten werden, daß die Präsentation von Gewalttaten (wie z. B. Raubüberfälle mit Todesfolge und Morde) im TV deutlich häufiger als in der Realität auftritt. Im gesamten deutschen Fernsehprogramm waren 1991 durchschnittlich 70 Mordszenen pro Tag zu sehen. Die Kriminalitätsstatistik der Bundesrepublik Deutschland weist pro 100.000 Einwohner jedoch „nur“ circa 5 Morde und Totschläge per anno auf (vgl. Groebel 1994, S. 30).

Es ist sehr schwer, die Wahrscheinlichkeit einzuschätzen, ob Fernsehgewalt Kriminalität direkt erzeugt. Eine Hypothese besagt, daß durch Filme und Medienberichterstattungen eine bereits latent vorhandene Gewaltbereitschaft und Prädisposition durch Auslösemechanismen, Modelle und Muster in konkrete Taten umzusetzen helfen (vgl. Groebel 1994, S. 32).

Andere Autoren - so die Direktorin der Bundeszentrale für gesundheitliche Aufklärung, Elisabeth Pott - stellen fest, daß audiovisuelle Medien wie TV oder Computer insbesondere Kinder krank machen können. Sie sprächen den Tast- und Geruchssinn nicht an und vernachlässigten motorische Fähigkeiten. Wenn zum exzessiven Medienkonsum Langeweile, Angst vor dem Alleinsein und mangelnde elterliche Fürsorge hinzuträten, würden bereits existierende Frustrationen verstärkt. Wenn jedoch das Umfeld intakt sei, könnten die Medien sehr kreativ und aktiv eingesetzt werden (vgl. RP 08.06.1996).

Eine Studie des Psychologischen Instituts der Universität Köln stellt fest, daß bei einer gemischten Gruppe von 13 - 14jährigen Hauptschülern und Gymnasiasten Schüler mit einem überdurchschnittlichen Fernsehkonsum von bis zu fünf Stunden am Tag eher Defizite in der nonverbalen Kommunikation zeigen und zu Aggression neigen. Eine Konsequenz dieser sozialen und kommunikativen Mängel könne sein, daß sich diese Kinder dann noch mehr zurückziehen und - einem Circulus vitiosus[99] entsprechend - noch mehr fernsehen (vgl. RP 17.10.95).

Der höhere TV-Konsum hat scheinbar auch soziale und psychologische Ursachen. Je unzufriedener Menschen mit ihrer persönlichen und sozialen Situation sind, um so eher scheinen diese bereit zu sein, dies mit höherem Fernsehkonsum zu kompensieren (vgl. Gangloff 1995).

Es ist bei der Interpretation der Forschungsergebnisse schwierig zu unterscheiden, was die Ursache und was die Wirkung von aggressiven Verhaltensweisen ist. Möglicherweise werden nur solche Personen aggressionsbeladene Filme präferieren, welche schon vorher aggressive Regungen verspürten und sich zu der bestimmten Zeit in aggressionsfördernden Lebenslagen befinden. Solche Persönlichkeiten würden durch diese Filme stärker beeinflußt als durch anders geartete Filmbeiträge. Auch wäre der Einfluß von Filmen mit aggressivem Inhalt auf diese Personen stärker als auf andere. Eine Breitenwirkung in der gesamten Gesellschaft ist nicht eindeutig zu konstatieren[100].

Der eindeutige Beweis, daß großzügiger TV-Konsum das allgemeine Aggressionsniveau der Gesellschaft hebe, ist nicht zu erheben.

Es scheint sich aber zu verifizieren, was Eron schon 1972 konstatierte: Es besteht eine hohe Korrelation zwischen dem Maß der konsumierten TV-Gewalttätigkeiten, welche kleine Jungen genossen hatten, und ihrer eigenen Aggressivität zehn Jahre später (vgl. Zimbardo 1983, S. 641 f.).

Das häufige Betrachten von Gewalttätigkeiten - ob im TV oder in der „Realität" - begünstigt die Entwicklung der eigenen Aggressivität (vgl. ebd. S. 642). Es scheint auch sicher zu sein, daß hoher TV-Konsum die Wahrnehmung der Zuschauer langfristig negativ beeinflußt und die „Welt draußen" als Ort der Gefahr und Aggression darstellt (vgl. Crider et al. 1983, S. 462 f.).

Erstmalig hat in jüngster Zeit ein bundesdeutsches Gericht einem Jugendlichen verminderte Schuldfähigkeit zugebilligt, weil dieser vor seiner Straftat suchtartig Horrorfilme

[99] Circulus vitiosus: (lat. „Teufelskreis")

[100] Schon im Jahre 1967 schrieb der Pädagoge Karl Zietz zu dem Einfluß von Massenkommunikationsmitteln auf Kinder und Jugendliche: „So gefährlich die Wirkung dieser Erzeugnisse *(gemeint sind hier Fernsehsendungen und „Schundliteratur", Anm. d. Verf.)* auf das noch ungefestigte Gemüt des jungen Menschen auch sein kann, man sollte auch hier die Zusammenhänge nicht überschätzen und sie vor allem nicht zu oberflächlich sehen. SPRANGER hat bereits darauf aufmerksam gemacht, daß nicht die Lektüre oder der Film an sich den jungen Menschen verführen. Die tiefer liegenden latenten Bedingungen sind der Reizhunger und der Hang zum Abenteuerlichen, die den Jugendlichen dazu bringen, dem tristen Alltag zu entfliehen. Entweder tut er es fiktiv mittels Film und Abenteuerbuch oder realiter. Eines ist aber nicht Ursache des anderen, sondern beide, Lektüre und gemeinschaftswidriges Verhalten, entspringen der gleichen Wurzel. ...Die genannten Autoren, ..., haben nachgewiesen, daß Häufigkeit und Dauer des Fernsehens bei Kindern und Jugendlichen von der Intelligenz abhängig sind: Oberschüler sehen im allgemeinen weniger als Volksschüler und diese weniger als Hilfsschüler."
(Zietz 1967, S. 131)

konsumiert hatte. Dieser Einfluß und die schwerwiegenden Erziehungsfehler der Eltern waren dabei strafmildernd berücksichtigt worden (vgl. FAZ 30.07.1996).
Es gibt noch zahlreiche Studien über die Auswirkungen von Reportagen, Nachrichten, Filmen und Serien im Fernsehen auf die Zuschauer. Alle wurden und werden noch heute erbittert umfochten[101].
Letztlich mag es auch ein moralisch-ethisches Element des täglichen Lebens sein: Wann darf und sollte ein Mensch sich „durchsetzen", wann sollte er zurückhaltend und höflich sein? Diese Fragen kann die Wissenschaft nicht zum Gegenstand ihrer Untersuchungen machen und somit auch nicht beantworten (vgl. Gangloff 1995).
Albert Bandura hingegen als Begründer der Theorie des sozialen Lernens meinte 1973 in euphemistischer, anthropophiler und humanistischer Weltsicht zu den Auswirkungen der neuen Medien:

> „Technological innovations in the form of cable television and laser and satellite telecasting will permit simultaneous broadcasting of varied programs to audiences with diverse interests. ...Whether the technical changes bring significant reforms in programming partly depends on whether the public is granted some right to access to the facilities and how actively it is exercised. A watchful public can increase the likelihood that new opportunities will change television from a mediocre entertainer and teacher of aggressive life style to an instrument of human enlightenment." (Bandura 1973, S. 282)

Bandura zeigt in diesem Zitat ganz deutlich und offen, daß hinter „seiner" Theorie des sozialen Lernens auch eine soziale, humanistische und somit normative Intentionalität verborgen ist, mit der er den Menschen von Zwängen und Beengungen der Sozialisation[102] und der Erziehung befreien möchte.
Der Fokus des Interesses sollte nach meiner Meinung mehr auf die familiäre, schulische, berufliche und politische Sozialisation der Kinder, Jugendlichen und Erwachsenen gelegt werden, da die Effekte des Modellernens dort deutlicher hervortreten als beim TV-Konsum (vgl. Nolting 1978, S. 66 f.).

---

[101] Zur näheren Information über (mögliche) Auswirkungen audiovisueller Medien auf die menschlichen Verhaltensweisen (die sog. *Wirkungstheorien*) verweise ich auf die Ausführungen von Hans-Dieter Schwind (vgl. Schwind 1995, S. 235 - 259).
[102] Sozialisation: Der Lern- und Erziehungsprozeß, welcher das Hineinwachsen in die soziokulturelle Gemeinschaft durch Ausbildung eines sozialen Über-Ichs und Gewinnung der Ich-Identität des jungen Menschen (*primäre Sozialisation*, von der Geburt bis zum Abschluß der Jugend) bewirkt und an den durch alle Lebensalter fortgesetzte Anpassungsprozesse (*sekundäre Sozialisation*) anschließen. Familie, Schule und Einflüsse der weiteren Gesellschaft (unter anderem Gemeinde, Kirchen und Vereine) erfüllen Sozialisationsfunktionen (vgl. Bertelsmann, 1995, Band 9, S. 99; vgl. Rückriem 1970, S. 271 -274).

Grundsätzlich sei noch anzumerken, daß die empirische Untersuchung der Aggression an folgende Grenzen stößt:

* Die Intention jeder Wissenschaft sollte sein, nur einzelne unabhängige Variablen zu untersuchen, um deren Verhalten in konkreten Situationen unter kontrollierten Konditionen der abhängigen Variablen zu beobachten. Dies muß bei einem multidimensional auftretenden und komplex organisierten Phänomen wie dem der Aggression schwierig sein.
* Die Experimente unterliegen moralischen Grenzen, welche nicht überschritten werden dürfen (z. B. dürfen Probanden nicht der Situation einer direkten Gewalttätigkeit wie körperliche Fixierung, Vergewaltigung oder Geschlagenwerden ausgesetzt werden).
* Die Ergebnisse sind nur in sofern von Wert, daß sie innerhalb bestimmter Rahmenbedingungen - z. B. der westeuropäischen Gesellschaftsstruktur - gültig sind. Andere Umstände können bei Menschen andere Verhaltensweisen bedingen (vgl. Schott 1982, S. 159; vgl. Losee 1977, S. 172 ff.).

Erwachsene, welche ihre Kinder schlagen, kommen zumeist aus Familien, in denen sie selbst geschlagen wurde. Hinzu kommen soziale und psychische Einflußfaktoren der Eltern wie Familieneinkommen, Spannungen in der Ehe, Einsamkeit, Isolation, fehlende kompetente Diskussionspartner, Kontaktunfähigkeit und pädagogische Informationsdefizite. Als ein weiter Einflußfaktor kann die Unerwünschtheit eines Kindes angesehen werden (vgl. Zimbardo 1983, S. 643 f.; vgl. Belschner 1982, S. 89 ff.).
Eltern, welche ihre Kinder häufig mißhandeln, betrachten diese als viel verantwortungsvoller und erwachsener, als diese aufgrund ihrer Entwicklung sein können. Sie interpretieren Handlungen der Kinder als intentional und boshaft und können eine kindliche Wahrnehmungsebene nur mühsam imaginieren und konzipieren (vgl. ebd., S. 643 f.).
Eltern, welche ihre Kinder mißhandeln, haben zumeist selbst Aggression als effektives Mittel kennengelernt, erfolgreiches und befriedigendes Verhalten zu erreichen. Ihre Defizite an Kenntnissen alternativer pädagogischer Methoden versetzt sie nur selten in die Lage, ihre Handlungen selbständig revidieren zu können (vgl. Nolting 1978, S. 78).
Seitz konnte 1980 eruieren, daß delinquente Adoleszente bei ihren Eltern häufig ein hohes Maß an Kontrolle und (Selbst-) Disziplin bei gleichzeitig fehlender Unterstützung vorfanden. Ihre Eltern waren defätistisch auf die Zukunft eingestellt. Die Mütter waren

eher unterfordernd, saturierend und überfürsorglich (vgl. Weidenmann et al. 1986, S. 264)[103].

Konstruktive Konfliktlösungsmuster von Eltern (und anderen Erziehungsberechtigten, wie z. B. Lehrern) sind hingegen das optimale Modell, welches Kinder in ihrer Kindheit erlernen können, um selbst nicht-zerstörerisches Verhalten (*non-destruktiv-behavior*) zu entwickeln, mit Konflikten zu leben und sie zu bewältigen.

3.5.5 Kritik an der Theorie des sozialen Lernens aggressiven Verhaltens

Aggression - so hoffe ich in diesem Kapitel gezeigt zu haben - ist nicht nur ein individuelles, sondern auch ein soziales und politisches Problem. Verhalten muß nicht nur von dem individuellen Standpunkt aus, sondern eben auch von den es fördernden und hemmenden Faktoren, Bedingungen und Mechanismen betrachtet werden. Die Überzeugung und der Glaube an die Theorie *eines* Aggressionstriebes, welcher bestimmte Verhaltensweisen - vom Schlagen bis hin zum wissenschaftlichen und künstlerischen Streben - auf *einen* Trieb oder Instinkt reduzieren, haben ein reduktionistisches Menschenbild als Grundlage und können als Störquelle für ein konstruktives Umgehen mit problematischen Situationen betrachtet werden (vgl. Eron et al. 1978, S. 213 - 243).

Eine apologetische Variante dieser Argumentation könnte folgendermaßen aussehen: „Wenn ich zuschlage, ist mein Trieb schuld, für den ich selbst keine Verantwortung übernehmen kann, weil mir die Möglichkeiten fehlen, ihn auszuleben."

In der Theorie des sozialen Lernens wird hingegen die Ansicht präferiert, daß soziales Lernen ab der Geburt stattfindet und positiv-konstruktiv gefördert werden kann und sollte. Dabei kann die Theorie des sozialen Lernens sehr hilfreich sein. Die anderen Modelle der Triebtheorien, der Neurophysiologie und der Aggressions-Frustrations-Hypothese können dabei unterstützend und grundlegend wirksam sein.

Grundsätzlich ist beim Auftreten von aggressiven Verhaltensweisen nach den sie umgebenden Bedingungen zu fragen:

* Wird das Verhalten bestätigt, gefördert, gehemmt oder ignoriert?
* Gibt es Umweltfaktoren, welche nur Aggression als Ausdrucksmittel zulassen?

---

[103] David Farrington konnte in einer Studie aufzeigen, daß Personen mit Schwierigkeiten und Problemen in der Kindheit sehr häufig Probleme in der Adoleszenz und im Erwachsenenalter aufweisen. Er faßt zusammen: „To conclude, there are important similarities and important differences among soccer hooligans and spouse assaulters and other types of violent males. The differences involving soccer hooligans are not easily interpretable. Conceivably, relatively small boys whose fathers pay little attention to them might try to compensate for these handicaps by showing off and being aggressive in soccer crowds, especially if they are not inhibited by nervousness or religious beliefs. The differences involving spouse assaulters suggest that there may be a link between experiencing parental disharmony and early separation from a parent in childhood, difficulties in relationships with peers and parents, and later difficulties in relationships with spouses and cohabitees. Teenage violence may indeed develop into spouse assault in the thirties, but particularly for those aggressive males who have specific and long-lasting difficulties in relationships with other people." (Farrington 1994, S. 238)

* Gibt es exponierte Persönlichkeiten in der Gesellschaft, welche als Modell wirksam sind und deren Verhalten aggressiv ist?
* Gibt es ein überhöhtes Potential für das Durchsetzen von Interessen? Ist Aggression in der „Ellbogen-Gesellschaft" dafür ein legitimes Mittel? Ist der Glaube der Gesellschaft an einen Aggressionstrieb ein entscheidender Grund dafür? Oder ist ein solches Erklärungsmodell lediglich ein Verdrängungsmechanismus von eigenen Frustrations-Aggressionserfahrungen und ` malignen ´ Kognitionen?
* Ist das Männlichkeitsideal psychologisch und auch ökonomisch noch up-to-date?

Ich denke, der Leser wird diese Fragen auch nach eingehender und intensiver Lektüre der vorausgegangenen Kapitel nicht ausreichend beantworten können. Ich wollte hierbei nur Hinweise auf *mögliche* Lerntechniken und Entstehungsprozesse aggressiver Verhaltensweisen deutlich machen, damit Aggression in der Pflege besser erkannt und verstanden wird und ein konstruktiver Umgang möglich wird.

Die Gewaltlosigkeit und das offensichtliche Fehlen von destruktiver Aggression ist jedoch zumeist keine intellektuelle, kognitive Leistung, sondern eher eine trainierte emotionale Tätigkeit. Sowohl das gewalttätige als auch gewaltlose Verhalten muß *emotional* gelernt werden (vgl. Mantell 1972, S. 12 f.).

Die Modifikation und Revision entsprechender Verhaltensweisen in der Familie, Schule, in sozialen Gruppen, durch Massenmedien, in der beruflichen Ausbildung und bei der tagtäglichen Arbeit muß einen hohen Stellenwert erhalten. Tagtägliche Vorbilder - wie z. B. die Vorgesetzte bei der Arbeit, die Lehrerin, die Pflegekraft, die Psychotherapeutin, die Ärztin etc. pp. - haben hierbei eine hohe gesellschaftliche Verantwortung.

Die Prävention destruktiver Aggression ist unumgänglich notwendig und wird von fast allen Autoren eingefordert.

Eine ähnlich praxisbezogene Schlußfolgerung wie diese ist die Quintessenz des integrativen und umfassenden Erklärungsansatzes von Bandura (1969) und Walters (1963): Das menschliche aggressive Verhalten könne nur durch eine Kombination von *klassischem* und *operantem Konditionieren*, durch *Imitationslernen* und *Lernen am Modell* und durch kognitive Elemente erklärt werden (vgl. Lefrancois 1976, S. 175 - 188).

Dieses eklektizistische Konstrukt scheint mir der Realität näher zu kommen, als die Postulierung eines singulären Erklärungsmusters, welches in Laborsituationen Verhalten und Reaktionen provozieren konnte.

Ich möchte dieses Kapitel mit einem Ausspruch des englisch-irischen Dramatikers George Bernard Shaw (1856 - 1950) beenden:

> „Die menschliche Natur ist nur das Rohmaterial, das von der Gesellschaft zu einem vollendeten Verbrecher oder einem vollendeten Mitmenschen verarbeitet wird, je nachdem, in welche Richtung sie den Druck des Eigeninteresses leitet." (Shaw 1986, S. 68)

3.6 Weitere Erklärungsansätze

Ich werde zur Komplettierung der aggressionstheoretischen Erklärungsansätze noch drei weitere nennen. Sie haben (noch) nicht den Stellenwert der anderen Theorien, sind nicht besonders bekannt und haben deshalb auch nicht deren Einfluß.
Nähere Erläuterungen und Beschreibungen können in der angegebenen Literatur eingesehen werden.

3.6.1 Interaktionistischer Ansatz

Zum Verständnis dieses Ansatzes muß ich die folgenden Definitionen voranschicken.
Oswald definiert *soziale Interaktionen* folgendermaßen:

> Soziale Interaktion sei aufgefaßt als Prozeß, in dem zwei oder mehr Personen ihre Handlungen unter Berücksichtigung des Kontextes[104] aufeinander beziehen, wodurch ihre Handlungen, die Interaktanden und die in die Handlungen einbezogenen Objekte ihre situative Bedeutung bekommen. Impliziert ist damit, daß alle Beteiligten sich selbst und die anderen bei der Verfolgung ihrer Handlungslinien in Rechnung stellen, also eine Darstellung ihrer situativen Identität (Selbstauffassung und Absichten für die Interaktion) geben und zugleich die situativen Identitäten der Anderen wahrnehmen (Rollenübernahme) und berücksichtigen, gleichgültig, ob Darstellung und Wahrnehmung in adäquater, den beidseitigen Intentionen gerecht werdender Weise geschieht oder nicht.“ (Oswald 1983, S. 756)

Krappmann führt folgendes zur Definition der *Rolle* aus:

> Unter einer sozialen Rolle verstehen Soziologen gebündelte Erwartungen an Verhalten und an Eigenschaften des Inhabers einer Position im sozialen System (→ Vater; Lehrerin, Abgeordneter), die Verbindlichkeit unterschiedlichen Grades haben und deren Einhaltung positiv (durch Anerkennung, Einfluß, materielle Güter) bewertet, deren Übertretung auf verschiedene Weise (vom Achselzucken bis zur sozialen Ächtung) bestraft wird. Die Erwartungen werden von der Gesellschaft insgesamt, vor allem von sozialen Gruppen (Bezugsgruppen) aufgestellt. Sehr oft sind sie es auch, die das Verhalten des Rollenträgers kontrollieren und belohnen oder strafen. Es lassen sich kurzlebige, »modische« Erwartungen unterscheiden von anderen, die tief in grundlegenden → Werten und Überzeugungen wurzeln und mit sozialen → Institutionen verknüpft sind (Normen). Durch die übernommene Rolle werden Menschen Mitglieder des Netzwerks sozialer Beziehungen, denn jede Rolle hat ihre unmittelbaren und entfernteren Partner (im Fall des → Lehrers die → Schüler, Kollegen, Eltern, Schulverwaltung).“ (Krappmann 1983, S. 1314)

[104] Kontext: der umgebende inhaltliche Gedanken- oder Sinnzusammenhang, in welchem eine Äußerung steht, und der Sach- und Situationszusammenhang, aus welchem heraus sie verstanden werden muß (vgl. Duden Redaktion 1982, S. 419 f.).

In der sozialen Interaktion werden Handlungen nicht solitär, sondern immer als Reaktion einer Person auf eine Handlung einer anderen betrachtet. Diese reagiert ebenfalls auf eine Handlung einer anderen Person. Somit entstehen Interaktionen (vgl. Watzlawick 1969, S. 50 f.; vgl. Tillmann 1989, S. 130 - 139).

Probleme in interaktiven Handlungssequenzen werden durch Strukturen von Rollenerwartungen, eingebrachten Dispositionen und Wechselverhältnissen zwischen ihnen ersichtlich (vgl. Hanke et al. 1976, S. 63 ff.; vgl. Schulz von Thun 1994, S. 82 - 85). Stabile und problemlose Interaktionen werden nach diesem Ansatz erst dann möglich sein, wenn klar definierte Rollen in einem allen Beteiligten gemeinsamen Symbolsystem übernommen und ausgeführt werden können (vgl. ebd.). Gewalt kann eben diese Klärung zum Ziel haben. Sie kann auch eine Demonstration von individueller Handlungsspielraum oder eine Aufforderung zur Kenntnisnahme darstellen (vgl. Kronemeyer 1996).

Dieses „normative Paradigma“[105] nach Wilson bewertet Rollen nach Definitions- und Handlungszuschreibungen anderer Personen. Die Interaktionen und ihre Rahmenbedingungen prägen Rollen entscheidend.

Dem konträr unterstellt das „integrative Paradigma“ nach Blumer, daß eine soziale Interaktion immer zwischen Handelnden und nicht zwischen den sie bedingenden Faktoren stattfände. Der Mensch steuere und entwerfe seine Handlungen nach der subjektiven Bedeutung, welche er ihnen zumesse, welche in sozialer Interaktion entstehe und in integrativen Prozessen verwendet und modifiziert werden (vgl. Hanke et al. 1976, S. 64). Hanke et al. führen dies explizit aus:

> „Interaktion ist demnach nicht der Auslöser für vorgefertigte, in übernommenen Rollen festgelegte Verhaltensmuster, sondern „ein Prozeß, der menschliches Verhalten formt“, in dem Erwartungen der anderen identifiziert, reflektiert, interpretiert werden - und in dem auf dieser Grundlage eigene Handlungen konzipiert und eigene Erwartungen dargestellt werden... Diese Sichtweise trifft auch für Bereiche zu, in denen Normen und soziale Regeln das Verhalten zu bestimmen scheinen. Die Menge der soziokulturellen Verhaltensvorschriften ist keineswegs widerspruchsfrei. ...Soziale Regeln und Normen lassen sich überhaupt nur verbindlich aufrechterhalten, wenn die Mitglieder der Soziokultur sie aus Distanz reflektieren und interpretieren können...“ (Hanke et al. 1976, S. 65)

[105] Paradigma: (grch. „Beispiel“) Der von Kuhn in die Wissenschaftstheorie eingeführte Terminus bezeichnet die eine Wissenschaft in einer Periode prägenden Auffassungen. Diese umfassen methodologische Regeln, aber auch eine intuitive Grundeinstellung zu den einzelnen Phänomenen. Das Paradigma regelt, was als eine befriedigende Problemlösung gelten darf und welche Probleme als interessant und untersuchenswert anzusehen sind. Das Paradigma greift über den theoretischen Bereich hinaus und beeinflußt die Beobachtungen selbst. Es regelt die Konstitution der Gegenstände einer Wissenschaft. In der Wissenschaftsgeschichte kommt es vor, daß Paradigmen abgelöst werden. Dann wird - nach Kuhn - von einer „wissenschaftlichen Revolution“ gesprochen (vgl. Duden Redaktion 1985, S. 300 f.).

Bei dieser Theorie werden die komplexen und komplizierten Einflußfaktoren von Verhalten - und somit auch von Aggression - herausgestellt:
Eine Verhaltensänderung ohne Änderung der soziale Bezüge scheint auf Dauer nicht möglich zu sein. Rollenerwartungen sind zum Teil labile, zum Teil aber auch äußerst rigide Erscheinungen des soziokulturellen Kontextes.
Ich möchte die Behandlung dieser umfassenden Thematik hier schließen, da die theoretischen Erklärungsmuster in der pädagogischen und soziologischen Forschung selbst eine eigene Disziplin umfassen und hier nicht hinreichend dargestellt werden können. In den Kapiteln 6.2.2 und 6.3.2 werden ich näher auf die praktischen Probleme von Pflegepersonal, Ärzten und Patientinnen im Zusammenhang mit Rollenerwartungen eingehen.

3.6.2 Soziobiologischer Erklärungsversuch

Smith et al. haben 1978 mit der Theorie der soziobiologischen Erklärung versucht, langfristige Konfliktsituationen zwischen zwei oder mehrere Kontrahenten zu beschreiben.
Nach dieser Theorie seien solche Situationen dann nicht mehr kalkulierbar, wenn nicht eine momentane, endgültige oder optimale Lösung der Konflikte, sondern mehr aggressive und weniger passiv-rezeptive Verhaltensmuster angestrebt und angewendet würden (vgl. Maier-Opitz 1990, S. 6).
Aggressive und passiv-rezeptive Verhaltensanteile müßten ein Verhältnis von 7 : 5 zueinander haben, dann sei nach Dwarkin (1976) ein Optimalverhältnis erreicht.
Diese Theorie ist bisher nicht über das Stadium eines Denkansatzes hinausgekommen (vgl. ebd.).

3.6.3 Systemtheorie

Mayr et al. haben 1974 einen systemtheoretischen Denkansatz postuliert, welcher komplexe Vorstellungen über Wirkungsvernetzungen z. B. interindividuell für die Erklärung und Beschreibung von aggressivem Verhalten beinhaltet. Dieser Ansatz steht den mehr in Kausalketten strukturierten Theorien konträr gegenüber (vgl. Maier-Opitz 1990, S. 6).
Nach diesem Ansatz lägen in den Nukleinsäuren der Eizelle genetische Programme vor und würden bei Verwirklichung ohne äußere, das Programm modifizierende Einflüsse ein geschlossenes System bilden. Daneben gäbe es eher offene Systeme, welche Informationen aufnehmen und mitverarbeiten können. Das Spektrum an Verwirklichungsmechanismen ist somit ungeheuer groß. Das menschliche Verhalten sei ein derart offenes Pro-

gramm (vgl. ebd.). Auch diese Theorie ist bisher nicht über das Stadium eines Denkansatzes hinausgekommen.

4. Kommunikative Grundlagen

Ich werde dem Kapitel „Gründe und Ursachen von Aggression und Gewalt" eine kurze Abhandlung über die Ausführungen von Watzlawick et al. und Schulz von Thun zur Kommunikation voransetzen, weil deren grundlegende Kenntnis das weitere Verständnis der Arbeit vereinfachen wird.

4.1 Die pragmatischen metakommunikativen Axiome nach Watzlawick et al.

Watzlawick et al. haben die Eigenschaften der menschlichen Kommunikation in den sechziger Jahren eingehend untersucht und grundlegende kommunikative Eigenschaften postuliert, die ich nun vorstellen möchte. Ich beziehe mich dabei auf das Hauptwerk von Paul Watzlawick et al. (1967), S. 50 - 70 und die Ausführungen von Mertens 1975, S. 58 - 74.

1. Die Unmöglichkeit, nicht zu kommunizieren

Kommunikation als Mitteilung von Botschaften, Informationen und Gefühlen kann als einzelne Mitteilung (message) oder in wechselseitigem Ablauf von Mitteilungen (interaction) beschrieben werden. Dabei ist Kommunikation als Verhalten der Individuen in einer Beziehung zu verstehen. In dieser Beziehung gibt es kein Nicht-Verhalten, weil jegliches Handeln oder Nicht-Handeln Mitteilungscharakter besitzt und andere Individuen beeinflußt. Aus diesen Gründen kann nicht bestritten werden, daß nicht nicht kommuniziert werden kann.

2. Die Inhalts- und Beziehungsaspekte der Kommunikation

Jede Mitteilung - ob wahr oder falsch, richtig oder unrichtig, gut oder böse - enthält inhaltliche Informationen. Darüber hinaus vermittelt die Kommunikation auch den Teil der Beziehung zwischen den Gesprächspartnern, in dem der Sender von inhaltlichen Informationen immer auch Hinweise sendet, wie der Empfänger diese Botschaft verstehen soll. Der Sender gibt immer mehr oder weniger eine persönliche Stellungnahme zu dem Gesprächspartner ab (vgl. Steuble 1986, S. 212 - 236).

Wörtlich meint Watzlawick dazu:

> „Jede Kommunikation enthält einen Inhalts- und einen Beziehungsaspekt, derart, daß letzterer den ersteren bestimmt und daher eine Metakommunikation[106] ist." (Watzlawick et al. 1969, S. 56)

3. Die Interpunktion von Ereignisfolgen

Neutralen Beobachtern von Interaktion erscheint diese als ein ununterbrochener Austausch von Informationen. Für die Interaktanden hingegen liegt dem Gespräch eine spezielle Struktur zugrunde.

In einer Situation der Kommunikationsdiskrepanzen kann folgender Fall auftreten: Teilnehmer A meint, nur auf Aussagen des Teilnehmers B reagiert zu haben. Dieser streitet dies ab und behauptet genau das Gegenteil. Eine Verteidigungshaltung wird als Reaktion auf den subjektiv empfundenen Angriff und der Angriff als eine Reaktion auf ein fehlendes Agieren definiert. Jeder sieht sich selbst als Reagierender und nicht als auslösender oder verursachender Faktor.

Das Hochschaukeln (Eskalieren) des Konfliktes kann die Folge sein:

Weil A passiv-rezipierend und nicht im Sinne von B reagiert, werden dessen Attacken aktiv-agierend schärfer, damit A „endlich" reagiert. Dieser reagiert jedoch immer noch nicht, woraufhin B weiter und heftiger attackiert. A hat nun endgültig genug von diesen Attacken und „platzt" vor Wut und reagiert sehr heftig. B ist völlig frappiert, verstört und reagiert um so heftiger, weil A derart „überreagiert" habe etc. pp.

Watzlawick schließt mit den Worten:

> „Die Natur einer Beziehung ist durch die Interpunktion der Kommunikationsabläufe seitens der Partner bedingt." (Watzlawick et al. 1969, S. 61)

Die De-Eskalation sollte an dieser Stelle einsetzen: Wenn eine Konfliktsituation zu eskalieren droht, sollte zumindest eine Person metakommunizieren, d. h. einseitig die Strukturen hinterfragen und den eigenen Anteil der Interpunktion aufzeigen. Durch diesen aktiven Anteil der Kommunikationssteuerung wird eine Eskalation häufig vermieden.

[106] Neuberger führt zu dem Begriff Metakommunikation folgendes aus: „ Metakommunikation ist - wörtlich übersetzt - „Kommunikation über Kommunikation" und bezieht sich auf die Möglichkeit, Inhalt und Ablauf eines Gespräches selbst zum Gegenstand des Gespräches zu machen. Die Gesprächspartner können z. B. darüber diskutieren, warum sie über das sprechen, worüber sie sprechen, welchen Verlauf die Unterredung genommen hat und warum sich etwa an bestimmten Stellen eine besondere Aggressivität entwickelt hat, warum so viel durcheinander geredet, unterbrochen oder geschwiegen wurde usw." (Neuberger 1992, S. 66). Nähere Angaben zur Metakommunikation können nachgelesen werden bei Neuberger 1992, S. 66 - 88.

Die Gefahr des Eskalation kann weiter minimiert werden, wenn beide Parteien zu dieser Methode fähig und bereit sind (vgl. Watzlawick 1981, S. 91 - 109).

4. Analoge und digitale Kommunikation

Gegenstände und Objekte lassen sich auf zwei unterschiedliche Arten darstellen:

* in natürlicher Weise (z. B. durch Zeichnungen, Bilder, Comics mit der Abbildung des Gegenstands) oder
* in künstlicher Weise (z. B. durch Worte, Zahlen, Codes).

Die natürliche Weise ist als analoge Kommunikation benannt. Durch eine grundsätzliche Ähnlichkeitsbeziehung zum ursprünglichen Gegenstand ist diese Art interkulturell gut verständlich und allgemein weitaus valider. Gebärden- und Zeichensprache zeigen phylogenetische Wurzeln und archaische Relikte der menschlichen Interaktion auf.

Die künstliche Weise ist als digitale Kommunikation benannt. Der Sinn von abstrakten Symbolen wie Wörtern, deren Beziehung zu einem Objekt mehr oder weniger zufällig ist, kann ohne Kenntnis der Landessprache nicht verstanden, evtl. am Klang „erahnt“ werden. Durch ein semantisches[107] Übereinkommen wird innerhalb einer Kultur eine Relation zwischen Wort und Objekt hergestellt.

Analoge Kommunikation wird häufig mit non-verbaler Kommunikation gleichgesetzt. Sie ist zumeist doppeldeutig, wie z. B. die geballte Hand als Faust der Bedrohung oder als Ausdruck der Selbstbeherrschung und Selbstdisziplin verstanden werden kann[108].

Die digitale Kommunikation hingegen ist komplexer, vielseitiger und abstrakter. Ihre Logik ist syntaktisch[109] angeordnet und kann - im Gegensatz zur analogen Weise - mit logischen Elementen wie „wenn - dann“ oder „entweder - oder“ arbeiten[110].

---

[107] Semantik: die Lehre von der Bedeutung von Wörtern und sprachlichen Zeichen

[108] Watzlawick et al. führen dazu weiter aus: „Um dies näher darzulegen, sei daran erinnert, daß es Tränen des Schmerzes und der Freude gibt, daß die geballte Faust Drohung oder Selbstbeherrschung bedeuten, ein Lächeln Sympathie oder Verachtung ausdrücken, Zurückhaltung als Takt oder Gleichgültigkeit ausgelegt werden kann. Und es fragt sich, ob nicht vielleicht alle analogen Mitteilungen diese merkwürdige Doppelbedeutung haben, die uns an Freuds *Gegensinn der Urworte* gemahnt. Analogiekommunikationen enthalten keine Hinweise darauf, welche von zwei widersprüchlichen Bedeutungen gemeint ist, noch irgendwelche andere Hinweise, die eine klare Unterscheidung zwischen Vergangenheit, Gegenwart und Zukunft erlaubten... Diese Unterscheidungen müssen vom Kommunikationsempfänger mehr oder weniger intuitiv beigesteuert werden, während sie in digitaler Kommunikation direkt enthalten sind. Dafür besitzt ... die digitale Kommunikation ihrerseits kein ausreichendes Vokabular zur klaren Definition von Beziehungen.“ (Watzlawick et al. 1969, S. 66 f.) Weitere Erläuterungen vgl. Sacks 1990, S. 97 - 118

[109] Syntax: die Satzlehre

[110] Haesler fügt dem hinzu: „In einem allgemeinsten Sinn ist ... jegliche Form der Erfassung und Mitteilung äußerer und innerer Zustände und Vorgänge eines lebenden Wesens an andere mit Hilfe eines Systems von sinnhaften Zeichen nach bestimmten, überall vorauszusetzenden und akzeptierten Verknüpfungsregeln als „Sprache“ zu verstehen, wie diese naturgemäß vor allem mit der menschlichen Wort-Sprache gegeben ist. Es gibt außer der Wortsprache noch andere, nicht an Worte gebundene menschliche Zeichensysteme, wie etwa das komplexe Zeichensystem des affektiven Austauschs, das vor dem Erwerb der Wort-Sprache die Verständigung von Mutter und Kind in einer essentiellen Weise bestimmt, oder das hochspezifische Zeichensystem der Musik, das mit dem affektiven Zeichensystem auf das engste verwandt ist (...), oder auch das Zeichen- oder Gebärdensystem, das die Zeichen- und Gebärdensprache der Taubstummen bestimmt etc. Die Wort-Sprache ist allerdings das umfassendste und differenzierteste Denk- und Ausdrucksmittel des Menschen. Ihre Zeichen werden durch artikulierte Laute und durch zu Wörtern und Wortverbindungen gestalteten Lautkombinationen gebildet, wobei einzelne, vom Sprecher voneinander differenzierte und vom Hörer voneinander differenzierbare Laute zu sinnhaften Elementen *(Silben)*,

Watzlawick faßt zusammen:

> „Menschliche Kommunikation bedient sich digitaler und analoger Modalitäten. Digitale Kommunikation haben eine komplexe und vielseitige logische Syntax, aber eine auf dem Gebiet der Beziehungen unzulängliche Semantik. Analoge Kommunikationen dagegen besitzen dieses semantische Potential, ermangeln aber die für eindeutige Kommunikationen erforderliche logische Syntax." (Watzlawick et al. 1969, S. 68)

5. Symmetrische und komplementäre Interaktionen

Das Verhalten während einer Interaktion kann durch unterschiedliche Beziehungsaspekte beschrieben werden. Eine symmetrische[111] Beziehung wäre dann zu konstatieren, wenn die Interaktionspartner in Stärke, Schwäche, Härte, Güte und jedem anderen Verhalten ebenbürtig wären.

Eine komplementäre[112] Beziehung liegt dann vor, wenn der eine Partner Schwächen oder Stärken des anderen ausgleicht oder ergänzt.

Symmetrische Beziehungen streben nach Ausgleich und Reduzierung der Differenzen, während komplementäre Positionen superiore und inferiore Stellungen beinhalten (vgl. Schaller 1987, S. 258 - 263).

Komplementäre Beziehungen begründen sich häufig auf sozialen Kontexten wie Schule (Lehrerin - Schülerin), Elternhaus (Mutter - Kind) oder Krankenhaus (Ärztin/Pflegepersonal - Patientin). Dort werden anhand der Kommunikation Machtkonstellationen sichtbar.

Störungen in der Beziehung, in der Kommunikation und der Interaktion zwei oder mehrerer Partner sind als äußerst komplex anzusehen.

Eine Verhaltensweise, welche als resultierende Konsequenz einer gestörten Kommunikation interpretiert werden kann, ist die Aggression in der Pflege. Für die nähere Beschäftigung mit dieser spannenden Thematik der gestörten Interaktion und Kommunikation im allgemeinen verweise ich auf das oben genannte Buch von Watzlawick et al.

Die Verhaltensweise Aggression in der Pflege wird von mir in den nächsten Kapiteln auch in interaktiv-kommunikativer Weise detaillierte betrachtet.

Kombinationen von Silben *(Worten)* und schließlich zu Kombinationen dieser Kombinationen *(Sätzen)*, zur Aussage, zur Vermittlung von Inhalten verknüpft werden." (Haesler1995, S. 57 ff.)

[111] symmetrisch: spiegelbildlich

[112] komplementär: ergänzend

4.2 Das Kommunikationsmodell nach Schulz von Thun

Ich möchte an dieser Stelle die Grundgedanken des Kommunikationsmodells des Psychologen Schulz von Thun vorstellen. Es hat - ähnlich dem Modell von Watzlawick et al. - eine große Bedeutung für die Interpretation positiver und negativer Gespräche.
Schulz von Thun hat die Relevanz der vier Aspekte einer Kommunikation Inhalt, Offenbarung, Beziehung und Appell dargelegt.
Dabei werden von einem Interaktionspartner zeitgleich Signale

- über den Inhalt der Kommunikation,
- über sich selbst (Offenbarung),
- über die Beziehungsebene der Interaktionspartner aus Sicht des jeweiligen Partners und
- über die Hinweissignale (Appell) an den Partner gegeben.

Diese Signale werden von dem Partner über sensible Wahrnehmungskanäle[113] aufgenommen. Auch bei der Aufnahme und Wahrnehmung von Signalen gibt es nach Schulz von Thun die vier Aspekte Inhalt, Offenbarung, Beziehung und Appell und werden je nach individueller Prägung unterschiedlich gewichtet.
Dieses komplizierte Geflecht der signalisierten und rezipierten Informationen unterschiedlicher Sendequalität und Empfangssensibilität wird in jeder Interaktion eingesetzt. Sie wird von den Kommunikationspartnern zumeist nicht bedacht, sondern automatisch angewendet.
Häufig ist dies in der „klassischen" Geschlechterkommunikation der Fall, wenn z. B. der Mann eher rational und die Frau eher emotional geprägt sind. So kann ein vornehmlich auf der rationalen Inhaltsebene agierender Gesprächspartner auf einen vornehmlich emotionalen, beziehungssensiblen Wahrnehmungskanal der Partnerin treffen. Ein „klassisches" Mißverständnis zwischen den Partnern hat sich herausgebildet.
Ein rationales Informationsgespräch kann von einer Person mit einem vornehmlich emotional geprägten Wahrnehmungskanal als inhaltsschwere, kalte Information, als Vehikel zur Distanzierung in der Beziehung und nicht als Ausdruck oder Wunsch nach Wärme und Nähe verstanden werden. Ebenso kann eine Person mit einem einseitig sachlich orientiertem Wahrnehmungskanal das Senden von Beziehungsaspekten eines emotionalen

[113] Schulz von Thun nennt diese Kanäle „Ohren"

Beziehungssenders schwerlich als Ausdruck und Wunsch nach Nähe und Wärme interpretieren (vgl. Tannen 1992, S. 159 - 181).

Hier ist es wichtig, hinter die Worte zu schauen. Die Übereinstimmung von gesprochenen Worten und non-verbalen Körpersignalen in Form einer kongruenten[114] Kommunikation lassen auf eine hohe Glaubwürdigkeit des Partners schließen. Je kongruenter Körpersprache und verbale Sprache sind, desto glaubwürdiger und überzeugender ist der Gesprächspartner. Da Signale des Körpers nur unzureichend kaschiert und maskiert gesendet werden können, muß der Gesprächspartner offen und ehrlich sein, um erfolgreich agieren zu können (vgl. Schwertfeger/Lewandowski 1990). Die verbale Sprache überzeugt insbesondere Menschen, welche auf dem rationalen und inhaltlichen Wahrnehmungskanal empfänglich sind. Optimal wäre die ausgewogene Verteilung der vier Aspekte sowohl beim Sender als auch beim Empfänger, so daß die Wahrscheinlichkeit eines Mißverständnisses minimiert und reduziert werden kann.

Auch sollte bei kommunikativen Problemen bedacht werden, welcher Sende- und welcher Wahrnehmungskanal selbst präferiert wird, um Differenzen in der Wahrnehmung analysieren zu können. Bei realitätsorientierter Analyse können Sende- und Wahrnehmungskanäle gewechselt und spezifische Sensibilitäten verändert werden.

Hierfür ist jedoch eine ausgeprägte Kenntnis des eigenen Charakters und der des Partners vorauszusetzen. Nähere Informationen über den Prozeß des Wechselns von Sende- und Wahrnehmungskanälen bitte ich in der angegebenen Literatur von Schulz von Thun nachzuschlagen, da ein tieferes Eingehen den gesetzten Rahmen dieser Arbeit sprengen würde (vgl. Schulz von Thun 1981, S. 23 - 68; vgl. Schulz von Thun 1989, S. 19 - 56).

[114] kongruent: deckungsgleich, übereinstimmend, zusammentreffend

5. Ausdrucksformen von Aggression und Gewalt in der Pflege

5.1 Erscheinungsbild von Aggression und Gewalt durch das Pflegepersonal

Gewalt gegen ältere Menschen im Spital St. Gallen, Ermordung von Schwerstkranken in Wien-Lainz und „mysteriöse Todesfälle" in anderen Heimen, Bettgurte und Ohrfeigen in einem Kölner Altenheim, Freiheitsberaubung und Körperverletzung in einem städtischen Altenheim in Mülheim/Ruhr, Verurteilung einer Altenpflegehelferin wegen Mißhandlung von Schutzbefohlenen in Düsseldorf, vorsätzliche Vernachlässigungen in privaten Altenheimen in Stuttgart, Gütersloh und Wien, 28 Tötungen von Patientinnen in Wuppertal (der „Todesengel Michaela Roeder"), vier Tötungen durch Insulinspritzen in einem Altenpflegeheim mit gutem Ruf... (vgl. Springer 1994; vgl. Mülheimer Abendblatt 1995; vgl. RP 23.11.1995; vgl. RP 14.11.1995; vgl. Ruthemann 1993, S. 19; vgl. Redaktion Altenpflege 1991, S. 102; vgl. Schmidbauer 1983, S. 239 ff.; vgl. Niessen 22.03.1996).
Auch in der ambulanten Versorgung durch Pflegepersonal und Angehörigen haben nach Angaben der Fraktion der Grünen im Bundestag in 1991 120 000 alte Menschen schwere körperliche Mißhandlungen erleiden müssen. Nach einer Studie des Kriminologischen Forschungsinstitutes Niedersachsens sei die Gesamtzahl der jährlich von Angehörigen geschlagenen und mißhandelten Personen im Alter von 60 - 75 Jahre auf 600 000 zu schätzen (vgl. LTZ 24.08.1996). Die Auflistung ließe sich beliebig weiterführen.
Auch wenn der Ministerialdirigent im Bundesfamilienministerium, Eduard Tack, leugnet, daß Aggression und Gewalt in der Pflege als „Massenphänomen" benannt werden könne (vgl. Diebäcker 23.07.1996), spiegeln diese Presseartikel nach meiner Ansicht nur die Spitze eines riesigen Eisberges. Aggression zeigt sich im Stationsalltag in unterschiedlichen Ausdrucksformen, i. d. R. deutlich subtiler als bei den oben genannten Fällen.
Die folgende Tabelle soll die Vielfalt der Äußerungsformen illustrieren:

Tbl. 2: Ausdrucksformen von Aggression und Gewalt:

offen gezeigte	verdeckt, auf perfide Weise gezeigte
physische	verbale
aktiv-agierende	passiv-rezipierende
direkte	indirekte
nach außen gekehrte	nach innen gewandte
Allo- (Fremd-)Aggression	Auto- (Selbst-)Aggression
pro-soziale	anti-soziale
konstruktive	destruktive

(vgl. Grond 1987, S. 135; vgl. Rosenhan 1984, S. 453 - 459)

Ich möchte einige Beispiele aggressiver Verhaltensweisen von Pflegepersonen an Patientinnen nennen:

Tbl. 3: Formen menschlicher Aggression und Gewalt:

	aktive Formen		**passive Formen**	
	direkt	**indirekt**	**direkt**	**indirekt**
physisch	Schlagen	„derber Bubenstreich", wie Kitzeln, Abkühlen mit Franzbranntwein	Versperren des Weges, Sit-In-Blockade	Arbeitsverweigerung
verbal	Beleidigung des Opfers, schwarzer Humor vor der Patientin auf deren Kosten	böswilliger Klatsch	„Verstummen", Verweigerung zu sprechen	Zustimmungsverweigerung

(vgl. Grond 1987, S. 135)

Es gibt verschiedene Formen von Aggression, welche sich aktiv, passiv oder auch in gemischter Form zeigen. Diese können nochmals in eine physische und eine verbale Art unterteilt werden.

Wichtig erscheint mir dabei, daß nicht nur die geballte und zuschlagende Faust, sondern auch weniger prägnant erfahrene und erlebte Formen wie Verweigerung einer Kommunikation oder einer Zustimmung Aggression und Gewalt ausdrücken können. Sie haben häufig verheerende Auswirkungen auf das Befinden von Personal und Patientinnen. Dabei müssen immer aktive von passiven Formen differenziert werden. Auch passives, rezipierendes Abwarten und das demonstrative „Nichtstun" können Gewalt darstellen und sowohl vom Akteur als auch vom Opfer der Gewalt als Aggression interpretiert werden.

Ich möchte kurz eine Auflistung der verborgenen, passiv oder auch aktiver Aggression oder Feindseligkeit darstellen.

Folgende **Feindseligkeiten** können als aggressive Verhaltensweisen gedeutet werden, wenn sie häufig, chronisch oder intentional auftreten und bestimmte Funktionen übernehmen:

* das `Tyrannisieren´ mit einer Erkrankung, ohne deren Präsens man die Aufmerksamkeit des Pflegepersonals nicht zu gewinnen scheint
* Vergeßlichkeit trotz kognitiver und cerebraler[115] Suffizienz[116]

[115] cerebral: das Gehirn betreffend

* Mißverständnis und fehlendes Mitdenken trotz vorhandener Intelligenz und Verständnis von Signalen, Symbolen und non-verbaler Kommunikation
* Hinhalten und Verweisen auf spätere Zeitpunkte
* ständiges Zuspätkommen bei bestimmten, ausgewählten Personen
* moralische Überheblichkeit mit dem Aufsetzen einer „heiligen Fassade“ und damit verbundenem Machtstreben
* Intellektualisierung zur emotionalen Distanzierung von anderen Personen
* Negativist, Defätist; Personen, welche keine Anerkennung und kein Lob aussprechen können und ihre Mitmenschen dadurch zurückweisen
* sophistisches[117], zweifelndes Verunsichern, um Zweifel und Skepsis zu zerstreuen und die Mitmenschen zu verängstigen
* depressive Weltsicht als Aggression gegen sich selbst („Ich habe Schuld an allem!“, „Alle anderen sind besser als ich!“ und „Ich selbst habe das Gute gar nicht verdient!“)
* sexuelle Impotenz und Frigidität als extrem aggressiver Ausdruck gegenüber dem eigenen Partner, um ihn für seine Verhaltensweisen zu bestrafen
* neurasthenische[118] Erschöpfungszustände als Abwehr gegen die eigene Rolle (z. B. als Krankenpflegekraft nach der Versorgung von 2 Patientinnen bereits erschöpft zu sein)

Diese zum Teil sehr unterschiedlichen Verhaltensweisen zeigen, daß manche Personen sich eine versteckte Feindseligkeit nicht eingestehen können. Dies kann auch bei Personen beobachtet werden, welche in permanenter Interaktion zueinander stehen und sich dennoch nicht dieser Emotionalitäten bewußt sind (vgl. Bach et al. 1974, S. 45 - 73). Hinweisreize auf eine erregte Stimmung von Menschen sind im allgemeinen bekannt. Die folgende Auflistung mag manchem Leser deshalb trivial und banal erscheinen, doch möchte ich sie der Vollständigkeit halber hier anführen:

[116] Suffizienz: ausreichende, den Anforderungen genügende Leistungsfähigkeit
[117] sophistisch: spitzfindig, wortverdrehend, wortklauberisch
[118] neurasthenisch: nervös und übererregt, nervenschwach, psychisch nicht belastbar

Tbl. 4: Non-verbale Hinweisreize auf aggressive Gefühlszustände[119]

* martialisches Gebaren wie geballte Fäuste, gespannter, verkrampfter Gesichtsausdruck, angespannte Körperhaltung („bereit zum Sprung und zum Angriff")
* psychische Angespanntheit mit Bemühen um Selbstkontrolle
* Zeichen physiologischer Erregung (vgl. Tbl. 1)
* hastiges, nervöses Gestikulieren
* plötzliches „Knibbeln", Rascheln mit Gegenständen, unruhiges Fingerspiel
* Verziehen der Mundwinkel nach unten
* Erstarren des Gesichtsausdrucks, Erhärten der Gesichtszüge
* Abwenden des Blickes, Abwehr eines Blickkontaktes
* Beharren des Blickkontaktes, „Durchdringen" mit den Augen, Eng- oder Weitstellung der Augen
* Zähneknirschen, Zähne zeigen („Zähnefletschen")
* Abwenden des Gesichts, des Oberkörpers und von Sinnesorganen vom Gesprächs- resp. Interaktionspartner
* hektisches Ordnen der Kleidung, von Make-up, Haaren, Krawatte etc. pp.

(vgl. Freedman et al. 1979, S. 124 - 145; vgl. Exline et al. 1979, S. 86 - 102; vgl. Ellsworth/Ludwig 1979, S. 64 - 85; vgl. Scherer 1979, S. 25 - 34; vgl. Bonnafont 1979, S. 148 ff.; vgl. Maisonneuve/Geue 1995, S. 16 f., 22 f., 82 f.)

Auf den nächsten Seiten möchte ich eine Auflistung des Deutschen Berufsverbandes für Pflegeberufe (DBfK) übernehmen, welche denkbare Gewaltsituationen in der Altenpflege nennt.

Die dort aufgeführten Verhaltensweisen sind - entsprechend der oben aufgestellten Definition von Aggression und Gewalt - nur dann Ausdruck von Aggressivität, wenn dieses Verhalten vom Pflegepersonal mit der Intention durchgeführt wird, die Patientin zu schädigen. Dies sollte die Leserin bei der folgenden Auflistung berücksichtigen.

Die Liste ist anhand der Aktivitäten und existentiellen Erfahrungen des Lebens (AEDL)[120] konzipiert und systematisiert worden.

---

[119] Ein dem Menschen frappierend ähnliches non-verbales Ausdrucksverhalten zeigen vor allem manche Affenarten, wie z. B. die Paviane. Shirley Sturm hat einem Buch dieses Verhalten in liebevoller, detaillierter und interessanter Weise beschrieben. Insbesondere im Anhang I wird über Kommunikationsformen der Paviane berichtet. Die Ausführungen über die Mitteilung aggressiver Intentionen ist sehr aufschlußreich und zur Lektüre sehr zu empfehlen (vgl. Sturm 1989, S. 352 - 364).

[120] Die aufgeführten Aktivitäten und existentiellen Erfahrungen des Lebens (AEDL) orientieren sich anhand ihrer Begriffe an den Lebensaktivitäten von Roper (vgl. Roper et al. 1993, S. 39 ff.). Die AEDLs „Soziale Bereiche des Lebens sichern" und „Mit existentiellen Erfahrungen des Lebens umgehen" wurden von Krohwinkel entwickelt (vgl. Krohwinkel 1993, S. 23 ff.).

Mit diesen Beispielen kann nach meiner Einschätzung der Transfer zur Pflege sehr gut geleistet werden. Sie haben einen fast allgemeingültigen Aussagewert.

Realisierung von Gewalt in der Altenpflege:

Tbl. 5: KOMMUNIZIEREN

* Bevormundung
* Zwang zur Kommunikation
* Lautes Reden, besonders bei Schwerhörigen
* Verweigern von Hörgeräten oder des Putzens der Brille
* Verwendung von Schimpfwörtern
* Nichtbeachtung
* Unaufmerksamkeit
* Desinteresse
* Unterhaltung mit Dritten über den Kopf des älteren Menschen hinweg
* Unterlassung
* Konfliktvermeidung
* Entzug von Zuwendung
* Unterschätzung
* Vermeidung von Blickkontakt (z. B. beim Sprechen)
* Verniedlichung des Namens
* Rügen wie z. B. „Haben Sie sich schon wieder vollgemacht?“
* abfällige Äußerungen wie z. B. „Frau X. sabbert.“
* Kritik vor anderen Menschen
* Sprechverbot
* unaufgefordertes Duzen
* respektlose Anrede wie z. B. „Oma“

Tbl. 6: SICH BEWEGEN

* unangemessene Unterstützung der Bewegungen (zu fest, zu grob, zu unachtsam)
* unangemessene Form der Berührung
* Einschränkung des Bewegungsspielraums, z. B. Rollstuhl zu eng an den Tisch schieben
* Fixierung (körperlich, medikamentös)
* „Seniorensessel“ aufzwingen (Sessel mit indirekter Fixierung durch angebrachten Tisch)
* Blockieren der Ausgänge
* Liegenlassen im Bett
* zwanghafte Lagerung
* Zwangsmobilisation
* Verweigerung bzw. Nichtanpassung von Gehhilfen
* Verweigerung eines speziell angepaßten Rollstuhls
* Nichtanpassung an motorische Fähigkeiten (z. B. beim Gehen: zu schnell gehen, mitziehen)
* Ausführen von ruckartigen Bewegungen
* Anbringen eines „Bewegungsmelders“ wider Willen

Tbl. 7: VITALE FUNKTIONEN DES LEBENS AUFRECHTERHALTEN

* „Durchzug machen“
* Lüften bzw. zuviel Lüften
* Lüften, wenn jemand nackt ist
* schlechte Gerüche belassen
* Wassertemperatur bestimmen
* den Bedürfnissen nicht angepaßte Kleidung anziehen (zu warm oder zu kalt)
* falsches Bettzeug zuteilen
* Rationalisierung von geäußerten Bedürfnissen: z. B. „Sie brauchen keine Decke, es ist doch nicht kalt draußen.“
* Verweigerung einer Wärmflasche
* Vorenthaltung von Konsiliarärzten
* Vorenthaltung einer Logopädin[121]
* Vorenthaltung von Ergo- bzw. Beschäftigungstherapien[122]

Tbl. 8: SICH PFLEGEN

* Zwang zur Körperpflege
* Zwang zu Vollbad, Dusche oder Haarwäsche
* feste Einrichtung eines Badetages
* zwanghafte Anwendung eigener Hygienevorstellungen
* unzureichendes oder übertriebenes Abfrottieren
* Haare schneiden gegen den Willen
* ungewolltes Fingernagelschneiden
* ungewolltes Rasieren bzw. Belassen eines Bartes
* Zwangsparfümierung
* nächtliches Waschen
* ungewollte Anwendung von Babypflegemitteln
* Organisation einer „Waschstraße“ (mehrere Bewohner des Heims werden gleichzeitig im Bad gewaschen)

Tbl. 9: ESSEN UND TRINKEN

* Vorenthaltung von Eß- und Trinkhilfen
* Mißachtung gewohnter Eßsitten und Eßgewohnheiten
* Anwendung von Lätzchen oder Plastikgeschirr
* Einflößen von Nahrung
* Stopfen
* zu schnelles „Füttern“
* Verwendung des Wortes „Füttern“
* nicht ausreichend Nahrung bzw. Flüssigkeit geben
* durch starre Essenszeiten die Bewohner in festen Tagesablauf zwingen
* unzureichende Plazierung des Essens
* Verabreichung des Essens auf dem Nachtstuhl
* Anwendung von keiner oder zuviel Mundpflege
* Festlegung des Speiseplans
* routinemäßige Verabreichung passierter Kost
* Vorenthaltung der Zahnprothese

---

[121] Logopädie: die Stimm- und Sprachheilkunde; behandelt Stimm- und Sprachstörungen mit Anleitung zu Übungen und physikomechanischer Maßnahmen.

[122] Ergotherapie: zusammenfassende Bezeichnung für Beschäftigungs- und Arbeitstherapie; findet Anwendung zur Therapie von Störungen der Motorik, der Sinnesorgane und der geistigen und psychischen Fähigkeiten bei Patientinnen und Behinderten jeden Alters (vgl. Pschyrembel 1990, S. 471).

Tbl. 10: AUSSCHEIDUNG	
*	Sitzenlassen auf der Toilette
*	„drin liegenlassen"
*	Anbringen eines „Dauerkatheters" zur Arbeitsentlastung des Pflegepersonals
*	Verabreichung von Abführmitteln an Stelle von entsprechender Kost
*	Einrichtung von „Abführtagen"
*	Einführung von „Analtampons" oder Fäkalkollektoren[123]
*	Waschen auf dem Toilettenstuhl
*	zu wenig Toilettengänge

Tbl. 11: SICH KLEIDEN	
*	Einschließen von Kleidung
*	ungewolltes Anziehen
*	ungewolltes Anziehen von Jogginganzügen, Morgenmänteln oder Strumpfhosen statt Strümpfen
*	auch tagsüber nur Nachthemden bzw. Nachtkleider anziehen
*	„Strampelsack"
*	Anziehen von ungewollter Rollstuhlkleidung
*	generell Kleider von Verstorbenen als Stationskleider anbieten
*	Verweigern von Miederwäsche

Tbl. 12: RUHEN UND SCHLAFEN	
*	zu zeitiges Wecken
*	nächtliche Waschungen
*	Verabreichung von Schlafmitteln ohne die Patientinnen zu informieren und ohne, daß sie es wünschen
*	Anstrahlen der Bewohner mit Taschenlampen während der Nachtwachen
*	Verordnung von Zwangsruhe und Mittagsschlaf
*	Heimbetten statt eigenes Bett
*	Heimbettwäsche statt eigener Bettwäsche

Tbl. 13: SICH BESCHÄFTIGEN, LEBENSFELDGESTALTUNG, WOHNEN	
*	Vorenthalten von Orientierungshilfen
*	Kindergartenspiele
*	Mißachtung der persönlichen Sphäre (z. B. nicht anklopfen)
*	Anstaltsmöbel
*	keine Möglichkeit zur Eigenmöbilisierung lassen
*	Einhalten resp. Vorgeben eines starren Tagesablaufs
*	Zwang zum Feiern bzw. Fröhlichsein
*	Vorenthalten von Feiern
*	älteren Menschen Tätigkeiten aufzwingen, die üblicherweise junge Menschen gerne tun (z. B. Basteln mit Salzteig, Seidenmalerei usw.)
*	private Möbel eines Bewohners ungefragt zum Sperrmüll geben
*	Verkümmern lassen von geistigen Aktivitäten

[123] Fäkalkollektor: spezielles Ableitungssystem für stuhlinkontinente Patientinnen

Tbl. 14: SICH ALS MANN ODER FRAU FÜHLEN ODER VERHALTEN

* Verhindern von zwischengeschlechtlichen Beziehungen
* Schneiden von Einheitsfrisuren
* Frauen ungewollt in „Jogginghosen stecken"
* Schamgefühl verletzen
* Waschungen im Intimbereich ohne Sichtschutz oder bei offener Tür
* sexuelle Äußerungen älterer Menschen negativ kommentieren oder belächeln
* Duzen
* Anbringen eines Katheters zur Arbeitsentlastung des Pflegepersonals
* Anbringen eines Urinalkondoms (in der Gebrauchsinstruktion steht, Personal soll das Glied erigieren)
* unreflektierter Einsatz von Inkontinenzmaterial
* keine Beachtung des jeweiligen Geschlechts bei der Zuteilung des beim Waschen behilflichen Pflegepersonals
* Netzhosen

Tbl. 15: FÜR EINE SICHERE UMGEBUNG SORGEN

* Fixierung bzw. Bettgitter
* Überversorgung
* Entzug von Maßnahmen zur Sicherheit
* Vertrauensbruch
* Nichteinhaltung von Verabredungen
* unterstützende Mittel vorenthalten (z. B. Brille in den Nachtschrank legen oder Gehhilfen wegstellen)
* defekte Steckdosen nicht reparieren
* Legen eines Kabels mitten durchs Zimmer
* Entwenden der Klingel
* zu feuchtes Wischen
* Stehenlassen von Wasserlachen
* Uhren und Kalender nicht aufhängen
* keine Handläufe anbringen

Tbl. 16: SOZIALE BEREICHE DES LEBENS SICHERN

* jemand sich selbst überlassen
* „aus dem Zimmer werfen"
* Beaufsichtigung („ins Zimmer setzen")
* Mehrbettsäle einrichten
* „Taschengeld" verweigern
* Einrichten von festen Besuchszeiten
* keine Außenkontakte ermöglichen oder fördern
* reizarmes Umfeld
* Dauerberieselung durch Radio- oder Fernsehprogramm
* Zwangsberieselung durch Fernseher bzw. Radio, z. B. bei Übertragung von Gottesdiensten
* Nichtachtung des Musikgeschmacks der Bewohner (z. B. durch Spielen von Techno-, Heavy Metal- oder Popmusik)
* Ausschließen von Angehörigen
* Zwangsvermittlung unter den Bewohnern (z. B. „Frau X, ich setze sie jetzt mal zu Frau Y ins Zimmer, dann können sie sich schön unterhalten")
* Vernachlässigung oder Überbewertung der Wünsche der Angehörigen
* Weigerung, Einkäufe für die Bewohner auszuführen
* Aufzwingen von Gesprächen
* Hausordnung

Tbl. 17: MIT EXISTENZIELLEN ERFAHRUNGEN DES LEBENS UMGEHEN	
*	Mißachtung oder Nichtbeachtung der Religiosität
*	Vermitteln von Hoffnungslosigkeit
*	Verbreiten von plumpen Optimismus, wie z. B. in Form von Floskeln wie: „Das wird schon wieder" o. ä.
*	„Negativgespräche"
*	Abblocken von Gesprächen
*	Versuch, Gespräche über das Sterben und den Tod zu unterdrücken

(vgl. DBfK 1994, S. 14 - 18)

Diese Auflistung ist sicherlich nicht vollständig, doch gibt sie einen Überblick über Methoden und Mechanismen, welche als gewalttätige und aggressive Handlungen des Pflegepersonals auf die Patientin einwirken können.

Ich möchte nochmals darauf hinweisen, daß Gewalttätigkeiten - nach der genannten Arbeitsdefinition - eine Frage der Interpretation des Opfers ist. Wenn eine Patientin über Gewalttätigkeiten durch das Pflegepersonal klagt, das Personal diese Anklage vehement abstreitet und die Patientin als „paranoid", „hysterisch", „hypersensibel", „mimosenhaft" oder „verwirrt" darstellt, verdrängt es diese Problematik unbewußt, vorbewußt oder kühl kalkulierend, indem Wahrnehmungen der Patientin auf diese selbst projiziert werden. Das Pflegepersonal könnte in solchen Situationen folgendermaßen argumentieren: Nicht das Pflegepersonal, sondern die Patientin selbst sei diejenige, welche gewalttätig sei und Ärger, Zorn, Wut und Widerstand produziere.

Nach Watzlawick - wie in Kapitel 4.1 kurz erläutert - wird eine Kommunikation häufig als Interpunktion wahrgenommen. Es sollte jedoch versucht werden, sie als Wechselspiel, als Interaktion und zwischenmenschliches Geschehen im gesamten zu betrachten. Eine Schädigung nach Wahrnehmung und Interpretation des Opfers muß deshalb immer ernst genommen werden, um eine Eskalation und Problemzuspitzung der Gewalt auf der Station zu verhindern. Eine ernsthafte, rechtzeitige - und das bedeutet - frühzeitige Wahrnehmung der Gewaltsituation ist ergonomisch, organisatorisch und ökonomisch betrachtet höchst effizient. Es bleibt viel Arbeit, Zeit, Geld und psychischer Einsatz erspart.

In der Interaktion zwischen Personal und Patientinnen müssen Einzelfaktoren wie Ängste und Unsicherheiten in der Praxis immer von allen Seiten des Kommunikationsprozesses betrachtet werden. Bei dieser theoretischen Behandlung der Thematik werde ich diese Einzelfaktoren dennoch losgelöst von einander behandeln, um eine Analyse und Transparenz der Faktoren zu ermöglichen.

5.2 Erscheinungsbild von Aggression und Gewalt durch Patientinnen

Der ICN (International Council of Nurses) hat eine Resolution zu Übergriffen gegenüber beruflich Pflegenden verabschiedet und ein Positionspapier entwickelt, in welchem aktuelle Untersuchungen zu Gewalt gegen Pflegende aufgeführt werden. Dort ist zu lesen, wieviele Pflegende angegeben hatten, von Patientinnen angegriffen worden zu sein:

1. 73 Prozent aller australischen Pflegepersonen hätten verbale und 63 Prozent körperliche Gewalt erfahren und erlebt.
2. 52 Prozent der Pflegenden auf Akut-Stationen in Manitoba (Kanada) berichteten über körperliche Angriffe durch Patientinnen.
3. 46 Prozent der irischen Pflegekräfte wären in ihrem Berufsleben tätlich angegriffen worden.
4. 400 Vorfälle körperlicher, sexueller oder verbaler Gewalt allein in einem halben Jahr registrierte der britische Chief Nursing Adviser[124] des Bethlem Royal und des Maudsley Hospitals in England.
5. 34 Prozent der Pflegekräfte des psychiatrischen Krankenhauses in Ohio (USA) berichteten über tägliche Verbalaggression durch Patientinnen. In einer anderen Studie wird berichtet, daß 82 Prozent des Pflegepersonals durch Ärzte beschimpft würden.

Unter Beschäftigten im Gesundheitswesen sind nach neuesten Untersuchungen die Pflegekräfte am stärksten von Gewalttätigkeiten betroffen. Dabei sind die „klassischen" Tätigkeitsbereiche wie interne und chirurgische Ambulanzen, Notfallaufnahmestationen und psychiatrische Stationen nicht die einzigen, in welchen Gewalttätigkeiten gehäuft auftreten.

Gewalttätige Verhaltensweisen von Patientinnen in ` normalen ´ Patientenzimmern haben die Psychiatrie in dieser Beziehung auf Platz zwei geschoben. Dabei ist in allen Bereichen des Gesundheitswesens eine wachsende Bereitschaft zur Gewalt zu konstatieren, unabhängig von Einwohnerzahl und Bevölkerungsdichte der Wohngegend. Ambulante Dienste in ländlichen Bereichen sind wegen ihrer Isolierung sogar exponiert und prädisponiert für gewalttätige Handlungen durch Patientinnen (vgl. Pflege aktuell 2/95, S. 95).

Sexuelle Belästigungen am Arbeitsplatz können verstanden werden als sexuelles Verhalten, welches von einer Person ausgeht und auf eine andere gerichtet ist, die dieses Verhalten nicht gewünscht hat oder dieses nicht akzeptiert. Diese Form der verbalen oder/und physischen Gewalt nimmt in den Vereinigten Staaten von Amerika ebenso wie jede andere Form der Gewalt zu. Pflegekräfte sind in einem hohen Maß von dieser Art Gewalt im Stationsdienst und in der ambulanten, häuslichen Pflege betroffen. In Großbritannien werden diese Formen von Gewalt von den Pflegekräften zu 70 Prozent, in Irland zu 50 Prozent und in den USA zu 76 Prozent angegeben. Dabei werden zumeist Frauen belästigt. Die sexuellen Belästigungen am Arbeitsplatz von Krankenpflegekräften sind zumeist als eine Auswirkung des Konzeptes der männlichen Macht zu sehen. Sexuelle Belästigungen werden in jüngster Zeit nicht als Ausdruck des Wunsches nach sexueller Attraktivität, sondern als Suche nach Macht und Einfluß beschrieben (vgl. ICN 1995, S. 20).

Dabei tritt die sexuelle Belästigung in die Funktion, Frauen herabzusetzen, ihnen eine bestimmte, in der Hierarchie niedrige Position zuzuweisen, sie zu demütigen, ihre Berufskarriere zu inhibieren, sie zu degradieren oder sogar zu entlassen. Berufliche Nachteile ergeben sich auch dann, wenn sich untergebene Frauen weigern, mit ihren Vorgesetzten sexuellen Kontakt (bis zur Kohabitation[125]) einzugehen. Für die Betroffenen ist es sehr problematisch, daß ihre vorgesetzte Leitung auf der Station diese Vorfälle häufig nicht ernst nimmt und die Ursachen eher in der `aufreizenden´ Optik des Opfers sieht. Die weiteren Vorgesetzten wie Pflegedienstleitung, Verwaltungsdirektion oder ärztliche Leitung gehen auf diese Probleme nur äußerst ungern ein, weil diese Thematik tabuisiert wird und delikat erscheint. Eine eindeutige Anlaufstelle für die Opfer von Gewalt in der Pflege existiert i. d. R. nicht.

Die Auswirkungen und Folgen können für die Pflegekräfte[126] folgendermaßen aussehen:

* Schock, Skepsis, Schuldgefühle, Ärger, depressive Verstimmungen, erdrückende Ängste, Asomnie[127], Cephalgie[128], sinkende Infektionsresistenz
* somatische Schädigungen, Senkung der Frustrations- und Streßtoleranzgrenze
* Minderwertigkeitsgefühle, Gefühl des Verlustes der professionellen Kompetenz und Effizienz

---

[124] <u>Chief Nursing Adviser</u>: leitende Ratgeber in Fragen der Krankenpflege

[125] <u>Kohabitation</u>: Geschlechtsverkehr

[126] Die Auswirkungen ähneln denen der *post-traumatic stress disorder*. Rosenhan et Seligman führen dazu aus: „In phobia, the objects or events that set off the phobia are quite commonplace, for example, crowds, embarrassment, cats, and illness. But the precipitant of a post-traumatic stress disorder, in contrast, is a catastrophic event beyond the normal range of human suffering, for example, an earthquake, a rape, combat, or imprisonment in a concentration camp. Three symptoms that result from the catastrophe define the disorder: (1) the person becomes *numb* to the world; (2) the person *relives* the trauma over and over in memory and in dreams; and (3) the person experiences symptoms of *anxiety*. The anxiety symptoms include expressive arousal, over-alertness, trouble concentrating, memory impairment, and phobic avoidance of situations that are reminders of the trauma. In addition, the individual may be wracked with guilt about surviving the catastrophe when others did not."(Rosenhan/Seligman 1984, S. 221; vgl. Foa/Rothbaum 1992, S. 155 - 167) Später führen Rosenhan et Seligman nähere Angaben zu den Symptomen an: „Irritability, depression, restlessness, difficulties in concentration and memory, blackouts, wakefulness, fatigability, ..." (Rosenhan/Seligman 1984, S. 225)

[127] Asomnie: Schlaflosigkeit

- * Gefühl des Ausgenutztseins, des Burnout[129], des Verantwortungsverlustes
- * Verlust der Arbeitszufriedenheit, Steigerung der Fluktuationsrate
- * sexuelle Störungen
- * Vermeidungsverhalten mit negativen Konsequenzen für die Pflegequalität
- * Verschlechterung persönlicher Beziehungen
- * Leugnung des Problems mit evtl. Fehlanpassung

(vgl. ebd.; vgl. Mrkwicka 1995, S. 90 f.; vgl. ICN 1995, S. 9 f.).

[128] Cephalgie: Kopfschmerz
[129] Burnout: das Ausbrennen, das Ausgebranntsein

6. Gründe und Ursachen von Aggression und Gewalt in der Pflege

6.1 Vorbemerkungen

Die vielfältigen Ursachen und Gründe für aggressives und gewalttätiges Verhalten zwischen Pflegepersonal und Patientinnen möchte ich mit einem Schaudiagramm plastisch darstellen.

Diagramm 2: Quellen des Gewalt- und Aggressionspotentials

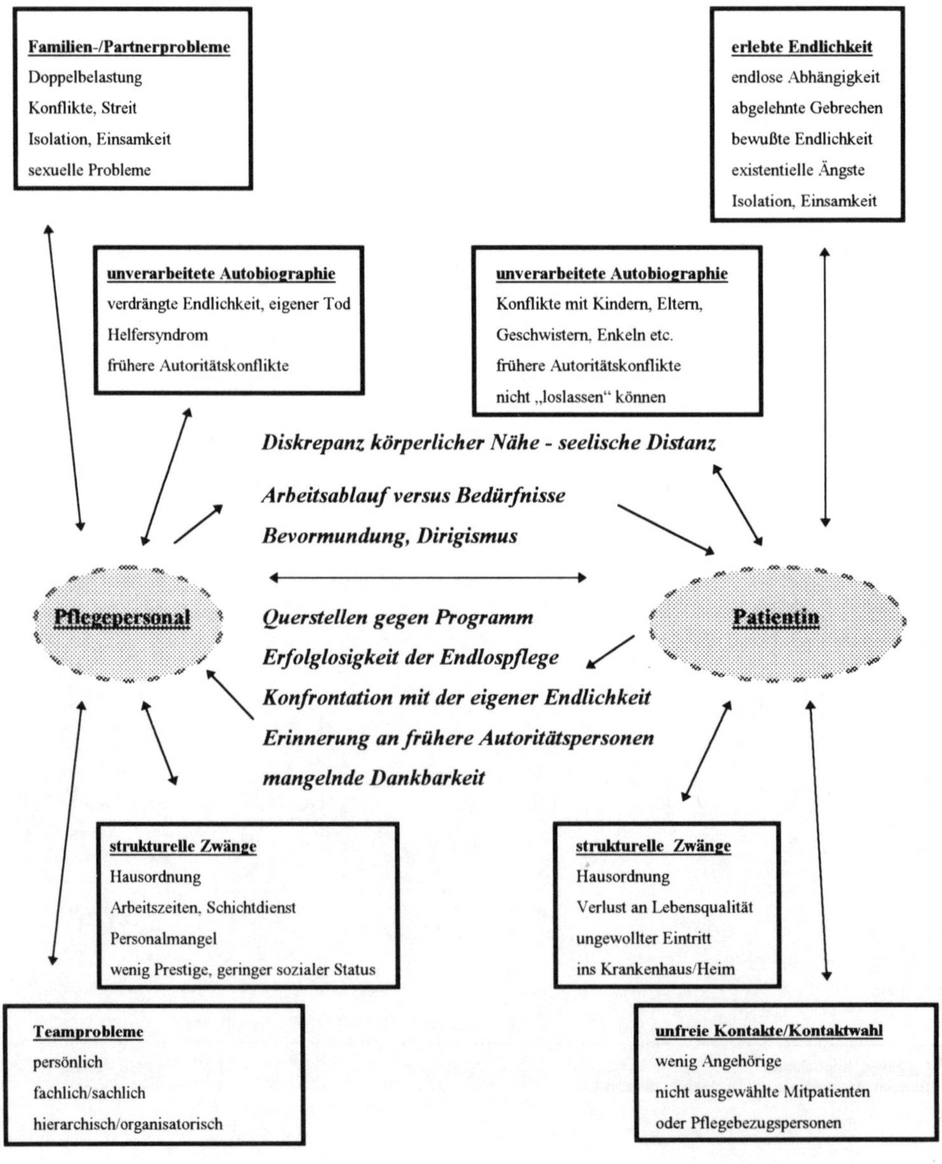

(vgl. Ruthemann 1993, S. 31 - 33)

In dem obigen Schaudiagramm werden

externe Einflußfaktoren auf das Pflegepersonal und auf die Patientin auf der einen Seite

und

interaktive Beziehungsmuster zwischen Personal und Patientin auf der anderen Seite

veranschaulicht.

Quellen aggressiver Potentiale können *interaktiv* vom Pflegepersonal aus folgende sein:

* Diskrepanzen zwischen physischer Nähe und Distanz (vgl. Hug/Susan/Surina 1988, S. 770 - 780; vgl. Kopp 1996, S. 472 - 476)
* Auffassungsunterschiedlichkeiten in bezug auf Arbeitsablauf und subjektiven Bedürfnissen
* Bevormundungen
* frühere Autoritätspersonen (Identifizierung mit der Patientin)

Interaktiv vom Patientinnen und ihren Erkrankungen resp. Behinderungen ausgehend können folgende Quellen (Mit-)Verursacher von Aggression und Gewalt sein:

* fehlende Kooperation beim Programmablauf
* fehlende Rekonvaleszenz und Reaktivierung, fehlende Gesundwerdung und psychosomatische Regeneration
* Konfrontation des Pflegepersonals mit seinem eigenen Tod, der eigenen Endlichkeit und Begrenztheit seines Einflusses
* Erinnerungen an frühere Autoritätspersonen oder an Angehörige (Identifizierung mit der Pflegekraft)
* geringe oder fehlende Dankbarkeit aufgrund seelischer und körperlicher Erkrankungen, Einsamkeit und Frustrationen

Externe Faktoren wie Bereiche struktureller Zwänge, unverarbeiteter Autobiographie, Familien-/Partnerkonflikte und Probleme im Team beeinflussen das Pflegepersonal nicht unwesentlich.

Patientinnen sind von ähnlichen oder auch gleichen externen Einwirkungen wie strukturelle Zwänge und unverarbeiteter Autobiographie, aber auch von andersgearteten Bereichen wie erlebte eigene Endstation und unfreie Kontakte im Krankenhaus betroffen.

Dabei sind beide Personengruppen an dem Ausmaß der Belastung wesentlich selbst beteiligt.

Die nachfolgende Auflistung beinhaltet Faktoren, welche die Wahrscheinlichkeit des Auftretens von Aggression und Gewalt bei der einzelnen Person erhöhen können.

Tbl. 18: Risikofaktoren und potenzierende Einflüsse für aggressives Verhalten

* Ängste, Besorgnisse, Klagen
* vermindertes Selbstwertgefühl, fehlende Gelassenheit und Souveränität
* Reizbarkeit, Aufgeregtheit, psychische und physische Erregung
* Verletztheit (insbesondere das Treffen von „wunden Stellen", d. h. nicht oder nur unzureichend verarbeiteter Traumata)
* Gefühle und Gedanken des Hintergangenseins, der Vorenthaltung, der Undurchschaubarkeit und der Einsamkeit
* Unfähigkeit, Gedanken und Gefühle in Worte zu fassen, aufgrund eines restringierten Wortschatzes, des Nichtlernens der verbalen Gefühlsäußerung oder einer kognitiven Denkblockade bei streßbedingtem vegetativen Alarmzustand (vgl. Doenges et al. 1993, S. 331 ff.; vgl. Bönsch 1990, S. 751 - 754; vgl. ICN 1995, S. 13).

Diese Hinweisreize und Risikofaktoren sollten bei der Krankenbeobachtung unter dem Gesichtspunkt der Gewalt- und Aggressionsprävention beachtet, in der Pflegedokumentation explizit vermerkt und die Vorgehensweise mit der Patientin und im interdisziplinären Team besprochen und geplant werden (vgl. Kappelmüller 1985, S. 3 - 16).

6.2 Pflegepersonal

Das Pflegepersonal hat im Umgang mit Patientinnen eine hohe Verantwortung. Diese Berufsgruppen hat einen hohen Einfluß auf das Verhalten der Patientinnen. Dieser Einfluß kann auch in Form einer asymmetrischen[130] Machtausübung auftreten und die Beziehungen zwischen Patientinnen und Pflegepersonal stark belasten.

Als Symbol der Macht kann das Stehen des Pflegepersonals und das Liegen/Sitzen der Patientinnen bei Pflegehandlungen gesehen werden. Im Gegensatz dazu setzen manche Patientinnen ihre noch verbliebenen Mittel wie z. B. Nörgeln, Verweigerungen, Einnässen, Einkoten, Äußerung von Sonderwünschen etc. ein, um die Symmetrie der Macht wiederherzustellen. Die Dynamik der Pflege kann hierdurch zum Kampf werden (vgl. Dießenbacher 1993, S. 32 - 34; vgl. Denzer 1996, S. 502 - 508).

Diese Belastungssituation durch Ausübung von Macht seitens der Patientinnen kann das Machtkarusell wiederum antreiben und einen Circulus vitiosus in Gang setzen, dessen De-Eskalation häufig Schwierigkeiten bereitet.

Das Pflegepersonal kann als ausführende Kraft in Delegation der Ärztin Injektionen (subcutan, intramuskulär, z.T. auch intravenös) an der Patientin durchführen oder angeordnete Medikamente „nach Bedarf" applizieren. Es kann der Patientin den Freiheitsspielraum räumlich, psychisch, physisch, intellektuell, kommunikativ und sozial einengen. Pflegepersonen sind sich - nach meiner Ansicht und Erfahrung - der Tragweite ihrer Macht nicht oder nur unzureichend bewußt. Sie wissen häufig nur wenig oder nur im unzureichenden Maße um die Konsequenzen ihrer Handlungen.

Teamprobleme können vom Pflegepersonal - wenn auch nur eingeschränkt - aktiv und konstruktiv gestaltet werden, indem Kommunikationsprobleme direkt angesprochen und thematisiert, fachliche Defizite durch Initiierung von Fort- und Weiterbildungen egalisiert und hierarchisches Kompetenzgerangel mit dem Betriebsrat oder der Mitarbeitervertretung besprochen und korrektiv geformt werden.

Ich werde nun in den folgenden Kapiteln versuchen, die einzelnen Einflußbereiche zu analysieren und plastisch darzustellen. Aus dieser Analyse heraus soll ein präventiver, konstruktiv agierender Umgang mit aggressiven Verhaltensweisen möglich werden.

---

130 asymmetrisch: nicht symmetrisch, ungleichmäßig, unebenmäßig

6.2.1 Die Angst des Pflegepersonals

Ich werde mit dem Gebiet der Angst und Unsicherheit des Pflegepersonals beginnen. Insbesondere Philosophen des Existenzialismus (Heidegger, Satre, Kierkegaard) haben unter der *existentiellen Angst* ein menschliches Befinden verstanden, in welchem Fragen nach dem Warum, Wozu, Woher und Wohin bewußt werden und sich die freie Entscheidungsfähigkeit des Individuums mit der Möglichkeit des Scheiterns, der Leere, des Nichts und der Sinn- und Ratlosigkeit konfrontiert sieht (vgl. Meyers 1995, Band 1, S. 308; vgl. König 1986 S. 41 - 50, 55 - 62; vgl. Jeismann 1993; vgl. Ditfurth 1985, S. 325 - 342).

Diese Möglichkeiten sind insbesondere im Klinik-, Heim- und Stationsalltag gegenwärtig. Entsprechenden Ängsten muß deshalb Raum gegeben werden. Dabei können die existentiellen Ängste zwar generell als bewußt werdende Fragen betrachtet und auch erlebt werden. Die Ausdrucksformen können in der Praxis in Abhängigkeit von individuellen, strukturellen, interaktiven und kognitiven Bedingungen die unterschiedlichsten Arten und Formen annehmen.

Es können zwei *grundlegende* Angstformen differenziert werden:

* die Angst vor dem Ausgestoßensein und
* die Angst vor dem Verschlungenwerden.

Alle Individuen versuchen, ihren eigenen Weg zwischen den extremen Polen dieser potentiellen Ängste und Gefahren zu finden und zu gehen. Dabei können alle möglichen Wege zur Stabilisierung der Persönlichkeit, ihres Selbstbildes und zum Schutz, zur Abwehr vor Destabilisierung gesucht und gefunden werden. Eine Möglichkeit wäre die Relativierung der eigenen Angst durch den Aufbau von Sündenböcken und Feindbildern (vgl. Riedl 1992, S. 118). Aggressive Verhaltensweisen haben in diesem Zusammenhang ihre Funktion darin, daß sie die Ursachen oder Auslöser der Angst bekämpfen sollen (vgl. Dethlefsen/Dahlke 1989, S. 152 ff., 321 ff., 330 ff.)

Die Ursache der Angst vor einer Annäherung an einen Mitmenschen läßt sich strukturell durch die zerstörten Ich-Grenzen der in der Interaktion beteiligten Individuen erklären. Eine Feindseligkeit muß hierbei aufrechterhalten bleiben und permanent erneuert werden, damit kein Zustand der Verschmelzung und des Zustands ohne Grenzen entsteht. Eine Annäherung an einen Zustand der Symbiose würde zur Folge haben, daß man nicht mehr weiß, wer man selbst und wer der andere ist.

Wenn die Grenzen derart unsicher sind, benötigt das Individuum Sündenböcke oder Feindbilder, um die eigenen Grenzen und die Ich-Identität stabilisieren zu können. Je stärker die Kontraste zum eigenen Denken, zum eigenen Weltbild, zur eigenen Weltanschauung und zum eigenen Ich erscheinen, desto besser und sicherer fühlt sich das eigene Ich, desto sicherer erscheint die eigene - ansonsten sehr labile - Ich-Identität. Diese Kontrastierung und Projizierung auf Sündenböcke und Feindbilder hat zum Teil erhebliche Erleichterung zur Folge, da die Angst vor einer Verschmelzung für kurze Zeit verschwinden kann. Die Konsequenzen daraus können sein, daß negative Erscheinungsbilder der „Kontrastfeinde" zum Teil gesucht oder sogar geschaffen werden müssen, um den gewünschten Effekt zu erzielen (vgl. ebd., S. 153 f.).

Wenn man Aggression als Ausdruck einer gestörten Interaktion verstehen und interpretieren will, kann dies einen Ausweg aus einem scheinbaren Dilemma aufzeigen: Man muß nicht mehr warten, bis der andere aufhört, gewalttätig zu sein, sondern kann selbst aktiv und agierend vorgehen. Eine These kann mit ihrer Antithese auf dialektischem Wege zur Synthese integriert werden (vgl. Meyer Lexikonredaktion 1985, S. 99 f.).

Durch die Respektierung des Kontrahenten als menschliches Individuum, durch die Fokussierung auf die gestörte Interaktion und durch die Ermittlung adäquater Methoden können diese Interaktionsgefahren wirkungsvoll erkannt und behandelt werden.

Durch diese holistische[131] Betrachtungsweise und durch die daraus resultierenden Methoden zum besseren Umgang mit Angst und Aggression können konstruktive, allen Parteien nützliche Wege zur Minimierung von Gewalt und Aggression geschaffen werden (vgl. Dethlefsen/Dahlke 1989, S. 134 f.). Dieses Vorgehen setzt allerdings ein gewisses Ausmaß an Selbstwertgefühl und Selbstbewußtsein voraus, um diesen Zugang ermöglichen zu können.

[131] holistisch: ganzheitlich, umfassend; sowohl den psychischen, den somatischen als auch den kognitiven Aspekten des Individuums gerecht werdend

Ich möchte die einzelnen Arten und Formen von Angst im einzelnen in der folgenden Tabelle darstellen. Darin werde ich auch die Ängste der Patientinnen anführen, da sie in der Interaktion mit dem Pflegepersonal sehr relevant sein können. Eine klare Trennungslinie zwischen den Ängsten des Pflegepersonals und der Patientinnen kann nicht immer gezogen werden. Ängste können „anstecken" und eskalierend wirken.

Tbl. 19: Angst

der Patientin	des Pflegepersonals
vor Verlassenwerden, Abkehr, Liebes- und Zuwendungsentzug, Einsamkeit, Isolation	vor Zurückweisung, Ablehnung, Desavouierung, Entlarvung von Defiziten
vor Affront, Verurteilung	vor Kritik, Mißbilligung, Beschimpfung
vor Schwäche, Schande, Spott, Kompromittierung, Entblößung, Schamverletzung	vor Versagen, Schwäche, Unzulänglichkeit
vor Erkrankungen	vor Erschöpfung und Kraftlosigkeit
vor dem Sterben	vor dem unaufhörlichen Sterben

(vgl. Grond 1987, S. 136)

In dieser tabellarischen Auflistung werden u. a. die Ängste des Pflegepersonals vor Situationen, Bewertungen und Frustrationen durch die Patientinnen deutlich. Diese Ängste können aus den oben genannten Gründen aggressives Verhalten zur Folge haben.
Werden Aktionen, Handlungen und Tätlichkeiten der Patientinnen auf die eigene Person bezogen und interpretiert, werden als Unzulänglichkeiten und Defizite verstandene eigene Charakterzüge und Verhaltensweisen negativ betrachtet und durch Abwehrmechanismen extensiv kompensatorisch bearbeitet, können diese Faktoren als mögliche Quellen oder Multiplikatoren von Aggression und Gewalt auftreten.
Ängstliches Auftreten - insbesondere auf psychiatrischen Stationen - kann von Patientinnen als unterlegenes, selbstunsicheres, nervöses und evtl. inkonsequentes Verhalten empfunden werden. Es kann dadurch bei der Patientin als der „Überlegenen" das Auslösen von aggressiven Verhaltensweisen begünstigen (vgl. Hanke 1982, S. 19).
Angst kann das Pflegepersonal demotivieren und vormals idealistisch angegangene Arbeiten als sinnlos erscheinen lassen. Häufige Konfrontationen mit Tod und Sterben, Multimorbidität, chronisch verlaufende Erkrankungen mit geringer Hoffnung auf Zustandsverbesserung, permanent zu wiederholende Pflegemaßnahmen aufgrund von Inkontinenz,

Schwitzen, Schmerzen, Desorientierung etc. pp. können besonders ehemals idealistische und perfektionistische Pflegepersönlichkeiten belasten (vgl. Golimbek 1992, S. 294).
Auch Pflegepersonen, welche fachlich-sachlich unzureichend ausgebildet sind, werden Situationen im Stationsalltag, in denen souveränes Handling medizinisch-technische und psychologisch-kommunikative Kenntnisse und Fertigkeiten vorausgesetzt wird, eher unprofessionell, laienhaft und impulsiv angehen, da ihnen metakommunikative und fachlich-sachliche Strategien zur Bewältigung ihrer Ängste fehlen.
Insbesondere in der geriatrischen und gerontopsychiatrischen Pflege kann schwerstkörperliche und psychisch außerordentlich belastende Arbeit sehr frustrierende und demotivierende Auswirkungen auf das Pflegepersonal haben und bei diesem Ängste vor der eigenen Unzulänglichkeit, vor eigenen Defiziten, mangelnder Frustrationstoleranz und unzureichender Belastungsfähigkeit auslösen (vgl. Altenpflege 1991, S. 103 f.).

6.2.2 Rollenkonflikte

Im Kapitel 3.6.1 habe ich den interaktionistischen Ansatz zur Erklärung resp. Erläuterung von Aggressionsursachen dargestellt. Dort habe ich den Begriff *Rolle* definiert. Konflikte in der Zuschreibung von Erwartungen an den Träger von Rollen können im praktischen Pflegebereich Auswirkungen haben, weil die einzelnen Erwartungen zueinander und zu dem eigenen Berufsbild höchst divergent sein können (vgl. Breit 1994, S. 7 ff.).
Von Konflikten wird dann gesprochen, wenn zwei oder mehr Verhaltenstendenzen oder -intentionen nicht miteinander vereinbar sind und diese Situation für mindestens eine der Interaktanden problematisch ist. Diese Unvereinbarkeiten können sowohl intra- als auch interindividuell, sowohl offen als auch latent auftreten (vgl. Ruthemann 1993, S. 61). Sie können Wertvorstellungen, Zielabsichten und Entscheidungsvarianten umfassen.
Wenn eine Person einen Konflikt wahrnimmt, diesem jedoch hilflos gegenübersteht, weil ihr die internen oder externen Mechanismen zur Bewältigung der Konflikte fehlen, können Verdrängung oder ein anderer Abwehrmechanismus auftreten (vgl. ebd.)[132].

[132] Ruthemann führt dazu wie folgt aus: „Die unvereinbaren Rollenerwartungen können einmal darin bestehen, daß an die gleiche Rolle (z. B. Bezugsperson für Heimbewohner) widersprüchliche Erwartungen gestellt werden (Intrarollenkonflikt), oder sich die verschiedenen Rollen nicht miteinander vereinbaren lassen, wenn sie erwartungsgemäß ausgefüllt werden, z. B. zwischen der Rolle Altenpflegerin und Mutter (Interrollenkonflikt). Der letztere Konflikt wird dann allzu oft mit einer Kündigung der Stelle in der Altenarbeit „gelöst“, wenn keine andere Hilfe erfolgt. Der Intrarollenkonflikt ist oft weit schwerer zu lösen und führt zum Kräfteverschleiß beim Personal.“ (Ruthemann 1993, S. 60)

Der Hagener Internist und Psychotherapeut Erich Grond unterscheidet fünf Arztrollen, welche ich auf die Pflegekraft übertragen habe:

1. *die Überidentifizierte*: Sie setzt sich aus Mitleid vollkommen ein, kann zugunsten der Patientin nicht nein sagen, wird depressiv und macht die Patientin durch ihren Volleinsatz von ihr abhängig (die hilflose Helferin).
2. *die Spezialistin*: Sie beschränkt sich auf ihr Fach, „ihre" Wundverbände und läßt andere Mitarbeiter die von ihr gemiedenen Arbeiten erledigen.
3. *die Sachliche*: Sie beschränkt sich auf Fakten, Tatbestände und Befunde, um sich durch diese „objektiven" Dinge mächtig erleben zu dürfen. Sie vermeidet dadurch Übertragungen[133] auf andere Personen und Abhängigkeiten von den eigenen Gefühlen.
4. *die Betreuende*: Sie verstärkt die Patientin dahingehend, daß diese ihre Hilflosigkeit beibehält. Dadurch kann sich die „bemutternde" Pflegekraft in ihrer Helferrolle bestätigen lassen und ihre eigene Resignation besser überspielen.
5. *die Ambivalente*[134]: Sie begegnet der Patientin in ambivalenter Weise, damit sie durch dieses indifferente und distanzierte Berufsrollenverhalten Sympathie und Antipathie abwehren kann (vgl. Grond 1984, S. 189).

Die allgemeinen Erwartungen an das pflegerische Fachpersonal stellen Grundeinstellungen zum ausgeübten Beruf dar. Aus ihnen erfolgen Einzelrollenerwartungen durch spezifische Berufsgruppen (z. B. medizinisch-technische Assistentinnen, Krankengymnastinnen, Ärztinnen), durch einzelne Patientinnen und Angehörige.

In der stationären Realität treten diese o. g. Rollen des Pflegepersonals nur in Ausnahmefällen in ihrer Reinform auf. In der Regel ist die Mischform von zwei oder mehreren Rollen die Realität.

Wichtig zu betrachten ist dabei, welches Rollenverhalten prädominant das berufliche Handeln entscheidend beeinflußt.

[133] Übertragung: Unter einer Übertragung wird bei der psychoanalytischen Therapie verstanden, daß die Patientin auf den Therapeuten jene Gefühle überträgt, welche sie gegenüber einer Person hatte, welche im Mittelpunkt eines emotionalen Konfliktes stand (z. B. Eltern) (vgl. Zimbardo 1988, S. 626)

[134] ambivalent: bezogen auf die *Ambivalenz*, welche nach E. Bleuler eine Erlebnisbeziehung darstellt, die zugleich positiv und negativ gerichtet ist, z. B. Sympathie - Antipathie, Liebe - Haß. Ambivalente Gefühle treten häufig in der Beziehung von Kindern zu ihren Eltern auf, welche sie zwar einerseits lieben, aber anderseits auch wegen bestimmter Erziehungsmethoden hassen (vgl. Meyer Lexikonredaktion 1981, S. 21).

Zur besseren Übersicht möchte ich die Erwartungsdivergenzen spezifischer Berufsgruppen, Angehöriger, Freundinnen etc. an die Krankenpflegekraft graphisch darstellen:

Diagramm 3:

Rollenkonflikte -

Erwartungen spezifischer Berufsgruppen, Angehöriger, Freundinnen etc. an das Pflegepersonal

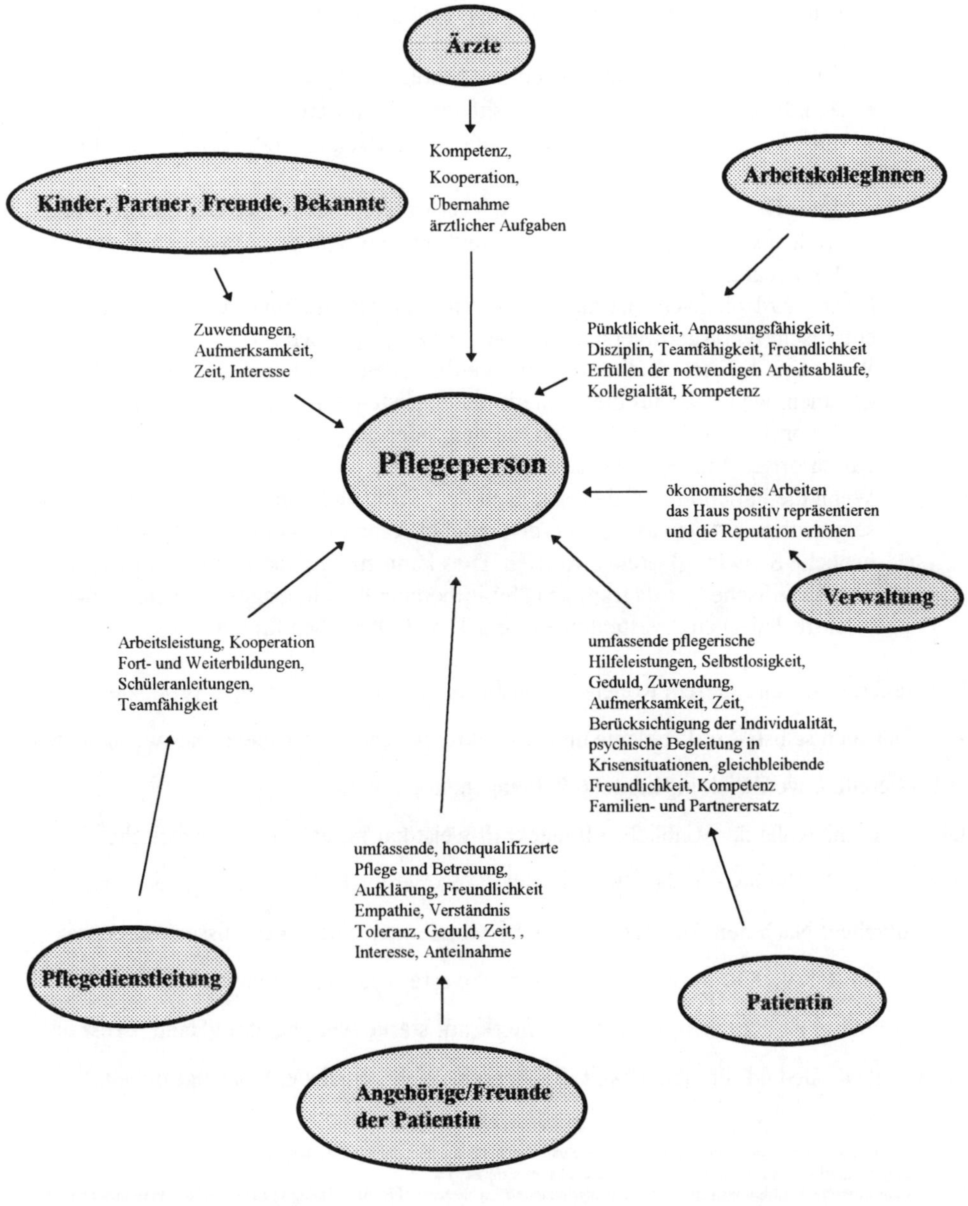

Für eine Pflegeperson können Konflikte entstehen, wenn sie bei der Äußerung von zwei oder mehrerer legitimer Wünsche, Erwartungen und Anforderungen nicht entscheiden kann, welche sie für wichtig und welche sie für weniger wichtig erachtet. Wenn sie nicht in der Lage ist, eindeutige Prioritäten zu setzen, ist eine Konfliktsituation entstanden. Ich möchte hierzu ein selbst konstruiertes *Beispiel* geben:

> Frau Dr. X kündigt Sw. XY an, daß sie am folgenden Morgen um 8.30 Uhr die Visite absolvieren möchte, damit sie um 9.00 Uhr im OP stehen kann.
> Die Pflegepersonalsituation ist im Augenblick hingegen suboptimal und hinterläßt bei den verbliebenen Pflegekräften eine stark erhöhte Arbeitsbelastung, so daß alle PatientInnen mehr schlecht als recht pflegerisch versorgt werden können.
> Sw. XY kann nun der Bemerkung der Ärztin X entgegnen,
> - sie könne eine Begleitung der Visite nicht garantieren,
> - oder: sie sei hierzu nicht in der Lage und müsse die Ärztin um Verständnis bitten,
> - oder: Dr. X könne sehr wohl ihre Visite allein - oder mit Unterstützung ihrer ärztlichen Kolleginnen - gestalten und sei nicht von der Anwesenheit der Sw. XY abhängig.
>
> Dr. X wird - je nach Charakter, Belastung, Frustration und Temperament - enttäuscht, verärgert, verständnisvoll oder aggressiv sein.
> Wenn Sw. XY der Ärztin nachgibt, werden Pflegeleistungen entweder zu kurz kommen, weil z. B. auf dieser Station die meisten Körperpflegemaßnahmen noch vor dem Frühstück erledigt werden, oder die Arbeitsleistungen müssen organisatorisch anders gestaltet werden.
> Wenn die Patientin nun aber erst nach dem Frühstück - so wie sie es von zuhause gewohnt ist - gewaschen werden möchte, kann dies vom Terminplan her erhebliche Schwierigkeiten aufwerfen. Dies kann zu Konflikten mit den PatientInnen, spezifische Berufsgruppen (Physiotherapeutinnen, Logopädinnen, medizinisch-technischen Assistentinnen) und Teamkolleginnen führen.

Die Helferberufe sind diesem Rollenstreß insbesondere ausgeliefert, aber produzieren sie zum Teil auch selbst. Auf Probleme und Konflikte, welche Helfer mehr oder weniger sich selbst bereiten, werde ich in Kapitel 6.2.3 eingehen.
Die klassische Rolle der weiblichen Pflegekraft weist karitative[135] und altruistische[136] Aspekte auf[137]. Ein historisches Beispiel soll die Samariter-Rolle des Pflegepersonals verdeutlichen: Nach den Aussagen eines Oberwundarztes eines Diakonissenkrankenhauses aus dem Jahre 1890 müsse eine Krankenschwester Eigenschaften wie Herzensreinheit, Frömmigkeit, Klugheit, Bildung, Körperkraft, starke Nerven, zarte Hand, Ernst und Gelassenheit, Geduld, Freundlichkeit, Sauberkeit, Wahrheitsliebe, Schweigsamkeit,

[135] karitativ: im Sinne der christlichen Nächstenliebe, im Sinne der Wohltätigkeit; wohltätig, Gutes ausführend
[136] altruistisch: selbstlos, uneigennützig (Antonym: egoistisch, egozentrisch)
[137] Höchst interessante Ausführungen zur Altruismusforschung und Experimente über die Leistung von Hilfe in Notsituationen können bei Piliavin et al. 1976, S. 39 - 54; Wispe/Freshley 1976, S. 63 - 74 und Bickman 1976, S. 75 ff. nachgelesen werden.

Pünktlichkeit, Zuverlässigkeit und widerspruchslose Bescheidenheit, Ordnungsliebe, Unverdrossenheit und eine Reihe weiterer Tugenden besitzen. Ärzte müßten Respekt vor diesen Krankenschwestern haben. Dies könne aber nicht bedeuten, daß diese in den Tätigkeitsbereich einer Ärztin hineinreden dürften (vgl. Bauer 1965, S. 263)[138].

Latka konnte hingegen aufzeigen, daß christliches Handeln nicht notwendigerweise eine Atmosphäre von Geben, von Akzeptieren, von Gewährenlassen, von Verständnis und Geduld haben muß. Christliche Orientierung müsse nicht heißen, daß Forderungen, Konflikte, Offenheit und Realitätsbezug vernachlässigt werden dürften. Diese Interpretationen seien Mißverständnisse christlicher Ideale. Schon Jesus sei ungemein unfreundlich und schroff gewesen, wenn die Situation es bedurfte. Er selbst habe uns ein Modell der menschlichen Offen- und Echtheit aggressiver Persönlichkeitsaspekte gezeigt (vgl. Latka 1985, S. 57 - 61). Diese Interpretation christlicher Tugenden wurde - und wird - nicht von allen Verantwortlichen in den (kirchlichen) Krankenhäusern und Heimen geteilt.

Im letzten Jahrhundert hatte sich die Überzeugung durchgesetzt, daß lediglich die Frau mit den ihr immanenten Fähigkeiten die Krankenpflege übernehmen könne. Die christlich-altruistische Motivation, Geduld, Selbstaufopferung und -verleugnung mußten eine gute Bezahlung dieser Arbeit von vornherein ausschließen (vgl. Ambrosius 1993, S. 167; vgl. Gamm 1968, S. 145 f.; vgl. Cohn 1976, S. 36 ff.; vgl. Bischoff 1994b, S. 81 - 86; vgl. Wanner 1993, S. 61 - 70; vgl. Bock et al. 1992, S. 739 ff.).

Frauen könnten nach traditioneller patriarchaler Rollendefinition kein aggressives, deviantes oder kriminelles Verhalten zeigen, weil dieses nicht in ihrem Verhaltensrepertoire liegt (vgl. Witzig, 1992, S. 71). Dies sei der Grund, warum Frauen für helfende, aufopferungsbedürftige Berufe quasi prädestiniert seien.

Diese Rollenklischees zur Arbeit der weiblichen Pflegekraft - und in leicht abgewandelter Form zum Beruf des Krankenpflegers - bestehen historisch bedingt noch heute. In Werbebroschüren werden an den Helferdrang, die Selbstaufopferung, die Sinngebung, den Gemeinschaftsgeist und die kreative Phantasie appelliert (vgl. ACON 1993; vgl. Heinrich-Heine-Broschüre 1993; vgl. St. Josefshospital-Broschüre; vgl. NGZ-Extra 11.11.1995; vgl. Gorgs 1996). In älteren Lehrbüchern wird z. T. auf die persönliche

[138] Bezogen auf die ethischen Konditionen der Krankenpflege lesen wir bei W. Alter: „Es beruht in diesem Grundgesetz der Krankenpflege, daß die Frau zu ihr die höhere Eignung besitzt, als der Mann. Die Mütterlichkeit, die - seit Urzeiten eingeboren - keiner Frau fehlt, wird echte Ethik, wenn sie über das Instinktive hinaus klar bewußt wird und auf Bestätigung drängt: sie ist dann die wertvollste Grundlage der Krankenpflege. ...Eine gute Erziehung und eine gut geleitete Selbsterziehung zur Betätigung der Mütterlichkeit im Beruf sichert diesem für das ganze Leben den wertvollsten ethischen Unterbau. ...Gute Krankenpflege muß sich im Dienst in jedem Augenblick geistig und körperlich in der Gewalt behalten. Sie darf nie ungeduldig werden, sie muß stets eifrig sein und soll doch nie hasten, sie darf niemals Stimmungen nachgeben oder gar Verstimmungen hervortreten lassen. Nicht bei sich und noch weniger bei anderen: sie muß stets taktvoll bleiben - und das heißt hier nichts anderes, als nirgends und niemals dadurch Unlustgefühle hervorzurufen, daß man sich nicht beherrscht oder sich gehen läßt." (Alter 1931, S. 40 f.)

Würde, Singularität der Persönlichkeit, Sinnorientierung des Pflegepersonals und auf die Heranbildung und Ausreifung einer vollentwickelten Persönlichkeit verwiesen (vgl. Juchli 1983, S. 43, S. 57).

In anderen, neueren Lehrbüchern und Fachartikeln wird ein Wandel zur Professionalisierung des Berufs Krankenpflege deutlich. Dort werden hochqualifizierten Fähigkeiten und Eigenschaften gefordert und deren Erlernbarkeit und Objektivität herausgestellt. Pflege wird dort zunehmend als eine professionelle, personbezogene, geplante und emotional leicht distanzierte Dienstleistung beschrieben, welche dem Menschen eine fachlich qualifizierte Hilfe bietet, gesundheitserhaltende Potentiale stärkt und Leiden lindern soll (vgl. Bischoff 1994a, S. 749 ff.; vgl. Juchli 1994, S. 55 - 71; vgl. Lenz-Ziegenbein 1996, S. 713 ff.).

Aus-, Fort- und Weiterbildung werden hierbei als so wichtig angesehen, daß in Werbeartikeln zusehends mit den Möglichkeiten zur innerbetrieblichen Fortbildung und mit Aufstiegsmöglichkeiten in akademisierte Positionen im Pflegebereich geworben wird (vgl. NGZ Extra 20.04.1996). Nach dieser Auffassung wird das Berufsbild Pflege nicht als selbstloses Dienen und Aufopfern definiert.

Die Konfrontation dieser divergierenden Berufsbilddefinitionen kann sich auf die einzelne Pflegekraft verwirrend, desorientierend, verunsichernd und somit als problematisierend auswirken.

Der Pflegeberuf steht insbesondere wegen seiner schwerwiegenden historischen Last auch heute noch relativ singulär in der Gesellschaft dar. Der Beruf hat keinen klar definierten, gesetzlich abgesicherten Aufgabenbereich und ist deshalb nicht leicht mit anderen Berufsgruppen - wie z. B. den Ärzten - vergleichbar.

Der historisch gewachsenen Erwartungshaltung von Ärzten, Angehörigen, Patientinnen und auch der Pflegepersonen selbst gegenüber dem Berufsbild Pflege macht es der Pflegekraft XY aus unserem obigen Beispiel schwer, eine klare und konsequente Linie einzuhalten. Auf der einen Seite mag sie sich eine qualifizierte, klar abgegrenzte Arbeit, ein kompetentes Pflegen der von ihr verantwortlich zu betreuenden Patientinnen mit einer ausreichenden Zeit wünschen, auf der anderen Seite will die Ärztin eine Entlastung von - ihrer Meinung nach - unnötigen und zeitaufwendigen Routineaufgaben wie Visitieren, Blutabnehmen, Applizieren von Injektionen etc. pp., und gleichzeitig wünscht sich die Patientin eine patientinnenorientierte, fachlich-sachlich hochqualifizierte Pflege und Betreuung durch eine Bezugsperson - wenn möglich - ihrer Wahl.

Eine professionalisierte Krankenpflege muß eine klar definierte und von anderen Berufsgruppen exakt abgegrenzte Rollenzuschreibung vorweisen und daraufhin abgestimmte Verhaltensmuster durchführen können. Wenn die Gesellschaft der Pflege eine spezielle Rolle zugesteht, muß diese bestimmte Qualifikationen vorweisen können. Nur wenn die Pflege die zugewiesenen Aufgaben durchführen kann und darf, liegt eine klare Rollendefinition der Krankenpflegekraft vor (vgl. Dornheim 1994, S. 768 ff.; vgl. Mücke 1994, S. 775 ff.; vgl. Rabe-Kleberg 1993a, S. 672 ff.; vgl. Rabe-Kleberg 1993b, S. 731 ff.).
Dies macht das Dilemma der Krankenpflege sehr deutlich. Die Ärztin kann den Pflegekräften gegenüber weisungsbefugt sein. Der Aufgabenbereich kollidiert mit den sehr vielen Berufsgruppen der angrenzenden Aufgabengebiete (Physiotherapeutin, medizinisch-technischen Assistentin, pharmazeutisch-technischen Assistentin, Reinigungskraft, Stationssekretärin, Diätassistentin). Manche Aufgaben werden der Pflege zum Teil von diesen Berufsgruppen zugewiesen. Die Kontrolle über die Situation der Pflege - Einfluß zu haben und aktiv gestalten zu können - und eine Entscheidungsfreiheit darüber zu haben, was man wann wie praktizieren möchte, dies alles kann mit zunehmender Komplexität der Arbeit und den bestehenden Arbeitsbedingungen in der Krankenpflege nicht (mehr) in Einklang gebracht werden. Die Arbeitsbedingungen und Entscheidungsprozesse erscheinen entfremdet, unübersichtlich und können als persönliche Bedrohung interpretiert werden. Das Gefühl des Autonomieverlustes und der Hilflosigkeit in einer solchen Situation können als Streß wahrgenommen werden.
Wenn sich ein Rollenträgerin nun permanent in einer Situation befindet, in welcher sie sich als solitärer Non-Konformist fühlt, kann dies für sie Rollenstreß und Burnout-Gefährdung bedeuten. Zumeist führen angewandte Copingmechanismen[139] nicht zum Erfolg, die erlebte Rollenkonfliktsituation wird als zunehmend bedrohlich erlebt, die vorhandenen Handlungsalternativen stellen keine echten Alternativen dar, und alle möglichen Wege erscheinen negativ. Angst und Ohnmacht folgen aus dieser erlebten Handlungskompetenzbeschränkung und den damit verbundenen Autonomieeinbußen. Die Folgen können Dauerstreß und Burnout sein (vgl. Böcker-Kamradt 1994, S. 143 - 146; vgl. Düwel 1994, S. 833 - 840).
Die Krankenpflege hat in Deutschland keine Lobby, u. a. weil die sie vertretenden Berufsgruppen untereinander stark zerstritten sind. Die Bedeutung der Krankenpflege wird im allgemeinen zwar akzeptiert, aber weder in der Bevölkerung noch von angrenzenden

[139] Coping: In der Soziologie wird unter Coping ein Bewältigungsverhalten von Kranken oder allgemein von Menschen in schwerwiegenden Problemsituationen verstanden.

Berufsgruppen als sehr bedeutend eingeschätzt (vgl. Krankenpflege 6/1993, S. 379; vgl. Taubert 1989, S. 42 f.). Dies läßt *nicht* auf eine baldige Besserung der Rollenunklarheit hoffen und schließen.

Sicherlich ist die Intensität eines Rollenkonfliktes und der Rollenambiguität[140] von der Einschätzung des einzelnen und seinen eigenen Gestaltungsmöglichkeiten abhängig.

In der Krankenpflege z. B. ist ein hohes Maß an Rollenambiguitätstoleranz nötig, weil nicht von einer eindeutigen Rollendefinition der Krankenpflegekraft durch andere Berufsgruppen gesprochen werden kann. Die Rolle der Pflegekraft erfordert eine hohe psychische und auch physische Belastbarkeit, um in den unterschiedlichsten Situationen des Berufes die Identität und das notwendige Selbstbild und -bewußtsein aufrecht halten zu können (vgl. Böcker-Kamradt 1994, S. 144 f.).

Ärzte können zum Teil äußerst ungehalten und aggressiv werden, wenn es um die Verteidigung ihres Einflußbereiches, ihres Reviers, ihrer Zuständigkeit und Verantwortung geht. Sie können Rollenambiguität, Unsicherheit und Widersprüchlichkeit in ihrer beruflichen Arbeit häufig schwer ertragen (vgl. Mitscherlich 1966, S. 60).

Krankenpflegekräfte besitzen die klare Rollendefinition der Ärzte nicht und können eine niedrige Rollenambiguität nicht durch einen hohen Status kompensieren. Hier wird das Dilemma der Pflege wiederum deutlich.

Rollenambiguität ist dabei abhängig von Informationen bezogen auf

* den eigenen Beruf,
* die Erwartungen der Teamkollegen,
* die Arbeit an sich
* die Aufstiegsmöglichkeiten in der Hierarchie
* die Erwartungen der Vorgesetzten
* die organisatorischen und strukturellen Abläufe.

Rollen, wie z. B. die der Pflegekraft, können von den einzelnen Beteiligten zum Teil selbst definiert werden (vgl. Marquard et al. 1993, S. 32 ff.).

[140] Unter Ambiguitätstoleranz einer Rolle wird die Fähigkeit einer Person verstanden, die eigene Rolle mit unterschiedlichsten Signalen der Umwelt auf sie bezogen wahrzunehmen und mit diesen Informationen angemessen umzugehen. Die Fähigkeit zur Ambiguitätstoleranz bezieht sich auf die Notwendigkeit, sich an Interaktionen auch dann beteiligen zu müssen, wenn die Rollenabsprachen zunächst nur partiell Befriedigung der Bedürfnisse zu erfüllen vermögen (vgl. Krappmann 1983, S. 1317).

Die individuellen Möglichkeiten, Rollenkonflikte selbst zuzulassen und ihre Intensität zu erhöhen resp. zu erniedrigen, werden von folgenden Einflußfaktoren signifikant tangiert:

* Persönlichkeitszüge wie Ängstlichkeit, Unsicherheit, Streßanfälligkeit, Typ-A-Syndrom[141], extreme Intro- oder Extrovertiertheit, psychischer und kognitiver Flexibilität, Spontanität versus kontrollierendem Sicherheitsdenken
* hochgesteckte berufsbezogene Aufstiegsmöglichkeiten und Ziele
* Normen, Werte, Überzeugungen
* Leistungsmotivation, Identifikation mit der Arbeit und mit dem Arbeitgeber resp. der Arbeitsstätte
* Statusorientierung (Abhängigkeit des Individuums von der eigenen Einschätzung der beruflichen Sozialstatuseingruppierung)
* berufliches Sicherheitsdenken
* berufliche Vorerfahrungen, berufliche Sozialisation
* fachlich-sachliche und berufliche Qualifikation, Ausbildungsstand, Einblick in Abläufe des Berufes
* Geschlecht, Alter und dadurch bedingte Anpassungs- und Gestaltungsmöglichkeiten (vgl. ebd., S. 33 f.).

Ein nicht zu unterschätzender Einfluß auf das Ausmaß und die Wahrscheinlichkeit des Auftretens von Rollenkonflikten ist die individuelle Persönlichkeit der Pflegeperson. Eine Erziehung zur Härte, zum Verzicht, zur Aufopferung, zum willenlosen Einsatz hat häufig einen Verzicht auf das Zulassen von Angst, Empfindsam- und Verletzbarkeit zur Folge. Die Härte gegen sich selbst - in extremen Formen als Masochismus benannt - kann sich auch in abgewandelte Formen - als Sadismus - nach außen richten.
„Wenn die Patientin Schmerzen verspürt, dann soll sie diese angeben, aber ich helfe ihr nicht! Sie soll sich nicht so anstellen!“ (vgl. Gamm 1968, S. 143 ff.).
Ein solches Verhalten kann in einer chronifizierten Frustrationssituation eines ehemals engagierten und idealistischen Helfers begründet sein. Ich möchte im folgenden Kapitel auf die möglichen Ursachen einer solchen Entwicklung eingehen.

---

[141] Typ-A-Syndrom: Zimbardo führt hierzu an: „Die Forschung hat einen Großteil ihrer Aufmerksamkeit einem besonderen Verhaltensstil, genannt Typ A-Verhalten, gewidmet. Typ A-Verhalten erhöht die Wahrscheinlichkeit von *Erkrankungen der Herzkranzgefäße*. Menschen vom Typ A sind immer in Eile, können sich nicht entspannen, sie sind kurz angebunden in Sprache und Gestik und unterbrechen häufig andere, um selbst zu beenden, was diese sagen wollten. Sie sind sehr konkurrenzbewußt, bestehen darauf, „es alleine durchzuziehen“, streben intensiv nach Erfolg, zeigen ein hohes Niveau an Feindseligkeit und Ungeduld und beschäftigen sich mit zwanghaften Handlungen. Einige dieser Eigenschaften werden in unserer Gesellschaft sehr geschätzt, es handelt sich hierbei jedoch um einen sehr *dysfunktionalen* Verhaltensstil. Geschäftsleute mit Typ A-Verhalten beispielsweise leiden zweimal so oft an Erkrankungen der Herzkranzgefäße wie Männer der Normalpopulation (...).“ (Zimbardo 1988, S. 476)

6.2.3 Helfersyndrom

Der Begriff des *Helfersyndroms* wurde von dem deutschen Psychologen und Psychoanalytiker Wolfgang Schmidbauer erstmals 1977 publik gemacht.

Er führt zu diesem Begriff folgendes aus:

> „Die Grundproblematik des Menschen mit dem Helfer-Syndrom ist die an einem hohen, starren Ich-Ideal orientierte soziale Fassade, deren Funktionieren von einem kritischen, bösartigen Über-Ich überwacht wird. Eigene Schwäche und Hilfsbedürftigkeit werden verleugnet; Gegenseitigkeit und Intimität in Beziehungen vermieden. Die orale und narzißtische[142] Bedürftigkeit des Helfers ist groß, doch ganz oder teilweise unbewußt. Da ihre Äußerungsformen nicht entwickelt und differenziert werden konnten, funktioniert sie auf einem urtümlichen Niveau. Das äußert sich etwa in einer wenig ausgebildeten Fähigkeit, erfüllbare Wünsche zu äußern. Wünsche werden angesammelt und dann als Vorwürfe gegen die Umwelt („Was habe ich nicht alles für euch getan - und so wird es mir gelohnt") ausgesprochen, wenn nicht noch indirekte Wunschäußerungen überwiegen (z. B. Sucht, Suizid oder psychosomatische Krankheit an andere, um deren Zuwendung und Hilfe zu erlangen)." (Schmidbauer 1977, S. 25 f.)

Dieses Syndrom kann seiner Meinung nach nur bei dem Bestehen bestimmter Voraussetzungen auftreten.

Es könne nur dann entstehen, wenn

* von den Eltern eine Ablehnung erfahren wurde, welche durch eine rigide Identifizierung des Kindes mit seinem anspruchsvollen Über-Ich emotional stabil durchlebt werden konnte,
* eine latent vorhandene narzißtische Bedürftigkeit vorhanden ist,
* Beziehungen zu Nicht-Hilfsbedürftigen auf einer Basis des Gebens und Nehmens vermieden wird,
* Aggression gegenüber Nicht-Hilfsbedürftigen nur indirekt geäußert werden können.

Durch die Identifizierung der hilflosen Helfer mit dem Über-Ich und mit altruistischen durch die Gesellschaft idealisierten Normen und Werte sind die Betroffenen zuverlässig, aufopfernd, rastlos und häufig auch in führenden und gehobenen Positionen zu finden.

[142] Narzißmus: psychoanalytischer Begriff für das Verliebtsein in sich selbst (die sog. Selbstliebe), in Anlehnung an die griechische Sage von dem Jüngling Narcissus, welcher sich in sein Spiegelbild verliebte. Jeder Mensch durchlebt narzißtische Zustände, so als Kleinkind, welches seine Libido ganz auf sich selbst richtet (*primärer Narzißmus*) und dabei für das spätere Selbstwertgefühl bedeutsame kreative Kräfte entwickelt. Der *sekundäre Narzißmus* ist im Gegensatz dazu die temporäre Zurücknahme der Libido von äußeren Objekten auf sich selbst, z. B. nach enttäuschter Liebe (*Regression*), aber auch die im Ich-Ideal zu findende dauerhafte Selbstliebe des Menschen. Eine ungenügende narzißtische Bestätigung des Kindes durch seine Eltern kann zu schweren psychischen Defekten (*Neurosen*) führen (vgl. Meyer Lexikonredaktion 1981, S. 226)

Die Identifizierung mit dem Über-Ich einer „wissenschaftlichen" Tradition und den „wissenschaftlichen" Werte und Normen kann die hilflosen Helfer vor dem Erleben ihrer eigenen Ohnmacht und Hilflosigkeit bewahren.

Somit hat diese Identifizierung ihren ganz spezifischen Sinn, und die rastlose Aufopferung der hilflosen Helfer wird verständlich (vgl. Schmidbauer 1977, S. 44 - 47). Ohne ihre Arbeit mag das gesamte Gesundheitssystem kurz vor dem Kollaps stehen. Ihr rast- und selbstloser Einsatz rettet manch fragiles und desolates Versorgungssystem vor dem Zusammenbruch (vgl. ebd., S. 90 f.).

Trotz dieser von außen als positiv erkannten Merkmale und Eigenschaften sind die Nebenwirkungen für die Helfer selbst häufig sehr negativ: Ihre Depressionsneigung und ihre Suizidalität sind bedeutend höher als bei Personen in nicht-helfenden Berufen[143]. Lehrer, Ärzte, Krankenpflegekräfte, Sozialarbeiter und Psychologen weisen darüber hinaus eine überdurchschnittlich hohe psychoneurotische Morbidität[144] auf (vgl. ebd., S. 92 f.).

Eine weitere Ursache hierfür mag sein, daß hilflose Helfer ihre jedem Menschen immanenten aggressiven Bedürfnisse nur unzureichend ausdrücken können. Dies ist der Grund, warum sie prädestiniert für Neurosen[145] im allgemeinen sind.

Der Psychosomatiker/Psychotherapeut S. O. Hoffmann und der Psychoanalytiker G. Hochapfel beschreiben die (mutmaßliche) Genese des emotionalen Dilemmas:

Zwar existiere einerseits permanent Frustration, weil ein passives Verlangen nach Liebe und eine passive physische Abhängigkeit von den Patientinnen mit Symptomen von Aggression auftrete, aber andererseits bestünden Blockaden, diese Gefühle zeigen zu können und zu dürfen.

---

[143] Damit sind alle Berufsgruppen gemeint, welche nicht den Merkmalen der sog. sozialen Berufe entsprechen. Sozialberufe werden von mir dahingehend von anderen Berufsgruppen differenziert, daß sie sich vornehmlich für die individuellen Probleme und persönlichen Interessenlagen ihrer KlientInnen interessieren.

[144] Morbidität: Häufigkeit der Erkrankungen innerhalb einer Bevölkerung (abzugrenzen von dem Begriff der sog. Mortalität, unter welchem die Sterblichkeit, der Rückgang der Population durch Sterbefälle verstanden wird.) (vgl. Pschyrembel 1990, S. 1082 ff.)

[145] Neurose: anlage- und umweltbedingte Tendenz, psychische Erlebnisse abnorm und krankhaft zu verarbeiten, woraus dauernde physische und psychische Erkrankungen der Gesamtperson entstehen (vgl. Wahrig 1985, S. 503). Zimbardo schreibt hierzu: „Wenn ein Mensch sich von den Gefahren des Lebens ständig bedroht fühlt und der Aufgabe, mit ihnen fertig zu werden, nicht gewachsen zu sein glaubt, dann reichen die gewöhnlichen Abwehrmechanismen des Ich, wie wir sie alle gebrauchen, bei ihm nicht aus. Allmählich kommt es so weit, daß er sich in extremer Form auf den einen oder anderen neurotischen Abwehrmechanismus verläßt. Alle Mechanismen dieser Art suchen Entlastung von der Angst. Mangelnde Freude am Leben und Handlungen, die mehr auf die Verringerung von Schmerz als auf die positive Ausführung oder die konstruktive Lösung tatsächlich vorhandener Aufgaben abzielen, sind dann charakteristisch. Die neurotischen Abwehrmechanismen gewähren so viel zeitweilige Freiheit von Angst, daß das Individuum verzweifelt an ihnen festhält - trotz der Tatsache, daß sie seine Grundprobleme nicht lösen und seine Situation sogar verschlimmern können, auf die Dauer also selbstschädigend sind. Es ist die Tragödie des Neurotikers, daß er oft fälschlicherweise die Welt als Bedrohung und sich selbst als unfähig beurteilt. Mit einer realistischeren Auffassung bestünde für ihn kein Grund zum Verlust der Freude oder zu seiner übertriebenen, quälenden Beschäftigung mit Sorgen und Bedrohungen. ...Es gibt keine klare Trennungslinie zwischen dem Normalen und dem Neurotiker: der Unterschied ist ein gradueller. Die Abwehrmechanismen des Neurotikers werden deshalb für abnorm gehalten, weil sie als Versuche zur Meisterung des Lebens in andauernder und gefährlicher Weise ineffektiv sind. Gleichwohl sind neurotische Störungen nur selten so schwer, daß sie eine Hospitalisierung erfordern." (Zimbardo 1983, S. 517)

Hoffmann und Hochapfel führen dazu aus:

> „...Die pathologische Lösung *(dieses emotionalen Dilemmas, Anm. d. Verf.)* besteht in einer Wendung der Aggression gegen die eigene Person, in einer Wendung der Aggression gegen das Selbst, wie es heute meist formuliert wird. Das Selbstgefühl erleidet so seine charakteristischen Einbrüche, welche wiederum die spezifische depressive Verstimmung zur Folge haben. Man kann Freuds Verständnis, der diesen Vorgang vor über 70 Jahren erfaßte, in seiner Wichtigkeit kaum überschätzen. Es ist sinnvoll, hier noch einmal an die infantile[146] Entstehung der depressiven Reaktionsbereitschaft zu erinnern. Das Kleinkind ist auf die soziale Umwelt existentiell angewiesen, es kann seine Wut nicht äußern, weil das zu einer objektiven Verschlechterung seiner Situation führen würde. Das Kind ist gezwungen, eine Umgangsform mit seinen aggressiven Impulsen zu finden, die
> a) keine Konflikte mit denen hervorruft, von welchen es abhängt und
> b) die Schuldgefühle beschwichtigt, welche sekundär wegen dieser Wut in ihm entstehen.
>
> Die Lösung dieser emotionalen Zwickmühle ist die geschilderte Wendung der Aggression gegen die eigene Person. Die entscheidenden Punkte dieses Depressionsverständnisses heißen demnach: Frustration - reaktive Wut - Wendung der Aggression gegen das Selbst. Das depressive Symptom ist dann Folge der angehaltenden Autoaggression." (Hoffmann/Hochapfel 1992, S. 120 f.)

Hier ziehen Hoffmann/Hochapfel den Bogen zu der Ätiologie[147] der Depression. Dabei werden Symptome des Helfersyndroms evident. Es scheinen für beide Krankheitskomplexe - die Depression und das Helfersyndrom - ähnliche ätiologische Faktoren eine bedeutende Rolle zu spielen. Dazu führen die Autoren Hoffmann/Hochapfel aus:

> „Das Erlebnis „Depression" umreißt Bibring als durch drei Bedingungen beherrscht: Ich-Hemmung, Absinken der Selbstachtung und Hilflosigkeit. Dabei kommt dem Erlebnis der Hilflosigkeit, also der Ohnmacht, seines Erachtens eine besondere Bedeutung zu. Dieses Erlebnis entsteht insbesondere beim Versagen gegenüber Ansprüchen, die eigentlich jeder Mensch in irgend einer Form in sich trägt. Bibring benennt diese Ansprüche folgendermaßen:
> a) Der Wunsch, geliebt, geachtet und vollwertig zu sein; d. h. nicht minderwertig zu sein;
> b) der Wunsch, stark zu sein; d. h., nicht schwach zu sein;
> c) der Wunsch, gut und liebevoll zu sein; d. h., nicht aggressiv und destruktiv zu sein.
>
> Bibring postuliert also, daß es im Menschen so etwas wie Urwünsche gibt, nämlich das Bedürfnis, geliebt zu sein, stark zu sein und gut zu sein. Immer dann, so lautete die Beobachtung Bibrings, wenn es zu einem Klaffen zwischen diesem Anspruch und der Selbsteinschätzung kommt, immer dann erfolgt beim zur Depression Neigenden eine depressive Verstimmung."
> (Hoffmann/Hochapfel 1992, S. 121 f.)

[146] infantil: kindisch, kindlich, zurückgeblieben, unentwickelt; zurückgeblieben auf der körperlichen und/oder psychischen Entwicklungsstufe eines Kindes (< lat. infantilis „kindlich"; zu infans „Kind")
[147] Ätiologie: Lehre von den Ursachen, insbesondere der Krankheiten (< grch. aitia „Ursache")

Hier können Parallelen zwischen der depressiven Verstimmung und dem Helfersyndrom des hilflosen Helfers entdeckt werden. Wenn der hilflose Helfer, welcher nahezu unersättliche Bestätigung und Anerkennung durch seine Kollegen, Vorgesetzten und letztendlich durch „seine" Patientinnen erfahren will, dieses nicht in einem nahezu unersättlichen Maße erhält, fühlt sich der hilflose Helfer unzufrieden, einsam und leer.
Helfer mit einem unersättlichen narzißtischem Bedürfnis nach Bestätigung, Erfolg, Bewunderung und positiver Resonanz werden durch erfolgreich therapierte oder pflegerisch vorbildlich aktivierte Patientinnen kurzfristig bestätigt und gestärkt. Das Verlangen nach Bestätigung kann jedoch - im Gegensatz zu physiologischen Bedürfnissen wie Hunger, Durst, Sexualität, Wärme, Abkühlung etc. - nicht wirklich gestillt werden, da die „Quelle" in einem neurotischen, in der Kindheit geformten Charakterzug liegt (vgl. ebd.).
Insbesondere bei aggressiv-neurotischen Charakterzügen, welche vornehmlich in der Kindheit begründet sind, läßt sich sehr häufig konstatieren, daß diejenigen Personen in Belastungssituationen und auch ohne spezielle Auslöser aggressiv reagieren, welche vormals als Kinder außerordentlich brav und lieb gewesen sind. In dieser Kindheit sind oft repressive Erziehungsmethoden zum Zuge gekommen. Sie wurden dort häufig als „grausame kleine Wilde" oder „soziale Ungeheuer" angesehen. Der Ausdruck aggressiver Gefühle und Tendenzen wurde unterdrückt, sanktioniert und verdrängt (vgl. Bach et al. 1974, S. 24).
In konstruktiv-erziehenden Familien hingegen wird das offene und direkte Ausdrücken von Aggression in sozial akzeptabler Art und Weise toleriert und sogar gefördert. Eine wahrhaft innige und tiefe Beziehung kann hiernach nur dann aufgebaut werden, wenn neben liebevollen auch aggressive emotionale Impulse zugelassen und gefördert werden. Dies kann in repressiv-pädagogisierenden Familien von den Betroffenen nicht gelernt werden. Später im Erwachsenenalter stellt sich die unterdrückte Aggression häufig als sehr impulsiv und gefährlich dar. Wenn diese Person die stark ausgeprägte, z. T. schon fast obsessive Selbstbeherrschung verlieren sollte, kann Aggression in äußerst bizarrer, brutaler und destruktiver Weise zu Tage treten (vgl. ebd., S. 24 - 28).
Der Unterschied zwischen psychisch „gesunden" und neurotischen Konfliktlösungsmöglichkeiten liegt auch darin, daß neurotische Konflikte in ihren wesentlichen Elementen unbewußt sind. Ein „normaler" Mensch ist sich zwar nicht immer seiner Konflikte bewußt, kann hingegen mit verhältnismäßig geringer Hilfe den konkreten Konflikt und seine Gründe erkennen. Ein Neurotiker hingegen hat die dafür zugrunde liegenden Tenden-

zen tief verdrängt. Seine intrapsychischen Konflikte können nur im Kampf gegen einen stark ausgeprägten Widerstand ans Licht gebracht und somit bewußt gemacht werden (vgl. Horney 1973, S. 26 f.).

Die Charakterzüge der neurotischen Neigungen sind nur schwer erkennbar und machen den davon betroffenen Menschen nicht nur hilflos, sondern haben darüber hinausgehend eine Explosivkraft, vor deren Konsequenzen die Betroffenen zu Recht Angst haben können. Hier haben die Abwehrmechanismen ihre (zweifelhafte) Legitimation (vgl. ebd.).

Aggressive Neurotiker benötigen Anerkennung durch Menschen nicht nur zur narzißtischen Bestätigung ihrer selbst, sondern versuchen mit ihrem Verhalten auch, von anderen als liebenswert und sympathisch gesehen zu werden und dadurch ihr Selbstwertempfinden zu stabilisieren (vgl. ebd., S. 58).

Die Bewältigung der Bedrohung durch die Angst kann auch durch spannungsreduzierende Mittel wie z. B. Alkohol, Tabletten und exzessives Essen erreicht werden. Dieser Verdrängungsmechanismus bietet ein relativ einfachen Weg zur Bändigung der Angst und zur Reduzierung der Spannung. Hieraus wird das exorbitant hohe Suchtpotential unter psychisch „gesunden" Pflegenden und neurotisch geformten hilflosen Helfern deutlich. Alkohol senkt nicht nur die Leistungsfähigkeit, die Ängstlichkeit, die Furcht, die Psychomotorik und die Hemmschwelle, sondern oft auch das Selbstwertgefühl der Betroffenen (vgl. Bommert 1993, S. 98 - 110; vgl. Blanchard et al. 1992, S. 16 f.; vgl. Pihl et al. 1992, S. 137). Dabei sind 20 bis 40 Prozent aller Suizide bei Männern auf Alkoholprobleme zurückzuführen (vgl. Krüger 1995). Alkohol kann zwar kurzfristig Angstgefühle senken, langfristig wird die Problematik auf der Arbeit und in der Partnerschaft jedoch eher verstärkt.

Eine latent neurotisch-aggressive Pflegekraft wird die Anerkennung, welche sie zur Aufrechterhaltung ihres Selbstwertgefühls und ihrer narzißtischen Tendenzen benötigt, ihre Verpflichtung zur Güte und Hilfeleistung und ihre nachgiebige Haltung gegenüber Patientinnen immer mit der Anspruchshaltung verbinden, für die von ihr geleisteten Arbeiten ausgeprägte Dankbarkeit, Anerkennung, Hervorhebung vor Angehörigen, Vorgesetzten und Mitpatientinnen und Einbeziehung in persönliche Belange zu erhalten. Nur bei solch ausgeprägter Dankbarkeit und Ehrerbietung durch Patientinnen, Vorgesetzte, ÄrztInnen oder Angehörige kann das unersättliche Bestreben nach Anerkennung temporär beruhigt werden.

„Mißerfolge" der Patientinnen durch mangelnde Krankheitseinsicht, das Nichteinsetzen von Copingstrategien, Krankheitsschübe, Verschlechterung des allgemeinen Gesundheitszustandes und das Fehlen von Compliance[148] können für den hilflosen Helfer mit einem Helfer-Syndrom eine massive Bedrohung seines Selbstbewußtseins und seiner Identität bedeuten. Der hilflose Helfer benötigt das positive Patientinnenurteil als permanenten narzißtischen Spiegel.

Aggression und Gewalttätigkeit treten bei ihm vor allem dann auf, wenn er über längere Zeit außerstande ist, Gefühle der Hilflosigkeit, Ohnmacht und Schwäche zuzugeben, sich selbst um- und versorgen zu lassen und - ganz allgemein - seine emotionalen Bedürfnisse zu äußern. Wenn dies über längere Zeit geschieht und ein Frustrationsstau etabliert ist, das rigide Über-Ich mit seinen idealisierten Normen und Werten auf Dauer den Bedürfnissen nicht mehr standhält, können schon bei Geringfügigkeiten aufgestaute Frustrationen eruptiv in Form von Wutäußerungen, Zornesausbrüchen und Verbalattacken ausbrechen. Physische Tätlichkeiten und „blinde" Zerstörungswut können eine Folge daraus sein. Sie sind jedoch relativ selten, wenn das idealisierte Über-Ich eine sehr dominante Kontrollfunktion ausübt (vgl. Schmidbauer 1977, S. 100 ff.; vgl. Leichtenberger 1993, S. 15; vgl. Mitscherlich 1972, S. 87).

Pflegepersonen mit einem Helfer-Syndrom müssen eine hohe Selbstdisziplin vorweisen, um diesem Über-Ich gerecht werden zu können und das „Pulverfaß" der Emotion, der Spannung und Erregung unter Kontrolle halten zu können. Eigene Gefühle sind in der frühsten Kindheit verleugnet und unterdrückt worden, um den Anforderungen der Eltern, Verwandten und anderen erziehenden Personen gerecht werden zu können. Sie können deshalb in der Interaktion mit Patientinnen keine Empathie[149] in deren Erlebniswelt zeigen, da diese Handlungen bei ihnen selbst Gefühle freisetzen könnten.

Die Helfer können wegen ihrer markanten Gefühlsblockade für sie negativ erlebte Emotionen wie Aggression, Zorn, Wut, Enttäuschung, Ärger und Trauer nur schlecht ausdrücken und neigen deshalb zur psychosomatischen Konversion. Der Körper drückt hierbei als Ventil und nach außen sichtbar als Signalgeber psychisches Empfinden aus. Eine andere Möglichkeit der Äußerung „negativ" empfundener Gefühlsregungen ist die Projizierung der eigenen Gefühle auf eine als böse empfundene und nachteilig beeinflus-

[148] Compliance: die Bereitschaft der PatientIn zur Mitarbeit bei diagnostischen oder therapeutischen Maßnahmen, z. B. die Zuverlässigkeit, mit der therapeutische Anweisungen befolgt werden (sog. Verordnungstreue). Sie ist abhängig von der Persönlichkeit, vom Krankheitsverständnis und Leidensdruck der PatientIn, dem Arzt-PatientIn-Verhältnis, von Anzahl und Schwierigkeit der Anweisungen, Art der Therapie und eventuell erforderlichen Verhaltensänderungen (vgl. Pschyrembel 1990, S. 304).

[149] Empathie: das Einfühlungsvermögen; der Versuch, fremdes Erleben nachzuvollziehen, um eine andere Person zu verstehen (vgl. Meyer Lexikonredaktion 1981, S. 80)

sende Umwelt, auf andere, „egoistische Berufsgruppen", auf die „inkompetente Pflegedienstleitung", auf „korrupte PolitikerInnen", auf die „arrogante Ärzteschaft", auf „geldgierige Bankiers" etc. pp. (vgl. Schmidbauer 1977, S. 102 f.).

Diese zum Teil beißende Kritik an anderen Personen befriedigt die eigenen Bedürfnisse zwar nur marginal, doch kann sie in der Bedeutung einer Sinngebung die eigene Position und Berechtigung stärken und stabilisieren.

Die Pflege kann emotionale Unzulänglichkeiten durch ihre berufsförmige, rational gestaltete Ausübung in kommunikativ-interaktiven Beziehungen zum Teil ausgleichen. Sie bietet karitatives Prestige und sozialen Status in Form von *„Man tut etwas Gutes!"*. Die feindliche Umwelt kann emotional besser angegangen, und die eigenen emotionalen Beziehungen können durch den Beruf technisch abgestützt werden (vgl. Schmidbauer 1983, S.42).

Ein überlasteter Helfer wird sich durch die Möglichkeit verführen lassen, Macht in der Kontrolle von Beziehungen und bei der professionellen Kommunikation ausüben zu können. Er wird von dieser Macht vor allem dann Gebrauch machen, wenn ihm diese Beziehungen wichtig erscheinen. So können den überlasteten und hilflosen Helfer „Probleme" in Beziehungen zum (Ehe-) Partner, zu Freunden, Bekannten, Kollegen, Untergebenen und Vorgesetzten dazu bringen, erneut Kontrolle ausüben zu wollen, in dem er z. B. psychologisierend tätig wird.

Folgendes *Beispiel* soll diese Problematik veranschaulichen:

Der Kopfschmerz der Partnerin wird nicht als ` normaler ´ Kopfschmerz, sondern als cervicovaskuläre, psychosomatisch bedingte Cephalgie vom Helfer diagnostiziert. Folgende psychische Bedeutungen werden diesen „Erkrankungen" vom Helfer zugeschrieben: Bei einer eingehenden Beschäftigung mit dieser Thematik, mit der betroffenen Partnerin und deren Symptomatik könne beobachtet werden, daß diese über die somatischen Aspekte hinaus auch psychische Eigentümlichkeiten vorweise. Das Krankheitsbild würde zeitlich mit spezifischen persönlichkeitsimmanenten Konflikten korrelieren. Die Konflikte würden aggressive Regungen in der betroffenen Person reaktivieren, welche in inadäquater Form gezeigt werden können. Sie würden Ängste und Abwehrmechanismen erzeugen, welche unterdrückt oder verdrängt werden müßten. Bei der aggressiv-gehemmten Partnerin würde aufgrund permanent einwirkender Handlungs- und Hemmungsimpulse besonders häufig Verspannungen der Skelettmuskulatur - insbesondere der HWS-BWS-

Scapula-Region[150] - nachweisbar sein. Bei der Partnerin mit ihrer Aggressionsangst könne das Cervical-Syndrom als eingefrorene, deprimierende Druckbewegung verstanden werden. Diese Verspannungen entsprächen einer restringierten, aber permanenten Druckbewegung unter dem Eindruck der empfundenen Angst. Die Angst drückt die Patientin permanent symbolisch und auch konkret nieder (vgl. Roskamp 1963, S. 82 f., S. 90 ff.; vgl. Schmidbauer 1983, S. 64 ff.).

Wenn der Helfer selbst das diagnostizierte „Opfer" derart gestalteter „Diagnostik" sein sollte, wird er die möglichen Ursachen folgendermaßen intellektualisierend rationalisieren:

Ein Cervikalsyndrom bei ergonomisch inkorrekt konstruierten Sitzgelegenheiten und bei einem nur mit unzureichendem Licht ausgeleuchtetem Arbeitsplatz sei „normal", und deshalb seien überhaupt keine Rückschlüsse auf psychische Aspekte zulässig. Es ginge ihm - wie immer - sehr gut (vgl. Schmidbauer 1983, S. 64 f.).

Der Helfer tritt - beruflich und privat - als „helfender Partner" *oder* als starkes sich selbst therapierendes, analysierendes und diagnostizierendes Subjekt auf. Er wird dadurch unangreifbar: Entweder greift er selbst an, kontrolliert andere, oder er verteidigt sich selbst durch professionelle, intellektualisierende Argumente und macht sich dadurch mächtig.

Bezogen auf die Krankenpflege wird deutlich, daß erneut klare Kriterien und Richtlinien fehlen. Der Helfer kann nicht genau erkennen, ab wann seine Arbeit erfolgreich war und wann nicht. War eine Behandlung, eine Mobilisierung, ein Gespräch erfolgreich, wenn die Patientin dies sagt, oder müssen die eigenen Kolleginnen, die Vorgesetzten oder die Angehörigen hinzugezogen werden. Ist der Patientin geholfen, wenn sie nach einer Appendektomie[151] möglichst frühzeitig entlassen wird, oder werden auch bei dieser relativ simplen medizinischen Behandlung andere Bewertungsmaßstäbe möglich?

Eine klare Kontrastierung scheint es auch zwischen den Stationsteams nicht zu geben. Es existiert (noch) keine eindeutige Konkurrenz untereinander, ob z. B. die Station X Patientinnen um 2,3 Tage früher entläßt als Station Y, während die Kosten für Materialien exorbitant gesunken seien. Auch gibt es in den Krankenhäusern (noch) keine regelmäßigen prä- und postoperative Befragungen der Patientinnen zu dem Stationsaufenthalt. Befragungen der Mitarbeiterinnen zu ihrer Arbeitsbelastung und Arbeitszufriedenheit im Pflegebereich sind ebenfalls äußerst selten.

---

[150] HWS-BWS-Scapula-Region: Halswirbelsäulen-Brustwirbelsäulen-Schulter-Region

[151] Appendektomie: chirurgische, operative Entfernung des Wurmfortsatzes (Appendix vermiformis), die sog. „Blinddarmoperation"

Dadurch provozierte Konfrontationen könnten psychische und rituelle Fronten klären, Abläufe sichtbarer und dynamischer machen (vgl. Kober 1996, S. 348 - 354). Eine negative Folge könnte ein gewisses Abkühlen von Beziehungen sein, wenn das Interesse der Arbeit ausschließlich auf das Erfüllen von beruflichen Normen und kompetitiver Effizienz gerichtet ist. Konträr hierzu würde die gewonnene Transparenz der Beziehungen stehen: ` Ich als Helfer A möchte mit ihnen, Patientin Z, folgendes Ziel mit diesen Kosten und in jener Zeit erreichen. ´

Die Patientin wüßte die Krankenpflegekraft, die Ärztin und ihren gesamten Krankenhausaufenthalt realistischer einzuschätzen und könnte ihre Wünsche entsprechend äußern. Ein Kompromiß zwischen den Erwartungen der Schwester und den der Patientin wäre das entsprechende Pflegeprozeß, welches für eine gewisse Zeit gilt, bis es aufgrund von Veränderungen im Krankheitsverlauf revidiert werden muß. Insbesondere vor dem Hintergrund der Ressourcenknappheit im Gesundheitssektor und Sparzwängen in allen Teilen des Sozialsystems werden solche Mechanismen auch offen diskutiert (vgl. de Geest/Wiebalck/Evers 1994; vgl. Bartholomeyczik 1995; vgl. Kellnhauser 1996; vgl. Blank 1996).

Der Helfer wird durch diese Maßnahmen in seine Schranken verwiesen. Diese Reglementierung hilft ihm jedoch nur wenig, da er die Kompensation seiner eigenen emotionalen Defizite anstrebt, wegen derer er den Beruf Pflege ergriffen hat. Insbesondere in der Helfer-Patientin-Beziehung wird häufig eine komplementäre Beziehung zwischen einem wissenden, gebenden Helfer und einer abhängigen, absorbierenden und rezipierenden Patientin deutlich. Diese komplementäre, asymmetrische Beziehung wird sowohl von der Pflegekraft als auch von Patientinnen ausgenutzt und wiederholt mit Machtausübung belegt. Krankenpflegepersonal, welches sehr stark von Vorgesetzen frustriert worden ist, verlangt von der Patientin jene Anerkennung, welche es - beruflich oder privat - in einer anderen Weise nicht erhalten kann. Wenn die Patientin ihrerseits gegenüber dem Pflegepersonal frustrationsbedingte Aggression zeigt, weil ihr keine anderen Möglichkeiten der Äußerung zur Verfügung stehen, wird die Pflegekraft dies - zu Recht ? - als ungerecht und unzulässig ansehen (vgl. Knobling 1985, S. 188 f.).

Abschließend möchte ich Grond zitieren, welcher eine Liste von Fragen an Pflegende aufgestellt hat, um ihnen pointiert ihre potentielle Neigung zum Helfersyndrom und ihre potentielle psychische Gefährdung aufzuzeigen:

> „Habe ich ein Helfersyndrom? Habe ich mich als Kind abgelehnt gefühlt, so daß ich jetzt helfe, weil ich dann nicht abgelehnt werden kann? Fühle ich mich schlecht, wenn ich die mein Gewissen überfordernden Normen, immer einsatzbereit, freundlich, akzeptierend zu sein, nicht immer erfüllen kann? Gestalte ich meine Beziehungen nur als Helfer, nicht in Gegenseitigkeit? Opfere ich mich bedürfnislos für andere, um verdeckt dankbare Bestätigung zu ernten, z. B. „Ich tue alles für Sie (und verlange nichts für mich)!" Lasse ich meine Aggressionen indirekt am Kranken aus, wenn ich sage „Es gibt Schlimmeres!" oder „Andere haben auch Schmerzen", anstatt sie mir zuzugestehen."
> (Grond 1991, S. 230)

6.2.4 Burnout

Ausbrennen (Burnout) kann durch folgende Faktoren entstehen:

* massive, unklare und konfligierende Rollenzuweisungen,
* eine Persönlichkeit mit idealisiertem, perfektionistischem Über-Ich mit Leugnung der eigenen Hilflosigkeit und Schwäche (Helfer-Syndrom) und
* schlechte Rahmenbedingungen (in der Pflege)

Daraus kann das interne und externe Aussteigen aus dem Beruf resultieren.
Durchschnittlich verbleiben Angehörige der Pflegeberufe[152] weniger als *fünf* Jahre im Beruf (vgl. Maier-Opitz 1990, S. 2; vgl. Luczak 1991, S. 26 ff.).
Die Berufsaussichten in der Pflege - und speziell in der Altenpflege - werden deshalb trotz der Schließung einzelner Stationen oder sogar ganzer Kliniken aufgrund der Reform der Krankenhausfinanzierung als hervorragend eingeschätzt (vgl. Heinemann 22.04.1996; vgl. Schumacher/Schwartz 1996, S. 234; vgl. Haasen 1995, S. 52 ff.).
Demgegenüber sieht die Fluktuation in anderen, von Frauen ausgeübten Berufen zum Teil anders aus.
Hierzu schreibt Schmidbauer:

> „Gemessen an den Bedarfszahlen gibt es in einer Stadt wie München dreimal soviel Fachärzte wie nötig; umgekehrt klagen die Verantwortlichen in fast allen Kliniken über den Mangel an Pflegepersonal. Nun darf niemand davon absehen, daß die Pflegekräfte - verglichen mit den Ärzten - unterbezahlt sind. Anderer-

[152] Hier an dieser Stelle werden unter Pflegeberufen folgende Berufe verstanden: Krankenschwester, Krankenpfleger, Kinderkrankenschwester, Kinderkrankenpfleger, Altenschwester, Altenpfleger.

seits ist das Ärzteeinkommen heute nicht mehr so sicher und nicht mehr ganz so hoch wie vor einigen Jahren. Außerdem gibt es auch im Bereich der schlecht bezahlten und - gewiß kein Zufall, sondern hartnäckiges Unrecht - fast ausschließlich oder doch vorwiegend von Frauen ausgeübten Berufe durchaus welche, die nicht über einen vergleichbaren Schwund der ausgebildeten Kräfte und einen daraus resultierenden Notstand zu klagen haben - die Hebammen etwa, die Krankengymnastinnen, die medizinisch-technischen Assistentinnen, die Heilpraktikerinnen. Nicht selten waren Frauen, die sich für solche Berufe entscheiden, früher als Krankenschwester tätig. Eine Pflegerin, die sich entschließt, als Hebamme oder Heilpraktikerin zu arbeiten, verdient nicht unbedingt mehr und arbeitet wahrscheinlich ebenso hart wie früher. Aber sie kommt dem professionalen Ideal näher. Sie ist die zentrale Gestalt in der Interaktion, sie bestimmt das Geschehen, sie ist unabhängiger." (Schmidbauer 1983, S. 121 f.)

Eine unbefriedigende und fremdbestimmte Arbeit läßt die Perspektive für das zukünftige Arbeiten nicht positiv erscheinen. Die Arbeit wird als aufreibend und von der Gesellschaft als despektierlich wahrgenommen. Die Wahrscheinlichkeit eines Burnout steigt. Das Syndrom des Burnout wird als Prozeß definiert, in welchem ein ursprünglich engagierter Professioneller sich zurückzieht, weil er in der Arbeit Streß und Streßreaktionen (stress and strain) erfahren hat. Hiermit gehen Veränderungen in seiner Einstellung zur Arbeit, zu Patientinnen und gelegentlich auftretende Gefühle von Erschöpfung und Anspannung einher. Solch ausgestaltete Bewältigungsstrategien (defensive coping) können sich bis zu malignen Burnout-Phasen[153] entwickeln (vgl. Petzold 1990, S. 566).

Beim Burnout führen

* Streßsituationen in der Arbeit und
* Überforderung bei zu gering ausgeprägten Ressourcen (an seelischer Tragfähigkeit, physischer Belastbarkeit, sozialer Entlastung und professioneller Kompetenz)

zu Überlastungsreaktionen (*strain*) und
zu defensiven Bewältigungen (*defensive coping*)
mit Symptomen wie

* Angespanntheit, Unzufriedenheit
* rasche Ermüdbarkeit
* Reizbarkeit, Nervosität, Erregbarkeit
* schlechte Laune
* Zynismus, Sarkasmus, „schwarzer, englischer" Humor

[153] maligne Burnout-Phase: syn. malign decompensation; Entgleisung des Burnout mit Erscheinungen wie Vernachlässigung, verbale Gewalt, Mißhandlungen und sogar Tötungen von PatientInnen und Schutzbefohlenen

* Dienst nach Vorschrift, Verlangsamung und Abnahme der Arbeitskraft
* routiniertes Absolvieren von Aufgaben, „Abarbeiten" der Patientinnen
* resigniertes, demotiviertes, überfordertes Verhalten gegenüber KollegInnen
* Aggressivität, Aggression
* Zurückziehen vom Team, Drang und Wunsch nach Alleinsein
* Fehler bei der Durchführung der Arbeit, Konzentrationsstörungen und -mängel
* emotionale Distanzierung zu den Patientinnen und evtl. zu den KollegInnen (regressive Erschöpfung)
* verlängerte Regeneration und Rekonvaleszenz
* Sensitivität für negative, belastende Situationen, Strukturen und Rahmenbedingungen
* Suchtverhalten [Nikotin, Alkohol, Cannabisprodukte, Tabletten (insbesondere Tranquilizer, Hypnotika[154] und Weckamine)]
* psychosomatische Symptome und Störungen (vgl. ebd.; vgl. Weidenbrück 1994, S. 147 ff.).

In einer hochintellektualisierten und aggressionsrepressiven Gesellschaft können insbesondere psychosomatische Symptome als unschätzbares Informationspotential gesehen werden. Diese somatischen Reaktionen zeigen einen Ausschnitt verdrängter Aggression und sollten entsprechend respektiert werden. Man sollte sich ihrer nicht schämen, sondern sie als lebenswichtiges Signal der Psyche interpretieren. Sie können den Weg zu einem gefühlsechten Erleben und zum wahren aggressiven Selbst ebnen (vgl. Bach et al. 1974, S. 144).

Besonders empfänglich für Burnout sind <u>Mitarbeiter mit folgenden Merkmalen</u>:

* geringe Qualifikation (fachlich-sachlich, kommunikativ und sozial-interaktiv)
* partiell oder gar nicht vorhandene Empathie
* kompetitives Menschenbild, latente Feindseligkeit
* Pedanterie, Gewissenhaftigkeit, Planungsbedürfnis, berufliche Distanzierungsunfähigkeit, hohes Verantwortungsbewußtsein
* Ignorierung von psychischen und somatischen Entspannugsbedürfnissen
* mangelnde Kenntnis von Konfliktlösungsmöglichkeiten und Versöhnungsstrategien

[154] <u>Hypnotika</u>: Schlafmittel

* Unfähigkeit, Kränkungen und Verletzungen renormalisierend zu verarbeiten (d.h., konstruktive Beziehungen und Interaktionen zu entwickeln)
* fehlende Fähigkeit, Selbstbeherrschung in der Pflegesituation in einer adäquaten Art und Weise aufzubauen und anzuwenden
* gering ausgeprägte Frustrations- und Streßtoleranz
* Unfähigkeit und Angst, als Vorgesetzte Sachautorität zu übernehmen
* Einsamkeit, Isolation, Ängstlichkeit, psychische, emotionale und soziale Probleme
* Ermüdungssyndrom: rasche Ermüdbarkeit und häufige Ermüdung
* übermäßige Identifizierung mit „seiner" Rolle, mit der Arbeitgeberin und den beruflichen Aufgaben (bei gering ausgeprägter Rollendistanz)
* überstarke Assimilierungstendenz an vorgegebene (Rahmen-) Bedingungen und gering ausgeprägte Akkomodationsfähigkeit[155]
* mangelnde Fertigkeit, Aggression und Streßsituationen in bezug zur Gesamtsituation zu setzen (statt dessen persönliche Bezugnahme: „Ich war schlecht!")
* mangelnde Kenntnis andersgearteter Sozialisations- und Enkulturationsmuster[156]
* Neigung, sehr schnell eine eigene professionelle Identität aufbauen zu wollen
* Perfektionismus, Idealismus
* Narzißmus, Karrierismus, Pharisäimus
* psychische Labilität
* unreflektierte Autoritätshörigkeit und „Bunkermentalität"
* Selbstunsicherheit und daraus resultierend starke Verletzbarkeit, mit der Tendenz, sich mit dem Nimbus anderer Professionen (zumeist dem der Ärzte) zu schmücken,
* gemütsarme Charakterstruktur

---

[155] Nach dem Modell des Schweizer Psychologen Jean Piaget (1896 - 1980) können in der Anpassung (Adaptation) des Menschen an die Umwelt die *Assimilation* und die *Akkomodation* unterschieden werden. Unter der *Assimilation* kann eine intellektuelle Herausforderung verstanden werden, welche sich dann einstellt, wenn die vorhandenen kognitiven Strukturen des Kindes mit neuen Informationen aus der Umgebung konfrontiert werden. Der Mensch ordnet Umwelterfahrungen mit Hilfe bereits entwickelter kognitiver Strukturen ein. Beispiel: Ein kleines Kind, welches weiß, was ein Hund ist, ordnet vielleicht einen Löwen ebenfalls als Hund ein. Unter der *Akkomodation* hingegen wird ein kontinuierlicher Prozeß der inneren, selbst herbeigeführten Reorganisation und Integration der Inhalte und Strukturen des menschlichen Intellekts verstanden. Der Mensch paßt sich in seiner Entwicklung den Bedingungen in der Umwelt an. Beispiel: Ordnet ein Kind alle runden Gegenstände unter dem Begriff „Ball" ein, so assimiliert es diese Objekte an seine noch wenig differenzierte kognitive Struktur, welche eine adäquatere Klassifikation noch nicht ermöglicht. Lernt es dann, zwischen Bällen und Melonen zu unterscheiden, hat das Kind offensichtlich seine Denkweise in Richtung auf eine adäquatere Umwelterfassung geändert. Seine kognitive Struktur hat sich akkomodiert (vgl. Zimbardo 1983, S. 121 ff..; vgl. Meyers Lexikonredaktion 1989, S. 15, S. 40 f.). Beide Formen der Adaptation unterliegen einem allgemeinen Entwicklungsprinzip, dem Äquilibrationsprinzip (Gleichgewichtsmodell). Es beschreibt die Richtung der kognitiven Entwicklung und begrenzt das Ausmaß der Strukturveränderung. Entwicklung wird als eine fortlaufende Folge von Gleichgewichts- und Ungleichgewichtszuständen verstanden, wobei das Ungleichgewicht vom Gleichgewicht auf einem höheren Niveau durch die sog. majorierende Äquilibration abgelöst wird.

[156] Enkulturation: Prozeß, bei welchem sich ein Individuum an die Kultur seiner Umgebung durch Übernahme der in dieser Kultur gültigen Regeln, Einstellungen und Verhaltensmuster anpaßt (vgl. Meyer Lexikonredaktion 1989, S. 120; vgl. Hurrelmann 1975, S. 180 f.).

* Frischexaminierte, welche sich in dem Übergang von einem relativ verantwortungsfreien Schülerdasein mit dem Anspruch der alleinigen Verantwortung und pflegerischen Omnipotenz konfrontiert sehen (manche „Novize“ fühlt sich gnadenlos ausgeliefert, fragmentiert, durch Rollenzuweisungen von ÄrztInnen, Angehörigen, PatientInnen und KollegInnen gefordert, überfordert, häufig nicht akzeptiert oder bestätigt)
(vgl. ebd.; vgl. Grond 1991, S. 529 - 535; vgl. Knobling 1985, S. 194 ff.; vgl. Ammon 1970, S. 55; vgl. Leichtenberger 1993, S. 14; vgl. Krug/Mathes 1996, S. 22 f.; vgl. Eckardt 1995, S. 795 ff.).

Marquard et al. komplettieren diese Auflistung durch für Burnout quasi prädestinierte Persönlichkeiten, welche unter einer Anomalie ihres Realitätsbezugs und ihres Weltbildes leiden würden.
Diese hätten folgende Charakter- und Gemütserscheinungen:

* Neigung zu hochgesteckten Zielen
* Unterschätzung von Aufwand und Zeit
* Neigung zum Übersehen von Nebenwirkungen einer Arbeit
* Überschätzung von Erfolgsaussichten mit Wunschträumereien
* Rigidität bei der Etablierung des eigenen Anspruchniveaus (eine niedrigere Etablierung käme einer Kapitulation gleich) (vgl. Marquard et al. 1993, S. 37).

Als <u>Rahmenbedingungen</u>, welche das Burnout von Mitarbeitern im Pflegedienst protegieren, können folgende genannt werden:

* biochronologische Rhythmen widersprechende Schichtdienste im allgemeinen; Nachtdienste, Wochenend- und Feiertagsdienste, sog. „Schaukeldienste“ (Früh-Spät-, Spät-Früh-Dienste) mit erschwerter Freizeitplanung,
* künstliches Neonlicht,
* übermäßige Arbeitsbelastung des Pflegepersonals durch steigende Anzahl der zu behandelnden Patientinnen (Senkung der durchschnittlichen Verweildauer in den Kliniken von 13,4 Tage in 1991 auf dato 11,9 Tage) (vgl. WAZ 11.07.96)
* zunehmende Tendenz, mit immer weniger (qualifiziertem) Personal immer mehr Dienstleistungen an einer zunehmenden Anzahl von Patientinnen leisten zu müssen (vgl. Stoffels 1996a)

* Unzufriedenheit der Ärzteschaft und der Klinikdirektoren über Gewinnstagnation resp. -einbrüche im Krankenhaussektor (vgl. Heinemann 14.03.1996)
* Hektik, zeitliche und inhaltliche Über- und Dauerbelastungen
* kurze und immer kürzer werdende Verweildauer der Patientin (persönliche Beziehungen können somit nur noch mit länger auf den Stationen verbleibenden chronisch Kranken aufgebaut werden, wodurch die Rahmenbedingungen noch frustrierender erscheinen können)
* klimatisierte Arbeitsbedingungen
* sensorisches Overfloating (z. B. mit Lärm)
* Monotonie bei der Verrichtung von Pflegearbeiten
* unerfahrenes oder/und minderqualifiziertes Team: Hyperrepräsentanz von Praktikantinnen, Zivildienstleistenden, Schülerinnen, Frischexaminierte
* konfligierende Konkurrenzsituationen mit KollegInnen und VorgesetztInnen
* Personalmangel, -knappheit, hohe Personalfluktuationsraten
* zunehmend aktivierende und rehabilitierende Pflege bei sehr knapp bemessenem Personalschlüssel (z. B. in der Gerontopsychiatrie durch zunehmende Reaktivierung von Patientinnen statt der vormals häufigen Sedierung als eine Form der Gewaltanwendung) (vgl. Heinemann 26.02.1996)
* relativ hohes Erkrankungsrisiko (z. B. Infektionskrankheiten)
* hoher Krankenstand des Pflegepersonals
* schlechtes Dokumentationssystem, mangelhafte Informationsweitergabe, nicht ausreichende Informationssammlungen, unzureichende Umsetzung des Pflegeprozesses
* Fließband- oder Funktionspflege, welche eine emotionale Beziehung zur Patientin verhindern oder erschweren können
* geringe Entlohnung
* zu große Stationen, auf welchen die Verantwortung sowohl für die Arbeit mit den Patientinnen als auch für die Leitung der Station nicht mehr gewährleistet werden kann
* mangelnde Solidarität innerhalb der Berufsgruppe Pflege (auf der einzelnen Station, im gesamten Krankenhaus bis hin zu den Berufsgruppen und Spitzenverbänden)
* niedriges Prestige der Pflege in der Politik

* geringe Verantwortung, unklarer Verantwortungsbereich, wobei der Interaktionsrahmen nicht von Pflegepersonen allein entscheidend gestaltet und beurteilt wird
* bauliche Unzulänglichkeiten, räumliche Enge, schlecht proportionierte Räumlichkeiten
* erschwerte und behinderte Aufstiegschancen
* Zugriffsmöglichkeiten der „totalen Institution" Krankenhaus[157] (bei einer starken Identifizierung des Helfers mit seinem Über-Ich werden Veränderungen an der „totalen Institution" als Bedrohung der eigenen Ich-Identität interpretiert und die Wahrnehmungsfähigkeit für Verbesserungen und Alternativen eingeengt)
* fehlende oder mangelhafte Kooperation mit anderen Berufsgruppen (wie z. B. Pflegedienstleitung, Krankenpflegeschule, Ärzte, MTA[158], PTA[159], PhysiotherapeutInnen)
* unklare berufliche und soziale Rolle
* fehlende oder unzureichende Fort- und Weiterbildungsmöglichkeiten
* hohe Anspruchs- und Erwartungshaltung der Mitarbeiter und geringe Wahrscheinlichkeit, initiierte Innovationen in der Realität umsetzen zu können
* vom Pflegepersonal als inhuman bezeichnete, strukturell und hierarchisch stark restriktiv erlebte Rahmenbedingungen
* divergierende Interessenlagen zwischen Gesellschaft und Pflegepersonal (wenn z. B. das Gesundheitsministerium vermehrt Computertomogramme[160] für Krankenhäuser erwerben möchte, das Pflegepersonal hingegen einen höheren stationären Personalschlüssel verlangt)
* Säkularisierung[161] und Demokratisierung der Hilfeorganisationen mit zunehmender Unklarheit des Berufsbildes (z. B. welche Aufgaben eine „Gute Schwester" habe und welchen Anforderungen sie entsprechen solle)
* Zuweisung unbeliebter, evtl. pflegefremder Aufgaben (Reinigung, Essenzubereitung, Botengänge) an das Pflegepersonal (insbesondere an Wochenenden und an Feiertagen)

---

[157] Der Begriff *Totale Institution* wurde von Erving Goffmann 1973 geprägt. Schulz-Malin führt in seiner Arbeit dazu aus: „Das „Totale" dieser Institution bezieht sich zunächst auf den Umstand, daß das Individuum sich nicht mehr frei bewegen kann, sondern in seine Aktivitäten auf einen bestimmten Raum begrenzt wird. Schlafen, Arbeiten, Freizeit finden nun an einem einzigen Ort statt. Es gibt keine Privatsphäre mehr. Gab es vor der Einweisung unterschiedliche Autoritäten, mit denen Auseinandersetzung möglich war (Vorgesetzte, staatliche Organe, Partner), so sind es jetzt immer die gleichen, mit denen sich der Insasse auseinanderzusetzen hat. Die Schranken zwischen den verschiedenen Lebensbereichen sind aufgehoben, es existiert nur noch eine einzige zentrale Autorität, vor der es keine Ausweichmöglichkeit gibt - die Institution." (Schulz-Malin 1986, S. 24)

[158] MTA: Medizinisch-technische Assistenzberufe (z. B. im Labor, im Röntgen)

[159] PTA: Pharmazeutisch-technische Assistenzberufe (z. B. in der Apotheke)

[160] Computertomogramm: syn. CT; röntgendiagnostisches, computergesteuertes bildgebendes Verfahren nach dem Prinzip der Tomographie; erzeugt dreidimensionale Betrachtungsmöglichkeiten des Körpers

* Konkurrenz- und Profitstreben in einer als Ellbogen-Gesellschaft erlebten Umwelt versus „Dienstleistung" Nächstenliebe, Nähe und Wärme (das Pflegepersonal als sozialer Beruf habe die Aufgabe, die „Kälte" der Gesellschaft zu kompensieren)
* ungenügende soziale und ökonomische Kontrollmöglichkeit der „totalen Institution" Krankenhaus/Altenheim durch staatliche Stellen (dadurch fehlendes Feedback, ungenügende Transparenz und öffentliche Darstellungmöglichkeiten)
* Wachstumskrise im gesamten Gesundheitssystem, forcierter Sparzwang
* Mangel an Zeit und institutionellen Möglichkeiten, Probleme mit fachlicher Unterstützung aufzuarbeiten (wie z. B. in der Supervision[162] und in Balint-Gruppen[163]) (vgl. ebd., S. 366 - 371; vgl. Loskamp 1993, S. 383 - 385; vgl. Karmaus et al., S. 9 - 27; vgl. Böcker-Kamradt, S. 143 - 146; vgl. Schmidbauer 1983, S. 23; S. 115; S. 116 - 125; vgl. Knobling 1985, S. 195 - 201; vgl. Leichtenberger 1993, S. 13 - 15; vgl. Miltner/Sanides 1995; vgl. Brunsch et al. 1995, S. 1; vgl. Schmidbauer 1977, S. 149 - 161).

Diese Auflistung kann durch historische und soziokulturelle Einflußfaktoren ergänzt werden. Folgende Faktoren wären zu nennen:

* Verfall der Solidargemeinschaft
* Zunahme der gesellschaftlichen Anonymität und Singularisierung (vgl. Groothoff 1975, S. 48 - 54)
* hohes Interesse an einer ökonomischen und sozialen Verbesserung und Sicherung vorhandener Bestände (z. B. durch Gewerkschaften und Kirchen)
* breit angelegte Überprüfung der gesellschaftlichen Werte und Normen
* im Vergleich zu anderen Dienstleistungsbetrieben der freien Wirtschaft stark ausgeprägte zentralistische und hierarchische Entscheidungsbildung
* sich stark und immer schneller verändernde gesellschaftliche Werte und Normen (vgl. Marquard et al. 1993, S. 35 f.).

[161] Säkularisierung: Loslösung von kirchlichen Bezügen und kirchlichem Einfluß, Öffnung gegenüber weltlichen Einflüssen

[162] Supervision: in Psychotherapie, Krankenpflege, Pädagogik und Sozialarbeit die Fach- und Praxisberatung sozialer Einrichtungen und Einzelpersonen durch erfahrene, meist besonders ausgebildete Fachkräfte, den sog. Supervisoren (vgl. Bertelsmann 1995, Band 9, S. 284); in der *Psychotherapie* wird die Supervision definiert als Beobachtung und Analyse des Verhaltens eines Therapeuten durch einen Supervisor zur Aufdeckung und Korrektur von methodischen Fehlern und Behandlungsstörungen und zur Beurteilung der Kompetenz des Therapeuten. Ihre Anwendung bezieht sich vornehmlich auf die Ausbildung in der Psychotherapie (vgl. Pschyrembel 1990, S. 1622)

[163] Balint-Gruppe: nach dem englischen Psychoanalytiker und Biochemiker Michael Balint (1866 - 1970) benannte berufsbezogene Selbsthilfegruppe; nicht psychotherapeutisch tätige Ärzte und Angehörige medizinischer Berufe finden sich über einen längeren Zeitraum zusammen, um unter psychotherapeutischer Supervision Fälle aus der eigenen Praxis zu diskutieren. Im Mittelpunkt dieser Gruppenarbeit stehen Gespräche über die Beziehung zwischen dem Behandelnden und seinen Patienten hinsichtlich auftretender Störmomente und positiver Einflüsse. Der Gruppenprozeß dient dazu, sich eigene Haltungen und Reaktionen bewußt zu werden (vgl. Pschyrembel 1990, S. 173; vgl. Hagemann 1992, S. 774)

Diese Auflistungen von Faktoren und Aspekten, welche Einfluß auf die Genese des Burnout nehmen können, kann nicht als vollständig bezeichnet werden. Sie soll beim Leser lediglich Anregungen zur Reflektierung des Arbeitsumfeldes und der soziokulturellen Rahmenbedingungen hervorrufen.

Mit der folgenden Abbildung, welche das Kapitel Burnout abschließen soll, möchte ich eine Übersicht über die ineinander verflochtenen und sich wechselseitig beeinflussenden Faktoren des Circulus vitiosus des Burnout geben:

Diagramm 4:

Der (mögliche) Circulus vitiosus des Burnout

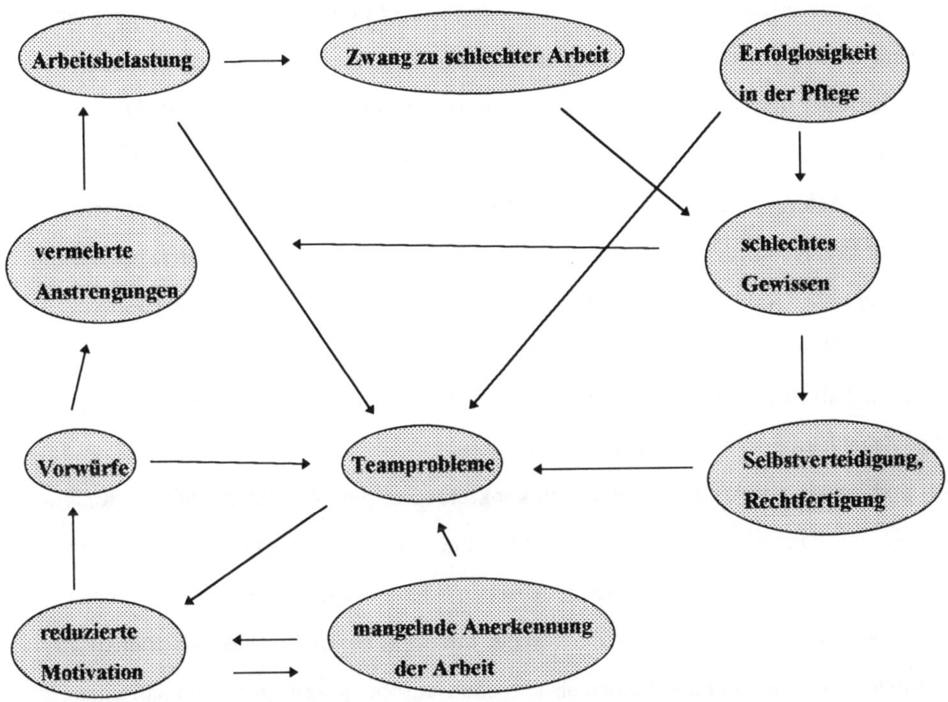

(vgl. Ruthemann 1993, S. 85 f.)

In dem obigen Schaubild wird der „Teufelskreis“ von ungelösten, schwelenden, zum Teil auch latenten Konflikten deutlich (vgl. ebd.).

Dabei spielen strukturelle Gegebenheiten und soziokulturelle Einflüsse eine nicht zu unterschätzende Rolle.

6.3 Patientinnen

6.3.1 Krankheitsängste

Die Patientin wird durch einen Krankenhausaufenthalt und ihre Krankheit mit ihrer eigenen Unzulänglichkeit konfrontiert und sich ihrer eigenen Vergänglichkeit und - häufig zum ersten Mal - ihrer Sterblichkeit bewußt. Dies kann für manche eine existentielle Zäsur darstellen.

Es erscheint nicht überraschend, daß Sorgen und Ängste vor Erkrankungen und Krankheitssymptomen in demoskopischen Umfragen permanent auf oberen Plätzen zu finden sind. Krankheitsängste beziehen sich zumeist auf die konkret mögliche oder tatsächliche Erkrankung (wie z. B. Morbus Alzheimer[164]) und können sich äußern als Ängste vor Schmerzen, Untersuchungen (wie z. B. endoskopische Eingriffe), therapeutischen Maßnahmen (wie z. B. zytostatische oder radiologische Therapien) oder vor persönlicher, beruflicher oder finanzieller Veränderung (vgl. Huppmann et al. 1988, S. 66 f.).

Die Hypochondrie kann als ein eminenter Teil dieser Krankheitsängste interpretiert werden, wobei Befürchtungen vor Gesundheitsbeeinträchtigungen für Dritte in übertriebener Modalität gezeigt werden. Konkrete und permanente Beobachtungen von Körperfunktionen und von „Gesundheitsparameter“ - wie z. B. des Blutdrucks - führen häufig dazu, daß leichte Abweichungen und Veränderungen als Verschlechterung des Gesundheitszustandes und als drohende Erkrankung aufgefaßt werden. Die Überzeugung vom Gegenteil ist dabei häufig schwierig bis unmöglich.

Prä- und postoperative Ängste bilden ein konkretes Beispiel für eine individuelle Reaktionsweise der Patientinnen in einer für sie bedrohlichen Lage. Auch bei einem „objektiv“ nicht oder nur gering belastenden diagnostischen oder therapeutischen Eingriff können individuelle Reaktionen qualitativ und von der Intensität her unterschiedlich dramatisch verlaufen, wenn sie von Patientinnen als aktuelle Bedrohung ihrer psychosomatischen Integrität und Existenz interpretiert werden. Der Einfluß dieser Reaktionen hat einen nicht zu unterschätzenden Wert auf den intraoperativen Verlauf, auf die Compliance, die postoperative Rekonvaleszenz und auf viele weitere Faktoren des Krankheitsverlaufs (vgl. ebd.).

Ängste haben jedoch nicht nur auf die Genesung und den Heilungsverlauf körperlicher Wunden einen bedeutenden Einfluß, sondern können auch Gefühlszustände verändern.

[164] Morbus Alzheimer: progrediente diffuse Hirnatrophie unklarer Ätiologie, diskutiert werden genetische und metabolische Störungen; die Symptomen sind zu Beginn diskrete mnestische Störungen insbesondere des Kurzzeitgedächtnisses, im weiteren Verlauf stehen neuropsychologische Symptome wie Unruhe, Akathisie, Desorientierung, Dysphasie, Agnosie, Apraxie und evtl. Euphorie oder Depression im Vordergrund (vgl. Pschyrembel 1990, S. 57).

So können aus einer Beklemmung, aus einer Verunsicherung und aus einem Isolationsgefühl Aggressivität, Aversion und Hostilität entstehen.
Höfling konnte hierzu in einer empirischen Studie aufzeigen, daß manche Patientinnen trotz guter Information präoperativ häufig unter diffusen Ängsten leiden.
Höfling schreibt:

> „Diese Angstform reflektiert den mehrdeutigen, undurchschaubaren Charakter der präoperativen Antizipationsphase[165]. Der hohe Zusammenhang zwischen Angst und Aggression unterstreicht die Undifferenziertheit und Vagheit der Gefühle in dieser Phase. Aggression ist hier in hohem Maße Ausdruck von Angst. Ein Teil der Ärgeräußerungen ist aber auch situativ durch besondere Anlässe bedingt (...). Postoperativ sind Ängste vorwiegend auf leibliche Mißempfindungen und deren mögliche Folgen ausgerichtet (Verletzungsangst). Patienten klagen über Schmerzen, Fieber, Schwindel, angeschwollene Hände, Kreislaufprobleme und drücken ihre Sorgen und Befürchtungen über eventuell nachfolgende Komplikationen aus. Patienten, die postoperativ keine Quelle für ihre Angstempfindungen angeben können (diffuse Ängste), weisen Informationsdefizite bezüglich ihrer Krankheit auf. Eine patientenzentrierte Aufklärung vor der Operation könnte helfen, postoperative Ängste zu reduzieren. Informationen über den Operationsablauf besitzen ebenfalls einen positiven Stellenwert. ...Patienten, die präoperativ über hohe Angst (auch in der Ausdrucksform von Ärger) klagen, weisen dann ein stabiles intraoperatives Kreislaufverhalten und einen reibungslosen Narkoseverlauf auf, wenn diese Angst sich konkret auf die möglichen bevorstehenden Gefahren ausrichtet (Verletzungsangst, Todesangst). Bei Patienten, die eher unter Ängsten des Alleingelassenseins, der Trennung von den Angehörigen etc. leiden, wird dagegen eine höhere Herztätigkeit vor und nach dem chirurgischen Schnitt beobachtet. Postoperativ nehmen diese Patienten auch mehr Schmerzmittel und Beruhigungsmittel zu sich. Das Vorhandensein von präoperativen Scham/Schande-Ängsten korreliert ebenfalls mit einer höheren Medikation." (Höfling 1988, S. 104)

Höfling konnte in dieser Studie zeigen, daß Angst und kognitive Befürchtungsarbeit („work of worrying") während der intraoperativen Adaptation motivierend wirken können. Wenn Patientinnen ausgeprägte, aber auf die *konkrete* Gefahrensituation bezogene Ängste und Befürchtungen vor Tod und Verletzung äußern, verliefen Operationen eher komplikationslos und ohne intraoperative Auffälligkeiten (vgl. ebd.).
Ridgeway et Mathews konnten 1982 anhand der Untersuchung von hysterektomierten[166] Patientinnen nachweisen, daß kognitive Copingstrategien der Patientinnen bessere postoperative Krankheitsverläufe nach sich zogen, als wenn die Patientinnen lediglich über das therapeutische Vorgehen vor und nach der Operation, über die Klinik und die Station

[165] Antizipation: Vorwegnahme, Vorgreifen
[166] Hysterektomie: eine subtotale bis totale operative Entfernung der Gebärmutter (syn. Uterusamputation oder Uterusexstirpation)

informiert worden waren. Bei Frauen, welche jegliche Art von Informationen vor einer Operation abgelehnt hatten und damit eine extreme Vermeidungsstrategie aufwiesen, war postoperativ ein ungünstigerer Krankheitsverlauf zu konstatieren (vgl. Schmidt 1984, S. 188).

Wenn die Ärztin und das Pflegepersonal die Patientinnen schlecht oder unzureichend über Schmerzen und deren Ursachen, evtl. Komplikationen des Eingriffs, die Gründe von denkbaren Operationsverschiebungen etc. informiert hatten, waren die Patientinnen gefordert, permanent eigenständige Adaptationsleistungen zu erbringen (vgl. Höfling 1988, S. 104). Manche Patientinnen fühlen sich in solchen Situationen überfordert und zeigen neben einer Angstäußerung (z. B. durch aggressives Verhalten) auch Angstvermeidung und kognitive Befürchtungsarbeit. Eine positive Korrelation zwischen Trennungs- und Isolationsangst und dem Konsum von Medikamenten kann deshalb nicht frappieren, weil soziale Kontakte zur applizierenden Person (dem Pflegepersonal oder der Ärztin) durch den Wunsch nach Analgetika und Sedativa gesucht werden.

Gut informierte und emotional gestützte Patientinnen werden deshalb eher einen reibungslosen prä-, intra- und postoperativen Verlauf und ein besseres psychisches Befinden aufweisen als unzureichend oder schlecht informierte Patientinnen mit diffusen Ängsten. Höfling führt dazu weiter aus:

> „Der psychologische Nutzen eines reibungslosen Klinikaufenthaltes liegt letztlich nicht in der Verkürzung des Krankenhausaufenthaltes um ein bis zwei Tage oder der Reduzierung der Medikation, sondern darin, daß eine patientengerechte Betreuung erfahren werden konnte. Es bleibt dann kein „Trauma", das im Alltag fortwirkt und die zukünftige Beziehung zu Ärzten und Kliniken erschwert. Zukünftig notwendige medizinische Eingriffe werden aufgrund vorangegangener positiver Erfahrungen nicht hinausgezögert. Empfehlungen an Freunde und Bekannte tragen zum Wiederaufbau von Vertrauen gegenüber Kliniken und Ärzten *(und dem Pflegepersonal, Anm. d. Verf.)* bei."
> (Höfling 1988, S. 106)

Wenn wir uns rückschauend vor Augen halten, daß Ärger, Frustration und Angst aggressive Verhaltensweisen stimulieren können, trägt ein angstminimierter Stationsaufenthalt somit auch zur Reduzierung von Aggression und intra- und postoperativen Komplikationen bei. Neben einer guten Informiertheit der Patientinnen über die Erkrankung, über den technischen Ablauf der Operation und der postoperativen Behandlung sind andere Faktoren wie Kontakt zu Angehörigen, Mitpatientinnen und pflegerischen Bezugspersonen von entscheidendem Wert für einen „reibungslosen Klinikaufenthalt".

L. R. Schmidt zeigt jedoch auch auf, daß prä- und postoperative Aggression nicht mit negativen, den Krankheitsverlauf lediglich ungünstig beeinflussenden Faktoren assoziiert werden sollte. Schmidt erweitert Höflings Aussagen folgendermaßen:

> „Eine für die Operationsverarbeitung wichtige Variable ist die Neigung zu aggressiver Auseinandersetzung, die von WILSON (1981) überprüft wurde. Er fand signifikante Wechselwirkungen zwischen einem aggressiven Auseinandersetzungsstil einerseits und der Schnelligkeit der Genesung im Krankenhaus, dem Verbrauch an Schmerzmitteln und der Adrenalinausschüttung andererseits. Durch die in der Untersuchung verwandte präoperative Informationsvermittlung kam es bei den Aggressiven zu einem Abnehmen der Schmerzen, der verlangten Medikamente und der Adrenalinausschüttung. Umgekehrt können nichtaggressive Patienten durch solche Informationen lernen, daß sie berechtigt sind, ihre Schmerzen und andere Beschwerden zum Ausdruck zu bringen."
> (Schmidt 1984, S. 182)

Hier wird deutlich, wie die konstruktive Anwendung aggressiver Verhaltensweisen die Rehabilitation und Regeneration protegieren kann. Aggression wird hier nicht negativ umschrieben, sondern - im Gegenteil - als treibende Kraft, eigene Wünsche und Bedürfnisse nach Analgesie durchzusetzen. Aggression wird bei nicht-destruktiv aktiven Patientinnen umdefiniert als Fähigkeit, eigene Bedürfnisse und Wünsche durchzusetzen.
Die Aufklärung in verbaler und schriftlicher Form ist gesetzlich vorgeschrieben. Wie weit die Aufklärung der Patientinnen durch Ärzte und Pflegepersonal hingegen vorgenommen werden sollte, ist umstritten und nicht ausreichend untersucht. Eine vollständige Aufklärung mit Nennung jeglicher Gefahren und Risiken kann einen Anstieg starker Ängste induzieren, so daß die Belastungen durch Anästhesie und Operation ein größeres Ausmaß annehmen können und eine Operation evtl. sogar verschoben werden muß. Im jedem Einzelfall müssen Ärztin und Pflegepersonal mit der Patientin gemeinsam über das Ausmaß der Information beraten und entscheiden. Die Patientin sollte dabei das Ausmaß ihrer Informierung selbst bestimmen, wobei die juristischen Mindestbestimmungen eingehalten werden müssen (vgl. Schmidt 1984, S. 184).

6.3.2 Rollenkonflikte

Erkrankungen haben immer individuelle psychische Auswirkungen auf die Betroffenen. Ein stationärer Aufenthalt hat i. d. R. stärkere Auswirkungen auf die Erkrankte als eine ambulante Behandlung. War die Betroffene vor der Erkrankung (noch) relativ selbständig, so ändert sich der Zustand mit Eintritt in die Rolle der Patientin im Krankenhaus XY auf Station MX3 völlig.

Dabei sind die Verhaltensweisen der einzelnen interindividuell höchst divergent und von zahlreichen Faktoren wie z. B. Geschlecht, Einkommen, Bildung, Kommunikationsfähigkeit, Lebensstandard, Krankheitsart, Persönlichkeitsstruktur, Temperament, Alter, Lebens- und Krankheitserfahrungen abhängig. Manche leugnen und verdrängen ihre Erkrankung, manche resignieren und werden depressiv, regressiv, aggressiv. Andere ergeben sich fatalistisch ihrem Schicksal. Dabei ist häufig zu beobachten, daß Personen, welche ihre eigene psychische Labilität nicht oder nur unvollständig akzeptieren können, um so härter und resoluter bei anderen - und vor allem schwächeren - die psychische Labilität ablehnen und auch bekämpfen. Stigmatisierungen, Diskreditierungen, Depreviligierungen und Isolierungen psychisch Kranker oder alter Menschen sind häufig die Folge (vgl. Grond 1984, S. 190).

Ein nicht auf Vollständigkeit zu überprüfende Auflistung von diesen individuellen Reaktions- und Bewältigungsmechanismen hat Stumpfe vorgenommen.

Die Patientin zeigt im Krankenhaus häufig - <u>nicht immer!</u> - folgende Reaktionen:

1. <u>Zustand der verstärkten Hilflosigkeit, Pflegebedürftigkeit und Abhängigkeit durch die Erkrankung selbst</u>. Ein zuvor selbständiger und erwachsener Mensch muß sich von relativ fremden Personen pflegen lassen und ist von diesen abhängig. Die Patientin muß die Pflegekräfte um Dienstleistungen bitten und ist von deren Zeit und Motivation abhängig. Die individuelle Gestaltungsmöglichkeit ist in zeitlicher und räumlicher Hinsicht sehr eingeschränkt.
2. <u>Das Denken der Patientin wird durch die Krankheit egozentrisch und egoistisch,</u> denn das körperliche und psychische Empfinden ihrer selbst steht stark im Vordergrund. Vorher breit angelegte Interessen konzentrieren sich auf krankheits- und medizinbezogene Dinge.
3. <u>Schmerzen und Funktionsstörungen lassen die Patientin leiden</u> und belasten sie außergewöhnlich. Die Interessenlage und Aufmerksamkeit wird hierdurch auf den eigenen Körper fokussiert, weil sich viele aufgrund von Bewegungseinschränkun-

gen lediglich im Krankenzimmer oder im Krankenbett aufhalten können. Ihr psychisches Empfinden kann dadurch beeinträchtigt werden.

4. Leiden und Krankheit veranlassen die Patientin zur Grübelei und Sinnsuche. Die Patientin entwickelt subjektive Phantasien von der Ursache und Entstehung der Erkrankung. Diese werden in der eigenen Vergangenheit gesucht.
5. Das Sozialverhalten des Patientin ändert sich. Durch körperliche und psychische Einschränkungen und durch Verminderung des Kontaktbedürfnisses sucht die Patientin ruhige und stille Orte auf. Die Einschränkung der Kontakte hilft ihr dabei.
6. Jede Erkrankte ist mit ihrer Krankheit mehr oder weniger allein und sieht sich mit ihrer eigenen Endlich- und Sterblichkeit und ihrem eigenen Tod konfrontiert. Sie kann einer Auseinandersetzung mit ihrer Krankheit nicht ausweichen.
7. Die Erkrankung wird von der Patientin subjektiv bewertet und bearbeitet. Die nachfolgend niedergeschriebene Abfolge der individuellen Krankheitsbewertungen darf nicht als erwiesener Phasenverlauf mißverstanden werden. Dazu fehlen ausreichend umfassende wissenschaftliche Untersuchungen.
   a) *Verleugnung/Verdrängung*: Die Patientin verleugnet ihre Erkrankung und verdrängt sie („Alles halb so schlimm!“).
   b) *Protest*: Die Patientin kämpft gegen ihre „Erkrankung“ an und nimmt sie nicht hin (z. B. Wechsel der Hausärztin, weil diese fehlerhaft diagnostiziert haben soll).
   c) *Akzeptanz*: Die Patientin nimmt ihre Erkrankung an und gestaltet ihr Leben und ihre Beanspruchung dieser entsprechend (Suche nach neuem Sinn in ihrem Leben mit der Krankheit).
   d) *Fatalismus*: Die Patientin gibt jeglichen Kampf gegen die Erkrankung auf, da diese für sie als überwältigend erscheint. Die Patientin ist hilflos und akut suizidgefährdet („Es hat keinen Sinn mehr, so will ich nicht leben!“).
8. Zukunftsperspektive: Die Planung der Zukunft ist während des Krankenhausaufenthaltes eingeschränkt. Sie ist von dem Verlauf der Erkrankung abhängig. Dabei bleiben der Betroffenen zwei Möglichkeiten des Konfliktmanagements:
   a) Subjektiv kann die Patientin glauben, daß sie wieder gesund wird. Sie wird ihre Zukunft wieder planen und ihre gesunden Anteile dafür aktiv einsetzen. Zwar sei sie im Augenblick erkrankt, doch nach ihrer Rekon-

valeszenz werde sie ihr Leben im üblichen Sinne weiterführen. Diese Patientin ist ausgesprochen positiv-aktiv. Sie ist prädestiniert für eine schnelle und unproblematische Rehabilitation.

b) Subjektiv weiß die Patientin nicht, wie es weitergeht und ob sie gesund werden wird oder krank bleibt. Ihre Zukunft ist unsicher, sie kann keine Planungen vornehmen und muß passiv abwarten, wie sich der Verlauf ihrer Erkrankung gestaltet. Diese Passivität inhibiert die gesunden und aktiven Ressourcen der Patientin. Die Rekonvaleszenz und Rehabilitation werden auf Widerstände stoßen (vgl. Stumpfe 1994, S. 68 - 72).

Schuchardt hat mehrere hundert Lebensberichte von Kranken analysiert. Die Verarbeitung einer Erkrankung und Behinderung hat er als Lernprozeß im Sinne einer Krisensituation in acht Phasen unterteilt:

1. Ungewißheit
2. Gewißheit
3. Aggression
4. Verhandlung
5. Depression
6. Annahme/Akzeptanz
7. Aktivität
8. Solidarität

Dabei muß erneut darauf hingewiesen werden, daß diese Phasen nicht hierarchisch oder chronologisch ablaufen und von den Patientinnen nicht als solche erkannt werden. Sie können in jeglicher Abfolgeform auftreten (vgl. ebd.).

Die Krankheit kann für die Patientinnen eine wichtige Rolle in der Verarbeitung von Konflikten z. B. mit dem Lebenspartner spielen. Krankheitssymptome können zu ihrer Lösung beitragen und zu anderen - ` schwierigeren ´ - Methoden in Konkurrenz treten. Hoffmann/Hochapfel führen dazu aus:

> „Selbstheilungsversuch, Reparationsversuch, Restitutionsversuch sind Begriffe, die eine Betrachtung implizieren, bei der es zu einer - wenn auch schlechten - Lösung des Konfliktes durch die Symptombildung kommt. Die subjektive Entlastung, die auch solche „unteroptimalen" Lösungen für den Kranken mit sich bringen, wird als *primärer Krankheitsgewinn (Hervorh. durch d. Verf.)* be-

> zeichnet. Der primäre Krankheitsgewinn ist demnach der unbewußte Gewinn, den der Patient subjektiv aus dem Symptom zieht, mag es für ihn sonst noch so belastend und quälend sein. Psychodynamisch wird mit dieser Beschreibung ein Motiv erfaßt, das den Kranken bewegt, trotz aller Nachteile das Symptom „beizubehalten". Der *sekundäre Krankheitsgewinn (Hervorh. durch d. Verf.)* ist demgegenüber der Gewinn, den der Kranke aus den Symptomen zieht, weil sie ihm objektive (nicht subjektive) Vorteile verschaffen. Hierbei kann es sich um eine Rente handeln oder das verstärkte Interesse und die Zuwendung der Umwelt u. a. m." (Hoffmann/Hochapfel 1992, S. 64)

Wenn eine Patientin Widerstände gegen ihre Regeneration, ihre Rekonvaleszenz und Rehabilitation zeigt, muß immer daran gedacht werden, ob sie aus dieser Erkrankung mit ihren Symptomen einen subjektiven oder objektiven „Gewinn" ziehen kann. Wenn die Widerstände nicht mit Ängsten und Befürchtungen begründet werden können, werden Aktivierungs- und Mobilisierungsmaßnahmen problematisch, da die Patientin von dem größeren „Gewinn" durch ihre Gesundwerdung überzeugt werden muß.

Um ihre Rolle als Kranke zu erfüllen, muß die Patientin Erwartungen der Gesellschaft erfüllen, welche von Parsons systematisiert wurden:

1. Die Kranke hat Schonzeit. Sie ist von den normalen Verpflichtungen ihres „früheren" Lebens und den täglichen Rollenverpflichtungen zeitweilig befreit. Sie soll sich in dieser Zeit schonen und ihre Rehabilitation vorantreiben. Psychisch und chronisch Kranke erleben diese Schonzeit jedoch nicht immer als Vorteil, sondern häufig als Verbot.
2. Die Kranke ist für ihre Erkrankung nicht schuld und nicht verantwortlich. Manche Persönlichkeiten - insbesondere Kinder - interpretieren ihnen nicht verständliche Krankheiten als Strafe. Somatische Erkrankungen können von der Gesellschaft eher akzeptiert werden als psychische, welche deshalb häufig mit psychosomatischen Symptomen somatisiert werden müssen, um die „Privilegien" der Unschuld und Nichtverantwortung für die somatischen Symptome erfahren zu dürfen.
3. Die Kranke soll willig sein, ihre Krankheit zu überwinden. Bei manchen Erkrankungen kann jedoch dieser Wille nicht vorausgesetzt werden, da eine Krankheitseinsicht fehlt (z. B. bei Äthylismus oder paranoider Schizophrenie), weil der Leidensdruck nicht groß genug ist (z. B. bei Bluthochdruckkranken, Diabetespatientinnen), oder weil die Krankheit einen Weg ebnet, psychische Konflikte zu lösen (z. B. bei psychosomatischen Erkrankungen wie Asthma bronchiale, Colitis

ulcerosa[167], Ulcus duodeni[168]). Dabei überwiegen unbewußte Abwehrmechanismen die Genesung.

4. Die Kranke soll einen Spezialisten konsultieren. Sie ist verpflichtet, mit der Ärztin zu kooperieren. Die Ärztin setzt mit ihrer Dokumentation der Arbeitsunfähigkeitsbescheinigung Anfang und Ende der Rolle des gesellschaftlich akzeptierten Kranken fest. Interfamiliär kann eine Krankenrolle durch Diät, eigenes Zimmer, Befreiung von der Hausarbeit und gemeinsamer Einnahme von Essen definiert werden (vgl. Grond 1984, S. 186 - 190).

Die Zuweisung zur gesellschaftlich akzeptierten Krankenrolle ist jedoch mit Verpflichtungen der Kranken verbunden:

* Die Gesellschaft nimmt die Kranke als krankes Individuum wahr.
* Der Arbeitgeber nimmt sie als kranke Arbeitnehmerin, deren Arbeitskraft nicht ausfallen sollte, wahr.
* Die Familie nimmt sie als krankes Familienmitglied wahr, welches zum Mittelpunkt der Familie, zur Krankheitstyrannin, zum „Opfer“ oder zur „Mimose“ mutiert.
* Die Ärztin oder Pflegekraft nimmt sie als kranke Patientin und „Arbeitsgegenstand“, wahr, welche nett, freundlich sein und wenig Arbeit machen und schnell wieder zu entlassen sein sollte.
* Das Krankenhaus nimmt sie als Krankenhauspatientin wahr, welche die Hausordnung der Klinik einhalten, dem Personal Folge leisten, Verordnungen befolgen, aktiv alle Informationen über sich geben und passiv alle Untersuchungen über sich ergehen lassen soll, nicht rauchen darf, andere Patientinnen nicht stören sollte und Angehörige nur zu bestimmten Besuchszeiten empfangen darf.
* Die Krankenversicherung nimmt sie als arbeitsunfähige Versicherungsnehmerin wahr, welche Kosten verursacht und mit möglichst geringem finanziellen und materiellen Aufwand ihre Arbeitskraft wiedererlangen soll.

---

[167] Colitis ulcerosa: akute oder chronische Schleimhautentzündung des Colon mit geschwürigen Darmwandzerstörungen; Ätiologie ungeklärt, Autoaggression oder Mitwirkung psychische Einflüsse werden diskutiert; sie kann den ganzen Dickdarm befallen und durch Superinfektionen und Eitererreger narbige Schrumpfung, Stenose und Darmverkürzung zur Folge haben (vgl. La Roche 1993, S. 306)
[168] Ulcus duodeni: das Zwölffingerdarmgeschwür; bevorzugt im Bulbus duodeni, seltener postbulbär oder als Teil eines pylorischen Geschwürs; ätiologisch werden erhöhte Säuresekretion, Störung der Autoregulation, exogene Noxen (Nikotin, Alkohol, Kaffe, scharfes Essen), gesteigerte Motilität, Defekte an schleimschützenden Mechanismen sowie entsprechende psychische Konstellationen in Frage; Ulcus duodeni-PatientInnen haben relativ häufig eine typische Persönlichkeitsstruktur mit Neigung zum Perfektionismus (vgl. Pschyrembel 1990, S. 1733)

* Die Rentenversicherung nimmt sie als Rentenversicherungsnehmerin oder -beitragszahlerin wahr, welche z. B. als Kurpatientin ihre Frühinvalidisierung vermeiden soll.
* Das Gesundheitsamt nimmt sie als kranke Staatsbürgerin oder als Infektionsquelle anderer Personen wahr (vgl. ebd.).

Mit der Aufgliederung der einzelnen Wahrnehmungen der Gesellschaft wird deutlich, daß die Kranke in ihren Rollen immer auf frühere Verhaltensweisen und Zustände regrediert. Sie ist erneut auf finanzielle, personelle oder kommunikativ-informative Hilfe anderer Personen angewiesen. Autoritäres Verhalten der Rollengeber protegieren regressive Verhaltensmuster. Diese Verhaltensweisen können sich dann in infantil erscheinenden Verhaltensmustern wie z. B. unkontrollierte, offene und direkte Aggression äußern. Dabei werden in der Regression Projektionen und Übertragungen eigener Unzulänglichkeiten und der früherer Erziehungspersonen (z. B. der Eltern) auf Pflegepersonen vorgenommen.

Regressive und aggressive Verhaltensweisen bilden immer nur einen Ausschnitt des Gesamtrepertoires. Viele Pflegekräfte interpretieren dieses Verhalten jedoch vorschnell als typischer Ausdruck der Gesamtperson (vgl. Remschmidt 1988, S. 280 ff.).

Grundsätzlich sind Übertragungsmechanismen jedem von uns vertraut. Jeder überträgt mehr oder weniger täglich Verhaltensweisen auf andere Personen. Oft nehmen diese Personen eine sog. Stellvertreterfunktion ein, weil die Person, welcher das Verhalten ursprünglich gegolten hatte, zu diesem Zeitpunkt nicht zugegen war (vgl. Schneider 1978, S. 106).

So kann eine „autoritär-aktivierend" auftretende Pflegekraft die aktiven, die schnelle Rehabilitation fördernden Ressourcen der Patientin durch ihr dirigistisches Auftreten zurückdrängen und deren Entwicklung verlangsamen. Folgen dieser Regression auf ein infantiles Niveau können u. a. Bettnässen, Depression, Versteckspielen mit Krankheitssymptomen, Protest- und Trotzverhalten sein.

Nach Grond werden fünf „typische" Patientinnenrollen unterschieden:

1. *die Ängstlich-Abhängige*: Sie erwartet von der Ärztin und dem Pflegepersonal Kontakt, Zuwendung und Schutz. Durch ihre somatischen, psychischen oder sogar sozialen Beschwerden bietet sie Symptome, welche ihre Hilfsbedürftigkeit, Unterlegenheit und Zuwendungsbedürftigkeit signalisieren. Sie ist depressiv veranlagt und neigt zu Ängstlichkeit, Isolierung, Gehemmtheit, Verlangen nach An-

erkennung und Resonanz/Feedback. Diese Patientengruppe bietet z. B. dem hilflosen Helfer ein optimales narzißtisches Bedürfniserfüllungsobjekt.

2. *die Organkranke*: Sie konzentriert ihre Aufmerksamkeit und fokussiert ihre Beschwerden somatogen. Sie hält sich für psychisch gesund, verleugnet psychosoziale Konflikte, ist häufig hypochondrisch, latent-simulatorisch und erwartet „sichtbare" Maßnahmen wie Operationen, intravenöse Injektionen, Infusionen, Bluttransfusionen, Pharmaka, Massagen, Kuren, Rehabilitationen etc.
3. *die Unmündige*: Sie hält sich für sozial minderwertig, unterlegen und identifiziert sich mit der Rolle des Sündenbocks. Sie schiebt z. B. die Ursachen ihrer Drogensucht auf andere. Die Pflegekraft und der Arzt sollten sich ihr gegenüber konsequent und dirigistisch verhalten, damit sie Halt finden und sich anlehnen kann.
4. *die Übergesunde*: Sie überschätzt sich selbst, rebelliert inkooperierend auf der Station, zeigt wenig Compliance und wehrt dadurch ihre Krankheit ab. Sie hat sich mit ihrem Über-Ich mit Erwartungen zu Leistung, Selbstdisziplin und Selbsthärte autodestruktiv überidentifiziert. Deshalb befolgt sie die Behandlungspläne des Pflegepersonals und des Arztes in der Regel nicht. Die hilflose Helferin entspricht dieser Patientinnenrolle in vielen Punkten. Überidentifizierungen mit dem Über-Ich werden hingegen mit ihrem Fachwissen intellektualisierend rationalisiert.
5. *die Arzt- und Pflegepersonalmeidende*: Sie hält sich zwar für krank, meidet aber aufgrund von Enttäuschungen, Mißerfolgen, Traumata und negativen Informationen, welche zumeist in der Kindheit stattgefunden hatten, den Kontakt zu Experten. Auch hier können Parallelen zu den i. d. R. sehr gut informierten Pflegekräften gezogen werden. Sie wissen häufig genau, von welcher Qualität die Ärztinnen und Pflegekräfte in „ihrem" Krankenhaus sind und verhindern durch Vermeidung eine Konfrontation mit diesen Gegebenheiten, weil sie diese Umstände häufig traumatisch erlebt hatten (vgl. ebd.).

Wenn die Beziehung zwischen Helfer und Patientin nicht funktioniert, werden die Erfolge der Therapie nach kurzer Zeit nachlassen. Die Patientin wird sich durch die Offenlegung ihrer eigenen Bedürftigkeit gekränkt und durch den Helfer ausgenutzt fühlen. Zwar würde der Helfer sie unterstützen, aber gleichzeitig sein eigenes Selbstwertgefühl auf Kosten der Patientin anheben. Die Patientin fühlt sich in dieser Situation vom Helfer in aggressiver Art und Weise benutzt.

Schulz von Thun fährt hier fort:

> „Indem der Hilflose dem Helfer nachweist, wie unzureichend seine Bemühungen waren, erreicht er zweierlei: Zum einen entschädigt er sich mit diesem kleinen Racheakt für den Demütigungs-Anteil, den die helfende Wohltat im Begleitgepäck hatte, zum anderen spornt er den Helfer an, in seinen Anstrengungen nicht nachzulassen - ja, diese noch zu verstärken, um die erlittene Schlappe auszugleichen. Der Helfer (...) ist frustriert und verärgert über den so wenig fruchtbaren Boden, auf den seine Saat gefallen ist. Aber er sieht ein, daß er mit seinen helfenden Eingriffen auch Verantwortung übernommen hat und den anderen nicht gerade jetzt, wo alles noch schwieriger geworden ist, im Stich lassen kann! So nimmt er die Herausforderung an und verdoppelt seine Anstrengungen, wobei er freilich seinen Ärger nicht ganz verhehlen kann und seine Ratschläge durch aggressive Gefühlsbeimengungen zu Rat- „Schlägen" werden läßt, die dem anderen das Gefühl geben, das zu sein, was er ohnehin zu sein fürchtet: ein Versager, der nicht einmal bei kompetenter Unterstützung zurechtkommt. Diese nun schon fast offene Demütigung vertreibt erst recht das Gefühl von Dankbarkeit und weckt statt dessen den Wunsch, dem anderen ebenfalls eine Niederlage zuzufügen usw. Dies alles spielt sich mehr oder minder unterschwellig ab - überschwellig bleibt der Helfer, getreu seinem edlen Ich-Ideal, begütigend, tröstend und ermutigend, der Schützling betont seine Angewiesenheit und Dankbarkeit. Allmählich entsteht auf beiden Seiten ein eigenartiges Gefühlsgemisch aus Mitleid und Zorn, Dankbarkeit und Rache..." (Schulz von Thun 1989, S. 83 f.)

In diesem Zitat werden die vernetzten Interaktionen zwischen Patientinnen und Pflegepersonal deutlich. Beide interpretieren das Verhalten der anderen Partei und ihre eigene Leistung.

Aggression und Gewalt sind häufig Folge von divergierenden Interpretationsmustern. Sie können zumeist durch De-Eskalationshandlungen abgebaut werden (vgl. Kapitel 4.1 „Interpunktion von Ereignisfolgen").

6.3.3 Psychosoziale Belastungen

Wenn eine Patientin zur stationären Aufnahme kommt, beeinflussen viele Einzelfaktoren ihr Befinden in negativer Weise.

Ich möchte in der folgenden Auflistung die wichtigsten und häufigsten Belastungsfaktoren aufzeigen:

Tbl. 20: Belastende Faktoren für Patientinnen:

* Bruch mit ihrer Alltagswelt und ihren individuellen Alltagsgewohnheiten
* abrupter Rollenwechsel (z. B. von der selbständigen Frau zur relativ hilfsbedürftigen Patientin) (vgl. Beckmann-Marx/Dugue 1995, S. 9 ff.)
* kollektiver Tagesablauf, oktroyierte Hausordnung und geringe Möglichkeit, diese individuell gestalten zu können
* Verpflichtung zur permanenten Präsenz („Eine Patientin hat im Bett oder zumindest im Zimmer zu sein!")
* Diskrepanz zwischen routiniertem Kliniktagesablauf und Wunsch nach individueller Behandlung und Pflege
* räumliche Enge
* geringer Einfluß auf Aufenthaltsdauer
* evtl. unfreiwilliger Aufenthalt und („Zwangs-")Einweisung
* Milieuwechsel mit Orientierungsschwierigkeiten
* soziale Distanz und fremde Sprache (Termini technici, im besonderen Maße bei der Visite!)
* diagnostische und therapeutische Eingriffe
* Anamnese und Erstuntersuchung meist im Mehrbettzimmer, optische Trennung (z. B. durch Paravent, spanische Wand) oft nicht gewährleistet
* Isolierung im psychischen, physischen oder sozialen Sinne (Aggression als Mittel zur Kontaktaufnahme, um überhaupt „registriert" zu werden) (vgl. Battegay 1979, S. 42 ff.)
* niedrige Patientinnenposition in der Klinikhierarchie, hohe Abhängigkeit der Patientin und ein hohes, ungeregeltes Sanktionspotential
* Miterleben von Krankheit, Leiden und Tod (z. B. bei der Bettnachbarin) ➽ Gedanken an die eigene Endlich- und Sterblichkeit und den eigenen Tod

Tbl. 20: Belastende Faktoren für die Patientinnen (Fortsetzung):	
*	krankheitszentrierte, depersonalisierte Interaktionen, Depersonalisation der Patientin (als Nummer, als „Appendix“[169])
*	häufig unzureichende, restriktive Informationspolitik
*	geringe Einflußnahme auf Auswahl der Bettnachbarn, zeitliche Ablaufplanung, Umfang der Untersuchungen etc.
*	sensorische Deprivation[170] (Bewegungsmangel, Mangel an Gesprächen, an Aufgaben, an Besuchen, an Sozialkontakten, an Unterhaltung durch TV, Zeitung, Buchlektüre etc. pp.)
*	Reizüberflutung (Lärm, Licht etc.), sehr belastend insbesondere für cerebral vorgeschädigte Patientinnen
*	unverarbeitete Autobiographie ➡ Projektion auf das Pflegepersonal
*	Minderwertigkeitsgefühle durch krankheitsbedingte Aktivitätseinschränkungen, Abhängigkeiten, Ohnmachtsgefühle, Kontrollverluste und Enthemmungen
*	Panikattacken und Angstzustände bei Gedanken an die Zukunft (Aggression als „Flucht nach vorn“)
	(vgl. Ganser 1993, S. 158; vgl. Ruthemann 1993, S. 23 - 70; vgl. Pomykala 1991, S. 202 f.)

[169] Appendix: Kurzbezeichnung für Appendix vermiformis, der „Blinddarm“

[170] Deprivation: Bezeichnung für den psychischen Zustand der Entbehrung. Die Deprivation elementarer Funktionen (z. B. sensorische oder motorische Deprivation) und Bedürfnisse (z. B. Liebesentzug, fehlende Zuwendung der Bezugsperson) kann je nach Ausmaß und Dauer zu temporären oder insistierenden Entwicklungsstörungen, Persönlichkeitsschädigungen und neurotischen Erkrankungen führen. Unter relativer sozialer Deprivation versteht man das Gefühl der Schädigung, welches bei Menschen im gesellschaftlichen Statuswettbewerb auftritt, wenn sie ihre Situation mit der von anderen vergleichen und entsprechend inhaltlich bestimmten Normen sich als benachteiligt empfinden (vgl. Zimbardo 1983, S. 350 ff.)

6.3.4 Erkrankungen

Ich möchte zu Beginn eine Auflistung von körperlichen Erkrankungen und Symptomen anführen, welche aggressive Verhaltensweisen bei Patientinnen begünstigen oder sogar direkt verursachen können. Ich werde die fachspezifischen Termini kurz in den Fußnoten erklären, um die Übersichtlichkeit der Tabellen nicht zu gefährden.

Tbl. 21: Somatische Begünstigungsfaktoren für Aggression bei den Patientinnen:

- Alkohol-, Drogen- oder Medikamentenintoxikation (vgl. van Husen 1989, S. 674 - 697)
- „Real- oder Todesangst" (z. B. bei Myokardinfarkt[171], nach Polytrauma[172] und Erwachen auf der Intensivstation)
- Zustand nach Commotio cerebri [173], Contusio cerebri[174], subduralem Hämatom[175] oder epileptischem Anfall[176] (vgl. Poeck 1992, S. 245 - 269)
- akutes Alkoholdelirium
- Zustand nach protrahierter maschineller Beatmung (vgl. Larsen 1992, S. 595 ff.)
- Narkoseein- oder -ausleitung
- Elektrolytentgleisung (z. B. Hyponatriämie[177])
- Hypoglykämie[178] (vor allem in der Nacht! Cave bei älteren Patientinnen und vor allem bei Diabetikerinnen!)
- Hyperthyreose[179] (insbesondere bei Streß)
- Hypertensive Krise[180] (insbesondere bei Streß)
- akutes Leber- oder Nierenversagen
- raumfordernde Prozesse im Schädelbereich (Tumore, Hydrocephalus[181], Blutungen etc.)
- perniziöse Anämie[182]
- Encephalitis[183]

---

[171] Myokardinfarkt: der Herzinfarkt; eine ischämisch bedingte Nekrose eines umschriebenen Herzmuskelbezirkes meist als akut auftretende Komplikation einer chronischen Erkrankung der Herzkranzgefäße (Koronargefäße)

[172] Polytrauma: eine Mehrfachverletzung; hier: eine gleichzeitig entstandene Verletzung mehrerer Körperregionen oder Organsysteme nach (Verkehrs-) Unfällen; zumeist als Kombination von Schädel-, Thorax- und abdominellen Verletzungen.

[173] Commotio cerebri: die Gehirnerschütterung, das Schädel-Hirn-Trauma (SHT) Grad I; eine traumatisch (nicht toxisch!) bedingte reversible Schädigung des Gehirns im Sinne einer Funktionsstörung ohne morphologisch faßbares Substrat; zumeist mit retrograder und evtl. anterograder Amnesie

[174] Contusio cerebri: die Hirnprellung; gedecktes Schädel-Hirn-Trauma (SHT) Grad II ohne Perforation der Dura mater; am Ort der Gewalteinwirkung und an der Gegenseite treten Petechien, Zerreißung intracerebraler Gefäße sowie multiple Gewebsschäden auf

[175] subdurales Hämatom: eine Blutung im Gehirn zwischen der harten Hirnhaut und der Arachnoidea. Sie kommt als traumatische intracerebraler Blutung vor.

[176] epileptischer Anfall: zeitweise auftretende Störungen des Sensoriums und der Motorik, des subjektiven Befindens und des objektiven Befindens, welche durch eine plötzliche abnorme Aktivitätssteigerung des Zentralnervensystems aufgrund ätiologisch und klinisch heterogener cerebraler Funktionsstörungen auftreten.

[177] Hyponatriämie: Verminderung der Natriumkonzentration im Blut auf Werte unter 130 mmol/l (vgl. Thomas 1992, S. 280 ff.)

[178] Hypoglykämie: Verminderung des Blutzuckers unter 50 mg %

[179] Hyperthyreose: Überfunktion der Schilddrüse, gesteigerte Produktion und Sekretion der Schilddrüsenhormone T3 und T4

[180] hypertensive Krise: anfallsweise extreme Blutdrucksteigerung (> 230/130 mm Hg systolisch/diastolisch) mit vitaler Bedrohung der Patientin (vgl. Herold 1991, S. 214)

[181] Hydrocephalus: der sog. Wasserkopf; angeborene oder erworbene persistierende Ausweitung der Liquorräume des Gehirns infolge einer Diskrepanz zwischen Liquorproduktion und -resorption (vgl. La Roche 1993, S. 777)

[182] perniziöse Anämie: syn. Morbus Biermer, Addison-Anämie, Perniciosa, Vitamin-B12-Mangelanämie; megaloblastuläre Anämie als häufigste Folge eines Mangel an Vitamin B12 bei einer Serumkonzentration unter 150 pg/ml.

[183] Encephalitis: Entzündung des Gehirns

Tbl. 21: Somatische Begünstigungsfaktoren für Aggression bei den Patientinnen (Fortsetzung):

* prämenstruelles Spannungssyndrom (PMS)[184]
* Meningitis[185]
* cerebrale Hypoxie[186] (z. B. nach Reanimation, postoperativ, Asthma bronchiale/cardiale etc.)
* Hirnorganisches Psychosyndrom[187] (HOPS) (z. B. bei Demenz[188], transitorisch ischämischen Attacken des Cerebrums[189], Hirngefäßleiden),
  in Kombination mit sozialer Isolation und Einsamkeit ➢ depressives Syndrom und besonders große Suizidgefahr!
* Verwirrtheitszustände bei cerebraler Ischämie[190] mit Situations- und Personenverkennung
* Oligophrenie[191]
* Morbus Parkinson[192] (alternierend zwischen Apathie und Agitation)
* postpartale depressive Syndrome mit Suizidgefahr, auch im Sinne von erweitertem Suizid (Mutter und Kind)
* Schwerstbrandverletzte (vgl. Paetz 1990, S. 88 - 100)

(vgl. Reuter/Wetterling 1992, S. 240; vgl. Fritz et al. 1991, S. 164; vgl. Dilling/Reimer 1990, S. 56, 116 f.; vgl. Pöldinger 1989, S. 52 ff.; vgl. Steinert 1991, S. 717; vgl. Grond 1987, S. 137; vgl. Maravic 1992, S. 203 - 236; vgl. Schäffler/Menche 1996, S. 447 ff.)

---

184 prämenstruelles Spannungssyndrom: kein einheitliches Krankheitsbild; neben psychischer Gespanntheit und Gereiztheit tritt die körperliche Spannung durch Wasserretention ein. Brustschmerzen und/oder Leibschmerzen, aber ebenso ein allgemeines, undefinierbares Unbehagen werden beschrieben. Die Ursache liegt oft in einer Diskrepanz zwischen Östrogenen und Gestagenen und wird entsprechend therapiert (vgl. Brehm 1986, S. 432 f.).

185 Meningitis: Entzündung der Meningen, der Hirnhäute

186 cerebrale Hypoxie: akute oder chronische Unterversorgung des Gehirns mit Sauerstoff

187 hirnorganisches Psychosyndrom (HOPS): Psychosyndrom bei diffusen Hirnschädigungen bei Gefäßprozessen, Hirnverletzungen, Encephalitiden, Intoxikationen (inklusive chronischem Alkoholismus) und chronischen Stoffwechselschäden. Sie geht mit einer Hirnleistungsschwäche und Persönlichkeitsveränderungen einher.

188 Demenz: Oberbegriff für die Minderung erworbener intellektueller Fähigkeiten als Folge einer Hirnschädigung mit Störungen der Kognition, der Wahrnehmung, des Denkens, der Orientierung und des Gedächtnisses, Konfabulationen, Apraxie, Stereotypen und Veränderung der Persönlichkeit

189 transitorisch ischämische Attacke des Cerebrums: vorübergehende schlagartige Durchblutungsstörung des Gehirns

190 cerebrale Ischämie: Durchblutungsstörung des Gehirns

191 Oligophrenie: allgemeine Bezeichnung für ätiologisch uneinheitlichen, angeborenen oder frühzeitig erworbenen Intelligenzdefekt; die Schweregrade der Defekte werden folgendermaßen eingeteilt:

Bezeichnung:	Intelligenzquotient (IQ):
Minderbegabung	90 - 80
Debilität	79 - 60
Imbezillität	59 - 40
Idiotie	< 40

192 Morbus Parkinson: syn. Paralysis agitans, der Parkinsonismus; ein extrapyramidales Syndrom mit Überwiegen cholinerger Reaktionen infolge der Degeneration dopaminerger Neurone in der Substantia nigra. Sie ist die häufigste neurologische Erkrankung des fortgeschrittenen Lebensalters. Die Trias Akinese/Hypokinese, Rigor und Tremor sind die Kardinalsymptome (vgl. Arns/Jochheim/Remschmidt 1983, S. 81 ff.).

Nun möchte ich psychische Beeinträchtigungen und psychiatrische Erkrankungen auflisten, deren Auswirkungen eine erhöhte Neigung zu aggressiven Verhaltensweisen oder deren direkte Ursache sein können. Dabei können Kombinationen von Krankheiten (sog. *psychiatrische Multimorbidität*) die Aggressionsneigung intensivieren.

Tbl. 22: Psychische/psychiatrische Erkrankungen und Krankheitssymptome, welche Aggression begünstigen:

* akute Psychose (z. B. bei akuter Schizophrenie mit visuellen Halluzinationen)
* akzessorische katatone Symptome[193] bei Schizophrenie mit psychomotorischer Unruhe und katatonen Erregungszuständen
* Angstneurose mit Erregung (selten Verwirrung!)[194]
* chronischer Äthylismus[195] (welcher sowohl Depression als auch Aggression begünstigt)
* agitiert-ängstliche Depression, Affektlabilität[196]
* Erregungszustand bei Manie[197]
* streßgefährdete Persönlichkeitsstrukturen wie z. B. der Typ-A-Personen mit vermehrter Aggressivität, kompetitiver Orientierung, Ungeduld, erhöhter Eile und Wachsamkeit („bereit zum Sprung")
* psychiatrische Krankheitsbilder der erregbaren und der hysterischen (histionische) Persönlichkeit
* Depression und Melancholie: schwankende Emotionen der Insuffizienz, Selbstentwertung, psychomotorischer Agitiertheit und Auto-Aggressivität (bis zum Suizid!)
* dissoziale, soziopathische oder antisoziale Persönlichkeiten mit Neigung zur Delinquenz und destruktiver Aggression
* sensitive Persönlichkeiten mit Aggressionshemmung und Neigung zu Affektstau (z. B. Patientin mit psychosomatischen Beschwerden wie Ulcus duodeni, Asthma bronchiale, bei emotionaler Instabilität und Labilität ➢ hohe Aggressionsintensität)
* querulatorische und paranoide Persönlichkeiten mit ausgeprägter Reaktionsneigung und Streitsucht
* schizoide Persönlichkeit[198] und Neigung zu aggressiver Auflehnung gegen die Umwelt

[193] katatone Symptome: Symptome der Katatonie; die Katatonie wird als psychiatrisches Krankheitsbild mit ausgeprägter Störung der Willkürmotorik bezeichnet. Dabei können die Bewegungsstarre - der katatone Stupor - und der katatone Erregungszustand - der katatone Raptus - differenziert werden. Der Erregungszustand kann blitzartig in die Bewegungsstarre übergehen, wobei es zu Selbstverletzungen oder zu Angriffen auf andere kommen kann. Der Zustand kann lebensbedrohlich sein (vgl. La Roche 1993, S. 886)

[194] Diese Erregung tritt z. B. gehäuft bei phobischen Attacken auf. Dieses Krankheitsbild zeigt sich in multiformer Weise und kann spontan remittieren (vgl. Poeck 1992, S. 282).

[195] Äthylismus: Alkoholismus

[196] Affektlabilität: unausgeglichene Affektivität, vermehrte psychische Ansprechbarkeit, verminderte Dauer von Gefühlsregungen

[197] Manie: affektive Psychosen, vor allem im Rahmen der manisch-depressiven Erkrankung mit heiterer Grundstimmung, unbegründetem, strahlendem Optimismus, Gehobensein aller Lebensgefühle, Antriebsüberschuß, Enthemmung, erhöhter Triebhaftigkeit, Ideenflucht, Selbstüberschätzung und gesteigertem körperlichem Wohlbefinden (vgl. La Roche 1993, S. 1054)

[198] schizoide Persönlichkeit: der Schizophrenie ähnlich; mit Persönlichkeitseigenschaften wie Ungeselligkeit, Autismus, Introvertiertheit, Affektambivalenz, Verbergen starker affektiver Vorgänge, fehlender Realitätsbezug, Neigung zum abstrakten Denken und verbaler Aggression

Tbl. 22: Psychische/psychiatrische Erkrankungen und Krankheitssymptome, welche Aggression begünstigen (Fortsetzung):

*	gemütsarme Persönlichkeiten mit Mangel an emotionaler Erlebnisfähigkeit, Neigung zur Delinquenz, Gewalttaten und anderen devianten Verhaltensweisen
*	Borderline-Persönlichkeiten[199] mit inadäquater Realitätsorientierung, Neigung zur Konstruktion imaginärer Feinde, Impulsität, affektiver Instabilität, Mangel an Ärgerkontrolle und häufig selbstschädigenden Attacken
	(vgl. Schmidt et al. 1986, S. 666 - 672; vgl. Grond 1987, S. 137; vgl. Grond 1984, S. 115 ff.; vgl. Grond 1991, S. 158 - 184; vgl. Haupt et al. 1993, S. 242 f.; vgl. Dilling/Reimer, S. 99, S. 158 ff.; vgl. Lempp 1994, S. 20 - 56; vgl. Overbeck et al. 1990, S. 191 ff.; vgl. Pöldinger 1989, S. 52 ff.; vgl. Schlierf 1985, S. 15 ff.; vgl. Rosenhan/Seligman 1984, S. 455 ff.; vgl. Bonn 1992, S. 1038 - 1060; vgl. Füsgen 1992, S. 1104 -1140; vgl. Finzen 03.08.1994; vgl. Demling 1992, S. 450 f.)

[199] Borderline-Syndrom: psychiatrisches Krankheitsbild im Grenzbereich zwischen Neurose, Psychose und schwerer Charakterstörung. Psychotische Episoden können auftreten, unterscheiden sich von der „echten" Psychose jedoch dadurch, daß eine weitgehend intakte und reproduzierbare Realitätsprüfung vorliegt (vgl. La Roche 1993, S. 223).

6.3.5 Medikamentennebenwirkungen

Ich möchte nun Medikamente auflisten, deren Applikation in vorgeschriebener Dosierung unerwünschte Nebenwirkungen wie Aggression oder Erregung verursachen und hervorrufen können. Die von mir häufig lediglich als Nebenwirkung beschriebene Erregung kann die Wahrscheinlichkeit des Auftretens von Aggression erhöhen.

Tbl. 23: Aggressivität und Erregung als Nebenwirkungen von Medikamenten:

* erregte Verwirrtheit durch Neuroleptika- und Neuroleptikakombinationsbehandlung[200], wobei eine hohe Dosierung zu einem Zustand innerer Unruhe, Asomnie und Agitation führen kann (vgl. Ketz et al. 1985, S. 175 ff.)
* Nebenwirkungen von Cocain mit ängstlich-gereizter Stimmungslage
* Nebenwirkungen von Halluzinogen (z. B. LSD mit Horrortrips und Depressionen bis zum Suizid!)
* Abusus[201] barbiturathaltiger Analgetika
* Thyroxine (T 3/T 4)[202]
* Levodopa-Medikamente[203] und Dopaminantagonisten[204]
* Antiepileptica (vgl. Poeck 1992, S. 268)
* Bronchodilatatoren (Theophyllin)[205]
* Androgene (Testosteron)[206]
* Appetitzüglerabusus mit ängstlichen und paranoiden Empfindungen
* Weckamine[207], Analeptica[208] („Speed", Aufputschmitteln wie z. B. „Captagon" oder „Ecstasy") mit reizbarer Unruhe und Aggressivität
* Lokalanästhetika-Intoxikation mit ZNS-Reaktion[209] (vgl. Hirt/Bubser 1992, S. 120 ff.)
* paradoxe Reaktion auf Psychopharmaka [z. B. Tranquilizer[210], bei älteren Patientinnen auch bei (trizyklischen) Antidepressiva]
* barbiturathaltige Hypnotika[211]

---

[200] Neuroleptika: psychotrope Substanzen mit antipsychotischer, sedierender und psychomotorischer Wirkung. Sie werden vor allem bei akuten psychotischen Krankheitsbildern, Schizophrenien und bei der Neuroleptikaanalgesie eingesetzt.
[201] Abusus: Mißbrauch, übermäßige Einnahme
[202] Thyroxine (T3 + T4): Hormone, welche in der Schilddrüse gebildet werden
[203] Levodopa-Medikamente: Vorstufe des Dopamins; ein Mittel zur Behandlung des Parkinson-Syndroms (vgl. IMP Kommunikation 1995, S. 599); nähere und sehr interessante Informationen zu den (Neben-)Wirkungen des Levodopa können bei Sacks 1991, S. 71 - 80, 295 - 319, 388 - 392 nachgelesen werden.
[204] Dopaminantagonisten: Antagonisten des Dopamins, blockieren die Dopaminrezeptoren (vgl. La Roche 1993, S. 394)
[205] Bronchodilatatoren: Medikamente zur Erweiterung der Bronchien, sog. Asthmamittel (vgl. Lüllmann et al. 1990, S. 120)
[206] Androgene: die männlichen Geschlechtshormone (Testosteron, Androstendion, Dehydroepiandrosteron)
[207] Weckamine: zu den Psychotonika zählende anregende Mittel mit sympathomimetischer Wirkung und suchtfördernden Eigenschaften
[208] Analeptika: Arzneimittel mit anregender Wirkung auf Bezirke herabgesetzter Erregbarkeit im Zentralnervensystem. Sie wirken direkt zentral erregend, reflektorisch, zentral und peripher erregend oder durch direkte Stoffwechselbeeinflussung (vgl. La Roche 1993, S. 61)
[209] ZNS-Reaktion: Reaktion des Zentralnervensystem
[210] Tranquilizer: Beruhigungsmittel ohne antipsychotischen Eigenschaften, welche psychische Einflüsse auf das Vegetativum inhibieren. Sie wirken bei Angst, Spannungszuständen und Zwangsvorstellungen dämpfend, schlafinduzierend, anxiolytisch, muskelrelaxierend und antikonvulsiv. Cave: drastische Potenzierung durch Alkohol!
[211] Hypnotika: Schlafmittel

Tbl. 23: Aggressivität und Erregung als Nebenwirkungen von Medikamenten (Fortsetzung):

* Antriebssteigerung bis zur inneren Erregung in der Akutphase der Antidepressiva-Therapie
* Aggressivität nach intravenöser Behandlung mit Interleukin-2 [212] (Kaschka et al. 1990, S. 15; vgl. Degen 1996)

(vgl. Finzen 1981, S. 137; vgl. Dörner/Plog 1992, S. 534, S. 539; vgl. RP 29.11.1995)

[212] Interleukin: Interleukine sind Lymphokine, welche als Signalstoffe des Immunsystems wirken, wichtig in der Krebstherapie (vgl. La Roche 1993, S. 839; vgl. Kaschka et al. 1990, S. 15; vgl. Degen 1996)

6.4 Aggression und Gesellschaft

6.4.1 Allgemeine gesellschaftliche Einflüsse

Psychische Konflikte und aggressive Reaktionen eines Individuums können nicht monokausal gedeutet werden. Gesellschaftliche Erscheinungsformen wie strukturelle Gewalt oder sozialpsychologische[213] Aggression können ebensowenig abstrakt oder mechanistisch gesehen werden. Sie vermitteln Qualitäten von individuellen und sozialen Konfliktpotentialen und Konfliktregelungsmöglichkeiten. Beide haben ihre spezifische Anamnese und sind in konkrete Situationen, Prozesse und Strukturen eingebunden.

Sowohl die individuelle als auch die soziale Gewalt und Aggression müssen ihren unterschiedlichsten Bedingungen und Qualitäten entsprechend von unterschiedlichen wissenschaftlichen Perspektiven her betrachtet und untersucht werden.

Menschliche Aggression unterscheidet sich in bezug auf ihren Ursprung, der Erscheinung und der möglichen Konsequenzen. Parallel zu diesen Bedingungen müssen auch normative Interpretationen und Bewertungen gesehen werden. Sie können in dieser Arbeit getrennt betrachtet, in der Stationspraxis hingegen oft nur als komplexe Erscheinung beobachtet werden (vgl. Friebel 1976, S. 144 - 147).

Einige eher konservative Autoren führen dagegen an, daß eine Gesellschaft aus individuellen Persönlichkeiten bestehe und nicht zum „Sündenbock" für individuelles Versagen gemacht werden dürfe. Das Individuum bewahre sich durch die Projizierung seiner Verantwortung auf diese Gesellschaft vor Selbstanklagen und verhindere dadurch Korrektur- und Optimierungsmöglichkeiten ihres Verhaltens (vgl. Sager 1980, S. 42 f.).

Dem entgegnen andere Autoren, wie z. B. Weidner, daß eine Gewaltfaszination nur auf dem Boden einer Erziehung zum „Bösen", einer Sozialisation zur Gewissenlosigkeit, zu Feindbildern, Sündenböcken, zu Egomanie[214], zu Utilitarismus[215] und zu Konkurrenzdenken stattfände. Aggressive Jugendliche und Erwachsene seien nicht „verrückt" oder „deviant", sondern Prototypen dieser Gesellschaft, welche den Auftrag hätte, diese Menschen konstruktiv zu re-integrieren (vgl. Weidner 1995).

Der russische Psychiater Alexander Buchanowskij leitet in Moskau ein international einzigartiges Präventionsprojekt, dessen „psychologische Täterprofile" und Persönlichkeits-

---

[213] Sozialpsychologie: eine interdisziplinäre Wissenschaft, welche sich mit den sozialen Einflüssen auf die Entwicklung und das Verhalten eines Individuums sowie den Rückwirkungen dieses Verhaltens (Wechselwirkungen) auf die Gesellschaft befaßt (vgl. Meyer Lexikonredaktion 1981, S. 349).

[214] Egomanie: krankhaft übersteigerte Selbstbezogenheit

[215] Utilitarismus: syn. Utilismus; Bezeichnung für eine Denkrichtung, welche den Zweck alles menschlichen Handelns in dem Nutzen sieht, welcher dadurch für den einzelnen und/oder die Gesellschaft gestiftet wird. Als Begründer gilt der englische Moral- und Rechtsphilosoph Jeremy Bentham (1748 - 1832). Er legte aller moralischen Beurteilung das „Prinzip des größten Glücks der größten Zahl" zugrunde (sog. *sozialer Eudämonismus*) (vgl. Bertelsmann Band 10, S. 29; vgl. Bertelsmann Band1, S. 461).

diagramme inzwischen weltweit zur Enttarnung von Serienmördern eingesetzt werden. Er sieht gesellschaftliche Einflußmechanismen zumindest mitverantwortlich für individuelles Handeln und deviantes Verhalten. Er führt dies für die Gesellschaft Rußlands, anderer Staaten der ehemaligen UdSSR und des Ostblocks an:

> „Daß es bei uns mehr solcher Täter gibt *(gemeint sind Serientäter und -mörder, Anm. d. Verf.)*, hat Gründe - unsere gesellschaftliche Prüderie, unser Totalitarismus, nach dem alles pervers und verboten ist, was von der Norm abweicht, und die gesellschaftliche Unsicherheit, die die Menschen verrohen läßt." (Buchanowskij 1996)

Sicherlich erscheint es manchem Leser nicht evident, was Gewalt und Aggression in der Pflege mit der Ätiologie aggressiver Verhaltensweisen von Serienmördern gemein haben könnte.
Ich möchte hingegen vice versa argumentieren: Wenn gesellschaftliche Umstände Verhaltensweisen von Menschen sogar dahingehend beeinflussen können, daß Gewalttaten wie Serienmorde gefördert resp. vermindert werden, müssen gesellschaftliche Faktoren auch Einwirkung auf Geschehnisse in der Pflege haben. Wenn die Gesellschaft eine Mitverantwortung an den Taten eines Serienmördes zu haben scheint, muß sie diese auch bei der Genese von Gewalt im pflegerischen Stationsalltag haben.
Haase sieht Aggression im Zusammenhang mit einer falsch verstandenen Demokratisierung und Liberalisierung der Gesellschaft, in welcher auch exponierte Persönlichkeiten ihrer Aufgabe als Vorbilder und Leiter nicht mehr gerecht werden. Der Zerfall der Großfamilie im Zuge der Industrialisierung und Zivilisierung der westeuropäischen Staaten habe die Konsequenz nach sich gezogen, daß die Relevanz der Forderung nach Verpflichtung, Verantwortung und Führungswillen exponierter Persönlichkeiten nicht mehr ausreichend gewürdigt würde. Ein Norm- und Werteverfall sei damit eingetreten. Die Funktion von Vorbildern als Gegenpol zum Aggressionspotential habe erheblich nachgelassen. Wie ein diktatorisches Regime eine Überbetonung der Aggressionskräfte gewähre, so zeige ein liberalistisch-demokratisches System eine Neigung zur Schwächung dieser nützlichen Kräfte (vgl. Haase 1981, S. 350)[216].
Das gesellschaftliche Gewaltpotential erscheint immens.

---

216 Goldstein führt zu ähnlichen Problemstellungen in den USA aus: „If we are to begin to eliminate violence from the national scene (gemeint ist die USA, Anm. d. Verf.), we will have to make changes in a variety of social institutions. We will be required to raise and educate our children differently, to prepare for the national defense differently, to change the ways in which we view the police, the courts, the prisons, the business community, politicans, and ourselves." (Goldstein 1975, S. 145)

Die zunehmende Anonymisierung und Technokratisierung der Gesellschaft mag ein Grund sein, warum der Gebrauch von Waffen zunimmt. Frühere, primitive Formen der Aggression waren kraftaufwendig und somit immer auch ermüdend. Die physiologische Spannung und Erregung konnte hierdurch reduziert werden. Der Einsatz moderner Waffen (wie z. B. automatische und halbautomatische Waffen) kann verheerende Auswirkungen auf die Opfer haben, ohne daß sich die Täter ihre Hände schmutzig oder blutig machen müssen. Die Wahrscheinlichkeit der Aggression und des kühl kalkulierten Tötens wird durch die zunehmende Distanz zum Opfer größer (vgl. Marcuse 1979, S. 61). Schuldgefühle und Eigenverantwortung des Einzelnen können durch technische und politische Apparate absorbiert werden und so zur Schwächung von gesellschaftlichen Werten und Normen beitragen. Wenn die Verantwortung für aggressive Verhaltensweisen auf institutionelle Apparate wie „Das Krankenhaus", „Die Stadtverwaltung" oder „Der Betriebsrat" übertragen werden, kann das Individuum nicht mehr in dem Maße für Taten (mit-)verantwortlich gemacht werden, wie dies eigentlich geschehen müßte. Die Ausübung von aggressiven Verhaltensweisen soll durch die Internalisierung[217] von gesellschaftlichen Normen und Werten (z. B. in Form von Eigenverantwortlichkeit) verhindert oder verringert werden. Da diese Werte zunehmend fragil erscheinen, kann das Individuum dieser Aufgabe nicht mehr im ursprünglichen Umfang gerecht werden (vgl. ebd., S. 62).

Chang konnte in einer intra-kulturellen empirischen Untersuchung von modernen und traditionellen Jugendlichen in Korea zeigen, daß die Probanden der modernen Gruppe eher individualistisch orientiert sind als die traditionelle Gruppe, welche eher familiär ausgeprägte Wertvorstellungen haben. Die moderne Gruppe zeigte bezüglich ihrer Aggressivität hochsignifikante Differenzen zu der traditionellen Gruppe. Die modernen Probanden waren wesentlich aggressiver und weniger aggressionsgehemmt als die traditionellen. In dieser Untersuchung konnte eine hochsignifikante Korrelation zwischen individualistischer Wertvorstellung und Aggression bei der modernen Gruppe und eine positive Korrelation zwischen familiärer Wertvorstellung und Aggressionshemmung konstatiert werden (vgl. Chang 1986, S. 175 f.).

Die Aggressions- und Friedensforschung nimmt ihre Erkenntnisse häufig auch dafür in Anspruch, „überkommene Herrschaftsformen" und die Idee des „unaufhaltsam kulturel-

[217] Internalisierung: die Verinnerlichung, die Übernahme und das Sich-zu-eigen-Machen von Werten, Normen, Auffassungen anderer Personen, um sich an gegebene Verhältnisse anzupassen. Die Internalisierung ist ein Vorgang, der vor allem in der kindlichen Sozialisation auftritt (vgl. Meyer Lexikonredaktion 1981, S. 392).

len Fortschritt" zu kritisieren, zu reflektieren und argumentativ zu hinterfragen. So führt Schmidbauer dazu aus:

> Demgegenüber sind wir überzeugt, daß kulturelle und gesellschaftliche Traditionen das Maß an Aggressivität prägen, welches das Individuum und seine Sozietät verwirklichen. Die Selektion sozialer Strukturen hat die gegenwärtige Vielfalt und auch das Übermaß an aggressiven Verhaltensweisen hervorgebracht. Statt den (kritisch konzipierten) Harmonisierungsmodellen des modernen Marxismus zu widersprechen, führen die Resultate der anthropologischen Aggressionsforschung zu einer überraschenden Bestätigung der These, daß ein Abbau der Besitzunterschiede und der nicht-sachbezogenen Autoritäten, verbunden mit einer liebevollen, leibfreundlichen Kindererziehung, die Urvertrauen ermöglicht, und dem Verzicht auf Vorbilder aggressiver Männlichkeit (mit dem entsprechenden Schema der Konfliktlösung durch brutale Gewalt) geeignet erscheint, eine weitgehend von zerstörerischen Aggressionen freie Gesellschaft aufzubauen. Skepsis gegenüber solchen Utopien ist nur scheinbar wissenschaftlich, im Grunde aber vor allem eines: bequem. Sie rechtfertigt den Status quo, entschuldigt autoritäre Machtverhältnisse, verzeiht Apathie gegenüber dem stillen Völkermord in der Dritten Welt." (Schmidbauer 1972, S. 158 f.)

In dieser in sich schlüssigen Argumentation wird jegliche Verhaltensweise durch anthropologische Forschungsergebnisse begründet. Letztendlich müßten die gesellschaftlichen Verhältnisse verändert werden, welche die Menschen negativ beeinflussen, und dann würde zwangsläufig - wie bei nicht-aggressiven oder nicht-destruktiven Gesellschaftsformen - die Anzahl aggressiver Verhaltensweisen und deren Intensität geringer. Wenn manche Items auch sehr plausibel erscheinen, können Pauschalisierungen für derart komplexes Verhalten wie individuelle, sozialpsychologische und massenhysterische Aggression nicht monokausal durch anthropologische Forschungsergebnisse erklärt werden. Sicherlich sind solch geartete Versuche von Schmidbauer und anderer „Sozialutopisten", von Erklärungsmustern direkt auf Veränderungsvorschläge zu schließen, problematisch, da Erklärungen von Zuständen immer unterschiedliche, zum Teil auch divergente Optimierungsvorschläge zur Folge haben können[218].

Parallel dazu fallen Ergebnisse von Umfragen auf, in denen nach dem sozialen Engagement von Jugendlichen gefragt wurde. Mehr als 50 Prozent der Jugendlichen halten danach ein Engagement in Parteien, Bürgerinitiativen oder Gewerkschaften nicht für ein adäquates Freizeitverhalten. Nach einer Analyse des B.A.T.-Freizeit-Forschungsinstitutes hätten Jugendliche - und mit ihnen auch viele Erwachsenen, welche ihnen als Modell fun-

[218] Erklärungen von Verhaltensweisen müssen nicht zwangsläufig auch schlüssige und eindeutige Verbesserungsvorschläge nach sich ziehen. Auch mit dem Sozialismus in Osteuropa wurde versucht, Inhumanisierungstendenzen der Gesellschaft durch Egalisierungen ihre Mitglieder zu eliminieren. Der ökonomische und auch ideologische Kollaps der UdSSR war das Resultat dieser idealistischen Zielset-

gieren - durch die zunehmende Individualisierung der Gesellschaft immer weniger Interesse, sich sowohl intra- und interfamiliär als auch im Rahmen einer Kommune sozial einzusetzen (vgl. RP 22.01.1996).

6.4.2 Mobbing

Mobbing als gezielter Psychoterror am Arbeitsplatz und in der Nachbarschaft greift nach Presseberichten immer stärker um sich, wobei zumeist unter Kollegen und zwischen Vorgesetzten und Mitarbeitern gemobbt würde. Je schüchterner die Betroffene ist und wird, desto schlimmer seien die Folgen des Mobbing. Vor allem unter Männern würde aggressiv gemobbt. Dabei würde systematisch sabotiert, kolportiert, intrigiert und desinformiert (vgl. Herz 1995; vgl. Klonovsky 39/94, S. 80 - 91).

Mobbing kann in fünf Gruppen eingeteilt werden:

1. Angriffe auf Möglichkeiten, sich mitzuteilen; Betroffene werden permanenter Kritik ausgesetzt oder werden angeschrien,
2. Angriffe auf die sozialen Beziehungen des Mitarbeiters, u. a. Schädigung der Reputation,
3. Angriffe auf das soziale Ansehen durch Klatsch, Kolportage, Intrige, Beleidigung etc.,
4. Angriffe auf die Qualität der Arbeit; der Betroffenen werden häufig degradierende oder beleidigende Arbeiten zugewiesen,
5. Angriffe auf die Gesundheit durch Zwang zu gesundheitsschädlichen Arbeiten, durch sexuelle Belästigungen oder körperlichen Attacken (vgl. Schambortski 1995, S. 98 f.).

In der Frühphase des Mobbing klagen die betroffenen Mitarbeiterinnen über Magenverstimmung, Schlafprobleme oder Melancholie. In der fortgeschrittenen Entwicklung des Mobbing werden von der betroffenen Mitarbeiterin häufig psychosomatische Beschwerden wie Herzrasen, Rhythmusstörungen, Angina pectoris-Symptome[219], Diarrhoe[220],

zung (interessante Ausführungen hierzu sind bei Leonhard 1990, S. 599 - 622 und Maaz 1990, S. 9 - 54 zu finden; eine *typisch* sozialutopische Vision beschreibt das Buch „Futurum Zwei" des Behavioristen B. F. Skinner, 1972)].

[219] Angina pectoris: syn. Stenokardie; kardiologisches Syndrom mit ischämisch bedingtem, meist anfallsweisem, in der Herzgegend (retrosternal resp. präkordial) auftretendem Schmerz (sog. Kardialgie), welcher dumpf, drückend, krampfartig oder bohrend und verbunden ist mit einem charakteristischen Beengungs- und Vernichtungsgefühl, oft auch mit typischen Ausstrahlungen evtl. in Form von Parästhesien (vgl. La Roche 1993, S. 67).

[220] Diarrhoe: Durchfall; das mehr als dreimalige Absetzen ungeformten, flüssigen oder unzureichend eingedickten Stuhles in vermehrter Menge.

Obstipation[221], Magen-Darm-Koliken und rheumatische Beschwerden beschrieben. In der kritischen Spätphase fallen Symptome wie Depression, Aggression, Alkohol- und Tablettenabusus und längere Krankheitsphasen auf (vgl. ebd.). Die depressiven Verstimmungen können in akuten Situationen bis zum Suizid führen. Experten schätzen, daß zehn bis zwanzig Prozent aller Suizide auf das Konto von Mobbing zurückzuführen sind (vgl. Rolfs 1996, S. 6). Wenn Mobbinghandlungen über längere Zeit persistieren, können bei den Betroffenen chronifizierte psychosomatische Beschwerden auftreten (vgl. Schambortski 1995, S. 98 f.). Hilfe müsse dabei von außen wie z. B. von Beratungsstellen und unabhängigen Arbeitsberatern der Krankenkassen, Gewerkschaften oder Versicherungen kommen (vgl. Herz 1995).

6.4.3 Kriminalität

In der Bundesrepublik Deutschland erscheint vielen Bürgen Kriminalität[222] und Aggression in der Gesellschaft als ständig anwachsend und immer bedrohlicher. Eine Studie des Bundeskriminalamtes prognostiziert ein dramatisches Ansteigen der Kriminalität in den nächsten Jahren (vgl. RP 08.07.1996; vgl. auch Ostendorf 1995a, S. 3 - 9).
Das Almanach[223] der Bundesregierung weist insbesondere für sensible Bereiche der Kriminalität folgendes aus:

> Gerade in Bereichen, die das Sicherheitsgefühl der Bürger in besonderem Maße berühren, wie Raubüberfälle auf Straßen, Wegen und Plätzen und Kfz-Diebstähle, ist eine Zunahme der absoluten Zahlen und ein gleichzeitiger Rückgang der Aufklärungsquote zu verzeichnen. Die berechtigten Sorgen der Bürger werden ernst genommen. Zur Unterstützung der intensiven Bekämpfungsmaßnahmen der Polizei ist hier die partnerschaftliche Zusammenarbeit der Bürger

---

[221] Obstipation: syn. Constipatio alvi, die Darmträgheit; die chronische Stuhlverstopfung infolge verlängerten Verweilens der Fäzes im Dickdarm (sog. Kolonstase), mit seltener und verminderter, meist schwieriger Entleerung eines verhärteten Stuhles.
[222] Zum Kriminalitätsbegriff lesen wir bei Schwind: „Wenn man Polizeianwärter oder Jura-Studenten in den Anfangssemestern danach fragt, was denn „Kriminalität“ sei, bekommt man z. B. zur Antwort: „das, was verboten ist“ oder „das, was bestraft wird“. Beschrieben wird damit der sog. Strafrechtliche „Verbrechensbegriff“. Der Begriff des **„Verbrechens“** wird im Schrifttum oft synonym für den Begriff **„strafbare Handlung“** oder **„Kriminalität“** verwendet.... Ferner werden im (deutschen) Schrifttum regelmäßig (...) die Begriffe „Straftat“ und **„Delikt“** synonym benutzt. Ganz korrekt ist das ebenfalls nicht, weil sich das Wort „Delikt“ inhaltlich vom englischen Begriff „delinquency“ (lat.: delictum) ableitet, der auch Verhaltensweisen geringeren Unrechtsgehalts mit einschließt: etwa Schuleschwänzen, Herumstreunen oder Ungehorsam gegenüber den Eltern. ...Nach dem strafrechtlichen Verbrechensbegriff (Kriminalitätsbegriff) sind alle solche Handlungen „kriminell“, die durch ein Kriminal-Gesetz mit Strafe bedroht sind. Genauer gesagt: „Handlungen mit strafrechtlichen Rechtsfolgen“. Denn eine mit Strafe bedrohte Handlung kann außer der Bestrafung (mit der die „Schuld“ = vorwerfbares Handeln ausgeglichen wird) auch noch (oder nur) die Anordnung einer der sogenannten „Maßregeln der Besserung und Sicherung“ nach sich ziehen (die an die Sozialgefährdung des Täters anknüpft). ...Weil der strafrechtliche Verbrechensbegriff der „willkürlichen Verfügungsgewalt des Gesetzgebers ausgeliefert ist“ (...), d. h. von der Entscheidung des Gesetzgebers abhängt, welches Tun kriminalisiert werden soll und welches nicht, ... ist immer wieder nach einem zeit- und raumunabhängigen Verbrechensbegriff gesucht worden. So hat bereits Raffaele *Garofalo* in seinem Buch „Criminologia“ (Rom, 1855) den Vorschlag gemacht, sich an einem „natürlichen Verbrechensbegriff“ (crimen naturale) zu orientieren. Gemeint ist damit, daß es Handlungen gibt (einen „Kernbestand“ des Verbrechens), die zu allen Zeiten und in allen Kulturen als verwerflich eingestuft und entsprechend bestraft werden: etwa Mord, Raub, Vergewaltigung, Diebstahl, also **„delicta mala per se“** im Gegensatz zu „delicta mere prohibita“ (Handlungen, die nur deshalb als verwerflich gelten, weil sie verboten sind, und deshalb auch leichter wieder entkriminalisiert werden können).“ (Schwind1995, S. 2 ff.) Ich werde in dieser Arbeit ausschließlich den strafrechtlichen Kriminalitätsbegriff verwenden.
[223] Almanach: Jahrbuch, Jahreskalender mit Bildern

> mit der Polizei besonders gefordert." (Presse- und Informationsamt der Bundesregierung 1993, S. 321 f.)
> „Von den Bürgerinnen und Bürgern wird die immer noch hohe Kriminalitätsbelastung in der Bundesrepublik Deutschland nach wie vor als Bedrohung empfunden." (Presse- und Informationsamt der Bundesregierung 1995, S. 441)

Statistiken und empirische Untersuchungen können hierzu detailliertere und konkretere Ergebnisse liefern. Neueste Daten einer Kriminalstatistik der Länder weisen eine Zunahme der Kriminalität in Bereichen der Gewaltdelikte wie Mord, Totschlag, Raubüberfälle, Straßenraub, Taschen- und Ladendiebstahl auf (vgl. RP 09.01.1996).
Nordrhein-Westfalens Innenminister Kniola stellte die Krimianitätsstatistik des größten Bundeslandes vor und äußerte sich besorgt über die zunehmende Kriminalität unter Kindern und Jugendlichen. Zugleich führte er an, daß die Aufklärungsquote im allgemeinen - und insbesondere bei Mord und Totschlag - gestiegen sei. Die Wirtschafts- und Betrugskriminalität hingegen wachse exorbitant und würde immense ökonomische Schäden hinterlassen (vgl. FAZ 21.02.1996).
Auch der Leiter des Kriminologischen Forschungsinstituts Niedersachsen, Pfeiffer, konstatiert einen starken Anstieg der Kriminalität unter Jugendlichen. Er sieht dies als Alarmsignal für den inneren Zustand der Gesellschaft und fordert eine Verbesserung der präventiven Integrationspolitik von sozial randständigen Gruppen, um der gesellschaftlichen Desorganisation probate Mittel entgegen zu setzen (vgl. FAZ 05.03.1996; vgl. Thorbrietz 1996).
In Großstädten wie Düsseldorf stieg 1995 insbesondere die Anzahl der Raubüberfälle, des Handtaschenraubs, der Vergewaltigung, der Umweltdelikte und der Computerkriminalität sehr stark an. Zugleich stieg die Aufklärungsquote und die Anzahl der Ermittlungsverfahren (vgl. Kanemeier 1996). Der Vandalismus im vereinigten Berlin - aber auch der Kriminalitätstourismus durch Ausländer - sei beunruhigend (vgl. RP 26.07.1996).
Der Bürger wird aufgerufen, Eigentum wie Wohnungen, Häuser und Kraftfahrzeuge in Eigeninitiative und in Absprache mit den Versicherungen und der Polizei besser zu schützen (vgl. Diebäcker 1996).
Artikel in Printmedien lassen Gewalttätigkeiten als zunehmend bedrohlich erscheinen. Generalisierungen von Vorwürfen auf „fast alle" jungen Aussiedler, welche jetzt durch aggressives Verhalten auffielen, finden zunehmend statt. Als Begründung werden Integrationsschwierigkeiten, geringe gesellschaftliche Akzeptanz, fehlende Bildungsabschlüs-

se und Lehrstellenmangel angegeben. Darüber hinaus hätten diese jungen Aussiedler es früher nicht gelernt, Probleme auf andere Art und Weise zu lösen. Eine Neigung zum Alkoholismus käme hinzu (vgl. Quast 1996).

Eine Studie des Kriminologischen Forschungsinstituts Niedersachsen zum Thema „Gewalt in der Familie“ hat in einer repräsentativen Stichprobe 5711 Deutsche befragt und konnte eruieren, daß 16 Prozent der bundesdeutschen Bevölkerung in den letzten fünf Jahren Opfer von körperlicher Gewalt in engen sozialen Beziehungen gewesen ist. In dieser Studie wird die Anzahl der körperliche Mißhandlungen an Kindern in der Bundesrepublik auf 150 000 pro Jahr geschätzt. Kinder von Frauen aus Frauenhäusern waren zu 50 Prozent körperlich oder seelisch mißhandelt, vernachlässigt oder sexuell mißbraucht worden. Jede zweite Mutter aus diesen Häusern gab an, ihr Kind selbst zu pädagogischen Zwecken zu schlagen. 80 Prozent dieser Kinder erlebten, wie ihre Mutter gedemütigt und mißbraucht wurden (vgl. Spiegel special 9/1995, S. 94; vgl. Falk/Kerres 1996, S. 174).

Diese Befunde einer anwachsenden gesamtgesellschaftlichen Kriminalität und Gewalt trotz erhöhter Aufklärungsquote kann als soziale Desorganisation interpretiert werden. Eine Forcierung der Sanktionierung von Straftaten, die rigorose Streichung der Sozialausgaben und Bildungsinvestitionen für Straftäter u. a. haben keine abschreckenden Konsequenzen zur Folge. Die soziale Kälte, welche weltweit als eine der hauptverantwortlichen Ursachen der steigenden Kriminalität gilt, wird durch diese Maßnahmen nicht minimiert (vgl. Wiegandt 1996; vgl. Ostendorf 1995b, S. 10 - 13). Auch die Todesstrafe hat sich nicht als abschreckendes Mittel erwiesen. Im internationalen Vergleich konnte ein Ansteigen der Kriminalitätsraten nicht festgestellt werden, wenn die Todesstrafe durch eine lebenslängliche Haftstrafe ersetzt wurde (vgl. Mück-Raab 1996).

Die soziale Desorganisation hat nach meiner Ansicht einen nicht zu unterschätzenden Einfluß auf alle sozialen Bereiche in unserer Gesellschaft. Sie beeinträchtigt ein prosoziales Verhalten der Patientinnen, des Pflegepersonals und aller anderen Mitarbeiterinnen im Krankenhaus. Das Krankenhaus kann nicht als unberührtes Areal betrachtet werden. Es unterliegt ähnlichen Einflüssen wie jede andere Institution in Deutschland und Westeuropa. Dies sollte beim Lesen der nachfolgenden Kapitel bedacht werden.

6.4.4 Aggression und Schule

In vielen Zeitungen und Zeitschriften wird behauptet, Aggression auf Schulhöfen nähme insbesondere in sozialen Problemvierteln mit hoher Arbeitslosigkeit signifikant zu. Die Kinder hätten materielle und psychische Verwahrlosung, Gewalterfahrung in der eigenen Familie, eigene Versagensängste und mangelnden Freiraum zum Herumtoben erlebt. Von diesen aggressionsfördernden Faktoren hätten viele Schüler ein ganzes Bündel an aufgestauter Aggression angesammelt. Einige zeigten sich immer häufiger ohne Aggressionshemmungen und äußerst brutal (vgl. Lakotta 1995).

Andere Autoren bestreiten die genereller Zunahme von Aggression und Gewalt an den Schulen, bestätigten jedoch, daß *einzelne* Schüler brutaler und häufig auch bewaffnet seien (vgl. Grimm 1995).

Dem hinzufügen möchte ich eine Passage eines Schreibens von Lehrerkollegium, Schüler- und Elternrat aus dem Jahre 1974:

> „Die Brutalität der Schüler untereinander nimmt ständig zu. Sie bespucken sich, schlagen sich unbarmherzig, zerreißen Kleidung, gefährden durch unkontrollierbare Wutanfälle die Gesundheit der Betroffenen. Sie terrorisieren durch Drohungen und Erpressungen. Diese brutalen Ausfälle geschehen oft so schnell, daß sie von den aufsichtsführenden Lehrkräften überhaupt nicht bemerkt werden, bzw. nicht aufgeklärt werden können, da sich die Schüler gegenseitig decken, die Dinge „verniedlichen", oftmals aus purer Angst vor den gegnerischen Gruppen. ...Das Lehrerkollegium...sieht sich nicht mehr in der Lage, unter den gegebenen Umständen das aggressive und provokatorische Verhalten eines ständig wachsenden Teils der Schüler zu unterbinden und zu garantieren, daß gutwillige, lerneifrige Schüler nicht dadurch Schaden leiden." (Auszug aus diesem Schreiben, in: Ullmann 1974, S. 87 f.)

Dieses Schreiben scheint nicht an Aktualität eingebüßt zu haben.

Aggression und Gewalt wird immer durch Menschen interpretiert und ist von historischen, sozialen und kommunikativen Kontexten abhängig. Möglicherweise wird in dreißig Jahren ein gänzlich anderes Denken über Aggression und Gewalt die Regel sein. Nichtsdestotrotz müssen Klagen über die Progredienz von Gewalt und Aggression ernst genommen werden, insbesondere dann, wenn dabei Menschen (ernsthaft) zu Schaden kommen.

In Großbritannien scheint Gewalt an den Schulen insbesondere in solchen Städten gehäuft aufzutreten, welche in Ballungsräumen liegen, eine hohe Arbeitslosigkeit und Kriminalitätsrate aufweisen. Nach Ermordungen von Lehrern durch Schüler wird dort bereits über die Verschärfung der Waffengesetze nachgedacht (vgl. RP 12.12.1995; vgl.

Leeman 1996). Die Regierung in London will den Großteil der Schulen mit modernsten Sicherheitsanlagen ausrüsten (vgl. Hermann 1996).

In Frankreich denkt der Erziehungsminister darüber nach, ein Telefonnotrufsystem für Lehrer einzuführen, damit diese in Fällen von Diebstahl, Drogen, Erpressung und Gewalt aktiv werden können. Die sich zunehmend ausbreitende Gewalt an Schulen in Frankreich hat nach Meinung der Lehrergewerkschaften ihren Hauptgrund in der Größe und Anonymität der Schulgebäude (vgl. Kern 1996; vgl. Fahrni 1996).

In einer Studie von Klockhaus und Habermann-Mosky aus dem Jahre 1984 konnten Zusammenhänge zwischen Vandalismus an Schulen und äußeren Rahmenbedingungen aufgezeigt werden. Je vielfältiger die Architektur von Schulen konstruiert und je höher die Anzahl der Lehrkräfte waren, desto weniger brutal und destruktiv waren die Gewalttätigkeiten unter den SchülerInnen. Je älter die Schulgebäude und je schlechter die Wohn- und Behaglichkeit der Gebäude waren, desto zahlreicher waren vandalisierende Attakken. Vandalismus kam häufiger in Klassen mit beengten Räumlichkeiten und bei sog. „Wanderklassen" vor (vgl. Weidenmann et al. 1986, S. 273 ff.; vgl. Cremer-Schäfer 1996).

Bei einer Fragebogenaktion an Düsseldorfer Schulen unter Schülern, Lehrern und Eltern meinten alle Befragten übereinstimmend, daß öde, graue Teer- oder Betonplätze und mit meterhohen Mauern gestaltete Pausenhöfe Gewalt auf den Schulhöfen und unter den Schülern fördere. Abhilfe sei hier schon durch eine architektonische Umgestaltung mit relativ einfachen Mitteln zu gewährleisten. Auch könnten Pausenhöfe unterschiedlicher Schulen zusammengelegt werden und bauliche Hindernisse entfernt werden (vgl. Plankermann 1996).

Auch hier sind Parallelen zum Krankenhaus zu entdecken, denn die Auswirkungen in den Schulen können als Modell für die Krankenhäuser dienen. Patientinnen werden in architektonisch zum Teil völlig unzureichenden Gebäuden versorgt, welche Gefühle der Isolation, der Fremdheit und Anonymität bei ihnen auslösen können. Dies gilt vergleichbar auch für die MitarbeiterInnen im Krankenhaus (vgl. Beil-Hildebrand 1992).

Entsprechende Modifikationen von Krankenhausumbau- und -neubaukonzepten können positive Auswirkungen auf das Befinden der Patientinnen und des Personals haben. Diesem Tatbestand sollte Rechnung getragen werden.

6.4.5 Aggression und Geschlecht

In der westeuropäischen Gesellschaft ist zu beobachten, daß Destruktionen, Drohungen und Schlägereien fast ausschließlich von Jungen ausgeführt werden. Mädchen erscheinen häufig ängstlicher[224] und neigen eher zu weniger offenen und weniger brutalen Gewaltanwendungen. Sie sind zurückhaltender und eher sozial orientiert. Grundsätzlich ist zu beobachten, daß die Toleranzgrenze für Gewalt bei Mädchen deutlich niedriger liegt als bei Jungen. Mädchen interpretieren solche Schlägereien, nach deren Beendigung die vormals verfeindeten Kontrahenten wieder zusammenspielen, als brutal und gewalttätig, Jungen dagegen nur als kleine Raufereien. Mädchen fühlen sich häufiger angegriffen und bedroht. Bei aggressiven Handlungen, welche von Mädchen ausgehen, ist die Beziehung ein entscheidendes Ziel. Sie werden gezielt auf persönliche Schwachstellen und „wunde Punkte" der Kontrahentin abgestimmt. Aggressives Verhalten von Mädchen/Frauen ist deutlich persönlicher, direkter und dadurch meist ` effektiver ´ als jenes der Jungen (vgl. Lagerspetz/Björkqvist 1994, S. 131 - 152).

Bei der Ausübung von Aggression lassen sich Parallelen zwischen den Verhaltensweisen von Kindern und Jugendlichen und denen von Erwachsenen ziehen (vgl. Guggenbühl 1995, S. 82 f.).

Eine auffällige Beziehung zwischen dem Geschlecht der Patientin und des Angreifers konnten Steinert et al. in einer einjährigen Studie über Gewaltverhalten in vier psychiatrischen Krankenhäusern ziehen. In der Literatur seien ähnliche Befunde gesichtet worden. Danach würden Männer vornehmlich von Männern, Frauen eher von Frauen angegriffen. Da in der Untersuchung die PatientInnen auf den Stationen heterosexuell durchmischt waren, konnten die Einwände, daß auf Frauenstationen ja vornehmlich weibliches Personal eingesetzt sei, nicht gelten (vgl. Steinert et al. 1991, S. 159).

Aus dieser geschlechtsspezifischen Auffälligkeit heraus könne geschlußfolgert werden, daß der Grund für geschlechtsdifferentes Gewaltverhalten in der Sozialisation liegen müsse. Sozialisationsfaktoren bestimmten die Tendenz des geschlechtsspezifischen Gewaltverhaltens.

Die physische Gewalt fungiert im Zusammenhang mit der physischen „Schwäche" von Frauen vornehmlich als männliche Ressource, welche ihre Wirkung entfaltet, ohne daß

[224] Dazu schreiben Entwistle et al.: „A related difference has been found, in Britain and North America, in tests of anxiety. Girls and women tend to have higher anxiety levels than boys and men. It is of course possible that females feel less inhibited by social conventions about expressing anxiety. But it is remarkable that, given the higher levels of approval of their behaviour in primary school and their often superior performance, girls should be more anxious than boys. One explanation offered is that girls attach more importance to adult approval while boys rely on peergroup approval; the latter is said to be easier to achieve. But why should there be a difference in prefer-

sie immer angewendet werden muß. Sie kann dabei auf den vorhandenen Machtverhältnissen zwischen den Geschlechtern in unserer Gesellschaft aufbauen (vgl. Nini et al. 1995, S. 25). Frauen müßten befürchten, daß Männer auf ihre physische Überlegenheit zurückgreifen, wenn ihnen die verbalen Kommunikationsmöglichkeiten ausgingen.
Bei Männern scheint die Sprachlosigkeit, die mangelhafte Fähigkeit, Gefühlszustände und Konflikte verbalisierend zu verarbeiten, ein wesentlicher Grund für Gewaltanwendungen innerhalb einer Partnerschaft zu sein. Der Mann hat häufig nicht gelernt, Probleme, Konflikte und die sie begleitenden Gefühle zu verbalisieren und Konfliktlösungsmechanismen gemeinsam mit der Partnerin zu entwickeln (vgl. Wagner-Link 1995; vgl. Glogger 1992, S. 175 - 205).
In bezug auf die Häufigkeit von psychosomatischen Erkrankungen bei Frauen und Männern und deren Ursachen sagte Ulrich Sachse, Leiter der psychotherapeutischen Abteilung des niedersächsischen Landeskrankenhaus Göttingen in einem Fernsehinterview:

> „Jungen, die mißhandelt worden sind, die geschlagen worden sind, neigen dazu, als Jugendliche oder junge Heranwachsende ihre Aggressionen weiterzugeben, d. h. nun ihrerseits auf andere einzuschlagen. Das ist dann eine Kette, in der aggressive Traumatisierungen von Generation zu Generation weitergegeben werden, wo Erfahrungen an die nächste Generation weitergereicht werden, die man selber gemacht hat. Frauen neigen eher dazu, Aggression gegen sich selbst zu wenden. Auch die Zahl der psychosomatischen Erkrankungen ist bei Frauen höher, auch die Zahl anderer Verhaltensstörungen wie Eßstörungen, - ebenfalls ein selbstschädigendes Verhalten, ohne Frage - ist deutlich bei Frauen höher als bei Männern." (Sachse 1996)

Hierzu führt Leick-Belger aus:

> „Frauen erkranken häufiger an Psychoneurosen, Depressionen, Kopfschmerz, Schlafstörungen und Eßstörungen, Männer dagegen an Persönlichkeitsstörungen, aggressivem Verhalten, Formen sexueller Abweichungen, vollendeten Suiziden, Alkohol- und Drogensucht. Frauen begeben sich häufiger als Männer in psychotherapeutische Behandlung (3:1) und nehmen mehr Psychopharmaka ein. ...Unter spezifisch „weiblich" werden Passivität, weniger Aggressivität, größere Emotionalität, sozialeres Verhalten, größeres Personeninteresse, geringeres technisches Verständnis, geringeres Durchsetzungsvermögen, Aufopferungsbereitschaft und Masochismus verstanden. ...Als spezifisch „männlich" gelten Aktivität, Aggressivität, Körperkraft, Rationalität, Durchsetzungsvermögen, technische Begabung, Ehrgeiz usw. ...In der Erziehung von Mädchen werden Aggressivität, Aktivität und Selbständigkeit eher unterbunden, bei Jungen dagegen eher gefördert. ...Die aus der Anpassung *(an ihre Umwelt, Anm. d. Verf.)* resultierenden Probleme werden von Frauen eher passiv bewältigt. Die Problem-

ring adult or peer-group approval? Is it innate or do many societies keep girls more closely under adult supervision and so make them more accustomed to adult supervision?" (Entwistle et al. 1990, S. 1003)

lösungsstrategien stimmen eher mit der Verinnerlichung weiblicher Rollenverhalten überein. Dadurch ergeben sich gemeinsame Merkmale, wie die Abneigung, Ärger zu zeigen. Dieses kann so weit gehen, daß aggressive Bedürfnisse vollkommen verleugnet werden. Beim übersteigerten Harmoniestreben sind sie ängstlich darauf bedacht, Frieden zu bewahren und sich den Forderungen der Umwelt anzupassen. So werden Konflikte gar nicht erst angesprochen." (Leick-Belger 1995, S. 727 ff.)

Als Gründe für die unterschiedlichen Tendenzen innerhalb des eigenen Geschlechtes, bevorzugt sich selbst oder andere zu schädigen, gibt Sachse an einer anderen Stelle an:

> „Wir Menschen entwickeln in unserer Kindheit die Fähigkeit, uns durch seelische Mechanismen zu wappnen. Wir entwickeln so etwas - das klingt nun nicht gut, aber es ist so - wie eine Art durchlässigen Panzer. Um uns herum haben wir Möglichkeiten, Dinge an uns heranzulassen, uns treffen zu lassen - wir sind dann betroffen - , uns aber auch zu schützen, damit wir nicht krankgemacht, gekränkt oder verletzt werden; und diese seelischen Möglichkeiten, uns zu schützen, sind bei dem einen Menschen stabiler und bei dem anderen durchlässiger."
> (Sachse 1996)

Viele Frauen scheinen in ihrer Kindheit die Äußerung von Aggression nicht gelernt zu haben. Sie haben statt dessen aufkommende aggressive Emotionen unterdrückt und wenden sie letztendlich gegen sich selbst.
In einer Studie des Instituts für Psychologie der Ernst-Moritz-Arnd Universität in Greifswald zum Ärgerverhalten von Frauen und Männern konnte die Relevanz gesellschaftlicher Klischees[225] aufgezeigt werden. Die Leiterin dieser Studie, Hannelore Weber, führte hierzu aus:

> „Wir haben die Studentinnen und Studenten gebeten, einzuschätzen, wie sie ihr Verhalten in der Ärgersituation einschätzen im Hinblick auf die Wirksamkeit. Und da zeigt es sich, daß die Studentinnen ihr Verhalten als weniger wirksam einschätzen, das heißt, sie verhalten sich gleich aggressiv, freundlich - wie auch immer - , aber sie glauben mit ihrem Verhalten haben sie weniger Wirkung."
> (Weber 1996)

Sie führt dies darauf zurück, daß die Klischees zur Rolle der Frau in der Gesellschaft tatsächlich wirken würden. Die Studentinnen hätten dies realistisch wahrgenommen.
Zu den Gründen der geschlechtsdifferenten Betrachtung von Ärgerverhalten führt sie aus:

> In dem Moment, wo ich meinen Ärger deutlich zeige und den anderen in die Schranken weise, „Du verhältst dich fehl!", beanspruche ich die Machtposition.

---

[225] Klischee: Abdruck, genaues Abbild, Abklatsch, nichtssagende Nachahmung, (fig.) abgegriffenes, schon zu oft gebrauchtes Wort (vgl. Trautwein 1994, S. 272); Abklatsch, billige Nachahmung (vgl. Meyers 1995, Band 12, S. 21)

> Dann sage ich, „Ich definiere, Du bist der Schuldige!“, und das - ja, Ärger hat etwas mit Macht zu tun - , das ist nicht nur Emotionalität der weichen Art, der Softemotionalität, wie sie im Ausdruck von Freude oder von Angst zum Tragen kommt. Das ist eine demonstrative Expressionalität.“ (Weber 1996)

Ärgerverhalten und der Ausdruck von Aggressivität werden schon bei Kindern deutlich, sie scheinen anerzogen zu werden (vgl. ebd.).

Die Gewaltbereitschaft von Jungen wird durch überkommene Rollenbilder ebenso gefördert wie die Blockade bei Mädchen, sich gegen diese Attacken zu wehren. Stereotypen[226] und Rollenklischees scheinen sich äußerst resistent und hartnäckig zu erweisen gegenüber Generationswechseln und Werteneuorientierungen.

Bereits im Kindergarten muß präventiv gegen sie vorgegangen werden, damit Jungen/Männer das allgemeine verbale Kommunizieren und Mädchen/Frauen das verbale und physische Sich-zur-Wehr-setzen lernen (vgl. Niemöhlmann 1996).

Hier wird deutlich, daß auch in bezug auf das Verhalten von männlichen oder weiblichen Pflegepersonen Möglichkeiten der Verhaltensänderung realitätsnah betrachtet werden müssen. Stereotype Rollenklischees können im Stationsteam nicht innerhalb von einem Jahr völlig verändert werden. Hierfür ist Aufklärung, Zeit und Geduld nötig.

6.4.6 Geschlecht, Sprache und Aggression

Zur verbalen Form der Aggression möchte ich ausführlicher Stellung beziehen, weil diese Form im stationären Alltag zahlreicher, gezielter und subtiler eingesetzt wird als nonverbale Aggressionsäußerungen.

Die verbale Form der Aggression in Form von Schimpfen, Fluchen, böswilliger Kritik, beißender Ironie, Verleumdung, Bewitzeln (entblößendes und negativ darstellendes Witzereißen) und Drohungen wird wie die Sprache selbst fast ausschließlich durch Lernen am Modell erworben. Wie das Erwerben der Muttersprache geschieht dieses Lernen zumeist bei den für Kinder faszinierendsten Modellen, den Eltern, eher zufällig und nicht intendiert. Dadurch kommen affektive Verknüpfungen eines Wortes mit assoziierten Gefühlen zustande. Ein Wort wie „nett“ kann in einer „normalen“ Situation mit einer negativen Assoziation wie beißender Ironie z. B. des Vaters gegenüber der Mutter in Verbindung gebracht werden. Dann kann das Wort „nett“ die Bedeutung von „wenig bedeutsam“, „unwichtig“, „austauschbar“ oder ähnlichem übernehmen. Das Kind kann

[226] Stereotypen: sozialpsychologischer Begriff, welcher von dem amerikanischen Publizisten W. Lippmann 1922 geprägt wurde. Er beschreibt ein dem Vorurteil ähnliche, vorgefaßte, schablonenhafte Sehweise resp. Imagination von spezifischen Sozialgruppen, sowohl für die eigene (Auto-Steroetyp) wie für fremde (Hetero-Steroetyp) Gruppen.

solche Situationen registrieren und später selbst als Ironie anwenden (vgl. Berkowitz 1973, S. 113 - 143; vgl. Speier 1975, S. 59 - 83).
Wer die Sprache als verbale Waffe einsetzt, kann erfahren[227], wie tief andere damit getroffen und verletzt werden können. Sprache kann als Machtmittel eingesetzt werden[228]. Die Person wird bestärkt, die verbale Waffe erneut in dieser Art und Weise zu verwenden. Verbale Aggression kann auch von körperlich schwachen Personen verwendet werden, welche zu der physischen Aggression nicht fähig sind. Sie bietet deshalb verschiedene Vorteile. Sie ist nicht in dem Maße öffentlich verpönt wie die physische Form und kann intellektuelle Brillanz, kognitive Schlagfertigkeit und einen elaborierten Sprachcode[229] demonstrieren. Arrogante Attributionen und Vorurteile gegenüber der „primitiven" Form der physischen Aggression werden dadurch eher verstärkt als vermindert. Logisch erscheint, daß diese Formen der Aggressionsäußerung in der Mittel- und Oberschicht der Gesellschaft gehäufter vorkommen, da in diesen Schichten eine kognitiv-verbale Problemverarbeitung präferiert und bis zu einem gewissen Grad sogar protegiert wird. Dadurch wird das Lernen am Modell entscheidend im positiven Sinne geprägt und diese Form der Aggressionsäußerung positiv verstärkend gehäuft eingesetzt (vgl. Kiener 1983, S. 13; vgl. Veit 1996, S. 454 - 457).
Darüber hinaus kann Aggression in Träumen, Phantastereien und Tagträumen wie Rache- und Destruktionsträumen ausagiert werden.
Kindern und Jugendlichen der Unterschicht, welchen die sprachlichen Fertigkeiten nicht in einem vergleichsweise Maße wie ihren Altersgenossen in der Mittel- oder Oberschicht zur Verfügung stehen, haben einen direkteren und unmittelbareren Zugang zu tätlichen, physischen Formen der Aggression (vgl. Dörner/Plog 1992, S. 112).

---

[227] Hier werden die Verbindungen zur Theorie des sozialen Lernens evident (vgl. Kapitel 3.5.4).
[228] Brednich meint, daß fingierte Rachegeschichten den Sinn des Einsatzes indirekter verbaler Gewalt gegen unliebsame Personengruppen haben könnten, welche zwar genannt, aber unter Bezugnahme zum „Wahrheitsgehalt" der „tatsächlich" stattgefundenen Handlung sehr indirekt attackiert würden. Er führt dazu aus: „Unsere Gesellschaft hat die Bestrafung von Vergehen gegen die Normen an bestimmte Institutionen delegiert; über eigene Vergeltungsmaßnahmen nachzusinnen oder selbst Rache zu nehmen, gilt gemeinhin als primitiver Wesenszug. Unter diesen Umständen bedeutet das Erzählen von Rachegeschichten eine sozial anerkannte Form der Entlastung von diesen Gefühlen, zumal wenn der Angegriffene die Straftat selbst ausführt. Moderne Sagen, so läßt sich resümieren, stellen sich bei näherer Betrachtung als ein Ausdruck von Ideen, Gefühlen, Befürchtungen und vor allem Sorgen, Nöten und Ängsten der heutigen Zeit heraus. Sie sind Indikatoren auch für die soziale und wirtschaftliche Situation eines Landes, und die Inhalte des aktuellen Erzählens (z. B. über das Ausland oder über die Fremden) sagen auch einiges über den Bewußtseinszustand einer Gesellschaft aus, die sich damit identifiziert." (Brednich 1990, S. 18 f.)
[229] Sprachcode: Zum (schichtenspezifischen) elaborierten oder restringierten Sprachcode führt Kokemohr aus: „Der Mangel an analytischer und reflexiver Durcharbeitung des unterschichttypischen Sprachgebrauchsstils schließt für ihn eine defizitäre Identitätsausbildung sowie eine Entfremdung gegenüber der Sozialstruktur ein. Der Sprachgebrauchsstil der Mittelschicht dagegen begünstigt eine langfristige Zukunftsorientierung sowie eine zu struktureller Analyse fähige Begriffsbildung (...). Diese These hat in Bernsteins frühem Theoriekonzept zwar eine vage, aber grundsätzlich problemangemessene Form. Sie läßt die Deutung zu, daß Sprachverhalten und Sozialstruktur in wechselseitiger Verflechtung aufgebaut sind. Objektive Faktoren der von den Eltern erfahrenen Sozialstruktur werden als für die unterschiedlichen Sozialisationsstile verantwortlich gesehen, die ihrerseits sprachgestützte schichtspezifische Organisationen und Interpretationen von ➤ Lebenswelt bedingen. Etwa seit 1962 arbeitet Bernstein jedoch mit einem verdinglichenden Modell dichotomer linguistischer Codes (Unterschicht: restringierter Code; Mittelschicht: elaborierter Code). Er glaubt, die beiden Codes nach dem Grad ihrer syntaktischen und semantischen Vorhersagbarkeit unterscheiden zu können (...), so daß das Modell durch die Konzentration auf den Sprachplanungsprozeß scheinbar den Vorzug genauerer Beschreibung der Sprachverhaltensstile hat." (Kokemohr 1983, S. 1447 f.)

In der Unterschicht ist auch die Somatisierungstendenz[230] stärker ausgeprägt, da die Fähigkeit zur Lexithymie[231], die Fertigkeit, sich selbst zu reflektieren und zu sich selbst eine kognitive Distanz zu etablieren, eingeschränkt ist (vgl. Grond 1984, S. 179 ff.).
Aggressives Verbalisieren kann mehr kognitive (bei der aggressiv-nihilistischen Kritik oder dem böswilligen Witz) oder mehr affektive Elemente (beim Schimpfen, Fluchen oder Beleidigen) enthalten.
Affektive Komponenten mit per se hohem emotionalem Inhalt können durch Feindseligkeit und Aggressivität in ihrem beleidigenden oder verletzenden Effekt verstärkt werden. Die ` freundliche ´ Äußerung einer affektiven verbalen Aggression kann durch die positive Beziehungsebene zwischen den Akteuren den negativen emotionalen Inhalt der Wörter entschärfen. Eine Beleidigung wie „Du Sau!“ kann durch eine freundliche Stimme, lächelndes Gesicht und zugewandter defensiver Körpersprache neutralen bis sogar positiven Charakter erhalten. Dabei muß jedoch berücksichtigt werden, daß sich die „Kontrahenten“ einander sehr gut bekannt sein müssen.
Ein aggressiv geäußerter Satz sollte nicht in einem aggressiven non-verbalen Ton, sondern in freundlich-sympathischer Weise präsentiert werden, wenn die Absicht besteht, den Adressaten dieser Ironie zum Lachen zu bringen. Wenn eine Patientin über einen bestimmten Witz nicht lachen kann, muß ihre Reaktion nicht durch ihren fehlenden Humor, sondern kann durch das undurchschaubare, inkongruente und inkonsistente Auftreten des Senders begründet sein.
Die Wirkung von affektiv-aggressiven Worten kann härter sein, wenn sie von einer gegengeschlechtlichen Person stammen. Eine Beschimpfung durch eine weibliche Lehrkraft kann einen männlichen Schüler mehr verletzen als eine Zurechtweisung durch einen männlichen Lehrkörper. Eine vor der gesamten Klasse - oder im Stationsalltag vor der visitierenden Ärzteschaft - geäußerte Verbalaggression kann beschämender, verletzender und kränkender wirken als eine unter vier oder sechs Augen. Nicht nur die Entblößung, sondern auch die bei vielen Personen zu beobachtende Zurückhaltung, vor einer Gruppe zu sprechen, macht den Unterschied derart gravierend. Die Person wagt es nicht zu sprechen und fühlt sich zudem zutiefst gedemütigt und kompromittiert. Eine solche Verhaltensweise kann als *weiche verbale Vergewaltigung* bezeichnet werden (vgl. Eblesch 1995, S. 1105). Dabei spielt die Beliebtheit der aggressiven Person eine wesentliche

[230] Somatisierungstendenz: Tendenz, Gefühle, Wünsche und Hoffnungen in körperlicher Art und Weise auszudrücken; dies kann z. B. bei psychischen Problemen der erhöhte Blutdruck sein, welcher permanent kontrolliert werden muß, da sonst kein Wohlbefinden einsetzen könne.
[231] Lexithymie: Fähigkeit, Gefühle und innere Spannungen zu verbalisieren

Rolle, denn je beliebter die Persönlichkeit ist, desto härter wirkt die Schelte auf den Betroffenen. Reziprok zur Anzahl der Verbalaggression nimmt die Beliebtheit dieser Personen jedoch ab (vgl. ebd., S. 112 f.).

Bewiesen ist, daß Verbalaggression häufig das Einstellen von Fehlverhalten zur Folge hat, es insofern positive Effekte auf das Handeln erzielt werden. Die interindividuell divergierende Interpretation der jeweiligen Ausgangssituation, in welcher verbale Aggression angewendet wird, hat zur Folge, daß Beobachter und Akteure ein und dieselbe Handlung unterschiedlich auslegen. Gewalttätig ist jene Verhaltensweise, welche die erleidende Person selbst als gewalttätig erlebt, auch wenn keine gezielte und geplante Aggression des Gewalttäters vorgelegen hatte. Insbesondere bei der Verbalaggression spielt die subjektive Wahrnehmung und die individuelle Beobachtung des Opfers eine große Rolle (vgl. Kiener 1983, S. 166 f.).

Bezogen auf geschlechtsspezifische Differenzen meint Kiener:

> „Die Annahme, die männliche Form der Aggression sei der einzige Maßstab aggressiven Verhaltens, verleitet zur Meinung, Mädchen besäßen ein niedrigeres Niveau an Aggressivität. Aber Unterschiede in der Form brauchen nicht Ähnlichkeiten der Motive zu verdecken. Barwick glaubt, Mädchen seien im allgemeinen weniger zu Aggressionen befähigt, insbesondere zu direkten und offenen Formen, die für Jungen charakteristisch sind. Die meisten Kulturen verstärken diese Tendenz, so daß man erwarten kann, daß offene Formen der Aggression bei Mädchen mit dem Älterwerden weiter abnehmen. Aber in den Lebensbereichen, die für sie besonders wichtig sind, insbesondere in den zwischenmenschlichen Beziehungen *(und somit auch in der Krankenpflege, Anm. d. Verf.)*, findet man verfeinerte oder versteckte Formen der Aggression, die weder Schuldgefühle wecken noch Vergeltung nach sich ziehen. ...Gerechterweise muß gesagt werden, daß Jungen ihre Welt - im Gegensatz zu Mädchen - feindseliger und mehr konkurrenzhaft erleben, sowohl was die Altersgenossen als auch den Vater anbetrifft. Sicherlich beeinflussen und ändern elterliche Reaktionen das Verhalten des Kindes, doch vermutet Barwick, daß dies mehr für die Form des Verhaltens als für seine Stärke zutrifft. ...Wie andere Untersuchungen zeigen, kann es offene Aggressivität aber auch bei Mädchen geben, vor allem bei Mädchen, die ein starkes Bedürfnis nach Leistung und keine Angst vor Erfolgen haben. Sie zeigen geringe Identifikation oder Ähnlichkeit mit ihren Müttern, haben wenig Schuldgefühle wegen ihrer Aggressionen gegen Autoritäten und fragen nicht viel danach, sozial akzeptiert zu werden. Außerdem fand man heraus, daß Töchter wohlerzogener Eltern dazu tendieren, sich weniger den Erwachsenen anzupassen und sich mehr mit ihren Altersgenossen zu streiten als Töchter von weniger gut erzogenen Eltern. Der Grund dafür: Wohlerzogene Eltern nehmen es eher hin, wenn ihre Töchter von der Norm der Gesellschaft abweichen, und dies schließt auch das aggressive Verhalten mit ein." (ebd., S. 208 ff.)

Er schreibt weiter:

> „...Zweifelsohne übt die Zugehörigkeit zum Geschlecht den stärksten Einfluß auf die Entwicklung der verbalen Aggression aus, der bereits recht früh die Grundstruktur des Verhaltensmusters ausprägt. Auch später gehen die Lernprozesse weiter. Vermutlich werden junge Menschen in bestimmten Berufen oder Ausbildungsstätten *(z. B. in der Krankenpflege und in Krankenpflegeschulen, Anm. d. Verf.)* neben dem berufsspezifischen Wortschatz auch dessen Aggressionsfundus mit übernehmen. Das gleiche gilt auch für die vorübergehende oder dauernde Zugehörigkeit zu einer Gruppe mit einer Sondersprache bzw. ritualisierten Verhaltensweisen..." (ebd., S. 210 f.)

Abschließend möchte ich subsumieren, daß Sprache und Aggression nicht voneinander getrennt betrachtet werden können. Sie weisen eine signifikante Korrelation zueinander auf. Verbale Kommunikation kann physische Aggression hemmen oder auch stimulieren. Ebenso kann eine sinnvolle verbale Verhaltensweisen (z. B. das aktive Zuhören) physische Aggression reduzieren (vgl. ebd., S. 121).

Männer haben offenbar häufiger Schwierigkeiten, ihre aggressiven Gefühle zu verbalisieren als Frauen. Auch dies mag ein Grund sein, warum Männer ihre physische Überlegenheit bei verbalen Defiziten einsetzen (vgl. Tavris 1992, S. 190 - 214).

Ich bin der Meinung, daß im Stationsalltag verbale Aggression vorsichtig angewendet werden muß, insbesondere wenn das Team aus Personen mit ungleichen sprachlichen Voraussetzungen (Sprachcode, Sprechtempo, sprachliche Intelligenz, Geschlecht, Nationalität) besteht.

Auch bei nicht geklärten Kommunikationsschwierigkeiten in einem heterosexuellen Team sollte diese Art der Aggression - wenn überhaupt - nur sehr vorsichtig eingesetzt werden (vgl. Wieck 1990, S. 90 - 116).

Ich werde im Kapitel 7.3 ausführlich auf den negativen und den positiven Einsatz von Sprache eingehen.

6.4.7 Alter, Krankheit, Ethik und Gewalt

Bei der Errichtung der Krankenhäuser wurde die absolutistische Denkweise frühzeitig übernommen. Die „Patientin"[232] war vor 1945 gewohnt, daß sie zu gehorchen hatte. Kritisch-konstruktive Gespräche mit Ärzten und Pflegepersonen konnte sie nicht erwarten. Erst nach 1945 trat mit der Entnazifizierung und Demokratisierung in den vier westlichen Sektoren Deutschlands ein geistiger Umorientierungsprozeß ein. Gespräche und eine

[232] Patient: ein Kranker in ärztlicher Behandlung; das Wort ist abgeleitet aus lat. patiens, Genitiv patientis, Partizip Präsens zu pati „dulden, erdulden, leiden, ertragen, zulassen, sich gefallen lassen" (vgl. Menge 1963, S. 378)

demokratische Denk- und Lebensführung sollten von nun an unmittelbar zueinander gehören. Dieser Prozeß entwickelte sich aber sehr langsam.

Im Krankenhaus bestand immer schon ein Macht-, Einfluß- und Informationsgefälle. Die Distanz zwischen Patientin und medizinischem Fachpersonal ist verursacht zum einen durch die Schwächung der Patientin durch ihre körperlichen oder psychischen Erkrankungen und andererseits durch den medizinischen Fortschritt mit fachlicher Spezialisierungstendenz. Diese Distanz wird aufgrund des medizinischen Fortschritts sicherlich weiterhin persistieren oder sogar noch weiter vergrößert werden. Dieser Abstand kann zusätzlich durch hierarchische, strukturelle, legislative und kommunikative Faktoren erweitert werden.

Die Ärztin sollte heutzutage zunehmend als Partnerin der Patientin, die Krankenschwester weniger als geistliche Ordensfrau, sondern als professionelle Fachkraft, und die Patientin weniger als „Erdulderin“, sondern vielmehr als selbstbewußte „Klientin“ auftreten (vgl. Janicek 1985, S. 5 f.). Wenn die Patientin hingegen als betagte, multimorbid oder/und psychisch Kranke ins Krankenhaus eingewiesen wird, muß sie zum Teil gänzlich andere Bedingungen erwarten (vgl. Heinemann 22.08.1996). Auf diesen Tatbestand möchte ich nun eingehen.

In unserer Gesellschaft wird das Alter i. d. R. mit sozialer Isolation, individueller Vereinsamung, Gebrechlichkeit, Abhängigkeit und Hilfsbedürftigkeit assoziiert[233]. Sowohl die Wirtschaft als auch die medizinische Wissenschaft ` verehren ´ das Ideal einer Juvenilität mit ästhetischen und produktiven Aspekten. Dieses Ideal steht im scharfen Kontrast zu dem Fakt, daß ein Drittel der Bevölkerung und mindestens die Hälfte der stationären PatientInnen aus Senioren bestehen. Ihr Anteil an der Population wird in naher Zukunft weiter stark zunehmen (vgl. Gerster 1992, S. 423 f.; vgl. Cromm 1988, S. 14 - 22; vgl. Albeck/Meinhardt/Vortmann 1992, S. 35 - 39; vgl. Riecher/Rössler 1990, S. 5 ff.)[234]. Die Idealisierung der Juvenilität erscheint vor diesem Hintergrund höchst problematisch (vgl. Wagner-Ross 1995).

[233] Konträr dazu wird das Alter in Japan gesehen. Ich zitiere dazu Uhlemann : „Gesellschaftsprobleme einer ergrauenden Gesellschaft treffen auch Japan. Im Unterschied zu Deutschland fällt die sprachliche Behandlung des sensiblen Themas auf. Die Japaner sprechen eher von einer „Gesellschaft des langen Lebens“ als von Überalterung oder gar Vergreisung, wobei die Altersentwicklung für Japan viel dramatischer verläuft.“ (Uhlemann 1996)

[234] Hierzu führt das Bundesministerium für Gesundheit aus: „Die gravierenden Veränderungen in Bevölkerungszahl und -struktur beeinflussen das Netz der sozialen Sicherung in der Bundesrepublik Deutschland unmittelbar, besonders seine Finanzierung. Sie bestimmen damit gleichzeitig die künftige Ausformung des Gesundheitssystems und verlangen nach steter Anpassung. Das Gesundheitswesen steht in allen Bereichen vor großen Herausforderungen. Wegen ihrer längeren Lebenserwartung brauchen ältere Menschen mehr und häufiger medizinische Versorgung, z. B. Zahnersatz und Arzneien. Sie müssen wegen Alterskrankheiten und im Alter gehäuft auftretenden chronischen Krankheiten eher in Krankenhäuser oder in Pflegeheime eingewiesen werden. Mit der Zunahme älterer Menschen wird sich das Bild der Krankheitshäufigkeiten (Morbidität) und der Todesursachen (Mortalität) verändern.“ (BMfG 1993, S. 16)

Die „Pille gegen das Altern" mit dem Namen *Melatonin* war kürzlich in den Schlagzeilen und wäre millionenfach gekauft worden, wenn das Bundesinstitut für Gesundheitlichen Verbraucherschutz nicht das wahrheitswidrige Versprechen, daß die Substanz lebensverlängernd sei, als unlautere Werbung deklariert und den Verkauf für illegal erklärt hätte.

Falls es gelänge, einen Wirkstoff synthetisch zu produzieren, welcher das Altern, den „Verschleiß" oder „Abnutzung" eingrenzen oder stoppen könne, wäre ein exorbitant lukrativer Erfolg sicher. Insbesondere amerikanische Forscher testen seit Jahren diverse Hormone und Wirkstoffe am menschlichen Organismus, in der Hoffnung, einen solchen Wirkstoff zu entwickeln und von einem eventuellen Erfolg profitieren zu können. Bislang blieben diese Experimente ohne entscheidenden Erfolg (vgl. Bartholomäus 1995; vgl. Eritt 1996; vgl. Buttlar 1991, S. 105 - 115).

In diesem Zusammenhang sind Diskussionen zu Versuchen an Alzheimer-Patientinnen zu sehen. Die novellierte Fassung der geplanten Bioethik-Konvention der Europäischen Union beinhaltet die fremdnützige Forschung an Menschen, welche ihre Zustimmung selbst nicht mehr erteilen können. Voraussetzung für diese Forschungen sei, daß das Wissen über die zu erforschende Krankheit dadurch erheblich verbessert würde und Personen mit ähnlichen Symptomen Nutzen aus den Resultaten ziehen könnten (vgl. Feyerabend 1994/1995, S. 46 f.).

Der Präsident der Deutschen Forschungsgemeinschaft, Frühwald, stellt die (offene) Frage, ob mit einer Ethik des 19. Jahrhunderts die Probleme des 21. Jahrhunderts bewältigt werden könnten. Er plädiert nachdrücklich für die Erforschung und anschließende Patentierung des menschlichen Erbgutes (vgl. Frühwald 1995).

Die zweite internationale Bioethikkommission auf der Erde, formiert von der UNESCO[235], hat einen ähnlichen Diskussionsbedarf. In einer ihrer Erklärungen kommt der Eindruck zustande, daß internationale Abmachungen über die Patentierung menschlicher Gene herbeizuführen seien. Die Düsseldorfer Buchautorin Ursel Fuchs führte in einem Interview dazu folgendes aus:

> „Und die UNESCO sagt in verschiedenen anderen Papieren auch noch, daß es also höchst bedauerlich wäre, wenn da irgend etwas z. B. aufgrund europäischer Widrigkeiten in Stocken geriete. Und es ist eigentlich kein Wunder, wenn man aus amerikanischen Pharmafirmen hört, daß man die Gene als die Währung der Zukunft bezeichnet, und daß die Unternehmungen, die im Besitz der meisten

[235] UNESCO: (Akronym aus *United Nations Educational, Scientific and Cultural Organisation*) Sonderorganisation der Vereinten Nationen zur Förderung von Wissenschaft, Erziehung, Kultur und internationaler Kooperation auf diesen Feldern.

> Kenntnisse, über die meisten Gene sind, unter Umständen den pharmazeutischen und wissenschaftlichen Markt für die nächsten Jahrzehnte beherrschen werden. Und es ist auch kein Zufall, daß z. B. die Firma Hoechst letztes Jahr sich für siebzig Millionen bei zwei amerikanischen Firmen eingekauft hat, einfach weil die über 40.000 Gene Bescheid wissen, was die zu bedeuten haben, und es ist ein Wettrennen auf dem Weltpharmamarkt darum in Gang, welches Unternehmen und welche Forschergruppe zuerst den Zugang zu möglichst vielen Kenntnissen über das menschliche Erbgut hat, denn damit wird in Zukunft gearbeitet werden." (Fuchs 1996)

Hier werden Interdependenzen von Wissenschaft, Wirtschaft, Forschung und Politik deutlich. Die Wissenschaft selbst hat dabei ihre ` Unschuld ´ verloren und kann nicht weiterhin behaupten, daß die Verantwortung für die Diskussion und Beantwortung ethischer Fragen alleinig bei der Politik oder den Kirchen läge (vgl. Kater 1994).
Ein Beispiel: Wenn die forschende Wirtschaft (z. B. eines führenden multinationalen Chemiekonzerns) medikamentöse Erkenntnisse mit einem horrenden Aufwand erarbeitet hat, diese wegen der nicht abgeschlossenen Diskussion in dem betreffenden Staat jedoch (noch) vermarkten darf, wird das Management versuchen, diese Arzneien in einem Land mit liberalerer Gesetzgebung zu verkaufen, um die entstandenen Kosten schnellstmöglich zu amortisieren. Die Ethikdiskussion ist in dem Ursprungsland jedoch immer noch nicht abgeschlossen. Aus diesem Grund wird in naher Zukunft dieser Konzern seine Forschungs- und Produktionskapazitäten, seine intellektuelle Elite und auch „normale" Arbeitsplätze in jene Staaten verlagern, in welchen die bioethischen Diskussionen nicht zu Behinderungen des Marktzuganges geführt haben. Im Ursprungsland tritt ein *Brain-drain*[236] ein und setzt Politiker jeglicher Couleur unter massiven Druck einer industriellen Lobby.
Fragen, wie sich Implantationsversuche z. B. an menschlichen Alzheimer-Patientinnen ethisch und juristisch legitimieren lassen, müssen von den praktizierenden Forschern selbst gestellt und beantwortet werden. Der kranke Mensch kann aufgrund seines Leidens den Sinn und Zweck des Forschungsprojektes nicht verstehen und wäre von der wohlwollenden Partizipation seiner Angehörigen und Betreuer abhängig. Der Betreuer und der Mediziner haben eine direkte Macht über den Körper der Patientin (vgl. Meichsner 1995).

[236] „Brain-drain"(engl. „geistiges Abfließen"): Unter „Brain-drain" wurde die Emigration exponierter und prominenter Koryphäen auf den Gebieten Wissenschaft, Kunst und Schriftstellerei nach der Machtübernahme Hitlers in Deutschland (30.01.1933) und nach dem zweiten Weltkrieg (durch die wiedergewonnene Möglichkeit, aktiv zu forschen) verstanden. Auch heute noch wird unter diesem Begriff das Abwandern von Wissenschaftlern u. a. verstanden (vgl. Langenscheidt 1988, S. 94).

Im allgemeinen sind behinderte Menschen sehr oft Opfer von Gewalt. Nach neusten internationalen Untersuchungen sind rund 85 Prozent aller behinderter Frauen bereits einmal Opfer sexueller Gewalt geworden. Gerade diese Menschen können sich zumeist nicht ausreichend wehren, und ihre Symptome werden nicht ernstgenommen (vgl. RP 17.08.95).

In diesem Zusammenhang sind auch Diskussionen über Würde, Ethik und Menschsein unter den Bioethikern zu sehen (vgl. Seipel 1995, S. 379; vgl. Bavastro 1995, S. 386 ff.; vgl. Fuchs 1992, S. 2454 ff.). So wird der australische Bioethiker und Philosoph Peter Singer häufig in Beiträgen über die ethischen Aspekte von Versuchen an Patientinnen erwähnt, weil er als prominente Persönlichkeit geistig Behinderte öffentlich als Kreaturen bezeichnet haben soll. Nach seiner Meinung unterstünden diese nicht der Menschenwürde, und an ihnen könne bei Bedarf geforscht werden (vgl. Matthies 1996; vgl. Schwendemann/Howoldt 1994, S. 1044 - 1048)[237]. Dies ist frappierend und schockierend zugleich, denn solche Äußerungen können nicht wissenschaftlich fundiert werden. Es steht außer Frage, daß geistig auch mehrfach Schwerstbehinderte in der Aufnahme von Sinnesreizen wenn auch verlangsamt, dennoch höchst sensibel sein können.

Insbesondere in Deutschland erinnern solche Diskussionen an „wissenschaftliches" Aufrechnen des ökonomischen Nutzens von Juden, Zigeunern und geistig Behinderten in der Zeit der nationalsozialistischen Diktatur[238](vgl. Steppe 1993, S. 137 - 142). Die Diskussion innerhalb der Bevölkerung der angelsächsischen Länder USA, England, Australien und Kanada ist aufgrund der relativ unbelasteten ethischen Historie (noch) recht ` unbefangen ´ und ` zwanglos ´, zuweilen ` unbekümmert ´. Insbesondere in den USA werden Bestrebungen deutlich, gesundheitlich beeinträchtigte Personen vom Krankenkassenversicherungsschutz gänzlich auszuschließen, wenn eine genetische Analyse einen „genetischen Defekt" des Kunden eruieren konnte.

[237] Singer begründet dies u. a. damit, daß Behinderte nicht als *Personen* gelten könnten, weil sie nicht die einer *Persönlichkeit* immanenten Eigenschaften Rationalität, Autonomie und Selbstbewußtsein besäßen. Die Zugehörigkeit zur Spezies Mensch allein reiche hierfür nicht aus (vgl. Singer 1984, S. 179 - 188; vgl. Singer 1989). Singer stellt Menschen ethisch grundsätzlich mit Tieren auf *eine* Ebene. Er glaubt nicht, daß Menschen, welche die Eigenschaften einer *Person* nicht vorweisen können, einen höheren ethischen Stellenwert als z. B. tierische Säugetiere besitzen. Er führt dazu aus: „The truth is that the appeal to the intrinsic dignitiy of human beings appears to solve the egalitarian´s problems only as long as it goes unchallenged. One we ask why it should be that all humans - including infants, mental defectives, psychopaths, Hitler, Stalin, and the rest - have some kind of dignity or worth that no elephant, pig, or chimpanzee can ever achieve, we see that this question is as difficult to answer as our original request for some relevant fact that justifies the inequality of humans and other animals. In fact, these two questions are really one: talk of intrinsic dignity or moral worth only takes the problem back one step, because any satisfactory defence of the claim that all and only humans have intrinsic dignity would need to refer to some relevant capacities or characteristics that all and only humans possess." (Singer 1986, S. 228) (vgl. auch Rachels 1986, S. 29 - 36; vgl. Tooley 1986, S. 57 - 86; vgl. Singer 1996, S. 69 - 124)

[238] Diese Äußerungen Singers stehen in der Bundesrepublik Deutschland eindeutig konträr zur geltenden Verfassung. Im Grundgesetz Artikel 1 steht geschrieben: „ (1) Die Würde des Menschen ist unantastbar. Sie zu achten und zu schützen ist Verpflichtung aller staatlichen Gewalt." (Grundgesetz der Bundesrepublik Deutschland 1996, S. 13) In Artikel 3 zur Gleichheit vor dem Gesetz ist zu lesen: „ (3) Niemand darf wegen seines Geschlechtes, seiner Abstammung, seiner Rasse, seiner Sprache, seiner Heimat und Herkunft, seines Glaubens, seiner religiösen oder politischen Anschauungen benachteiligt oder bevorzugt werden. **Niemand darf wegen seiner Behinderung benachteiligt werden** *(Hervorhebung d. Verf.).*" (vgl. ebd.)

Die nächsten Monate werden zeigen, inwiefern die Novellierung der Bioethik-Konvention der europäischen Union durchgesetzt werden kann.
Deutlich macht diese Diskussion, daß Schwache - und in diesem Fall alte, demente Kranke - aufgrund ihres geringen Widerstandes bevorzugtes Forschungsgebiet der Wissenschaft sind. Hier kann von einer gesellschaftlich legitimierten Gewalt gesprochen werden, welche bestehende ethische Normen und Werte in Frage stellt.
Anhand meiner Ausführungen habe ich deutlich zu machen versucht, daß die mündige und verantwortungsvolle „Klientin" im Krankenhaus möglichst jung und frei von Multimorbidität sein sollte. Polemisch geschlußfolgert könnte dies bedeuten, daß die „wünschenswerte" Patientin anpassungsfähig, kooperativ und geistig „funktionstüchtig" sein muß, um als Partnerin des Personals anerkannt zu werden.
Im nächsten Kapitel wird diese Thematik mit der Problematik der aktiven und passiven Sterbehilfe detaillierter behandelt und diskutiert.

6.4.8 Gesellschaft und Sterbehilfe

Die Diskussion um die Sterbebegleitung, Sterbehilfe oder Euthanasie[239] ist gerade in jüngster Zeit in den Medien wieder aufgeflammt.
Dabei ist die Sterbebegleitung als Beistand moribunder Menschen durch Gespräche und geistige Hilfe in religiöser, ethischer oder weltanschaulicher Hinsicht von der aktiven oder passiven Sterbehilfe zu differenzieren (vgl. Brenner/Adelhardt 1989, S. 75 ff.; vgl. Böhme 1991, S. 62 ff.; vgl. Humphry 1992, S. 199 ff.)
Es gab Meinungen, daß die Kehrtwendung in der gesellschaftlichen Sichtweise von Krankheit und Alter abgeschlossen seien. Die Definierung des Alterns alleinig als Prozeß des Abbaus (Defizitmodell) sei ad acta gelegt, und das Interesse der Medizin und der Pflege sei primär auf die Rehabilitation, Prävention und auf die Reaktivierung von Ressourcen gerichtet (vgl. Lehr 1983, S. 18 f.; vgl. Lang 1983, S. 46).
Andere Autoren wie z. B. Leichtenberger publizieren, daß in der Gesellschaft immer noch das Bild eines lästigen, unproduktiven und wenig nützlichen alten Menschen prädominiere. Diese würden Geld kosten, ohne daß daraus ein Nutzen für andere entstehe.

[239] Euthanasie: griech. „schöner Tod"; ursprünglicher Begriff aus der Philosophie der *Stoa*. Danach hatte der Mensch, wenn sein Leben durch Krankheit und Gebrechlichkeit des Alters „lebensunwert" geworden war, das Recht auf Freitod. Da die spätere christliche Auffassung den Selbstmord und die Tötung auf Verlangen verbot, wandelte sich der Begriff der Euthanasie in der ärztlichen Ethik und meinte die Pflicht des Arztes, dem Kranken das Sterben durch analgesierende Medikamente zu erleichtern, die sog. *Sterbehilfe*. Ein Vorgehen, welches die Verkürzung des kranken Lebens zur Folge hat, ist in der Bundesrepublik Deutschland nach dem Paragraphen 216 des Strafgesetzbuches strafbar. Die nationalsozialistische Diktatur tarnte mit dem Begriff Euthanasie die „Vernichtung unwerten Lebens". Die Tötung mißgebildeter, geisteskranker und „rassisch minderwertiger" Kinder wurde trotz der Proteste beider Konfessionen bis

Durch sie entstünde gesamt gesellschaftlich eine ökonomische ` Minusbilanz ´ (vgl. Leichtenberger 1993, S. 15).

In manchen Zeitungsartikeln werden vor dem Hintergrund einer „Kostenexplosion" im Gesundheitswesen, einer „Rekordhöhe" der Personalzusatzkosten für die Arbeitgeber und einer Nachkriegsrekordhöhe der Arbeitslosigkeit Kosteneinsparungen im Rehabilitationsbereich (z. B. Kuren) bereits ernsthaft überlegt[240]. Gegner solcher Einsparungen führen an, daß die Investition in das *Objekt Patientin* sinnvoll und zweckmäßig sei. Sie legen dar, daß der ökonomische Input langfristig gesehen profitabel sei und sich die Kosten amortisierten. Der ökonomische Vergleich der Aussichten ohne und mit diesen Maßnahmen ließe keinen Zweifel an dem Nutzen der Rehabilitationsmaßnahmen (vgl. Heinemann 24.02.1996; vgl. Specks 02.03.1996).

Erschwerend kommt hinzu, daß das Bild des „Alters" zunehmend von hochbetagten Menschen geprägt sein wird, wie die Ergebnisse der letzten Volkszählung 1987 und deren Interpretation in Relation zu der vorherigen Zählung im Jahre 1975 stehen. Die Zahl der über 80jährigen nimmt wellenförmig kontinuierlich zu und wird im Jahre 2005 ebenso wie die Anzahl der 70 - 85jährigen Menschen ihren Zenit erreichen (vgl. FOCUS 1992, S. 3).

Zur Tötung alter Menschen in Krankenhäusern führt Leichtenberger pointiert aus:

> „Die Tötung von sozial ausgegrenzten, unproduktiven und schwachen Menschen ist kein einzelnes Phänomen, sondern hat eine Kontinuität, die uns in Erinnerung an den deutschen Faschismus lediglich darin besonders erscheinen muß, daß sie gesellschaftlich akzeptiert und mit den Mitteln einer hochindustrialisierten Tötungsmethode verwirklicht wurde. Diese Menschen werden weiterhin umgebracht (und auch weiterhin in unseren Krankenhäusern), und es ist zu vermuten, daß die bekanntgewordenen Patiententötungen in Wuppertal, Wien und Gütersloh nur die Spitze des Eisberges sind. Sich von den unterschiedlichen Formen der Gewalt zu distanzieren und sie auch zu verurteilen ist eines. Wesentlich schwieriger ist es dagegen, sich der eigenen Anteile bewußt zu werden und sie öffentlich zu machen. ...Die Gewalt hat System, und solange sich nicht alle an ihrer Minimierung beteiligen, muß angenommen werden, daß sie auch gewollt ist." (Leichtenberger 1993, S. 15)

Kriegsende weiter durchgeführt (vgl. Bertelsmann, Band 3, 1995, S. 193) In den Niederlanden und in einigen angelsächsischen Staaten (z. B. Australien) wird der Terminus „Euthanasie" weiter verwendet.

[240] Stellvertretend hierfür möchte ich aus dem Grundsatzprogramm der „CDU" zitieren: „**Umbau des Sozialstaates** Zukunftsorientierte Sozialpolitik will vorbeugen, will Wirtschaftlichkeit und Humanität verbinden. In den vergangenen Jahrzehnten sind der Gemeinschaft viele Leistungen aufgebürdet worden, die der einzelne heute selbst erbringen kann. Staatliche Sozialleistungen müssen auf die wirklich Hilfsbedürftigen konzentriert werden. Deshalb treten wir dafür ein, soziale Leistungen, die nicht durch eigene Beiträge, sondern aus Steuermitteln finanziert werden, künftig grundsätzlich nur noch einkommens- und vermögensabhängig zu gewähren und im gesamten Bereich der Sozialpolitik stärker Eigenvorsorge, Eigenverantwortung und Selbstbeteiligung zu verwirklichen. ...Wie in allen Bereichen der Politik muß auch in der Sozialpolitik die Frage nach den Prioritäten immer wieder neu gestellt werden. Wer neuen Aufgaben nachkommen will, muß Altleistungen auf den Prüfstand stellen. Um neue Aufgaben erfüllen und die Folgen der demographischen Entwicklung bewältigen zu können, brauchen wir neuen Handlungsspielraum, den wir nicht durch Beitrags- oder Steuererhöhungen, sondern durch Umschichtungen gewinnen wollen. In diesem Sinne ist nicht der Ausbau, sondern der Umbau des Sozialstaates unsere Aufgabe." (CDU Deutschland 1994, S. 63 f.)

In jüngster Zeit wird in den Medien die Neuregelung oder Neufassung der Richtlinien zur Sterbehilfe diskutiert. Erörtert wird dabei u. a. auch, ob bei Patientinnen, welche unheilbar krank sind, aber noch nicht im Terminalstadium liegen, ein Behandlungsverfahrensabbruch rechtens und dieses ethisch zu rechtfertigen sei. Der Bundesgerichtshof hatte 1995 im „Kemptener Fall" einen Arzt und einen Angehörigen freigesprochen, welche die künstliche Ernährung einer schwerkranken, nicht mehr ansprechbaren Frau abgebrochen hatten. Dies wurde mit der wahrscheinlich positiven Willensäußerung der Patientin begründet, wenn sie hätte sprechen können. Seitdem ist die Diskussion über lebensverlängernde Maßnahmen bei sog. *Wachkoma-Patientinnen*[241] entflammt. Dabei spiele die Definition der Hilfe eine nicht unbedeutende Rolle, ob es aktive oder eher passive Hilfe sei, und ob aktive Rücknahme oder Nichtbereitstellung von Hilfe vorläge. Der Vizepräsident der Bundesärztekammer gab auch zu bedenken, daß in den Niederlanden diese Diskussion bereits fortgeschritten sei. Dort ist das aktive Einschläfern von Todkranken auf deren eigenen Wunsch in manchen Fällen nicht weiter verfolgt und somit auch nicht bestraft worden. Nun würde bereits darüber reflektiert, geschäftsunfähige und debile Menschen „einschläfern" zu dürfen (vgl. RP 05.01.1996).

In den Niederlanden besteht weiterhin Rechtsunsicherheit. Auf Antrag der Justizministerin soll das derzeit geltende komplizierte Recht dahingehend modifiziert werden, daß aktive Sterbehilfe künftig straffrei von einer approbierten Ärztin durchgeführt werden darf. Die Opposition sieht im Augenblick noch keinen Handlungsbedarf und will das seit 1984 geltende Recht weiter in der Praxis testen. Diese Diskussion scheint noch nicht ausreichend abgeschlossen zu sein (vgl. Weidemann 1996).

Ähnliches geschieht in Belgien, wo sogar der Gesundheitsminister einen Arzt gebeten hat, bei seiner Mutter aktive Sterbehilfe zu leisten. Mit dieser Handlung hat er nach geltendem Recht Beihilfe zum Mord geleistet. In Belgien sind zwar mehrere Gesetzesvorschläge zur Legalisierung von Sterbehilfe eingegangen, dennoch ist sie bis auf weiteres illegal und strafbar (vgl. Die Welt 15.11.1995).

Die Praxis der Sterbebegleitung und aktiven Sterbehilfe in England, in den Niederlanden und der Schweiz machen Betroffenen (wie z. B. dem Selbsthilfeverband „Schädel-Hirnpatienten in Not") Angst, da sie befürchten, daß durch diese Diskussion Sterbehilfe wieder gesellschaftsfähig werde. In der Schweiz müßten Ärzte auf Anraten der Schwei-

[241] Wachkoma: Als Synonyme werden apallisches Syndrom, Dezerebrationsstarre, Enthirnungsstarre oder Mittelhirnsyndrom verwendet. Es bezeichnet einen Funktionsausfall der Großhirnrinde infolge Anoxie des Gehirns, z. B. nach Schädel-Hirn-Trauma, Intoxikationen oder Schock. Der Patient hat Bewußtseinsstörungen, z. B. als Koma, als schlafähnlicher Zustand (Parasomnia) oder als Coma vigile. Der

zer Akademie der medizinischen Wissenschaften mit Angehörigen über den Abbruch von lebenserhaltenden Maßnahmen reden, unabhängig davon, ob die Patientin „hirntot" sei oder nicht. Angehörige und Patientinnen des Selbsthilfeverbandes sehen dies als höchst problematisch an, u. a. weil die Definition von „Hirntod" vielen medizinischen Laien nicht klar ist (vgl. Nentwig 1995; vgl. Knoche 1995, S. 32 ff.; vgl. Kerner 1987, S. 104 - 111). Viele Laien - Politiker, Theologen, Philosophen und Juristen - definieren den Tod des Gehirns allein von der Funktion des Neocortex aus. Wenn die Patientin zur aktiven verbalen Kommunikation und zur willkürlichen Motorik nicht mehr fähig ist, würde häufig „Hirntod" attestiert.

Die Diskussion über aktive Sterbehilfe bei Wachkoma-Patientinnen, bei welchen das lebensnotwendige Stammhirn zwar noch vollfunktionsfähig, aber dessen Verbindungen zum Neocortex unterbrochen ist, führt einen Protest der medizinischen Experten herbei, weil gerade bei diesem Krankheitssyndrom durch langwierige und forcierte Rehabilitationsmaßnahmen sichtbare Erfolge zu Tage treten können. Bei dieser Patientinnengruppe beträgt die Quote derer, welche bei sofortiger intensivmedizinischer Akuttherapie und unmittelbar einsetzender physiotherapeutischer Rehabilitationsmaßnahmen wieder aus dem Koma erwachten, siebzig Prozent. Vor diesem Hintergrund erscheint die Diskussion über aktive oder passive Sterbehilfe äußerst fragwürdig.

Ein Grund für das Auftauchen dieser Diskussion mag sein, daß die Rehabilitation mit 30 000 DM pro Monat sehr teuer ist. Doch in den USA erwachen circa 90 Prozent der sofort Behandelten aus dem Koma, von denen circa 10 Prozent in den Beruf oder in die Schule zurückkehren (vgl. Gründler 1996; vgl. Koch 1995).

Ethiker hingegen halten die Diskussion über Sterbehilfe gerade deshalb für besonders wichtig, weil diese Thematik nicht von „Pragmatikern" und „Praktikern" vor Ort ethisch ` ausgehöhlt ´ werden dürfe (vgl. Honnefelder 1995).

Auf einem Internistenkongreß in Hamburg wurde berichtet, daß die Kosten der Lebensverlängerung einer schwerkranken älteren Intensivpatientin um ein Jahr auf durchschnittlich 250 000 DM geschätzt werden könne (vgl. Grimm 01.03.1996).

Dies macht in ökonomisch defiziler Zeit und anhaltender Debatten zur ` Kostenexplosion ´ im Gesundheitswesen die aktuelle Problematik und Interdependenz von Politik, Ökonomie, Ethik, Medizin und Pflege deutlich (vgl. Moll 1996, S. 22 ff.). Es besteht die nach meiner Meinung berechtigte Befürchtung, daß geistig und körperlich schwache Pa-

Patient ist wach, jedoch ohne sinnvolle Reaktionen, Blickfixierungen oder Spontanäußerungen. Es treten pathophysiologische Symptome wie pathologische Reflexe, Krämpfe, Atem-, Kreislauf- oder Temperaturregulationsstörungen auf.

tientinnen in naher Zukunft für Experimente in vivo[242] herangezogen und die rechtlichen Grundlagen der Zulassung aktiver und passiver Sterbehilfe gelockert werden. Diese Maßnahmen müssen als Gewalttätigkeiten interpretiert und entsprechend intensiv diskutiert werde.

Meines Erachtens kann ein kategorischer Imperativ[243] in der heutigen Zeit nicht mehr unumstößlich postuliert werden. Die Thematik ist hierfür zu komplex. Ich halte es hingegen für dringlichst geboten, in der Debatte um „Sterbehilfe“, „Euthanasie“ oder auch „Sterbebegleitung“ sensibel und evtl. sensitiv zwischen den Zeilen zu lesen.

6.4.9 Gesellschaft, Krankheit und Finanzen

Es ist ein eindeutiger Trend zur Ökonomisierung und marktwirtschaftlichen Orientierung in vielen Bereichen des Gesundheitswesen zu konstatieren: ökonomisch geführte Arztpraxen, betriebswirtschaftlich effizient durchstrukturierte Krankenhäuser und zeitgerecht optimiertes Durchchecken der Patientinnen in der Praxis und auf der Station.

Dieser Trend des effizienten Wirtschaftens ist eindeutig positiv zu bewerten. Jedoch tauchen in letzter Zeit Probleme auf, welche aus Schwierigkeiten der allgemeinen Finanzierbarkeit des Gesundheitssystems und des Sozialstaates resultieren.

Es werden im Planspiel radikale Konsequenzen überlegt, bei welchen die Patientin reduktionistisch als Kostenfaktor betrachtet wird. Darin soll die Patientin möglichst komplikationslos, ohne Zusatzuntersuchungen, bis auf die Einweisungsdiagnose „gesund“ und schnell zu entlassen sein. Die Patientin soll kostengünstig, risikoarm und komplikationsfrei sein.

Dies kann das partnerschaftliche und vertrauensvolle Verhältnis Ärztin - Patientin - Pflegekraft ganz erheblich und in negativer Weise beeinträchtigen.

Das Defizit der Krankenkassen ist in 1995 erneut deutlich gestiegen. Nach Angaben der Betriebskrankenkassen sei vor allem der Kostenanstieg im Krankenhausbereich als besorgniserregend einzustufen. Die durchgeführte Budgetierung der geplanten Ausgaben reiche deshalb nicht aus. Zusätzliche Maßnahmen seien gefordert, um den extrem negative Anstieg der Kosten zu stoppen (vgl. FAZ 21.11.1995; vgl. Heinemann 12.12.1995).

Die Krankenkassen fordern hingegen, daß - entgegen der Pläne zur Festschreibung der

[242] in vivo: im lebendigen Organismus; im Gegensatz zu in vitro-Experimenten, bei welchen Versuche im Reagenzglas und im Laborversuch durchgeführt werden

[243] Kategorischer Imperativ: nach Kant die Formel für das Sittengesetz oder Vernunftgebot: „Handle in der Art, daß die Maxime deines Willens jederzeit zugleich als Prinzip einer allgemeinen Gesetzgebung gelten könne.“ (vgl. Bertelsmann 1995, Band 5, S. 174); unbedingtes ethisches Pflichtgebot für jeden einzelnen Menschen (vgl. Wahrig 1985, S. 357); ein unter ethischem Gesichtspunkt zwingendes Gesetz (vgl. Laudel 1992, S. 365)

Ausgaben resp. Senkung der Krankenkassen-Beitragssätze durch Gesundheitsminister Seehofer - die Beiträge in 1997 erhöht werden (vgl. RP 23.07.1996). Eine Beitragssenkung in 1997 sei reine Illusion (vgl. RP 15.08.1996).

Die Krankenhäuser sollen in Zukunft mit den Krankenkassen auf Landesebene Haushaltspläne aufstellen und somit forciert sparen können. Betriebswirtschaftlich werde dies, so die Deutsche Krankenhausgesellschaft, katastrophale Folgen haben und ein einziges Chaos nach sich ziehen. Der Deutsche Gewerkschaftsbund fordert darüber hinaus eine Ausgabenbegrenzung in Form von Budgets für den gesamten Krankenkassenbereich (vgl. RP 08.11.1995).

Bundesgesundheitsminister Seehofer versucht, den von SPD-Ländern geführten Bundesrat dahingehend umzustimmen, die Kostenentwicklung im Krankenhaussektor an die Tarifquote im öffentlichen Dienst anzubinden (vgl. Forster 05.12.1995). Inzwischen konnte im Vermittlungsausschuß zwischen der Koalition von CDU/CSU und FDP und der oppositionellen SPD ein Kompromiß erstritten werden, welcher vorsieht, daß die Krankenhauskosten wie im Vorjahr budgetiert werden und die Gesamterlöse nicht stärker steigen dürfen als die Löhne und Gehälter im öffentlichen Dienst (vgl. FAZ 07.03.1996).

Das Land Nordrhein-Westfalen will durch Verpflichtungsermächtigungen im Bereich der Arbeits-, Gesundheits- und Sozialpolitik um bis zu 30 Prozent sparen. Davon betroffen seien auch der Ausbau von Tages-, Kurzzeit- und Langzeitpflegeplätze sowie Zuschüsse für Einrichtungen geistig und körperlich Behinderter (vgl. Heinemann 16.11.1995).

Die Auslastung der Krankenhäuser in Nordrhein-Westfalen sei nur mit 70 bis 80 Prozent anzugeben. Bis zu 10 000 Krankenhausbetten müßten deshalb abgebaut werden, fordert die oppositionelle CDU in NRW. Die Bettenkapazität sei deutlich zu hoch und müsse entsprechend verringert werden (vgl. Hüvel 23.11.1995; vgl. RP 27.07.1996; vgl. Hüwel 09.08.1996).

Das Gesundheitswesen habe sich trotz aller Versuche der Kostendämpfung durch Budgetierungen, Zuzahlungsverpflichtungen für Patientinnen etc. als reformresistent erwiesen. Weitere Vorschläge gehen bis zum verschärften Wettbewerb zwischen den „Leistungsanbietern“ und zur „Wahlfreiheit“ des „Kunden Patient“. Das Solidaritätsprinzip würde sukzessiv aufgegeben. Die Erkrankung werde noch kostspieliger, als sie bis dato bereits sei (vgl. Szymaniak 1996).

Vor dem Hintergrund der Unsicherheit über die gesamtbetriebswirtschaftliche Lage des eigenen Krankenhauses und der fehlenden Planungssicherheit sind Auswirkungen der Finanzen auf der Stationsebene nachzuvollziehen. Der Versorgungsauftrag der meisten Krankenhäuser ist weiterhin aufrecht zu halten, wobei simultan gespart werden müsse. Zusätzlich versprochene und auch bewilligte Pflegeplanstellen können nicht eingerichtet werden. Die Umstrukturierung aufgrund der Fallpauschalierung und des ambulanten Operierens sei z. T. bereits vollzogen. Das versprochene, zusätzliche Personal hingegen sei nicht angetreten (vgl. NGZ 19.12.1995).

Die stark defizitären Ambulanzen von Universitätsklinken werden aufgrund monetärer Engpässe zum Teil bereits geschlossen. Es könne im Klinikbereich nicht mehr rationalisiert, es müsse nun rationiert werden (vgl. Casimir 1996).

Die Fachtagung Medizin - Vertretung der 100 000 bundesdeutschen Medizinstudenten - kritisierte die Standesinteressenpolitik der Bundesregierung zugunsten der Gewinnmaximierung von Praxiskliniken und der niedergelassenen Ärzten zu Lasten der Krankenhäuser. Quasi öffentlich-monetäre Mittel würden private Interessenten begünstigen[244]. Das Gemeinwohl werde dadurch vernachlässigt. Schließlich würde die Patientin selbst darunter leiden (vgl. RP 16.11.1995).

Durch die genannten Faktoren wird die Patientin verunsichert, ob alle gewünschten und notwendigen Maßnahmen zu ihrer bestmöglichen Genesung durchgeführt werden. Dem Pflegepersonal wird eventuell unterstellt, daß es wie das ärztliche Personal bei allen durchzuführenden Maßnahmen sparen müsse. Es würde dabei permanent von den drei Leitungsebenen eines Krankenhauses - der Verwaltung, der ärztlichen und der pflegerischen Leitung - zum Sparen animiert.

---

[244] Hierzu heißt es im Programm der F.D.P. zur Bundestagswahl 1994: **„Ab 1996 muß Schluß sein mit der Deckelung der Ausgaben für ärztliche Leistungen.** Die Ärzteschaft hat wesentlich zur Konsolidierung der gesetzlichen Krankenversicherung beigetragen. Es kommt nun darauf an, daß die damit wiedergewonnenen Gestaltungsspielräume auch für die ärztlichen Leistungen genutzt werden. ...Und wieder sind die Liberalen der Motor dafür, daß jetzt das ärztliche Gesamthonorar für eine leistungsgerechte Bezahlung der hausärztlichen Leistungen und der ambulanten OP-Leistungen aufgestockt werden.“ (F.D.P. 1994, S. 88) Demgegenüber steht im Grundsatzprogramm der SPD: „Wir streben eine Gesundheitssicherung an, bei der die Interessen der Versicherten Vorrang vor den Interessen der Ärzte, der Zahnärzte, der Pharmaindustrie, der Heil- und Hilfsmittelanbieter und der Krankenhausträger haben. Die Krankenkassen müssen in den Stand versetzt werden, die Rechte der Versicherten gegen die Interessen der Anbieter durchzusetzen und das Interesse der Versicherten an Vorbeugung und kostengünstigen, aber wirksamen Heilverfahren stärken.“ (SPD 1989, S. 32)

Sie selbst - die Patientin - würde reduktionistisch lediglich als kostentreibendes Objekt betrachtet. Ihre Individualität würde eingeschränkt und ihr Genesungsprozeß nicht (mehr) in holistischer Art gefördert.

7. Vorschläge zum konstruktiven Umgang mit Aggression und Gewalt

7.1 Vorbemerkungen

Aggression und Gewalt im Krankenhaus kann bereits durch die Kenntnis und Reduzierung der Entstehungsmechanismen wirksam bekämpft oder eingeschränkt werden. Ähnlich wie bei Bekämpfungsmaßnahmen von Gewalt gegen Frauen müssen auch bei dieser Thematik Tabuisierungen aufgebrochen und Anstöße zum Abbau der verursachenden Faktoren gegeben werden (vgl. NGZ 06.02.1996).

Bandura führte die Vorteile des sozialen Lernens für Situationen in der Pflege auf und plädierte zugleich für die Umgestaltung des sozialen Kontextes:

> „Numerous applications will be cited later showing that, given adequate training, supervision, and reinforcing feedback, parents can effectively eliminate the injurious conduct of their children; teachers can change aggressively disruptive students into productive learners; nurses can help violently assaultive patients to gain control over dangerous behavior; and peers can regulate the level of aggressiveness in their social interactions. The potential influence of such persons derives from their close association with the aggressing individuals so that they can exercise substantial control over the very conditions that govern both aggressive and prosocial conduct. Unless influences promoting aggression are altered, changes produced by interventionalists, whether professional or otherwise, may not endure for long. By treating the actual problems in the contexts within they arise influential members in those settings, social learning procedures are ideally suited for achieving enduring changes in psychological functioning.“ (Bandura 1973, S. 247)

Nur durch das Umgestalten der sozialen Realität können Effekte einer Supervision und eines Kommunikationstrainings von langandauernder Wirkung sein.

Das wichtigste Element der Bekämpfung und Reduzierung von Aggression und Gewalt ist die Prävention. Sie hat deshalb einen außerordentlich hohen Stellenwert, weil Bekämpfungs- und Reduzierungsmaßnahmen von Aggressivität und Gewalttätigkeit immer nur einen kurzfristigen positiven Effekt auf das Verhalten der Personen haben können.

Die Anwendung von Psychopharmaka zur Sedierung von erregten Patientinnen werde ich in dieser Arbeit nicht näher beschreiben, weil die Diagnostik von Krankheiten und ihre Therapie mit Unterstützung von Medikamenten nicht in den Kompetenzbereich des examinierten Pflegepersonals fällt. Grundsätzlich muß jedoch erwähnt werden, daß (sedierende) Psychopharmaka nur indiziert sind, wenn eine Problembearbeitung nicht anders möglich ist. Sie sind immer zeitlich limitiert einzusetzen (vgl. Dörner/Plog 1992, S. 526 ff.).

Die Ätiologie von Aggression ist derart vielschichtig, daß simplifizierend gesagt werden kann, daß ein Mensch, welcher mit sich und seiner direkten Umgebung mehr oder weniger zufrieden ist, wenig aggressiv sein wird. Hier setzen die präventiven Maßnahmen an, welche zuvorderst die Bedingungen interner und externer Art verändern möchten, damit ein befriedigender Zustand erreicht wird. Doch schon hier gibt es unterschiedliche Meinungen über die Bedingungen genetischer, somatischer und auch metaphysischer Art. Manche Denker meinen, ein Mensch könne per se nicht glücklich und zufrieden sein. Dies könne ausschließlich durch eine Veränderung der Rahmenbedingungen ermöglicht werden[245]. Für mich ist es wichtiger, konkrete Vorschläge der direkten und der indirekten Art zur Veränderung dieser Bedingungen anzuführen. Der indirekten Art werde ich mehr Platz einräumen, weil in Form der präventiven Maßnahmen die Ursachen und Entstehungsbedingungen mehr berücksichtigt werden können. So vielschichtig und komplex die Thematik der Erscheinungsformen, Gründe und Ursachen bei Patientinnen und Pflegepersonal auf den Leser gewirkt haben mögen, so vielfältig sind die Lösungs- resp. Verbesserungsvorschläge für den Umgang mit Aggression und Gewalt in der Pflege.

In der Pflege müssen Konflikte einer offenen Bewältigung unterzogen werden. Sie dürfen nicht generell vermieden werden. Sie sollten nicht pauschal verleugnet, sondern konstruktiv eingesetzt werden, damit die Beziehungen im Team und zwischen Patientin und Pflegekraft verbessert werden und die Umstrukturierung der pflegerischen Rahmenbedingungen erfolgen kann (vgl. Fromm 1956, S. 128 - 161).

Dabei gibt es gewisse Regeln und Normen einzuhalten. Ich werde auf den nächsten Seiten einige Modifikationsmöglichkeiten der genannten Schwierigkeiten anführen.

[245] Der deutsche Philosoph Arthur Schopenhauer (1788 - 1860) postulierte z. B. eine menschliche Konstanz, welche das Verhalten des Menschen unter gleichbleibenden Konditionen unverändert läßt. Wenn die Rahmenbedingungen unverändert bleiben, bliebe der Mensch es auch (vgl. Schopenhauer 1986, S. 62).

7.2 Umgang mit Symptomen und Ursachen des Burnout

Wege aus dem Burnout werden von vielen Pflegekräften zumeist selbst beschritten, jedoch ohne daß ein entscheidender Fortschritt erzielt wird.

Häufig werden folgende Scheinlösungen angewendet:

* *Bagatellisieren* („Das sind Peanuts! Ist doch halb so schlimm!"),
* *Durchhaltetechniken* („Könnte alles schlimmer werden!"),
* *eigenes Vertrösten* („Morgen ist der Streß von heute vorbei!"),
* *Verdrängung* („Gerade ich, der Starke, kann als Vorbild nicht schlappmachen!"),
* *Resignation* („Ich kann doch nichts dagegen machen!"),
* *Isolierung* („Nur ich allein empfinde das hier alles so schlimm!"),
* *Projektion* („Die wollen mich fertig machen!),
* *Gegenangriffe* („Ich wehre mich jetzt und zeige es denen ´mal!"),
* *schwarzer Humor* („Ja, die Kranken sind immer wie kleine Kinder!")
* *Flucht* („Ich kündige! Ich mach´ nicht mehr mit!")

Diese Methoden sind in der Realität zumeist Scheinlösungen, weil sie nicht die konstruktive Umformung der Arbeit, des Teams, der Atmosphäre und des eigenen Umgangs mit Gefühlen zum Thema machen, sondern mehr oder weniger die in Kapitel 6.2.4 erwähnten ersten drei Stadien des Burnout (*strain, defensive coping* und *malign decompensation*) widerspiegeln.

Ich werde mich bei der nun folgenden Auflistung und Begründung von möglichen Lösungswegen an die Schrift von Ruthemann halten (1993, S. 94 - 107).

(1) **Realitätsorientierung**

Zuerst - vor dem Versuch, irgend etwas zu ändern - muß der Status quo, der gegenwärtige Zustand der eigenen Person im persönlichen und beruflichen Sinne grob analysiert werden, um eine Realitätsorientierung ermöglichen zu können.

Dabei ist es wichtig, sich offen und ehrlich vor Augen zu führen, ob in letzter Zeit irgendwelche körperlichen oder psychischen Symptome auftraten.

Das Problem muß identifiziert und definiert werden können (vgl. Gordon 1993, S. 203).

Für Burnout relevante Symptome sind u. a.:

Müdigkeit, Schlaflosigkeit, Lustlosigkeit, Gefühl der Leere und des Ausgenutztseins, Ängste, Gefühle der Insuffizienz etc.

(vgl. Golembiewski/Munzenrider1988, S. 68 - 83)

Diese Analyse ist von großem Nutzen, da sich viele Pflegekräfte ihrer Lage nicht (voll) bewußt sind. Viele verhindern eine unvoreingenommene Realitätsanalyse durch die Etablierung von Scheinlösungen. Eine Verhaltensmodifikation wird dadurch erschwert.

(2) **Distanzierung**

Wie in Kapitel 6.4.5 erwähnt, braucht jeder Mensch einen mehr oder weniger durchlässigen Schutzmantel, welcher es ihm ermöglicht, mit Problemlagen anderer Personen umzugehen und selbst nicht zu Schaden zu kommen. Ein Mittel, sich diesen Schutzmantel zuzulegen, ist die Distanzierung vom Beruf.

Dabei ist keinesfalls eine distanzierte Indolenz gegenüber der Patientin und den beruflichen Strukturen gemeint. Gerade diese soll durch die Distanzierung vermieden werden. Gleichgültigkeit tritt insbesondere bei Personen auf, welche durch eine Verschmelzung mit ihrem Beruf selbst verletzt worden sind, deren Ich-Grenzen und Ich-Identitäten zerflossen sind.

Eine Distanzierung kann durch die Klarlegung von Rollenkonflikten gewährleistet werden. Das Pflegepersonal kann nicht für alle Angelegenheiten der Patientin verantwortlich gemacht werden. Durch klare Kompetenzverteilung innerhalb des interdisziplinären Teams können Rollenklarheit und Berufsdistanzierung zum Teil erreicht werden. Der Patientin wird eine Mitverantwortung für das Fortschreiten in der Therapie zugeschrieben. Die Gefahr eines Burnouts oder eines Helfersyndroms bei der einzelnen Pflegekraft wird hierdurch vermindert (vgl. Badzek/Cober 1996; vgl. Watzlawick et al. 1974, S. 146 ff.).

Private Distanzierung ist ebenso wichtig, um für sich - und auch für den Beruf - wieder neue, andere Kraftquellen zu entdecken und „aufzutanken". Die räumliche Distanzierung vom Krankenhaus kann durch einen Umzug in eine krankenhausfremde Wohnung ebenso dazu beitragen. Die Wohnung sollte nicht in unmittelbarer Nähe zum Arbeitsplatz liegen. Ausgebrannte Kolleginnen können auf der Station *zeitweise* Arbeiten übernehmen, welche nicht stark burnoutgefährdend sind, so daß sie auch am Arbeitsplatz eine berufliche Distanzierung durch die fehlende Konfrontation erleben können.

Wenn ein Mitarbeiter akut sehr stark von Burnout betroffen ist, kann ein passagerer Ausstieg aus dem Beruf, ein Kurzurlaub oder ein kurzfristiger Stations- oder Schichtwechsel eine temporäre Unterbrechung der Burnout-Spirale bedeuten (vgl. Aronson et al. 1983, S. 67 ff.).

(3) **Ausgleich und Gegengewicht**

Wichtig ist der Ausgleich von beruflichen Beanspruchungen durch private Interessen und kreative Hobbys. Ein intaktes Familien- und Sexualleben kann ebenso förderlich sein wie vermehrtes Reisen, Kirchenbesuche und häufiges Lesen (keine Fachliteratur!). Eine bewußte Freizeitplanung mit dem Partner, den Kindern oder Freunden wird vom Pflegepersonal sehr häufig in Rücksichtnahme auf die Arbeitsstelle vernachlässigt. Ein aktives, körperlich aktivierendes Hobby kann dagegen erwiesenermaßen physisch aufbauender sein als ein passiver, entspannter Fernsehabend (vgl. Klau-Fischer/Jancke 1995, S. 18 ff.).

(4) **Unterstützung - Subsidierung**

Viele Ausgebrannte haben das Gefühl, allein zu sein, allein den Ansprüchen der Arbeit nicht gerecht werden zu können. Alle anderen scheinen die Arbeit besser zu bewältigen als sie. Wichtig ist hierbei, selbst den Mut zusammenzunehmen und seine eigenen Gefühle zu äußern. Es werden sich häufig viele ähnlich Betroffene zu Wort melden und ihre Solidarität anbieten. Durch solidarisches oder zumindest gemeinsames Handeln lassen sich Burnout-Mechanismen und ursächliche Faktoren bedeutend einfacher in den Griff bekommen, wenn gemeinsam Lösungswege aus der Misere gesucht werden. Balint- oder Selbsthilfegruppen einer Station, einer Abteilung oder eines gesamten Krankenhauses können an ähnlichen Projekten arbeiten und ein verschwiegenes Thema enttabuisieren (vgl. Krause 1994, S. 753 ff.).

(5) **Zeitmanagement**

So wie in der Krankenpflege Geduld als charakterliche Eigenschaft vorausgesetzt werden sollte, so muß auch bei der Bewältigung oder bei dem besseren Umgang mit Symptomen des Burnout geduldig und ausdauernd am Lernen der oben genannten Faktoren gearbeitet werden. Es kann nicht erwartet werden, eine devote und „infaust“ involvierte Mitarbeiterin innerhalb einer Woche zu einer selbstbewußten, durchsetzungsfähigen und kommunikativen Mitarbeiterin zu formen. Die Mitarbeiterin muß die Veränderung selbst wollen. Dies kann einen erheblichen Beschwerdedruck voraussetzen und negative Erwartungen müssen zunächst abgebaut werden.

Die Mitarbeiterin muß Ausdauer einbringen *und* sowohl an sich selbst als auch an den Arbeitsbedingungen arbeiten wollen.

Die professionelle Pflegeperson sollte bei der durchgeführten Analyse erkannt haben, ob bei ihrer Problemlage mehr psychisch-subjektive oder mehr inhaltlich-fachlich-objektive

Faktoren überwiegen. Es wird immer eine Kombination aus beiden Aspekten in der Realität zu finden sein. Dennoch sollte eine Überprüfung des Gewichtes dieser Anteile vorgenommen werden, um die Priorität auf die Bearbeitung der relevantesten Probleme zu setzen.

In jedem Fall sollte das zeitliche Management der Arbeit und des beruflichen Umfeldes stattfinden. Nicht nur gut sichtbare Wirkungen von optimalem Zeitmanagement wie Ordnung, Sauberkeit und das „Erfüllen" pflegerischer Handlungsketten (wie z. B. Applizieren von Sondenernährung oder Kathetrisierungen), sondern auch psychische Aspekte wie Partizipation oder Gesprächsführung sind durch Überlegungen besser und geschickter einzuplanen und durchzuführen. Grundsätzlich sind kommunikative und psychische Aspekte *immer* wesentlich zu berücksichtigen. Sie dürfen nicht als Nebenbeigabe bei der Durchführung von grundpflegerischen Handlungen eingebracht werden, sondern sollten immer von dem subjektiv-kommunikativen Bedarf der Patientin abhängig gemacht werden.

Kurzfristig gesehen kann dies einen zum Teil erheblichen Arbeitszeitaufwand nach sich ziehen. Wenn erhebliche kommunikative Defizite in der Pflege bestehen, kann dies einen hohen zeitlichen und kommunikativen Arbeitsaufwand zur Folge haben.

Langfristig gesehen hat die Einbettung von psychisch-kommunikativen Anteilen in jede Pflegehandlung und das Eingehen auf den subjektiven Bedarf der Patientin immer Zeitersparnis und eine effizientere, ökonomischere Pflege zur Folge. Aggressive Verhaltensweisen der Patientinnen in passiver oder aktiver Form haben zumeist einen höheren Arbeitsaufwand und eine schlechtere Rehabilitation zur Folge (vgl. Kapitel 5.1 und 5.2).

Wenn objektive Zeitaspekte oder fachliche Inhalte den größten Anteil der Problematik ausmachen, sollte ein Zeitmanagement den Ablauf und die Organisation auf der Station überprüfen. Es müssen ranking lists[246] erstellt werden, um erkennen zu können, welche Arbeiten auf der Station für die Patientin und welche für das Personal von hohem Gewicht sind. Danach müssen Prioritäten gesetzt werden, um die Fokussierung des Arbeitseinsatzes auf sekundäre Aufgaben zu verhindern. Dann sollten Delegationsmöglichkeiten erwogen werden. In der zumeist noch üblichen Funktionspflege kann die Delegierung von Aufgaben auf mehrere Mitarbeiterinnen eine nicht zu unterschätzende Wirkung auf die Entlastung von erschwerenden Tätigkeiten. Nicht immer muß die Stationsleiterin und deren Stellvertreterin alle medizinisch-pflegerisch-assistierenden Dinge selbst erledigen.

[246] ranking lists: Auflistungen über die Abfolge von Tätigkeiten

In Absprache können diese Arbeiten auf weitere Personen verteilt werden. Sicherlich benötigt dies Zeit, Einsatz und Ausbildung, doch kann dies langfristig erhebliche Rationalisierungserfolge und eine allgemein höhere Arbeitszufriedenheit bei *allen* Mitarbeiterinnen zur Folge haben.

(6) **Selbstpflege**

Nicht nur das „Auftanken" von Ressourcen in der Freizeit durch Sport, kreative Hobbys und ein intaktes Familienleben, sondern auch das psychische Umdenken zum Entspannen, Freude haben, sich verwöhnen lassen und zum gesunden Egoismus[247] im Sinne von Selbstpflege ist wichtig zu erlernen. Nur eine zufriedene Mitarbeiterin kann in der Pflege Patientinnen aufmuntern und erheitern. Eine ausgeglichene Kollegin mit einem gesundem und realitätsnahen Optimismus kann besser - weil distanzierter und an der Situation beteiligt - mit einem Sterbenden, chronisch Kranken oder zutiefst Verzweifelten kommunizieren als Burnout geschädigte oder gefährdete Pflegepersonen.
Durch diesen positiven Optimismus, welcher in der Realität „da draußen" gestärkt und gefördert wurde, können andere Mitarbeiter bewegt werden, ebenfalls die eigene innere psychische Stabilität wiederzugewinnen. Durch diesen Prozeß wird die Umgestaltung der pflegerischen Rahmenbedingungen wie Arbeitszeit, Prioritätensetzung und effiziente Arbeitsorganisation bedeutend leichter fallen.

(7) **Handlungsspielraum**

Der Bereich der freien, selbständigen und selbstverantwortlichen Arbeit muß in der Pflege einen höheren Wert bekommen. Grundsätzlich wird das Erweitern des Handlungsspielraumes als eine bedeutende Möglichkeit angesehen, Burnout-Phänomenen vorzubeugen und ihre Symptome zu lindern. Dabei müssen nicht nur individuelle Aspekte des Handlungsspielraums, sondern auch arbeitsorganisatorische und soziale Rahmenbedingungen miteinbezogen werden. Das Individuum würde überfordert werden, wenn nur auf individueller Ebene ein Adaptations-, Umstellungs- und Reorganisierungsprozeß geleistet werden sollte. Die Inkompatibilität der externen Anforderungen mit den internen Möglichkeiten lassen Streß und Burnout als Reaktion folgen. Eine Modifizierung der externen Anforderungen sollte der individuellen Adaptation vorausgehen, damit von einem humanen Arbeitsplatz und humanen Arbeitsbedingungen gesprochen werden kann (vgl. Marquard et al. 1993, S. 44; Krisean et al. 1985, S. 69 ff.; Gusy 1995, S. 205 ff.).

---

[247] gesunder Egoismus: Hierunter verstehe ich das Fokussieren des eigenen Interesses auf die eigene Person, ohne andere Personen dabei außer acht zu lassen, zu vernachlässigen oder zu schaden.

Durch den engagierten Einsatz im Betrieb, Veränderungen von Arbeitsbedingungen durchzusetzen, geht die einzelne Person nicht nur gegen die sie bedrückende Bedingungen vor, sondern hilft zugleich auch anderen Personen, eine Burnout-Phase zu vermeiden oder zu bewältigen. Somit ist eine aktive Reformierung des Arbeitsplatzes ein kurativer und ein präventiver Vorgang zugleich (vgl. Stuhr/Karmaus 1979, S. 184 - 190). Möglichkeiten zur Erweiterung des Handlungsspielraums des Pflegepersonals werde ich in Kapitel 7.8.3 nennen.

7.3 Gesprächsführung

7.3.1 Allgemeine Vorbemerkungen

Die Folge einer mißlungenen Kommunikation kann Aggression sein. Ich habe in den vorausgehenden Kapiteln in komprimierter Form versucht, die wichtigsten möglichen Gründe für aggressive Verhaltensweisen anzuführen.

Ich möchte hier nicht in kurzer und kompakter Form die gesamte Forschung über „richtige" und „falsche" Kommunikation aufführen. Für eine intensivere Beschäftigung mit dieser Thematik verweise ich auf entsprechend angegebene Literatur. Auch in diesem Kapitel beziehe ich mich - wenn nicht anders gekennzeichnet - auf die Ausführungen von Ursula Ruthemann (1993, S. 107 - 120). Ich werde in diesem Kapitel lediglich jene Punkte ansprechen, durch deren Einbringen Gespräche sinnvoll oder weniger sinnvoll gestaltet werden können.

Ich möchte darauf hinweisen, daß nicht nur einzelne Worte, sondern vor allem die eigene innere und äußere Haltung das Gespräch mit Kolleginnen und Patientinnen positiv oder negativ beeinflussen. Inhaltliche Informationen (wie z. B. über den Blutdruck, die Temperatur oder das Gewicht) sind inhaltliche Kernpunkte, um welche die „Verpackung" und der „Rahmen" der Kommunikation gestaltet werden muß. Dieser Rahmen soll von den Gesprächspartnern verwendet und ständig an die Situation und an den Partner angepaßt werden. Ich möchte mit den folgenden Hinweisen die Gestaltung dieses Rahmens - und nicht des Kerns - besprechen.

Durch die sinnvolle Gestaltung des Rahmens wird die Haltung der Partner deutlich. Eine Vertrauensbeziehung wird dann ermöglicht. Eine ehrliche, offene Haltung und auf Vertrauen aufgebaute Beziehung reduziert destruktiv-aggressive Verhaltensweisen immens. Wenn Aggression auch im destruktiven Sinne nicht immer eliminiert werden kann, so wird durch eine Vertrauensbeziehung eine Eskalation von Gewalt und Aggression zumeist verhindert. Falls eine Eskalation dennoch auftreten sollte, kann in einer Vertrauensbeziehung eher Vertrauen wieder aufgebaut werden, als wenn die Beziehung oberflächlich gewesen war.

Die Berücksichtigung aller Punkte einer sinnvollen Gesprächsführung stellt außerordentlich hohe Anforderungen an alle Beteiligten. Sie stellt einen Idealzustand dar, welcher angestrebt werden sollte. Nicht jeder Einzelpunkt wird zu verwirklichen sein, und nicht alle notwendigen Rahmenbedingungen werden zu erfüllen sein. Dennoch sollte dieser Zustand im Interesse aller angestrebt werden.

7.3.2 Sinnvolle Gesprächsführung

Ich werde in diesem Kapitel positive Auswirkungen von Kommunikationsmethoden vorstellen. Dadurch sollen Möglichkeiten der positiv-konstruktiven Kommunikationsgestaltung deutlich werden.

* **Gesprächsrollen**

In der herkömmlichen Beziehung des Pflegepersonals mit der Patientin sind die Rollen i. d. R. in klassischer Form verteilt. Die Patientin benötigt Hilfe, und das Pflegepersonal versucht ihr diese zu geben.

Durch diese asymmetrische Kommunikation werden Abhängigkeiten voneinander deutlich. Die Hilfesuchende kann sich fallenlassen, sich gehen lassen, sich umsorgen und pflegen lassen. Der Helfer gibt, pflegt und leistet Beistand. Manche Helfer benötigen zur Bewahrung ihres Selbstbildes und ihrer idealistischen Selbstidentität die Hilfsbedürftigkeit der Hilfesuchenden und leiden dabei unter einem Helfersyndrom (vgl. Kapitel 6.2.3). Hier müssen u. a. die Rollen im Team delegiert werden, um Überbeanspruchungen und Überlastungen zu vermeiden.

Oft ist zu beobachten, daß Hilfesuchende die „gewonnene" Anteilnahme und Zuwendung nur ungern aufgeben möchten, weil sie außerhalb der Helfer-Patientin-Interaktion nicht ausreichend Wärme und Beistand erfahren. In diesem Fall sollte das Pflegepersonal der Patientin in einem offenen Gespräch deutlich machen, daß die Zuwendung und das Auffangen persönlicher und sozialer Defizite immer nur passager sein kann. Die Pflegepersonen können evtl. assistierend zur Seite stehen, damit die Patientin in ihrer psychischen und physischen Aktivität schnellst möglich individuell gefördert wird. Hier sind jedoch bereits Grenzen erreicht. Dadurch kann der Patientin in ihren sozialen Möglichkeiten dahingehend geholfen werden, daß sie Probleme kommunikativer Art leichter bearbeiten kann. Diese Abgrenzung setzt eine Analyse und Reflexion der Beziehung voraus.

Die klassische Beziehung der helfenden Pflegekraft und der hilfesuchenden Patientin muß in vielen Fällen revidiert werden. Die junge, gut informierte und sich permanent weiterbildende Diabetes-Typ I-Patientin[248] wird sicherlich einen höheren fachmedizinischen Kenntnisstand zu ihrer Erkrankung haben als das Krankenpflegepersonal oder die Ärzteschaft.

---

[248] Diabetes-Typ I-Patientin: syn. IDDM (insulin-dependent diabetes mellitus) oder juveniler Diabetes; hierunter werden zumeist jungen PatientInnen gefaßt, deren Krankheit folgenden Kriterien entspricht: Sie sind zumeist unter 30 Jahre alt, sind normgewichtig, haben eine äußerst niedrige oder gar keine eigene Insulinproduktion und müssen deshalb Insulin substituieren (d. h. injizieren). Bei ihnen besteht die Gefahr des raschen Entgleisens des Blutzuckers und einer Ketoazidose. Als Ursachen werden genetische Prädispositionen und Virusinfektionen des Pankreas diskutiert (vgl. MSD 1993, S. 221 ff.)

Auch kann eine lebens- und krankheitserfahrene Patientin der jungen Pflegeperson Hinweise zur besseren Lebensgestaltung und kreativen Freizeitgestaltung geben.

Ob diese Verkehrung und Vertauschung der klassischen Rollenverteilung vom Pflegepersonal akzeptiert werden kann, hängt u. a. von dessen Berufsbild, Grad der Professionalisierung, der fachlichen Qualifizierung, seinem Selbstwertgefühl und Selbstbewußtsein ab. Sowohl die Abgrenzung als auch die Modifizierung des Rollenverständnisses können zu einem verantwortlicheren Umgang mit Gesundheit und Krankheit führen. Wer in der Rolle der Patientin diesem Wechselspiel zwischen Gesundheit und Krankheit eigenverantwortlich gegenübersteht, kann eigene Ressourcen effizienter und adäquater einbringen, als fremde Pflegepersonen und Betreuer dies leisten können.

* **Aktives Zuhören**

Insbesondere in der Trauerarbeit und bei der Konfrontation mit schweren Lebenskrisen kann das Bemühen, den Gesprächspartner zu verstehen, sehr hilfreich sein.

Die Worte des Betroffenen müssen in einer solchen Situation hinterfragt werden. (Kranken-)Beobachtung trägt zum Verständnis dessen bei, was den Betroffenen wirklich beschäftigt.

Die Chancen, Verständnis im Gespräch zu erreichen, sind größer, wenn der Kontakt zu der Patientin persönlich und vertrauensvoll ist. Eine emotionale und persönliche Beziehung kann u. a. dann von Vorteil sein, wenn die Patientin zu einer unangenehmen Situation befragt, oder wenn sie über das Stadium seiner Erkrankung informiert werden soll (vgl. Janicek 1985, S. 14; vgl. Schmidt-Atzert 1986, S. 112 - 124).

Weber führt eine detaillierte Beschreibung an, warum dem Pflegepersonal in einer Gesprächssituation die Methodik des Zuhörens vertraut sein sollte. Er führt aus:

> „Zuhören bedeutet:
> a) Partnerschaft, d. h. Verzicht auf einen autoritär-dirigistischen Führungsstil.
> b) Zentrierung auf den Gesprächspartner, d. h. Verzicht auf Egozentrik und Eigenwilligkeit.
> c) Annehmen, Bejahung und Wertschätzung des anderen, d. h. Verzicht auf ganze oder teilweise Ablehnung und Verurteilung.
> d) Voraussetzung für hilfreiches Rückfragen und verantwortungsvolle Stellungnahme; der Berater kann erst reden, nachdem er zuhörte; der Ratsuchende kann erst hören, nachdem er sich ausgesprochen hat.
> e) Selbständigkeit und Selbsttätigkeit für den Gesprächspartner, er gewinnt Freiheit zum Reden und Sichöffnen, freien Raum zum individuellen Sein und zur Identität.

f) Basis und Grundelement eines therapeutischen Geschehens, z. B. im Sinne der Abreaktion.
g) Erfüllung eines menschlichen Grundbedürfnisses..."
(Weber 1982, S. 59 f.)

Der aktive Teil des Zuhörens besteht darin, eine möglichst hohe Einfühlung in die Gefühlswelt des anderen zu erreichen. Durch waches Zuhören, Abwarten und gezieltes Nachfragen können Probleme eingegrenzt werden. Durch das Wiederholen von Gesagtem kann der Zuhörer signalisieren, daß dem Betroffenen *aktiv* zugehört wird. Dies sollte nicht als „Nachplappern" oder „Nachäffen" interpretiert werden. Der Unterschied besteht darin, daß bei der Wiederholung immer auch subjektive Gedanken und Gefühle vorhanden sind. Nicht die wortwörtliche Reiteration, sondern das Anbieten eines Feedbacks des Gehörten mit eigenen Worten kennzeichnet das aktive Zuhören. Dies sollte bereits nach zwei bis drei Sätzen erfolgen, damit nicht zu viele Informationen aufgenommen werden müssen und der Betroffene stets erkennt, daß ihm aktiv zugehört wird. Es wird ihm ein Spiegel vorgesetzt, und er kann sich von seinen eigenen Problemen distanzieren. Eine Metakommunikation[249] mit dem Krankenpflegepersonal und ein distanziertes Reflektieren des eigenen Zustandes werden ermöglicht (vgl. Tannen 1992, S. 213 - 230.; vgl. Markward 1994, S. 24 - 57).[250]

Das aktive Zuhören und der freie Dialog bilden ein wichtiges Stück Demokratie, Freiheit der Meinung und des Geistes. Ein Teil der Herrschaft und der Macht wird durch die freie „dialoge" Kommunikation abgegeben. In der Pflege wird der Patientin der Weg zu ihrer eigenen geistigen Freiheit hierdurch zugänglich gemacht. Eine eigene (Los-)Lösung von der Problematik wird der Patientin eher möglich.

Diese Form des Zuhörens ist somit langfristig gesehen weniger belastend und zeitaufwendig als andere Formen. Die Kranke wird durch die gezielte Gesprächsführung zur eigenen, selbständigen Beantwortung ihrer Fragen befähigt. Sie wird sich die dafür notwendigen Informationen von den dafür zuständigen Personen einholen (müssen).

---

[249] Metakommunikation: die Kommunikation über die Kommunikation. Wenn ein Austausch über die Kommunikationsprozesse an sich initiiert ist, kann von einer Metakommunikation gesprochen werden.

[250] Über die „Kunst" des Zuhörens meint der Tübinger Rhetoriker Gert Ueding: „Längst haben wir uns daran gewöhnt, mit anderen auf jene Weise zu kommunizieren, die Illich *(ketzerischer Sozialreformer und Schulkritiker zu Beginn der sechziger Jahre des 20. Jahrhunderts, Anm. d. Verf.)* verabscheut; keiner stößt sich mehr daran, wenn er zum Empfänger von Informationen, Daten, Meinungen gemacht wird und sie seinerseits wieder von sich gibt, ohne eine Antwort, ein Aufgreifen und Weiterführen noch zu erwarten. Die moderne Computertechnik hat ein übriges getan und uns vielfach schon zu bloßen Anhängseln von Kommunikationsapparaten, zu Durchgangsstationen oder Vermittlungsinstanzen von gespeichertem Sachwissen gemacht, die nur dann funktionieren, wenn wir uns möglichst vollständig und abwechselnd in Sender und Empfänger verwandeln. Das sind Kommunikationsvorgänge, aber keine Gespräche, die sich aus Frage und Antwort, Meinung und Gegenmeinung, Verneinung und Zustimmung entwickeln und deren Ergebnis nicht voraussehbar ist. Was man etwas altertümlich als den Geist eines Gesprächs bezeichnet, meint das unberechenbare, in seinen Wendungen niemals planbare Wesen des Dialogs, der nicht allein Beredsamkeit, sondern eine Kunst des Hörens voraussetzt." (Ueding 1995)

Die Aktivierung von Ressourcen wird vorgenommen und die Patientin als selbständiger und selbstverantwortlicher Mitmensch respektiert und gefordert.
Der Zugang zu diesen Kommunikationsmethoden kann erschwert sein, insbesondere wenn die Patientin Ratschläge und fertige Antworten von den „Experten“ und „Spezialisten“ gewohnt ist. Dies sollte beachtet werden. Die Patientin muß in einer solchen Situation langsam an ihre neu gewonnene Freiheit und Selbstverantwortung herangeführt werden, damit diese für sie nicht erschreckend und bedrohlich erscheinen (vgl. Steil et al. 1986, S. 62 ff.).

* **Richtiges Streiten**

Das Begleiten einer Patientin oder Kollegin darf nicht allein als Helfen, Bestehen oder aktives und passives Zuhören verstanden sein. Dissensen in essentiellen Punkten *müssen* zur Sprache kommen dürfen. Es sollte von beiden Parteien versucht werden, eine weitestgehende Übereinstimmung über Inhalt und Beziehung zu erreichen. Das Einsetzen der Aggression zum Durchsetzen eigener Standpunkte muß dabei in der Art geleistet werden, daß die wichtigsten Einzelpunkte in konstruktiver Art eingebracht werden, ohne daß sich einer der Partner zurückgesetzt oder übergangen fühlt. Der erreichte Konsens ist in diesem Fall ein Kompromiß beider Parteien, ohne daß ein Partner seine eigene Position vollständig aufgeben mußte.
Dies sollte insbesondere bei wichtigen Punkten der Lebensführung nicht vermieden, sondern vielmehr sogar provoziert werden, um die wichtigen Punkte einer Partnerschaft zu klären und einen gemeinsamen Standpunkt zu finden.
Als Voraussetzung hierfür muß die genaue Analyse des eigentlichen Problems geleistet sein. Die Rahmenbedingungen müssen einer entspannten und kooperationsfreudigen Atmosphäre entsprechen.
Hilfreich wäre es, wenn sich die beiden Kontrahenten unter vier Augen und ohne Zuhörerschaft über ihre Probleme auseinandersetzen. Bei äußerst schwierigen Konflikten kann eine neutrale, vertraute und von *beiden* Parteien akzeptierte Person hinzugezogen werden, um Verständnisschwierigkeiten zu verhindern. Diese dritte Person kann durch ihre emotionale Distanz und Neutralität zu einer Entspannung der Gesamtsituation beitragen.
Im Streit sollten die Personen ihre eigenen Gefühle darlegen und Beschuldigungen, Vorwürfe, Provokationen, Rechtfertigungen und sonstige Verletzungen tunlichst vermeiden.
Durch Verletzungen werden beim Gesprächspartner negative Emotionen ausgelöst. Seine Bereitschaft zu einem *konstruktiven* Gespräch wird unterminiert.

Vertrauen und Verständnis sollen durch das richtige Streiten gefördert werden. Verletzungen bewirken das Gegenteil.

Nachdem das Problem von allen Beteiligten einer genauen Analyse unterzogen worden ist und alle ihre Gefühle und Meinungen dazu kundgetan haben, sollten Vorschläge zu einer konstruktiven Lösung präsentiert werden. Die Darbietung sollte kommentarlos als Sammlung erfolgen.

Wenn alle Vorschläge gesammelt wurden, sollte die eigentliche Diskussion der Vorschläge beginnen. Durch die Verteilung der Lasten im Konsensprinzip kann zumeist ein konstruktiver Kompromiß gefunden werden, bei dem keiner Partei zuviel Schaden zugefügt und allen ein gewisser Gewinn zuteil wird.

Dann sollte eine Absprache über die gleichmäßige Verteilung der Aufgaben erfolgen. Auch hier sollte keine Partei zuviel oder zuwenig belastet werden. Jede sollte einen klar umrissenen Aufgaben- und Verantwortungsbereich haben, damit diffuse Schuldzuweisungen verhindert werden können. Eine präzise und konkrete Kritik an Einzelfaktoren wird erst durch die klare Zuständigkeit möglich. Nur hierdurch kann eine fehlerhafte Vermischung von Verantwortung mit Schuld vermieden werden.

Wenn all diese Faktoren keine positiven Konsequenzen haben sollten und keine Partei zu einem Kompromiß zu bewegen ist, können *(insbesondere in der Krankenpflege!)* Drohungen und Kampfansagen zur Durchsetzung eigener Interessen eingesetzt werden. Insbesondere in der Pflege können vom Pflegepersonal Mechanismen der passiven Gewalt eingesetzt werden, wenn Personalrat, Pflegedienstleitung, Verwaltung und Ärzteschaft nicht zu Kompromissen bereit sind. Dies sollte jedoch *immer* als ultima ratio gesehen werden. Grundsätzlich ist der Kooperation Priorität einzuräumen. Wenn jedoch eine Situation des kollektiven Burnout droht, müssen auch Mittel der passiven Gewalt eingesetzt werden, um lebensnotwendige und -erhaltende Arbeitsbedingungen zu sichern oder zu schaffen.

Der Familientherapeut Gordon hat eine ähnliche Vorgehensweise in der Gesprächsführung empfohlen. Er sieht bei kommunikativen Problemen die Identifizierung und Definition des Problems als derart wichtig an, daß er sie an vorderste Stelle der Bearbeitung der Konflikte setzt. Erst dann sollte die gemeinsame Auflistung und Entwicklung von alternativen Lösungen eines Problems angegangen werden. Diese sollten auf ihre Realisierbarkeit hin eingeschätzt werden, um eine gemeinsame Entscheidung treffen zu können, welche Vorgehensweise Konsens sei.

Die Durchführung dieser Entscheidung muß später überprüft und evaluiert[251] werden. Die Abfolge kann danach von Neuem beginnen: Das Problem konnte eventuell nicht oder nur unzureichend gelöst werden. Es muß nochmals versucht werden, das Problem zu identifizieren und zu definieren, alternative Lösungen zu entwickeln etc. pp. (vgl. Gordon 1993, S. 202 - 217).

Berkel beschreibt in seinem Konflikttrainingsprogramm, daß Konflikte und deren Bewältigung immer kognitive und emotionale Vorgänge aktivieren. Nur in einem akzeptablen Klima können sich Gedanken konstruktiv, innovativ und kreativ gestalten. Konflikte spielten sich zumeist sowohl auf der intrapersonalen[252] als auch auf der interpersonalen[253] Ebene ab. In nur seltenen Fällen blieben Konflikte und deren Bewältigung auf eine Ebene beschränkt. Zumeist würden mehrere Plateaus tangiert (vgl. Berkel 1992, S. 53).

Sein Konfliktbewältigungsmodell teilt er in die Phasen A bis F ein:

Phase A beinhaltet das Bemühen, die Erregung und die Spannung unter Kontrolle zu bringen, um überhaupt ein konstruktives Verhalten zu ermöglichen und eine Eskalation zu verhindern. Dies kann rational durch Problemanalyse, räumlich durch Trennung der Parteien oder emotional durch Aggressionsrituale erfolgen.

In ***Phase B*** werden vertrauensbildende Maßnahmen gefördert, z. B. durch Selbstoffenbarung oder durch Schonung des Kontrahenten, in dem man seine eigene Verletztheit zugibt, ohne den anderen anzugreifen.

Phase C dient der offenen und akzeptierenden Kommunikation. Hier werden Gefühle und Einstellungen angesprochen.

In ***Phase D*** werden die Probleme angegangen und ihre Lösung vorangetrieben. Nach der Problemdefinition werden Lösungsvorschläge, Konzessionen und Problemlösungsprozesse besprochen und sachlich ausgehandelt.

Phase E nützt der Sicherung von getroffenen Vereinbarungen um darzustellen, daß die andere Person vor der eigenen Schwäche geschützt wird. Permanente Kontrollen werden vermieden, die Interaktionen innerhalb der Beziehung entlastet und Einigungen in einem personentranszendenten Raum verankert.

---

[251] evaluieren: bewerten, überprüfen, den Wert und Nutzen bestimmen
[252] intrapersonal: innerhalb der Person selbst
[253] interpersonal: zwischen bestimmten Personen

In ***Phase F*** schließlich kommt es zur persönlichen Verarbeitung, in welcher die einzelne Person zu ihrem eigenen Abschluß des Konfliktes gelangt (vgl. Berkel 1992, S. 52 - 79)[254].

* **Adäquater Kommunikationsstil**

Insbesondere bei Patientinnen mit Hirnleistungsstörungen[255]und mit Symptomen einer zeitlichen und/oder räumlichen Desorientiertheit ist ein der Aufnahme- und Verarbeitungskapazität angepaßter Kommunikationsstil wichtig.
Pflegepersonen müssen bei der Patientin mit allen Sinnen die bizarrsten Formen menschlicher Kommunikation entdecken, selbst entwickeln und die vorhandenen, unreflektiert praktizierten kommunikativen Formen bewußt wahrnehmen und nutzen können (vgl. Ministerium für Arbeit, Gesundheit und Sozialordnung Baden-Württemberg 1993, S. 367).
Der reduzierten physischen und kognitiven Leistungsfähigkeit der Patientin muß Rechnung getragen werden, indem vermieden wird, rasch aufeinanderfolgend mehrere Sätze zu sagen oder eine Vielzahl von Aufgaben zu stellen. Es sollte langsam und deutlich gesprochen, geduldig und partizipierend zugehört werden. Der Tonfall, die Mimik, die Lautstärke und das Sprachtempo sollten konstant bleiben (vgl. Pomykala 1991, S. 203).
Hilfreich für die Verbesserung der Orientierung sind z. B. farbige Merkhilfen, markierte Punkte, wiederholtes Zeigen der Räumlichkeiten und geduldiges Erklären der Klingelanlage (vgl. ebd.).
Die Patientinnen sollten nicht aufgrund ihrer kognitiven Einschränkung gedemütigt werden, indem mit ihnen in der Sprache von Kleinkindern gesprochen wird. Auch wenn ihr Ausdrucksvermögen aufgrund ihrer Erkrankung eingeschränkt ist, nehmen sie ein solches Verhalten als demütigend wahr. Insbesondere bei hirnleistungsgestörten Patientinnen ist das Einfühlungsvermögen eminent wichtig.

---

[254] Berkel führt zu seinem Phasenmodell aus: „Den Ausgang bildet die Person, sie muß angesichts der sie störenden und behindernden Ereignisse ihre Erregung kontrollieren und gleichzeitig darauf bedacht sein, nicht ihre Position allein im Auge zu behalten; sie erlebt daher zwangsläufig den Konflikt in sich selbst. Um ihn zu beheben, wendet sie sich der Beziehung, also der anderen Konfliktpartei, zu und sucht hier, *Vertrauen* zu schaffen und durch offene Kommunikation *Transparenz* herzustellen. Die auf der emotionalen Grundlage *kooperativ* erarbeitete Lösung des Problems, des Streitpunktes, wird dann abschließend einer normativen Regelung unterworfen. Der Konfliktkreis schließt sich aber erst, wenn die Person auch innerlich mit der Angelegenheit fertig geworden ist. Folglich wird die Konfliktbewältigung am Ende wieder zur Person zurückkehren; denn sie muß das, was vorgefallen ist, verarbeiten und damit leben.
Nicht ausgeschlossen ist, daß der Konflikt wieder *auflebt*. Dann wird sich der Kreislauf erneut in Bewegung setzen, jetzt allerdings auf einer anderen Ebene, denn die Situation ist nicht mehr die gleiche wie vorher. ...Mit diesem Modell wird auch deutlich, weshalb es sinnvoll ist, von einer Konflikt*bewältigung* und nicht von einer Konflikt*lösung* zu sprechen. Einzelne Lösungen für eng umgrenzte Konflikte lassen sich sicherlich finden. Aufs Ganze gesehen ist der Konflikt jedoch ein Phänomen, das das Wechselspiel zwischen Personen, ihren Beziehungen und einer jeweils thematisierten Sache kennzeichnet, folglich grundsätzlich nicht zu beseitigen („aufzulösen"), sondern immer nur in stets neuen und energischen Anläufen in den Griff zu bekommen und damit zu bewältigen ist."
(Berkel 1992, S. 78 f.)

[255] z. B. aufgrund einer Demenz, eines apoplektischen Insultes, frühkindlichen Hirnschadens, Oligophrenie, HOPS o. ä.

Das Pflegepersonal sollte einer Patientin mit Orientierungsstörungen eine konsequente Klarheit vorleben. Das bedeutet, daß begleitende und pflegende Personen durch ihre kognitive Klarheit psychisch und mental Unterstützung und Halt geben können. Patientinnen werden an dem „Leitbild" Pflegeperson ihre Orientierungseinschränkung überprüfen, messen und ggf. korrigieren, wenn sie dazu imstande sind und ihnen hierbei geholfen wird (vgl. Kapitel 3.5).

Ein persönlicher Zugang zu den in ihren kognitiven Möglichkeiten eingeschränkten Personen kann durch eine adäquate non-verbale Kommunikation im allgemeinen und sanfte körperliche Berührung im speziellen erreicht werden (vgl. Roper et al. 1993, S. 215 ff.; vgl. Bienstein 1995, S. 154 - 165).

Kommunikationsdefizite aufgrund von Demenz und Aphasie erfordern vom Pflegepersonal ein intensives Beobachten der Verhaltensweisen der Patientinnen. Durch Beobachtung von Mimik, Gestik, Haltung, Gang etc. können Emotionen und Gedanken geschlußfolgert werden (vgl. Seel 1994, S. 310 ff.). Da diese jedoch zu ungenau sind - sie quasi analoge Kommunikation darstellen - , um daraus eindeutige digitale Schlußfolgerungen ziehen zu können, muß die Interpretation des Beobachteten als Feedback an die Patientin zurückgegeben werden. Die nachfolgende Reaktion der Patientin sollte erneut beobachtet werden. Dabei können non-verbale Hilfsmittel wie Malblöcke, Musikinstrumente, Symbole etc. genutzt werden. Dies erfordert auf beiden Seiten eine hohe Konzentration. Zudem muß die Pflegeperson die Patientin gut kennen. Dies bedingt ein Bezugssystem, welches nur in der Bereichspflege zu gewährleisten ist.

* **Reflexionsfragen**

Bei dieser Kommunikations- und Interaktionsart wird das Pflegepersonal sehr selten eine ihm gestellte Frage direkt beantworten. Die gestellte Frage wird in eine andere Frage umgewandelt und an die Patientin zurückgestellt. Wenn diese die Frage nicht selbst beantworten kann, muß die Frage umformuliert werden, bis die Patientin eine Antwort geben kann. Diese Antwort kann dann als Stützpfeiler der Beziehung gesehen werden. Die Patientin wird durch Fragen des Pflegepersonals zu sich selbst geführt und gibt dem Personal gleichzeitig wichtige Informationen über sich selbst und über ihre Gefühlswelt, so daß sie für sich selbst und für die Pflegekraft verständlicher wird. Empathische Verhaltensweisen sind hierfür Voraussetzung und fördern das wechselseitige Verständnis immens (vgl. Byrrne/Long 1978, S. 113 ff.).

* **Meinungsfrage**

Mit dieser Frageform wird die Patientin direkt nach ihrer Meinung gefragt und als Individuum angesprochen. Ihr wird Raum gegeben, ihre Position darzulegen. Diese Fragetechnik kann gut zur Schlichtung von Meinungsverschiedenheiten zwischen Patientinnen eingesetzt werden.

Eine typische Frage in der Pflege wäre: „Was halten sie, Frau Meyer, davon, das Fenster für drei Minuten zu öffnen, wie es Frau Müller vorgeschlagen hat?"

Nun kann Frau Meyer darauf eine Antwort geben. Die Richtung der Antwort ist nicht vorgelegt. Frau Meyer bestimmt die Richtung mit allen positiven und negativen Eventualitäten selbst (vgl. Janicek 1985, S. 98).

* **Entscheidungsfrage**

Durch die Möglichkeit, eine Entscheidung treffen zu können, wird der Patientin ein kleines Stück Macht überlassen. Sie kann zumindest einen kleinen Anteil ihrer Umwelt selbst bestimmen.

Die Frage „Möchten sie eine Tasse Kaffee?" wäre als Angebot an die Patientin zu verstehen, um auf diese zuzugehen, ihr die Hand auszustrecken und ihr Vertrauen zu gewinnen (vgl. ebd., S. 100).

* **Demokratischer, partizipativer Kommunikations- und Führungsstil**

Konflikte und Dispute können nicht nur durch unterschiedliche Kommunikationsstile ausgedrückt sein, sondern werden auch von unterschiedlichen Ansprüchen, Wünschen, Sichtweisen, vom Menschenbild, von der Lebens- und Berufserfahrung, von Fähigkeiten, Einflüssen und Befugnissen geprägt. Konflikte sind somit immer auch vorprogrammiert und ein Ausdruck menschlicher Individualität. Diesem Ausdruck ist zwar Rechnung zu tragen, doch sollten Konflikte sozialverträglich und pro-sozial ausgetragen werden. Sie müssen zum Wohl der Gemeinschaft eingebracht werden und dürfen diese nicht gefährden. Ein frühes und konsequentes Konfliktmanagement ist deshalb eminent wichtig.

Ein Beitrag zur Prävention und Lösung von Konflikten ist der demokratische und partizipative Kommunikations- und Führungsstil. Er grenzt sich vom autoritären und vom Laissez-faire-Führungsstil deutlich ab.

Die Nachteile des *autoritären (oder autokratischen) Führungsstils* bestehen darin, daß durch eine rigide und dirigistische Leitung die Entscheidungs- und Handlungsräume des Pflegepersonals eingeschränkt werden. Eigenverantwortliches, selbständiges, kreatives und innovatives Arbeiten wird weitestgehend eingeschränkt. Dies kann Frustrationen für die Mitarbeiter zur Folge haben. Sie können ihre Arbeitsbereiche häufig nicht - oder wenn, dann nur gegen Widerstände - erweitern. Die Qualität der Arbeit jedes einzelnen wird eher mittelmäßig bis schlecht aussehen. Durch diese mäßige Qualität wird der Führungsstil strenger und starrer werden, damit die Normen der Arbeit zumindest zum Teil erfüllt werden. Autoritärer Führungsstil hat auch einen aggressionsfördernden Charakter unter MitarbeiterInnen, welche in ähnlicher Stellung gleichberechtigt tätig sind.

Im Gegensatz dazu wird der *Laissez-faire-Stil* eher zu Chaos, Unordnung, Pannen und Konflikten führen. Die fehlende Übersicht und die freie Gruppendynamik führen bei zahlreichen Mitarbeiterinnen zu hilfloser Passivität. Sie wissen oft nicht, was getan werden kann, um diese Desorganisation zu restrukturieren, ohne autoritär werden zu müssen. Diese Orientierungslosigkeit führt wiederum zu freier Gruppendynamik, welche erneut Konflikte zu Tage fördert. Der Kreis schließt sich.

Der demokratische und partizipative Führungsstil soll die Schwächen beider Stilarten vermeiden. Durch die systematische Förderung der Qualifikationen der Mitarbeiterinnen durch deren Verantwortung und Nutzung wird ein großer Entscheidungsspielraum im Pflegebereich möglich. Wird dieser dann kreativ und engagiert genutzt, mit koordinierten Beratungen und Konfliktmanagement verknüpft, kann ein gutes Betriebsklima entstehen. Dieses hätte effektives, kreatives und innovatives Arbeiten zur Folge und könnte das Vertrauen der verantwortlichen Personen stärken. Angst vor Verlust der Kontrolle über die „Untergebenen" könne effektiv abgebaut und die fehlende Übersicht, das blanke Chaos und Desorientiertheit entscheidend verringert werden. Wenn die einzelne Pflegeperson einen großen Entscheidungsspielraum hat und ihr aber bei Einzelentscheidungen assistierend, beratend und kooperierend geholfen wird, wird sie bei diesem Führungsstil über eine längere Zeit kreativ, innovativ, motiviert und engagiert sein.

Weiterhin ist eine gewisse Kontrolle der Tätigkeiten denkbar und zum Teil sicherlich notwendig, um Disziplin, Ordnung und Qualität langfristig zu gewährleisten.

Wie groß der Verantwortungsbereich der Pflegekraft im einzelnen sein darf, muß in einer *gemeinsamen* Entscheidung festgestellt werden (vgl. Ruthemann 1993, S. 91 - 138; vgl. Böcker-Kamradt 1994, S. 143 - 146).

Mitscherlich/Muck sehen die großen Vorteile einer demokratisch geführten Gruppe in der Möglichkeit, höhere Ich-Leistungen und reifere Über-Ich-Organisationen der Gruppenmitglieder zu erreichen.[256]

---

[256] Simmel wird von ihnen dazu zitiert: „Democracy as a normal group formation enables the individual ego to maintain ist structure and integration, in spite of belonging to a group." (Simmel 1946, zit. nach Mitscherlich/Muck 1975, S. 126)

Die Gründe für Schwierigkeiten bei der Einführung des partizipativ-demokratischen Führungsstils sind zumeist bei den Mitarbeiterinnen selbst zu suchen. Sie sind evtl. einen autoritären oder einen Laissez-faire-Führungsstil gewohnt und können sich auf den neuen Stil nur unter Schwierigkeiten einstellen. Diese Problematik sollte bei der organisatorischen Veränderung von Krankenhaushierarchien immer bedacht werden. Manche Mitarbeiterinnen werden aufgrund ihrer hohen Motivation schnell durch die internen Widerstände und die „phlegmatische Bürokratie" frustriert. Die Frustrationsgefahr muß durch eine Analyse der Situation präventiv eingegrenzt werden. Auch Mitentscheidungen und kollektive Einfluß- und Mitgestaltungsmöglichkeiten müssen berücksichtigt werden. Dabei sollte die fachliche Kompetenz der examinierten Pflegekräfte realistisch eingeschätzt und berücksichtigt werden. Die Pflegedienstleitung darf dabei nicht unterminiert werden. Die Einflußnahme der examinierten Pflegekräfte sollte sich auf fachliche, psychologische und gruppendynamische Aspekte begrenzen[257].

[257] Lewin hatte umfangreiche Versuche zu Führungsstilen durchgeführt und konnte folgende, generalisierende Schlußfolgerungen ziehen: „1. Die Laissez-faire-Atmosphäre ist mit der demokratischen nicht identisch. In den Laissez-faire-Gruppen wurde weniger - und schlechtere - Arbeit geleistet. 2. Demokratie kann leistungsfähig sein. Obwohl die Quantität der Arbeit bei den autokratischen Gruppen etwas höher war, waren in den demokratischen Gruppen Arbeitsmotivation und Interesse stärker. Verließ der Führer den Raum, arbeiteten die demokratischen Gruppen bezeichnenderweise weiter, die autokratischen dagegen nicht. Bei der Demokratie war auch die Originalität ausgeprägter. 3. Autokratie kann starke Feindseligkeit und Aggression hervorrufen, einschließlich Aggression gegenüber Sündenböcken. Die autokratisch geführten Gruppen zeigten bis zu 30mal häufiger Feindseligkeit, mehr Ermahnung zur Aufmerksamkeit, mehr Zerstörung ihres Wertmaterials und machten häufiger andere zum Sündenbock. 4. Autokratie kann Unzufriedenheit erzeugen, die sich nicht an der Oberfläche zeigt.... 5. Autokratie begünstigte Abhängigkeit und geringere Individualität. Es fanden sich mehr unterwürfige und abhängige Verhaltensweisen in den autokratisch geführten Gruppen, und die Unterhaltung war weniger abwechslungsreich und mehr auf die unmittelbare Situation beschränkt. 6. Demokratie fördert mehr Gruppengeist und freundschaftliche Atmosphäre. In den demokratisch geführten Gruppen wurde das Pronomen *ich* weniger häufig gebraucht, die spontanen Untergruppen waren größer, gegenseitiges Lob, freundliche Bemerkungen und allgemeine Munterkeit waren häufiger, und es herrschte größere Bereitschaft, das Gruppeneigentum zu teilen." (Zimbardo 1983, S. 627)

7.3.2 Nicht sinnvolle Gesprächsführung

* **Ratschläge**

Ratschläge sind nicht per se negativ. Sie werden zumeist dann als negativ empfunden, wenn sie zum falschen Zeitpunkt, ungefragt und unerwünscht erfolgen. Ratschläge werden dann zu Schlägen. Sie drücken dann nicht eine Symmetrie, sondern eine ungewollt komplementäre Kommunikation aus. Eine Machtbeziehung wird deutlich und kann von dem Betroffenen als Gewalt, Bevormundung oder Unterdrückung empfunden werden.

* **Bewertungen und Beurteilungen**

Eingruppierungen nach den Bewertungsmaßstäben gut, schlecht, besser oder schlechter können von Personen als belehrend und gewalttätig erlebt werden. Eine Hierarchie zwischen dem, dessen Verhalten und Äußerungen beurteilt werden, und dem, der beurteilt und bewertet, wird deutlich. Wenn die Betroffene ausdrücklich danach fragen sollte, können - abhängig von der jeweiligen Situation - Bewertungen und Beurteilungen gegeben werden. Das Ausmaß der Urteile sollte dann möglichst gering bleiben.

* **Explorierende/examinierende Fragen**

Durch das Erfragen biographischer und persönlicher Daten kann die Richtung des Denkens und des Gesprächs vom Pflegepersonal gelenkt werden. Es nimmt die Gesprächsinitiative an sich und läßt der Patientin wenig Raum und Zeit, selbst den Verlauf der Kommunikation zu bestimmen. Durch diese Führung wird ein begleitendes Pflegen unmöglich (vgl. Weber 1982, S. 42).

* **Erklärende Antworten**

Durch die Präsentation von Wissen, Erklärungen und Antworten wird die Betroffene von ihrem Gefühl abgelenkt und zu einer kognitiven Auseinandersetzung geführt. Die erklärende Antwort kann eine Verdrängung emotionaler Anteile bewirken, so daß schmerzende und evtl. verletzende Erfahrungen nicht zugelassen werden. Durch die generalisierende Distanzierung vom konkreten Ereignis wird die Individualität der Betroffenen eingeschränkt und ihr Erleben reduktionistisch als Fallgeschichte behandelt.

* **Selbstoffenbarendes Verständnis**

Allein durch die Erklärung, daß die betroffene Person verstanden worden sei, wird dieser nicht deutlich, worin das Verständnis liegt. Ein auf Pauschalisierungen begründetes Verständnis verhindert ein individuelles Eingehen auf die Probleme der Patientin.

Ein Verstehen im Sinne des reflexiven Feedbacks hingegen kann der Patientin zeigen, daß ihr aktiv zugehört wird, und ob der Zuhörer alles in der Art und Weise wahrgenommen und interpretiert hat, wie sie es ihm hat mitteilen wollen.

* **Bagatellisieren**

Durch euphemistisches Beschreiben und Bezeichnen von Problemen wird die Betroffene das Gefühl haben, sie und ihre Probleme würden nicht ernst genommen. Häufig kann der wahre Hintergrund für dieses Verhalten darin liegen, daß die Gesprächspartnerin sich selbst vor der Beschäftigung mit der Thematik schützen und der Konfrontation aus dem Wege gehen will. Auch geht es hier nicht um das zeitweilige positive Verschweigen von Problemlagen, sondern um die Beschönigung der negativen Sichtweise einer anderen. Diese Sichtweise wird nicht in der Art wahrgenommen, wie die Betroffene sie selbst sieht. Die eigene Sichtweise und Meinung wird der Gegenüber oktroyiert. Eine häufig notwendige Trauerarbeit und intensive Beschäftigung mit der Problematik wird als unwichtig erachtet. Die Folge einer Bagatellisierung kann eine Verdrängung des Problems, ein realitätsfernes Verhalten, die Realitätsverkennung oder letztendlich die Verschlimmerung des Problems sein (vgl. Weber 1982, S. 41).

* **Beruhigungen**

Das Beruhigen ist dem Bagatellisieren in seinen Auswirkungen sehr ähnlich. Durch beruhigende Worte wird dem Betroffenen signalisiert, daß sein Kummer, seine Probleme und seine Krankheit nicht sonderlich ernst genommen werden. Auch kann es als Signal der Abwehr und Verdrängung gedeutet werden, wenn die Helfende den Eindruck macht, daß sie die Hoffnungslosigkeit und Verzweiflung der Patientin nicht an sich heranlassen möchte, weil sie diese Situation nicht aushält.

* **Dirigieren**

Durch Ratschläge, Ermahnungen oder Befehle wird die Patientin „abgefertigt". Sie wird abhängig und unselbständig zurückgelassen und in ihrer Individualität nicht berücksichtigt (vgl. Weber 1982, S. 40).

* **Debattieren**

Durch das Führen von Debatten, Diskussionen und Streitgesprächen wird allzuoft lediglich der eigene Standpunkt und die eigene Meinung rechthaberisch und besserwisserisch der Patientin oktroyiert (vgl. ebd.).

* **Dogmatisieren**

Beim Anführen von medizinischen, philosophischen, religiösen oder psychologischen Lehrsätzen, empirischen Studien, Volksweisheiten und Lebenserfahrungen wird die Individualität der Patientin nicht berücksichtigt (vgl. ebd.).

* **Diagnostizieren**

Durch ein einseitiges, voreiliges, pauschalisierendes und definitives Aussprechen einer Diagnose verliert die Patientin ihre Freiheit und wird schockiert. Der Weg zu einer „richtig" vermittelten Diagnose läuft jedoch interaktional (d. h., die Patientin muß zumindest zu Wort kommen). Er verläuft langsam, erst nach gründlicher Recherche und ausführlicher pflegerischer Anamnese. Ihre Individualität wird miteinbezogen (vgl. ebd.).

* **Interpretieren**

Bei einseitiger, eigenwilliger, verfrühter und subjektiv interpretierender Deutung wird sich die Patientin autoritär und nicht verstanden behandelt fühlen. Das Interpretieren kann dann hilfreich sein, wenn die Patientin die Erläuterungen verstehen kann. Optimal wäre die Interpretation durch die Patientin selbst (vgl. ebd., S. 40 f.).

* **Generalisieren/Pauschalisieren**

Durch das Anwenden eines allgemeingültigen Schemas wird die Individualität der Patientin vernachlässigt. Häufig werden hierbei Wörter wie „immer", „man" und „alle" verwendet (vgl. ebd., S. 41).

* **Terminisieren**

Durch das Aufzeigen eines elaborierten Sprachcodes und durch zahlreiches Anführen von Termini werden asymmetrische Kommunikationskonstellationen zwischen Pflegekraft und Ärztin auf der einen Seite und der Patientin auf der anderen Seite evident.
Die Intention des Senders liegt hierbei vornehmlich in der emotionalen Distanzierung und egoistischen Interessenvertretung. Er wird es genießen, durch derartige Verbalgewalt sozial legitimierte Macht ausüben zu dürfen. Eine individuelle Patientinnenbegleitung und Berücksichtigung von persönlichen Bedürfnissen findet nicht statt.

* **Moralisieren**

Durch das Aussprechen von Werturteilen kann die Gefahr bestehen, daß sich die Patientin minderwertig und verurteilt fühlt. Schuldgefühle und Angst können daraus resultieren. Reine Lobesäußerungen können den heimlichen Nebeneffekt haben, daß fehlendes Lob von der Patientin als heimliche Kritik verstanden wird. Lob kann auch als Koketterie oder Manipulationsversuch verstanden und zurückgewiesen werden.

Hier ist echtes, offenes und kongruentes Verhalten gefordert (vgl. ebd.).

* **Monologisieren**

Durch einseitig extensives und eloquentes Fabulieren wird die Individualität der Patientin mißachtet (vgl. ebd.).

* **Emigrieren**

Durch internes oder externes „Abschalten", durch Abwehrmechanismen oder Indolenz wird die Patientin nicht empathisch angenommen. Eine individuelle Pflege wird verhindert. Ein routinemäßiger Umgang miteinander wird etabliert (vgl. ebd.).

* **Rationalisieren**

Durch eine logische und kühle Intellektualität der Pflegekraft wird die Gefühlswelt der Patientin mißachtet. Die Patientin fühlt sich nicht (gänzlich) verstanden. Sie wird - möglicherweise - zu sich selbst eine distanzierte, kühle und rationale Einstellung aufbauen und den Zugang zu emotionalen Vorgängen verschließen (vgl. ebd.).

* **Projizieren**

Durch Übertragungen eigener Erfahrungen, Gedanken und Gefühle auf den Gesprächspartner wird dieser nicht als ein selbständig denkendes und fühlendes Individuum erlebt. Die Patientin wird sich nicht angenommen und verstanden fühlen (vgl. ebd.).

* **Identifizierung**

Durch ein einseitiges Eintauchen in die Welt des Gesprächspartners und durch den Verlust der Selbstkontrolle wird die professionelle Abwägung von Nähe und Distanz aufgegeben. Ein Helfersyndrom ist abzuklären (vgl. ebd., S. 42). Der Patientin wird der Weg zu selbständiger und eigenverantwortlicher Reaktivierung blockiert (vgl. Kapitel 6.2.3).

* **Rollenfixierung**

Durch die Annahme einer festen Rollenzuschreibung z. B. als allwissender Berater oder omnipotente Pflegekraft wird die Entwicklung der Selbst- und Eigenständigkeit bei der Patientin verhindert. Eine regressive Entwicklung ist eher wahrscheinlich (vgl. ebd.).

* **Abstraktion**

Durch generalisierendes und abstraktes Reden wird die Patientin ausgegrenzt und in die Rolle der Unwissenden und Unmündigen verwiesen. Sie wird ihren Status eher minderwertig als „Einzelfall" oder „Fallgeschichte" eingruppieren (vgl. ebd.).

* **Examinieren**

Häufiges Fragen, Aushorchen und Verhörmechanismen werden von der Patientin zumeist als bohrende, unzulässige Neugier und als Beschneidung ihrer Redefreiheit interpretiert. Sie wird sich zurückziehen. Selbstbefragung, Eigeninitiative und Autoexploration durch die Patientin selbst werden vermieden (vgl. ebd.).

* **Externalisieren**

Durch Verschiebung des Interesses auf externe Faktoren (wie z. B. Äußerlichkeiten, Partnerprobleme und gefühllose Sachthemen) wird die Patientin von den eigentlichen Problemen abgelenkt. Ein intensives Aufarbeiten der Probleme wird blockiert (vgl. ebd.).

* **Umfunktionalisieren**

Durch ein Unterbrechen des Redeflusses und durch Umlenken des Gespräches in eine andere, vom Pflegepersonal bestimmte Richtung wird die Patientin von ihren Problemen abgelenkt und -gedrängt. Eine offene Kommunikation wird verhindert, eine Manipulation findet statt (vgl. ebd.).

* **Fangfragen**

Durch Fangfragen versucht die Fragende, die Befragte zu übertölpeln und zu überfahren. Diese Frageform wird nicht benutzt, um neue Informationen zu einem Thema zu erlangen, sondern um Vermutungen bestätigen zu lassen.
Eine typische Frage wäre: „Wenn sie ihre Zuckertabletten weglassen, haben sie dann häufiger Harndrang?“ (vgl. Geisler 1987, S. 88).

* **Neugierfragen**

Fragen, die lediglich die Neugier der Fragenden befriedigen sollen, jedoch keinerlei sachlichen Nährwert haben, häufig die Befragte beschämen und eher das Klima eines Verhörs haben, sind ebenfalls als negativ zu bewerten.
Ein typisches Beispiel in der Krankenpflege wäre die Frage: „Wenn sie Alkohol getrunken haben, wollen sie mit ihrer Frau intim zusammen sein?“ (vgl. ebd.)

* **Sokratische Fragen**

Diese akademisch und gebildet klingende Frageart ist lediglich für die Selbstdarstellung des Fragenden gedacht und nützlich[258]. Eine asymmetrische Machtbeziehung zwischen Fragende und Befragte wird deutlich. Bei dieser Fragestellung weiß die Fragende, daß die Befragte die Antwort nicht wissen kann.
Ein Beispiel aus der Pflege wäre die Frage: „Wissen sie, wie hoch ihr Blutdruck höchstens sein darf, ohne daß es bei ihrem derzeitigen Quick-Wert zu Hämorrhagien kommt?“ Diese Frageform hat einen zurechtweisenden Charakter (vgl. ebd.).

---

[258] Den Namen hat diese Frageform von dem griechischen Philosophen Sokrates (469 - 399 v. Chr.), dessen Bemühen, die Menschen vom Scheinwissen zu echtem Wissensbemühen zu bringen („Ich weiß, daß ich nichts weiß!“), das ihn angesehene Männer in der Öffentlichkeit ins Gespräch ziehen und ihren Wissensdünkel entlarven ließ, ihm viele Feinde brachte (vgl. Bertelsmann 1975, Band 17. S. 257).

* **Wertende Fragen**

Durch bewertendes Fragen kann sich die Befragte herabgesetzt fühlen. Meistens wird diese Frageform in dieser Art und Weise interpretiert. Die Patientin wird in die Defensive gedrängt, moralisch unterminiert und in eine Verteidigungs- und Rechtfertigungsposition gesetzt.

Eine typische Frage wäre: „Wenn sie drei Kinder zu versorgen haben, warum haben sie nicht das Trinken sein gelassen und sind zur Arbeit gegangen?".

Eine bessere Fragestellung wäre folgende: „Warum fiel es Ihnen schwer, in jenem Moment nicht zu trinken?" Die Frage wäre mehr vom Individuum und zugleich neutraler gestellt gewesen (vgl. ebd.).

* **Aggressive Fragen**

Wenn aggressive Fragen gestellt werden, dann haben sie zumeist den Zweck, die Befragte in die Ecke zu drängen, Druck auszuüben, eine Machtasymmetrie darzustellen und ein bestimmtes Handeln oder Verhalten autokratisch durchzusetzen. Eine erfolgreiche Verhaltensänderung ist mit dieser Frageform selten zu erreichen.

Eine typische Frage der Pflege wäre: „Verstehen sie nicht, daß ihr Bein abgenommen werden muß?! Sie werden doch sonst verbluten!"

Eigentlich ist dies keine Frage. Das Fragezeichen wird durch ein Ausrufezeichen ersetzt. Eine Antwort wird nicht erfolgen und zumeist auch nicht erwartet (vgl. ebd.).

* **Floskelfragen**

Durch diese unechte, klischeehafte und schematische Frageform erzeugen Floskelfragen bei der Patientin das Gefühl, nicht ernst genommen zu werden. Sie wird oberflächlich gestellt, und oberflächliche Antworten werden erwartet. In der Alltagssituation wird häufig der Frage „Wie geht's?!" begegnet, ohne daß die angesprochene Person ausführlich zu ihrem Status Auskunft geben soll.

In der Pflege sind dies neben dieser Frage auch häufig folgende Fragen: „Kommen sie klar?" „Ist alles fit bei ihnen?" „Gibt's was neues?" Sie signalisieren darüber hinaus häufig einen kumpelhaften Zugang zur Patientin und können bei dieser negativ interpretiert werden. Sie drücken eine asymmetrische Konstellation in der Kommunikation aus (vgl. ebd.).

* **Suggestivfrage**

Durch diese Frageform wird vom Fragenden versucht, der Befragten etwas einzureden. Diese wird mit sanfter Gewalt in eine bestimmte Richtung oder zu einer speziellen Aussage gedrängt. Sie wird häufig in der politischen und journalistischen Rhetorik verwendet und drückt auch dort Verbalgewalt aus.

Typisch für die Krankenpflege wäre: „Wollen sie nicht auch bald wieder zuhause bei ihren Enkelkindern sein?" Kaum eine Patientin würde auf diese Frage ohne Zwang mit „Nein!" antworten (vgl. ebd., S. 102).

* **Ergründungsfrage**

Durch Fragen nach der Ursache werden bei der Patientin Denkprozesse angestoßen. Dies kann von hohem Nutzen sein, wenn die Patientin affektstabil und selbstbewußt ist. Sobald dies schwer einschätzbar erscheint, sollten sie nicht gestellt werden.

Eine typische Frage in der Pflege wäre: „Warum haben sie heute morgen ihre Tabletten vergessen und sind, ohne uns Bescheid zu geben, zum Kiosk gegangen?"

Die Patientin kann darauf rational antworten. Sie kann sich aber auch ausgefragt und in die Ecke gedrängt fühlen. Diese Frageform bedarf einer hohen Menschenkenntnis und einer stark ausgebildeten sozialen Empathie (vgl. ebd., S. 102 f.).

* **Rechtfertigungsfrage**

Durch diese Frageform wird die Befragte gezwungen, sich und ihr Verhalten zu rechtfertigen. Sie ist Ausdruck einer asymmetrischen Machtkonstellation.

In der Pflege könnte folgende Frage auftauchen: „Warum schmeckt Ihnen das Essen nicht?"

Wenn die Rechtfertigungsfrage durch eine Meinungsfrage ersetzt wird, wird der Druck auf die Patientin geringer ausfallen. Die Intentionalität der Frage bezieht sich dann weniger auf das Verhalten der Patientin, sondern eher konkret auf den Sachverhalt.

In diesem Fall würde die Pflegekraft fragen: „Wie könnte das Essen zubereitet sein, damit es ihnen besser schmeckt?" (vgl. ebd., S. 103 f.)

* **Provokative Behauptung als Frage**

Durch Provokationen sollen Meinungen, Antworten und Stellungnahmen hervorgelockt werden. Dies kann durch Fragen, aber auch durch Behauptungen geschehen, welche als Frage intendiert sind. Der Fragecharakter ist dabei jedoch nicht für jede Person erkennbar. Dies ist die große Schwäche dieser „Frageform", weshalb sie nicht eingesetzt werden sollte.

Eine Raucherin könnte in einer Krankenhausszene vom Pflegepersonal gefragt werden: „Sie rauchen doch mindestens 60 Zigaretten am Tag!?" Die Patientin wird dies als Frage oder als Anstoß verstehen, nun zu erklären, wieviel Zigaretten sie wirklich raucht und warum sie dies tut (vgl. ebd., S. 105 f.).

* **Pausenfrage**

Diese Frageform kann nur angewendet werden, wenn zwischen den Partnern bereits eine gute Beziehung vorherrscht.

Eine typische Frage wäre: „An Zigaretten rauchen sie ungefähr ...“ Daran anschließend wird meist eine Pause erfolgen, um deutlich zu machen, daß nun von der Patientin eine Antwort zu erfolgen habe. Generell ist diese Frage nicht sehr brauchbar, weil sie einen aushorchenden Charakter hat (vgl. ebd., S. 106).

* **Rhetorische Frage**

Diese Art der Fragestellung intendiert dahingehend, den Befragten im Denken in die vom Fragesteller vorgegebenen Richtung zu lenken. Sie wurde in der antiken Redekunst häufig zur Untermalung und Betonung von rhetorischen Stilelementen eingesetzt (vgl. Lemmermann 1990, S. 41 - 47, 187 - 200).

Eine typische Frage in einer Krankenpflegesituation wäre die folgende: „Wer hätte das gedacht, daß sie das Aufstehen noch einmal schaffen?!“

Diese Frage - abhängig von den situativen Rahmenbedingungen - hat moralisierende Effekte zum Ziel. Die Patientin soll ihr Verhalten oder ihre Einstellung (zur Krankheit, zum Pflegepersonal, zum Krankenhausaufenthalt etc. pp.) verändern. Eine Antwort und eine ernsthafte Stellungnahme wird von ihr nicht erwartet.

7.4 Empathie

Personen, welche beruflich mit psychisch instabilen Personen zu tun haben und dabei erfolgreich sind, verfügen über ein Einfühlungsvermögen, welches ihnen den Zugang zu der Gedanken- und Gefühlswelt des Erkrankten verschafft (vgl. Haasen 1995, S. 60 ff.). Wenn diesen Kranken deutlich gemacht werden kann, daß der Helfer in ungekünstelter, nicht-defensiver und echter Art und Weise Wärme, Verständnis und Interesse für die Kranke empfindet und sich bemüht, diesen zu verstehen, kann der Aufbau einer vertrauensvollen Beziehung gelingen. Der Helfer versucht, die Welt mit der Wahrnehmung der Kranken aufzunehmen, ohne mit dieser zu fusionieren. Die Distanz zur Patientin muß gewährleistet sein, damit bei der Pflegekraft keine Helfer-Syndrom-Gefährdung (vgl. Kapitel 6.2.3) und keine psychische Beeinträchtigung auftritt. Klare Ich-Grenzen und eine fachlich-sachliche Distanzierung müssen bei einer professionellen Arbeit Voraussetzung sein[259].

Wenn eine Patientin das Gefühl hat, daß sich eine fachlich fortgebildete und qualifizierte Pflegekraft für sie interessiert und versucht, ein tiefes Verständnis für ihren Zustand aufzubauen, wird Achtung, Respekt und Freude die Folge sein. Die Patientin wird Vertrauen zur Pflegekraft und zu sich selbst entwickeln.

Rogers selbst begründet dies in folgender Weise:

> „In the emotional warmth of the relationship with the therapist, the client begins to experience a feeling of safety as he finds that whatever attitude he expresses is understood in almost the same way that he perceives it, and is accepted. He then is able to explore, for example, a vague feeling of guiltiness which he has experienced. In this safe relationship he can perceive for the first time the hostile meaning and purpose of certain aspects of his behavior, and can understand why he has felt guilty about it, and why it has been necessary to deny to awareness the meaning of this behavior. But this clearer perception is in itself disrupting and anxiety-creating, not therapeutic. It is evidence to the client that there are disturbing inconsistencies in himself, that he is not what he thinks he is. But as he voices his new perceptions and their attendant anxieties, he finds that this acceptant alter ego, the therapist, this other person who is only partly another person, perceives these experiences too, but with a new quality. The therapist perceives the client´s self as the client has known it, and accepts it; he perceives the contradictory aspects which have been denied to awareness and accepts those

[259] Carl Rogers selbst definiert das einfühlende Verstehen: „Es umfaßt in jedem Augenblick Empfindsamkeit für die wechselnden Gefühlsbedeutungen, die in diesem anderen Menschen strömen, für Angst oder Wut, Zärtlichkeit oder Verwirrung oder was auch immer er oder sie gerade an Erlebnis erfährt. Es bedeutet, zeitweise in seinem/ihrem Leben zu leben, sich darin vorsichtig und ohne Urteile zu fällen zu bewegen und die Gefühlsbedeutungen, deren er/sie sich kaum bewußt ist, zu erfühlen." (Rogers 1976, zit. nach Tausch/Tausch 1990, S. 36) Barret-Lennard gibt eine ähnliche Definition: „Das einfühlende Verstehen ist ein aktiver Prozeß, der aus folgendem besteht: Die gesamten gegenwärtigen und wechselnden Bewußtseinsvorgänge eines anderen erfahren zu wollen; sich zu bemühen, dessen Mitteilung und Meinung zu erhalten; dessen Worte und Zeichen in die Erlebnisbedeutung zu übertragen, die mindestens jene Aspekte seines Bewußtseins trifft, die für ihn in diesem Moment am wichtigsten sind. Es ist ein Erleben desjenigen Bewußtseinszustandes, der sich „hinter" der geäußerten Mitteilung des anderen befindet, aber in fortwährendem Wissen, daß dieser Bewußtseinszustand im anderen entspringt und fortschreitet." (Barret-Lennard 1962, zit. nach Tausch/Tausch 1990, S. 37)

too as being a part of the client; and both of these acceptances have in them the same warmth and respect." (Rogers 1965, S. 41)

Darauf aufbauend können individuelle Kommunikationsmöglichkeiten entwickelt werden, wie die Patientin ihre zum Teil völlig diffusen Gefühlszustände artikulieren kann, ohne sich desavouiert zu fühlen. Die Patientin wird das Gefühl der Isolation als nicht mehr so belastend empfinden und auch zu anderen Personen Vertrauen gewinnen können (vgl. Lasogga 1987, S. 57 - 72).

Zur Problematik der Isolation meint Berger:

> „Jemand, der nicht genug Selbstachtung, Selbstwertgefühl oder Selbstliebe besitzt, kann sich nicht wohl fühlen, wenn er mit anderen zusammen ist. Er entwickelt deshalb Techniken, wie er andere Leute meiden oder sich vor ihnen zurückziehen kann. ...Es ist ein Prozeß der Selbstherabsetzung und Selbstablehnung, der im Dienst des Selbsthasses, der Selbstaustilgung oder der Flucht vor der Verantwortung steht, intimere Beziehungen und Bindungen mit anderen zu riskieren." (Berger 1977, S. 88)

Die Patientin hat in einer solchen Situation, welche nicht nur für psychische Erkrankungen, sondern auch für Bewältigungszustände bei weiteren Problemen kennzeichnend ist, häufig das Empfinden, niemand hätte Verständnis für ihren Zustand und ihre Gefühle. Hier kann das empathische Verstehen ansetzen, um die Patientin zu sich selbst zu führen und ihr aufzuzeigen, daß sie nicht ausschließlich auf Ratschläge und Verhaltensmaßregeln anderer hoffen darf. Die Patientin benötigt Kommunikation und Vertrauen in einer kritischen Situation, in welcher Freunde und Angehörige zumeist überfordert sind. Eine für die Kommunikation ausgebildete Pflegeperson hat hierfür die notwendigen Fachkenntnisse und die berufliche Distanz, um die Patientinnen professionell begleiten zu können.

In diesem Entwicklungsprozeß zieht sich der Helfer sukzessiv zurück. Die Patientin findet nicht nur zu der pflegerischen Bezugsperson, sondern auch zu sich selbst und ihren eigenen Gefühlen Zugang und gewinnt Vertrauen. Der Helfer soll dabei mittel- und langfristig „redundant" werden (vgl. Kleiber/Giese 1990, S. 20 ff.).

Die Fokussierung des beruflichen Interesses auf empathische und kommunikative Verhaltensweisen macht es notwendig, nicht vornehmlich nach der Aktivität, sondern nach dem Gefühl bei der Aktivität zu fragen. Dieses sollte im Mittelpunkt stehen. Alle weiteren Maßnahmen sollten subsidiär helfen (vgl. ebd., S. 62 - 89)[260].

[260] Rosenhan/Seligman geben der klientenzentrierten Therapie von Carl Rogers eine wichtige Stellung. Diese Vorgehensweise würde eine wichtige Möglichkeit des Zugangs zum Patienten (Klienten) aufzeigen, weil sie echtes Vertrauen voraussetze und aufbaue. Sie führen dazu folgendes aus: „Perhaps the best-known and most widely practiced humanistic therapy, client-centered therapy, rests on two fundamental assumptions. The first is that therapy proceeds best when the client experiences the therapist´s *unconditional positive regard.* That regard arises from the therapist´s belief that people are fundamentally good even when they are doing „bad" things. Indeed, they do „bad" things precisely because they have not experienced such unconditional respect. Thus, clients who are rude, boorish, liars, thieves, and brutes are both entitled to and needy of such unconditional regard. Without it, all people simply become defensive and when they are defensive, the process of change is retarded. The second hallmark of client-centered therapy resides in the therapist´s attempt to achieve *empathy* with the client, to see the world as he or she does. Client-centered therapists listen carefully to what the client says and then reflect or mirror their understanding back to the client. This procedure enables clients to clarify and properly label their own experiences, and eventually to accept them. ... Because the client feels accepted and because he or she senses that the therapist is trying to understand, the client feels free to examine the host of feelings that lie just beneath surface behavior and that have been suppressed. That emphasis on feeling is, as we have seen, one of the significant features of these therapies." (Rosenhan/Seligman 1984, S. 126)

7.5 Aggression und Gewalt durch Patientinnen

7.5.1 Allgemeine Situationen

Trotz aller Bemühungen um präventive Vorkehrungsmaßnahmen kann es immer wieder vorkommen, daß Patientinnen oder Pflegepersonen aggressiv oder gewalttätig sind. Ich konnte aufzeigen, daß die Gründe hierfür sehr verschiedenartig und vielschichtig sein können. Eine Prävention ist deshalb nicht immer möglich.

Eine Pflegeperson kann eine demenzkranke Patientin sehr gut kennen. Dennoch kann diese - aufgrund von Verkennungen, somatischen Krankheitsschüben, Angehörigenverlust o. ä. - dem Personal gegenüber gewalttätig auftreten. Dieses Verhalten wäre in dieser Situation nicht in aggressiver Absicht auf das Personal bezogen gewesen.

Wichtig ist die schnelle und richtige Reaktion.

Ich möchte nun an dieser Stelle Ratschläge und Hinweise aus der Literatur nennen, wie in einer akuten und überraschenden Situation reagiert werden sollte.

Sicherlich ist das optimale Verhalten immer von der jeweiligen Gesamtsituation abhängig. Einem Verhalten sollte immer - wenn möglich - eine Analyse der Situation vorausgehen, um der Situation gerecht werden zu können. Wenn ein sofortiges Handeln erforderlich ist, sollte diese Analyse hinterher erfolgen.

Die folgenden Auflistungen sind nicht vollständig. Sie sollten nicht als Nachschlaglisten, sondern vielmehr als Anregungen, Hinweise und Gedankenstütze verstanden werden.

Die Abfolge ist weder hierarchisch noch chronologisch zu interpretieren. Die Reihenfolge ist zufällig.

7.5.1.1 Sinnvolle Handlungsweisen:

* Reduzierung oder Eliminierung von Risikofaktoren und Ursachen von Gewalt und Aggression (streitauslösenden Ehemann wegschicken, medizinische Maßnahmen ergreifen, empathisches, aktives Zuhören, Absetzen von Medikamenten durch die Ärztin etc. pp.)
* Abbau von präoperativen Ängsten (vgl. Kapitel 6.3.1)
* Versuch der Wiederherstellung des Vertrauens; ansonsten Hinzuziehen eines Kollegen und Antritt des Rückzugs (vgl. Bliemeister et al. 1994, S. 26)
* Echtheit in Gespräch und Verhalten (Es sollte keine Diskrepanz zwischen verbalem und non-verbalem Verhalten aufkommen! Die Beziehung zwischen Patientin und Pflegepersonal sollte offen zur Sprache kommen.) (vgl. Grond 1991, S. 246)
* Setzung von non-verbalen Signalen der Beruhigung und Zeit; Herabsetzung eines „Herrschaftsniveaus" (z. B. durch Hinsetzen zum Gespräch, Gestaltung einer gemütlichen, ruhigen und entspannten Gesprächsatmosphäre, offener und defensiver Blickkontakt) (vgl. Janicek 1985, S. 24, S. 43 ff.; vgl. Lang 1995, S. 66)
* Vermeidung, einen Sieg im Gespräch erreichen zu wollen; Beendigung eines Gespräches immer auf eine Art und Weise, daß ein Neubeginn zu jeder Zeit wieder möglich ist (vgl. Janicek 1985, S. 85 ff.)
* Betonung der Individualität (z. B. durch möglichst häufige Nennung des Namens, Vermeidung von Pauschalisierungen etc.) (vgl. Janicek 1985, S. 48 ff.)
* Demonstration von Interesse an der Patientin durch ruhigen Blickkontakt, wenn die Patientin selbst spricht (jedoch: Vermeidung eines permanenten Blickkontaktes, da dieser häufig als aggressive „Blickfixierung" interpretiert wird) (vgl. Janicek 1985, S. 68; vgl. Schmidt 1995, S. 846 - 849)
* rechtzeitige Planung und Information über Maßnahmen der Pflege, Physiotherapie, Therapie, Diagnostik oder Entlassung (vgl. Janicek 1985, S. 28; vgl. Schäfer 1996, S. 442 ff.; vgl. Hester 1996)
* Schaffung einer Vier-Augen-Situation, um eine Kompromittierung vor anderen Personen und das Gefühl der sozialen Isolation zu vermeiden (vgl. Janicek 1985, S. 32 - 39)
* Versuch, die Kooperationsbereitschaft der Patientin zu gewinnen, in dem um Verständnis der Problemlage des Pflegepersonals *freundlich aber bestimmt* gebeten wird (vgl. Gerstner 1988, S. 431)

7.5.1.1 Sinnvolle Handlungsweisen (Fortsetzung):

* Demonstration von Ruhe und überlegtem Verhalten (Personal kann beruhigend wirken und einen positiven Einfluß auf die Patientinnen haben) (vgl. Grond 1991, S. 254 ff.)
* bei Kooperationsbereitschaft der Patientin flexibles Konfliktmanagement zur Umleitung destruktiver Aggressionselemente in konstruktives Handeln (Transformation von permanent pauschalem Nörgeln in konkrete situative Kritik) (vgl. Ganser 1993, S. 160)
* Eskalationsunterbrechung durch das Reflektieren der Verhaltensweisen und durch eigenes kognitives Zurückziehen (z. B.: Stop! ➢ Warum verhält sich die Patientin in diesem Augenblick auf diese Weise?)
* Belehrung und Mitleidreaktion ohne Moralisierung mit der Intention, der Patientin zu verdeutlichen, daß andere Personen durch die Gewalttätigkeiten Verletzungen erleiden (vgl. Nolting 1978, S. 150 f.)
* wenn Sanktionen und negative Verstärker angewendet werden (müssen), sollten sie
  - nur wenig Aggression beinhalten,
  - nicht gegen die Person, sondern gegen das Verhalten gerichtet sein (nicht: „Sie sind eine böser Patientin!“, sondern: „Ihr Verhalten hat mir weh getan!“)
  - sofort und unmittelbar auf das Verhalten erfolgen.

  Sanktionen sind immer nur in leichter Form einzusetzen (vgl. Nolting 1978, S. 150 f.)
* Äußerung der eigenen Gefühle; Miteinbeziehung des Täters in das Erleben der eigenen Gefühle („Es tut mir weh, daß Sie...“, „Stellen Sie sich das vor, wie schlimm das für mich gewesen ist!“)
* Akzeptanz der Patientin durch Signalisierung von Achtung, Respekt und Akzeptanz ihrer Individualität („Ich achte Sie, aber verachte Ihr Verhalten!“)
* eigene Umdeutung der Verhaltensweisen („Sie wollte nicht mir, sondern ihrem Bruder weh tun!“)
* Rollentausch: Bitte um Rat bei der Angreiferin, wie man sich selbst jetzt verhalten sollte, um deren Verantwortungsgefühl und -bewußtsein zu reaktivieren

7.5.1.1 Sinnvolle Handlungsweisen (Fortsetzung):

* kognitive Distanzierung, in dem nach Gründen für die Tat der Angreiferin gesucht und dieser eher als Opfer ihrer Frustrationen und fehlenden Ausdrucksmöglichkeiten gesehen wird [hilfreich können dabei sog. Checklisten sein (vgl. Annex, Kapitel 10.3 + 10.4)]
* kognitive Hinweise, daß das Verhalten der Patientin zur Isolation führt
* Angebot einer Ausdrucksalternative; Angebot von Möglichkeiten, die Aggression, Angst und Verzweiflung auf andere Wege auszudrücken (z. B. durch Malerei, Musik, Schreiben oder Sport)
* Vermeidung von Angstäußerung, wenn man alleine ist (manche Patientinnen erschrecken, wenn andere Angst vor ihnen haben; manche triumphieren über den „Erfolg“, Angst ausgelöst zu haben und „endlich“ beachtet zu werden) (vgl. Kapitel 3.5.4)
* ruhige Abwehr mit Worten und Taten
* Aufforderung an die Patientin, sich zu entschuldigen (um ihr das Triumphgefühl zu nehmen)
* Nachfragen, aktives Zuhören, Empathie (allein das Gefühl, verstanden zu werden, senkt die Aggressionsintensität)
* Einsatz von kommunikativen Personen (bei der Polizei haben Forschungen ergeben, daß Frauen durch ihre ausgeprägten kommunikativen Fähigkeiten häufig deeskalierend und gewaltmindernd auf Gewalttäter wirken) (vgl. RP 07.10.95)
* Körperberührung (insbesondere bei Desorientierten und psychisch Kranken kann die leichte und vorsichtige Berührung der Haut einen Zugang zur aggressiven Person schaffen und dessen Gefühl der Verzweiflung und Isolation senken) (vgl. Bienstein/Fröhlich 1991)
* Ignorierung von aggressiven oder gewalttätigen Verhaltensweisen (keine Belohnung durch Aufmerksamkeit!), wenn diese Handlungen den Ablauf nicht entscheidend stören und andere Personen nicht zu Schaden kommen (vgl. Kapitel 3.5.4)
* Einbringen von Humor (positiver Humor kann entspannend wirken)
* Anstreben einer niederlagelosen Konfliktlösung und Vermeidung einer Vergrößerung der Machtasymmetrie
* Belohnung non-aggressiver Verhaltensweisen

7.5.1.1 Sinnvolle Handlungsweisen (Fortsetzung):

* Belohnung von pro-sozialem Verhalten durch Lob oder Lächeln
* Verbalisierungsappell [die Patientin soll ihren Ärger, ihren Frust angemessen mit Worten ausdrücken (lernen) (evtl. mit Hilfe von Aggressionsritualen (vgl. Annex, Kapitel 10.1)]
* gemeinsame Absprachen zwischen Patientin und Pflegepersonal, aggressive Verhaltensweisen nicht zu tolerieren
* Achtung des Besitzes, der Ehre, des Stolzes und der Freiheit des anderen (z. B. durch „vertragliche" Signierung beider Seiten)
* Ermöglichung von Kommunikation mit andere Personen (Mitpatientinnen, „grüne" Damen oder einen Geistlichen hinzuziehen, Angehörige anrufen)
* Vermeidung der eigenen Aggression und Gewalt (lediglich Gewalt in Form von Notwehr und Eigenschutz!)
* schriftliche Dokumentation des Vorfalls zur Information der Mitarbeiterinnen, zur eigenen Distanzierung und zur rechtlichen Absicherung
* Evaluierung des Vorfalls und des eigenen Verhaltens im interdisziplinären Team
* Weitergabe von Gewalterfahrungen an (noch) Unerfahrene, Austausch von Informationen und erwünschten Ratschlägen
* bei ausgeprägter Angst des Pflegepersonals: Hinzuziehen einer zweiten/dritten Person
* Förderung konstruktiver Kritik durch Vergrößerung des Handlungsspielraums der Patientin (Meckerkasten, Umgestaltungsmöglichkeiten schaffen) (vgl. Kapitel 7.8.3 + Kapitel 7.8.4)

7.5.1.1 Sinnvolle Handlungsweisen (Fortsetzung):

* Reflektierung eines möglichen Rosenthal-Effektes[261]
* Überdenken eines negativen Halo-Effektes[262] der einzelnen Pflegekraft auf die Patientin

(vgl. ICN 1995, S. 14 - 20; vgl. Ruthemann 1993, S. 91 - 138; vgl. Grond 1987, S. 138 f.; vgl. Grond 1989, S. 512; vgl. Grond 1991, S. 529 f.; vgl. Kirsch 1995, S. 267; vgl. Dießenbacher/Schüller 1993, S. 101 - 106; vgl. RP 20.01.1996)

[261] Rosenthal-Effekt: syn. Versuchsleiter-Effekt; ein von Robert Rosenthal untersuchter und beschriebener Effekt. Rosenthal war von der Problematik fasziniert, wie subtile Formen der interpersonalen Kommunikation zu sich selbst erfüllenden Prophezeiungen (self fulfilling prophecy) führen können. Er demonstrierte dies auf eine besonders dramatische Art, indem er Pädagogen mitteilte, daß manche Schüler sich als „Spätentwickler“ erweisen würden. Diese Schüler verbesserten sich und ihre Leistungen mit Fortschreiten des Schuljahres, obwohl sie ganz gewöhnliche Schüler gewesen waren, welche randomisiert ausgewählt worden waren (vgl. Zimbardo 1992, S. 16 f.; zum sog. Pygmalion-Effekt vgl. Elashoff/Snow 1972, S. 18 -22, 24 - 35). Ähnliche Phänomene sind - nach meiner Erfahrung - tagtäglich zwischen Patientinnen und Pflegekräfte zu beobachten.

[262] Halo-Effekt: syn. halo effect; die Tendenz, eine liebenswürdige oder intelligente (oder: unsympathische und dumme) Person auch in anderer Hinsicht als „gut“ (oder „schlecht“) zu beurteilen. Der globale und undifferenzierte Eindruck, den wir von einem Menschen haben, färbt unser Urteil, wenn es um spezifische Eigenschaften und Verhaltensweisen geht (vgl. Zimbardo 1983, S. 429 ff.). Insbesondere bei neuen MitarbeiterInnen, neu auf der Station eingesetzten SchülerInnen, Wechsel der Bezugspflegeperson und neu aufgenommenen PatientInnen kann dieser Effekt in der Pflege beobachtet werden.

7.5.1.2 Sinnvolle Handlungsweisen in einer akut bedrohlichen Situation

* konsequentes Handeln, möglichst wenig Kompromisse (welches Verhalten nachfolgend präsentiert wird, ist in dieser Situation sekundär)
* Flucht und Vermeidung der gewaltauslösenden Situation (vgl. Nolting 1978, S. 164)
* Mitpatientinnen schützen (Abwägung von Notwehr und eigener Flucht) (vgl. Bliemeister et al. 1994, S. 26)
* Beschwichtigung und Beruhigung (vgl. Nolting 1978, S. 164); ansonsten sind Beschwichtigungen und Beruhigungen kontraindiziert (vgl. Kapitel 7.3.2)
* Abwarten lassen, ins Leere laufen lassen (vgl. Nolting 1978, S. 164)
* Physische, räumliche und kommunikative Trennung von akut Streitenden durch eine dritte Person (zur vorläufigen Reduzierung der Erregung und zur Neutralisierung des Gewaltpotentials) (insbesondere bei psychischer Instabilität und hoher emotionaler Beteiligung) (vgl. Hoffmann 17.12.1995; vgl. Neubauer et al. 1994, S. 86)
* Flucht (bei sehr starker Verletzung und Kränkung die Situation verlassen und einen Kollegen bitten, für einen einzuspringen und dem Angreifer zu erklären, daß man zu verletzt sei, um jetzt selbst zurückzukommen; ein großer Wutausbruch kann so verhindert werden; nach der Beruhigung sofortige Erläuterung der eigenen Gefühle, kein Aufschub!)
* Vermeidung der Situation, der Patientin aus dem Wege gehen

7.5.2 Nicht sinnvolle Handlungsweisen:

* Moralische Entrüstung, Verdeutlichung der Geringschätzung (z. B. „Sie sind das allerletzte!“)
* Belehrungen in Oberlehrermanier (erhobener Zeigefinger, dozierendes Verhalten, Pauschalisierungen, Generalisierungen, Relativierungen und Vergleich mit Fallbeispielen) (vgl. Janicek 1985, S. 73 ff.)
* Anheben der Lautstärke als Form der akustischen Oberflächenvergrößerung, um die Patientin einzuschüchtern oder ihr zu imponieren (vgl. Janicek 1985, S. 76)
* Nichtreaktion, disziplinierte Zurückhaltung als Vermeidung einer Reaktion (Interpretation durch die Patientinnen: Pflegeperson beachtet mich nicht ➢ Eskalation der Gewalt) (vgl. Janicek 1985, S. 78 f.)
* Gegenaggression: Gegenangriff durch Vorwürfe, Beleidigungen, Kritik, Demütigungen, Tätlichkeiten, Kompromittierung, aktiver und passiver Aggression ➢ Eskalation der Gewalt
* Überfürsorglichkeit mit der Auswirkung, daß Kranke passiv, unselbständig, abhängig, regressiv und depressiv werden können (vgl. Grond 1991, S. 254 f.)
* Nervosität und Hektik (Hektik kann auf die Patientinnen ansteckend wirken und bei einer niedrigen Frustrationstoleranzgrenze und Leistungsminderung aggressionsauslösend wirken)
* Belohnung von Wut- oder Gewaltausbrüchen durch verstärkte Aufmerksamkeit, vermehrtes Interesse und intensivere Zuwendung
* Dramatisierung und Zuspitzung von Konflikten in Gesprächsrunden
* Unterdrückung von Gefühlen und inneren Spannungen
* Sanktionieren durch rigide Verbote oder Restriktionen (Sanktionen können Schuldgefühle bis zur Depression auslösen, eskalierend und frustrierend wirken.)
* Demonstration von Macht, physischer Überlegenheit und resolutem, kompromißlosem und konsequentem Handeln zur „Beruhigung“ von Patientinnen (eher gedacht als Abschreckung, Machtdemonstration, Verängstigung und Bevormundung) (vgl. Oud 1993, S. 617)
* ausschließliches Trainieren von körperlichen Verteidigungsmaßnahmen zur Abwehr physischer Angriffe (Betonung der körperlichen Gewalt und Vermeidung der kognitiven Reflexion gewalt- und aggressionsauslösender Faktoren) (vgl. Oud 1993, S. 614 - 617; vgl. Grond 1987, S. 138 ff.)

7.5.3 Krisenintervention (KI)

Krisenintervention umfaßt alle Maßnahmen, um eine Gleichgewicht auf sozialer, kognitiver, emotionaler und psychosozialer Ebene zu ermöglichen, zu sichern oder wiederherzustellen. Eine Krise ist individuell unterschiedlich interpretierbar und stellt für das Individuum immer eine bedrohliche Situation auf einer oder mehrerer dieser Ebenen dar.

Langfristig gesehen kann eine Person nur durch das Hinzulernen von Verhaltensweisen, durch eine konstruktive Auseinandersetzungen mit der Umwelt und durch eine eigene Verhaltensanalyse echte und wirkliche Veränderungen bewirken, um die Situation in Zufriedenheit zu meistern (vgl. Frommer 1991, S. 35).

Durch präventive Maßnahmen soll versucht werden, die Voraussetzungen einer Krise und ihre Entwicklung zu unterbrechen. Der soziale Tod als Verlust der Ich-Identität muß vermieden werden. Hier treten als Einzelkomponenten der Verlust der dinglichen Identität (Identität mit dem Eigentum), der Verlust der persönlichen Identität (mit dem Gefühl, nichts mehr wert zu sein, pflegebedürftig zu sein, seine geschlechtsspezifische Identität und Intimität verloren zu haben) und der Verlust der sozialen Identität (als Verlust der familialen Identität, als Erleben von Unfreiheit, Mißachtung und als kommunikativer Tod) auf.

Wenn diese Einzelkomponenten zusammentreffen, wird das Eintreten einer Krise wahrscheinlich. Jeder Einzelfaktor läßt sich nicht vermeiden, doch kann durch psychohygienische[263] Präventionsmaßnahmen die Wahrscheinlichkeit einer Koinzidenz aller Faktoren verringert werden. Die Person sollte ein selbstbestimmtes und eigenverantwortliches Leben bis zum natürlichen Tod würdevoll gestalten können. Das Pflegepersonal kann bei dieser Aufrechterhaltung eine wichtige gestalterische Unterstützung leisten.

Kurzfristig können folgende Grundsätze der Krisenintervention nach Dörner/Plog (1992, S. 336 - 343) angeführt werden, um eine Krise in akuter Situation sach- und fachgerecht angehen zu können:

* *so schnell wie möglich*: Eine Krisenintervention sollte so schnell wie möglich einsetzen, um die aggressive Energie weder gegen sich noch gegen andere, sondern zur eigenen Therapie zu lenken. Die Patientin ist in dieser Situation extrem

[263] Psychohygiene: die Lehre vom Schutz der seelischen Gesundheit. Die von C. W. Beers und A. Meyer 1908 postulierten Hauptaufgaben der Psychohygiene sind heute noch weitgehend gültig: 1. Sorge für die Erhaltung der geistigen Gesundheit, Verhütung von Geistes- und Nervenkrankheiten und Defektzuständen; 2. Vervollkommnung der Behandlung und Pflege der psychisch Kranken; 3. Aufklärung über die Bedeutung der psychischen Anomalien für die Probleme der Erziehung, des Wirtschaftslebens, der Kriminalität und überhaupt der menschlichen Verhaltensweisen. Diese Aufgaben sollten erfüllt werden durch Förderung der sozialen Fürsorge und Zusammenwirken mit öffentlichen und privaten Wohlfahrtseinrichtungen (vgl. Bertelsmann 1995, Band 7, S. 524).

schutzlos, offen und eventuell gesprächsbereit. Sie kann manche Aspekte ihrer Person wahrnehmen, welche ihr sonst zu schwierig zu eruieren scheinen.

* *Versuch eines tiefen Verständnisses:* Manchmal muß das Verhalten der Patientin vom Helfer ernster genommen werden als sie sich selbst nimmt.
* *Krisen vor Ort klären:* Krisen sollten vor Ort geklärt werden, damit die Situation realitätsnah bleibt. Nur so lange wie nötig die Patientinnen von dem Ort der Krise entfernen, subtile Abwägung!
* *Krise offen halten*: Die Patientin macht schnell wieder „zu". Sie blockiert nach ihrer Öffnung sehr schnell wieder, und ein Eingehen auf „wunde Punkte" wird schwierig.
* *Sinn der Krise*: Die Patientin sollte den Sinn der Krise verstehen lernen, um Fremdbestimmungen und Suizidgefahren zu vermeiden. Sie soll den Sinn von sozialen Beziehungen wieder erkennen.
* *Bedürfnisse sind Entlastungsmöglichkeiten:* Pflegerische, soziale und medizinische Arbeiten müssen der Krisenintervention unterstützend zur Seite stehen. Die Patientin soll jedoch so lange wie möglich in eigenen Sozialbeziehungen verbleiben, um eine soziale Isolation (und somit die Suizidgefahr) zu verhindern. Eine Krankschreibung kann bei sozialer Isolation kontraindiziert sein, wenn die Patientin depressiv und präsuizidal ist.
* *Partner nutzen*: Fast jede Person hat - auch in der schwersten Krise - einen Partner, welcher hinzugezogen werden sollte, um das bedrückende Gefühl der Einsamkeit, der Isolation, der Sinnleere und der Hoffnungslosigkeit einzugrenzen.
* *Schwierigkeiten mildern/beseitigen*: Die Schwierigkeiten, welche die Patientin in eine Krise gebracht haben (z. B. Partnerverlust, Tod der Eltern, Arbeitslosigkeit), können durch Beziehungen zu den Helfern - temporär - kompensiert werden, damit die Patientin später das Gelernte auf ihre Alltagswelt übertragen kann. Durch diese Prozesse können Vermeidungsstrategien (wie z. B. übersteigerter Aktionismus) oder Suizidgedanken vermieden werden.
* *Sinn der Krise*: Eine Krise kann - bei aller Hoffnungslosigkeit - für jeden Menschen einen Tiefpunkt bilden, von welchem aus ein „altes neues" und äußerst sinnvolles Leben beginnen kann.

Bei der Berücksichtigung dieser Punkte und Grundsätze ist die technische Umsetzung in der Arbeit sekundär. Die Patientin wird durch die Berücksichtigung der genannten Verhaltensmaxime Vertrauen zum Pflegepersonal und ihrer Umwelt aufbauen können. Die Schärfe der Krise wird teilweise genommen[264].

Dieses Handeln setzt den tiefsten Respekt vor der Selbstverantwortung eines jeden Menschen voraus und kann ausschließlich dann postuliert werden, wenn nicht nur nach den Gründen und Motiven einer Selbst- oder Fremdtötungskrise gefragt wird (vgl. ebd.).

Hier wird deutlich, daß in allen Situationen extremer und devianter Verhaltensäußerungen (mit oder ohne alloaggressiven Tendenzen) durch hohes empathisches Verständnis zu der Welt der Patientin vorgedrungen werden kann. Nur wenn die Patientin das Gefühl und die Überzeugung hat, daß eine andere Person sie wirklich verstehen möchte und dies auch engagiert versucht, kann der Schritt aus ihrer Krise gewagt worden.

Für den Helfer kann der hohe Einsatz von Empathie eine große Gefahr für seine Affektstabilität bedeuten. Deshalb sind Teamgespräche und intensive Supervisionen eminent wichtig, damit die Distanzierungsmechanismen des Ich weiter gestärkt und eine Verschmelzung mit den Problemen der Patientin verhindert werden können. Probleme innerhalb des Teams können offen dargelegt und offensiv angegangen werden (vgl. Scheidt 1996, S. 652 - 655).

Die beste Therapie in psychischen Akutsituationen ist die Hinzuziehung einer persönlichen Kontaktperson, wenn dies von der suizidalen, aggressiven und gewalttätigen Person selbst gewünscht wird. Die Patientin empfindet ihre Isolation nicht mehr derart bedrükkend[265].

Wenn in einem Konfliktgespräch und in einer Krisenintervention die emotionalen Anteile zu eskalieren drohen, sollte nach der Maxime von Michael Kastner vorgegangen werden.

[264] Dörner/Plog schreiben hierzu: „Einen ausweglosen Menschen kann man nur und ausschließlich bei seiner Ausweglosigkeit erreichen, sonst zunächst nirgends. Das ist ein hartes, brutales Geschäft. ...Trost für einen Trostlosen ist wie Spott. Statt dessen habe ich denjenigen, der sich oder den Anderen töten will oder wollte, der vielleicht im Begriff ist, seine alte Abwehr wieder hochzuziehen, bei seinem Sprung, bei seiner Tötungsabsicht, festzuhalten, sie gar noch zu übertreiben („eigentlich waren Sie schon drüben, haben sich frei gemacht"), um seine Verzweiflung und Ausweglosigkeit zu erreichen, zu vertiefen, auf den Grund zu bringen, mit ihm zu teilen. Er und ich müssen uns die Freiheit nehmen, davon auszugehen, daß die Verzweiflung so groß war, daß Selbst- oder Fremdtötung die einzige Möglichkeit zu sein schien, also innerlich erlaubt und rechtens war. Mehr noch: Daß es die einzige noch mögliche und zugleich seit langer Zeit die erste wirklich selbständige und freie Handlung war nach einer langen Zeit zermürbender Handlungsunfähigkeit, vielleicht die erste wirklich freie Handlung im ganzen bisherigen Leben. Nur dadurch kommen wir beide in der Begegnung dahin, daß es in der Krise nicht nur um das Töten ging oder geht, sondern auch um den Sprung. Und nur so komme ich vom Risiko zur Chance des Sprunges, die immer auch enthalten ist, zur Chance des Neubeginnes, die stets nur nach Erreichen des Nullpunktes, der Talsohle sichtbar werden kann." (Dörner/Plog 1992, S. 333)

[265] An dieser Stelle muß deutlich gemacht werden, daß eine Patientin mit psychotischen Symptomen dringend medizinische Hilfe benötigt. Dennoch ist dabei die psychologische Krisenintervention in gleichem Maße zu leisten.

Er schrieb folgendes:

> „Eine Beilegung eines Konfliktes ist um so leichter, je:
> * sachorientierter der Konflikt ist. Also versachliche!
> * unwichtiger die Streitobjekte für die jeweiligen Parteien sind. Also verdeutliche dies!
> * weniger diese „es nötig haben", ihr eigenes Ego durch die Niederlage des Kontrahenten zu erhöhen. Also baue das Selbstwertgefühl des anderen auf!
> * geringer die emotionale Beteiligung der Kontrahenten ist. Also tue alles zur Abkühlung!
> * weniger zentrale Werte und Ziele betroffen sind, deren kritische Reflexion ganze Weltbilder zum Einsturz bringen könnte. Also laß dem anderen sein Weltbild!
> * stärker die Fähigkeiten zur Konfliktbewältigung ausgeprägt sind. Also übe Streiten im kleinen!"
>
> (Kastner 1994, S. 240)

In den weiteren Ausführungen betont er folgendes:

> „Bereite Entscheidungen vor. Kläre positiv, was Du willst und definiere nicht immer nur, was Du nicht willst! Entscheide nicht unter Gefühlsaufwallungen! Liste die jeweiligen Vorzüge und Nachteile der Entscheidungsalternativen auf! Gönne Dir Reaktanz[266] so lange bis sie zu beanspruchend wird! Gib dem Regret-Phänomen[267] Zeit, von selbst zu verschwinden, so daß kognitive Konsonanz[268] entsteht! ...Meide Konflikte, analysiere sie, wenn Du schon involviert bist, überprüfe eigene Entscheidungen und Emotionen, unterbrich Spiralen, mach Dein Verhalten berechenbar, bewerte Verhalten aus unterschiedlichen Systemsichten, kehre nichts unter den Teppich und begib Dich an eine konstruktive Konfliktbearbeitung! ...Schlucke Ärger möglichst nicht in Dich hinein bzw. schreie ihn nicht heraus, sondern kopple ihn kontrolliert zurück! Greife dabei nie die Person, sondern nur das Verhalten an. Oft genügt es, statt eines Tadels nur das Idealverhalten des anderen zu beschreiben. Damit erhält er einen Hinweis für die Korrektur seines Verhaltens. ...Schau nach unten, das heißt, betrachte Deinen Zustand im Vergleich zu anderen, denen es wesentlich schlechter geht! Sieh zu, daß Du jeden Tag eine Freude bewußt suchst! Dies kann ein gutes Gespräch, eine besinnliche viertel Stunde mit einer Tasse Tee oder ein Anblick der Natur sein. Konzentriere Dich auf die angenehmen Aspekte Deiner Umgebung! Schau Deinen Kindern zu, baue mit ihnen einen Drachen und reserviere Familienzeiten!" (Kastner 1994, S. 243 - 252)

---

[266] Reaktanz: Begriff, welcher den aus einer (tatsächlichen oder vorweggenommenen) Beschränkung resp. der Handlungsalternativen resultierenden Widerstand oder den Zustand der Erregung bezeichnet, welcher sich jeder weiteren Einengung widersetzt und auf Rückgewinnung des verlorenen Handlungsspielraums abzielt (vgl. Meyer Lexikonverlag 1981, S. 296).

[267] Regret: (engl.) Bedauern, Schmerz, Trauer, Verlust, Klage

[268] Kognitive Konsonanz kann infolge einer Reduktion von kognitiver Dissonanz entstehen. Hierzu lesen wir bei Zimbardo: „Der formal am besten entwickelte Ansatz ist die *Theorie der kognitiven* Dissonanz von Festinger (1957). Die Grundannahme dieser Theorie ist, daß der Mensch Inkonsistenz nicht ertragen kann und versuchen wird, diese, wann auch immer, zu eliminieren oder zu reduzieren. Nach dieser Theorie entsteht ein Zustand der Dissonanz, sobald eine Person gleichzeitig zwei kognitive Vorstellungen hat (Wissens-, Glaubens-, Meinungselemente), die psychologisch inkonsistent sind. Da dies ein unangenehmer Zustand ist, wird das Individuum motiviert sein, diese Dissonanz irgendwie zu verringern und stärkere Konsonanz (Konsistenz) zu erreichen. Das kann dadurch geschehen, daß eines der kognitiven Elemente verändert wird oder neue hinzukommen." (Zimbardo 1983, S. 603 f.)

Folgender Kardinalsatz drückt die Quintessenz des Kapitels aus:

Denke - wann immer möglich - positiv!

Handele konsequent und konstruktiv!

Zum Abschluß möchte ich noch den griechischen Philosophen Aristoteles (384 - 322 v. Chr.) anführen, welcher folgendermaßen zitiert wird:

> „Jeder kann wütend werden. Das ist leicht. Aber wütend auf den richtigen zu sein, im richtigen Maß, zur richtigen Zeit, zum richtigen Zweck und auf die richtige Art, das ist nicht leicht." (Aristoteles, zit. nach Lizius 1996)

Der Patientin *und* der Pflegekraft muß geholfen werden, die Angst, Frustration und Aggression der Patientin gemäß diesem Zitat konstruktiv einzusetzen. Ich denke, ausreichend viele konstruktiven Hinweise hierfür selbst genannt zu haben.
Nun möchte ich ähnliches für das Pflegepersonal anführen.

7.6 Aggression und Gewalt durch das Pflegepersonal

An dieser Stelle möchte ich Verhaltensweisen anführen, welche von Pflegekräften in Anspruch genommen und benutzt werden sollten, wenn sie selbst aggressiv oder gewalttätig werden.

Im Anschluß daran werde ich nicht oder weniger sinnvolle Verhaltensweisen auflisten, welche in einer solchen Situation möglichst vermieden werden sollten.

Danach werde ich präventive Möglichkeiten zur Verhinderung und Minimierung von Aggression und Gewalt beim Pflegepersonal aufzählen und sie kurz - wenn nötig - kommentieren.

Abschließend werde ich freiheitseinschränkende Maßnahmen und ihre rechtlichen Grundlagen näher betrachten, da - nach meiner Erfahrung - deren legitimierter und sinnvoller Einsatz manchen Pflegekräften (noch) nicht ausreichend bekannt zu sein scheint.

7.6.1 Sinnvolle Verhaltensweisen:

* Benutzung von Aggressionsritualen (vgl. Annex, Kapitel 10.1)
* Äußerung eigener Wünsche (vgl. Nolting 1978, S. 163)
* Reflektierung von Lösungsalternativen (vgl. Nolting 1978, S. 163)
* konstruktives Einbringen der eigenen aggressiven Emotionen durch Vortragen der individuellen Meinung, Präsentation von fachlicher Leistung, Hilfestellung und Zeigen von Verständnis bei anderen Personen, Äußerung des Wunsches nach Beachtung und Anerkennung, Herangehen an exponierte Persönlichkeiten (vgl. Nolting 1978, S. 164)
* Vermeidung von persönlichen und generalisierenden Attacken [statt dessen sachliche Äußerung, Diskussion um das Thema, nicht um Personen („Ich bin wütend, weil das nicht klappt! Du kannst nichts für meine Wut!")]
* sofortige Entschuldigung (zur Vermeidung, selbst ein Sündenbock oder ein Feindbild zu werden)
* Verbalisierung der eigenen Emotionen und Gedanken gegenüber der Kontrahentin, damit andere Personen die aggressive oder gewalttätige Verhaltensweise besser einordnen können

7.6.1 Sinnvolle Verhaltensweisen (Fortsetzung):

* Rationalisierung und Erklärung der Ursachen des Verhaltens zur eigenen distanzierten Akzeptanz der Erregung und zur Gewinnung von Verständnis bei Patientinnen und KollegInnen („Ich hatte einen schweren Tag! Wir hatten heute so viele Aufnahmen!“) (vgl. Nolting 1978, S. 138 f.)
* Änderung der Wertorientierung durch Abbau des Übergewichts sachlicher und materieller Werte und Verhaltensnormen (Leistung, Fakten, Geld, materieller Besitz, Konkurrenz, Perfektionismus, Stärke) und stärkerer Betonung ideeller Werte (z. B. Familie, Weltanschauung, Schule, Massenmedien, persönliche Erfahrungen, Bekehrungen etc.) (vgl. Nolting 1978, S. 143 f.; vgl. Klonovsky 42/94, S. 46 - 54)
* De-Eskalation durch Zurückstellung der Schuldfrage (Vermeidung der Interpunktion und der symmetrischen Eskalation) durch Hervorhebung des Interesse an der Lösung des Konfliktes (statt „Wer ist verantwortlich?“ und „Wer ist schuld?“ die Frage stellen „Wie können wir zusammen die Situationen lösen?“ „Wie handeln wir gemeinsam?“) (vgl. Nolting 1978, S. 145 f.; vgl. Watzlawick et al. 1969, S. 57 - 61, 103 - 113)
* *in der akuten Situation*: Suche nach Gründen nicht in der Patientin und in der eigenen Person, sondern in der Arbeit, den Rahmenbedingungen, dem Umfeld, der augenblicklichen Situation (um eine Eskalation zu verhindern); *nach der akuten Situation*: reflexive Analyse der eigenen Anteile, jene der Patientin, der strukturellen Bedingungen des Arbeitsplatzes oder der Akzeptanz des Berufes in der Gesellschaft (um die Situation abzuklären und präventiv eines erneutes Aufflammen des Konfliktes zu verhindern)
* Beobachtung der eigenen Emotionen (wann kommen Gefühle des Hasses, der Feindschaft, der Aversion und der inneren Anspannung auf), Führung eines Protokoll darüber (um dadurch eine emotionale Distanzierung zu ermöglichen)
* Akzeptanz des Gefühls Aggressivität als menschliche Emotionalität und Versuch, dieses Gefühl durch Autosuggestion zum Abklingen zu bringen (Entspannungstechniken vgl. Kapitel 7.6.3 „Präventive Möglichkeiten“) (vgl. Nolting 1978, S. 159)

7.6.1 Sinnvolle Verhaltensweisen (Fortsetzung):

* Förderung positiver Aggressionsintentionen, z. B. „Ich bin ärgerlich, weil das Verhalten falsch war.“ „Ich bin sauer, weil das geplante Ziel nicht erreicht werden konnte.“
* Akzeptanz der aggressiven Emotionen und Versuch, diese in direkter, aber nicht-aggressiver Weise auszudrücken (Mitteilung des Beziehungsaspektes auf einer konkreten Ebene, wodurch affektive Blockierungen vermieden werden) (vgl. Nolting 1978, S. 160 ff.)

(vgl. Ruthemann 1993, S. 91 - 138; vgl. Grond 1991, S. 531; vgl. Dießenbacher/Schüller 1993, S. 101 - 106)

7.6.2 Nicht sinnvolle Verhaltensweisen:

* negative Einstellung gegenüber Ärger, Aggressivität und Frustration („Ich darf mich nicht ärgern! Aggressivität ist etwas Schlechtes!"): Insbesondere in sozialen Berufen (Pflege, Recht, Medizin, Pädagogik, Sozialarbeit) besteht häufig die Ansicht, daß „negative" Gefühle wie Aggressivität nicht und statt dessen Geduld, Hingabe, Rücksichtnahme und Zuspruch geäußert werden sollten. Grundsätzlich sind diese Gefühle wertneutral zu sehen und im konstruktiven und nicht im destruktiven Sinne einzubringen (vgl. Oraison 1973, S. 94 ff.; vgl. Rubin 1990, S. 14 - 45)!
* falsche Rücksichtnahme: Zurückhaltung von aggressiven Gefühlen, weil andere Personen damit nicht umgehen könnten. Dadurch kann jedoch eine realitätsbezogene Beziehung verhindert und die Aggression auf einen anderen Weg zum unkontrollierten und extrem verletzender Eruption geführt werden.
* Furcht vor Verlust der Selbstbeherrschung: Ungezügelte Gewaltauslebung beruht zumeist auf einer übermäßigen Aggressionskontrolle, welche unter bestimmten Bedingungen (Senkung der Hemmschwelle durch Alkohol, sexuellem Triebaufschub, wiederholte Degradierungen, Zuspitzung des Frustrationsstaus wie ungeklärte Partner- und Berufskonflikte) unkontrolliert und exzessiv ausagiert wird („Lieber, disziplinierter und braver Familienvater explodiert!").
* Furcht vor Ablehnung: Es besteht in sozialen Berufen die Gefahr, durch eine deplazierte Aggressionsäußerung seine berufliche Position zu verlieren. Dies geschieht dann zurecht, wenn die Aggression in sehr verletzender Weise eingesetzt worden sind. Hingegen in engen persönlichen Beziehungen (sehr nahe Pflegeperson-Patientin-Beziehung[269], Partnerschaften oder Mutter-Kind-Verhältnissen) muß Aggression gezeigt werden dürfen. Kollektiv sollte ein Kompromiß erarbeitet werden, um eine konstruktive und intensive Beziehung zu etablieren.

[269] Eine sehr nahe Pflegekraft-Patientin-Beziehung kann in der Langzeitpflege z. B. in der ambulanten Pflege, in der Psychiatrie und auf Pflegestationen in Altenheimen auftreten. Hiermit sind jedoch *nicht* distanzlose und emotionale Beziehungen gemeint. Diese sind in einer professionellen Pflege *grundsätzlich* zu vermeiden. Ich beziehe mich hier auf emotional distanzierte, professionelle und durch Langzeiteinflüsse zwangsläufig sich persönlich gestaltende Arbeitsverhältnisse (vgl. Kapitel 7.2).

7.6.2 Nicht sinnvolle Verhaltensweisen (Fortsetzung):

* Diskussion im Team, wie mit verbaler oder physischer Aggression und mit der Schwere der akuten Situation umgegangen werden soll (vgl. Bach/Goldberg 1974, S. 89 - 92).
* Reduzierung von negativen Aggressionsintentionen (z. B. „Die eigenen Aggression sind Mittel für einen höheren Zweck.“; „Schuld für mein Verhalten ist das Opfer.“; „Das Opfer ist minderwertig.“); die Konsequenzen der eigenen Aggression werden dabei im Vergleich zu anderen Verhaltensweisen bagatellisiert (vgl. Nolting 1978, S. 154).
* übersteigerte Angst vor körperlichen oder verbalen Attacken: Sie ist zumeist das Ergebnis kindlicher Traumata, daß das Äußern von Aggression Gewalttätigkeiten auf Seiten der Eltern hervorgerufen hat. Diese Erfahrungen müssen erkannt sein und im konstruktiven Sinne verarbeitet werden. Die eigene Aggression muß zugelassen werden können, ohne daß dabei Angst vor einer Folgeaggression empfunden wird und ohne daß andere Personen befürchten müssen, dabei stark verletzt zu werden (Abbau der Eskalationsspirale, De-Eskalation).

7.6.3 Präventive Möglichkeiten:

* systematische Streßausgleichsstrategien und Streßbewältigungsmöglichkeiten wie Entspannungstraining, Streßbewältigungstraining, Reduzierung des psychisch oder somatisch bedingten physiologischen Erregungsniveaus durch progressive Muskelrelaxion[270], Meditation[271], Yoga[272], Biofeedback[273], funktionelle Entspannung, Eutonie, Atemübungen, Ausdauersport, kreative Hobbys etc. (vgl. Kjellrup 1988, S. 71 - 77; vgl. Neumann 1994, S. 997 - 1002; vgl. Neumann 1995, S. 509 ff.; vgl. Bröcher 1989, S.225 - 238, 249 - 267; vgl. Federspiel/Herbst 1992, S. 127 ff.)
* Erhöhung der Belastbarkeit und der Frustrationstoleranzgrenze (z. B. durch psychische, kommunikative und fachliche Weiterbildungen)
* unsystematische Streßausgleichsstrategien und Streßbewältigungstechniken wie Lesen, Schlafen oder das Betreiben von Sport (vgl. Bartmann 1995, S. 557 ff.; vgl. Bröcher 1989, S. 225 - 236)[274]
* systematische psychologische Desensibilisierung (vgl. Steffgen/Schwenkmezger 1993, S. 280 ff.)
* Körperpflege (gesunde und ausgewogene Ernährung[275], Bewegung[276], Massagen, Parfümierung, Schlaf und Entspannung) zur Selbstpflege und für ein positives psychosomatisches Feedback)
* Intensivierung vielfältiger, intensiver sozialer und kommunikativer Beziehungen in möglichst berufsfremden Bereichen

[270] progressive Muskelrelaxion: Entspannungsübungen zur Stimulation der Muskeldurchblutung und konsekutiver Entspannung dieser Muskelgruppen durch Meditations- und Konzentrationstrainingseinheiten. Der amerikanische Physiologe Edmund Jacobsen fand in den 20er Jahren bei seinen Forschungsarbeiten eine Korrelation zwischen somatischer Erregung, innerer Unruhe und Ängstlichkeit auf der einen und erhöhter muskulärer Anspannung auf der anderen Seite. Er wies ebenfalls nach, daß bei einer entspannten Muskulatur kein intensives Angsterleben möglich ist. Daraus leitete er die *Progressive Relaxation* ab, bei welcher die Entspannung der Muskulatur durch vorherige und gezielte Anspannung erreicht wird (vgl. Eckardt 1996).

[271] Meditation: allgemein das Nachdenken, das Sich-Vertiefen; (i. e. S.) das Aufsteigen zu höheren Bewußtseinsstufen durch Versenken in einen Prozeß der Kontemplation; im Mittelalter innerhalb der Mystik der Versuch, über Gottes Wesen Klarheit zu erlangen (vgl. Bertelsmann 1995, Band 6, S. 282)

[272] Yoga: psycho-physiologisches Trainingssystem mit dem Ziel der Vereinigung des individuellen mit dem universellen Geist mit Hilfe von Körper- resp. Meditationsübungen. Es wird heutzutage i. d. R. ohne spirituellen Gehalt im Rahmen psychotherapeutischer Techniken genutzt (und in stark simplifizierter Form z. B. als autogenes Training eingesetzt) (vgl. La Roche 1993, S. 1789).

[273] Biofeedback: Zum Biofeedback gehört der Aufbau einer sog. *Rückkopplungsschleife*. Ein Empfänger, welcher an der Haut resp. an Muskeln angebracht wird, sendet Informationen (wie zum Bsp. Temperaturveränderungen der Haut) an einen elektrischen Sensor, welcher diese Informationen der Patientin anzeigt. Die Wirkung verschiedener Reize wird an die Patientin zurückgeleitet, so daß sie unmittelbar Einfluß auf ihren Entspannungszustand haben kann. Mit einiger Übung lernt die Patientin, Anspannung von Entspannung zu differenzieren, sich auf das Spannungsempfinden zu konzentrieren und die Entspannung zu fördern (vgl. Weinstein 1989, S. 225 f.).

[274] Anspannung und Spannung sind dabei Polaritäten, zwischen denen eine gute psychosomatische Homöostase hergestellt werden sollte (vgl. Crisand/Lyon 1991, S. 17).

[275] Ich empfehle zur näheren Information über die Verbesserung der Ernährung und über die Auswirkungen auf Gesundheit und Verhalten folgende Lektüre: Diamond/Diamond 1986, S. 32 - 43; Diamond/Diamond 1989, S. 80 - 100, 216 - 264; Winter/Winter 1989, S. 13 - 24, 139 - 160.

[276] Insbesondere bezogen auf die Auswirkungen von ausreichender und entspannender Bewegung für die Wirbelsäule vgl. Norfolk 1992, S. 90 - 99; bezogen auf Hypertonie und Herzinsuffizienz vgl. Kindermann/Rost 1991, S. 18 ff.

7.6.3 Präventive Möglichkeiten (Fortsetzung):

- * gemeinsame Einigung im Team auf Werte im beruflichen Ablauf (wie Pünktlichkeit, Vertraulichkeit, Respekt, Treue, Achtung der Würde, Würdigung der Intimsphäre anderer etc. pp.) und evtl. deren schriftliche Fixierung und Signierung durch alle Mitarbeiter (vgl. Koch 1994, S. 311 ff.)
- * ärztliche Behandlung von Erkrankungen und Symptomen, welche die berufliche Belastbarkeit negativ beeinflussen; Abbau bereits vorhandener psychosomatischer Symptome (vgl. Kapitel 3.3.4 + Kapitel 6.3.4)
- * Therapie von Sucht und Abhängigkeit (z. B. durch Einrichtung anonymer Anlaufstellen für Süchtige im Betrieb)
- * Akzeptanz der eigenen Aggressionsanteile (durch das Akzeptieren der eigenen Anteile kann Aggression bewußt wahrgenommen und eine Umformung zu prosozialem Verhalten möglich werden)
- * Vergrößerung des Selbstbewußtseins und des Selbstwertgefühls[277]
- * Eruierung, Analyse und Eliminierung von Frustrationsquellen
- * Erweiterung von Kommunikationsmöglichkeiten (in Fortbildungen, durch Rhetorikkurse, Teamsitzungen, Absprachen mit der Stationsleitung, der Pflegedienstleitung, der ärztlichen und administrativen Leitung oder dem Betriebsrat)
- * Abbau von Hierarchien interdisziplinär und innerhalb der Berufsgruppe Pflegepersonal (vgl. Weyler 1996)
- * Klärung und konstruktives Verarbeiten von Rollenkonflikten (durch Klärung des Berufsbildes und des Arbeitsbereiches auf der Station, durch Angehörigengespräche, Stationssitzungen und Mentorenkreisbesprechungen)
- * grundsätzliches Verdeutlichen humanitärer Werte und Normen durch die Kranken- oder Heimleitung (Verwaltung, Pflegedienstleitung und ärztlicher Leitung), generelle Intoleranz gegenüber Gewalt und Aggression

[277] Durch ein großes Selbstbewußtsein können eigene Schwächen, Fehler und Mängel - und die anderer Personen - leichter akzeptiert und konstruktiv umgesetzt werden. Die Wahrscheinlichkeit von Gewalttaten wird durch Selbstsicherheit und Selbstbewußtsein auf beiden Seiten gesenkt, weil der Täter sich nicht sicher sein kann, selbst überlegen zu sein und eine „Hingabe des Opfers“ erwarten zu können. Die Wahrscheinlichkeit, verletzt zu werden, und auch die Tendenz, aus eigener Schwäche, Hilf- und Sprachlosigkeit selbst Gewalt anzuwenden, wird gesenkt. Gespräche im allgemeinen und Konfrontationsdiskussionen im speziellen, Rollenspiele und körperliche Übungen wie das Erlernen von Selbstverteidigungstechniken können hierzu hilfreich sein.

7.6.3 Präventive Möglichkeiten (Fortsetzung):

* Verdeutlichung der konsequenten Sanktionierung von schweren Gewalttätlichkeiten durch die Klinikleitung (außer bei Notwehr!) [durch soziale Ausgrenzung, strafrechtliche Verfolgung, Entziehung der Berufsbezeichnung, Arbeitserlaubnis, bei schweren Delikten *unverzügliche* Benachrichtigung der Kriminalpolizei]
* metaphysische und religiöse Sinnorientierung (Warum? Weshalb? Wohin? - Die Beantwortung dieser Fragen kann den Umgang mit Frustrationen bedeutend erleichtern), damit eigene Ängste vor Krankheit, Sterben und Tod bewußt gemacht und minimiert werden können (vgl. Edenhofner-Heidinger 1994, S. 299 ff.; vgl. Czerwiec 1996)
* Training zur kognitiven Neu- oder Umbewertung als Voraussetzung zum Problemlösungstraining (vgl. Steffgen/Schwenkmezger 1993, S. 280 ff.)
* soziales Fertigkeits- und Ärgerkontrolltraining als Voraussetzung zum Problemlösungstraining[278] (vgl. Steffgen/Schwenkmezger 1993, S. 280 ff.; vgl. Goldstein/Keller 1987, S. 39 - 49; vgl. Grond 1987, S. 138 ff.; vgl. Grond 1991, S. 531 f.; vgl. Weidenbrück 1994, S. 147 ff.; vgl. Dießenbacher/Schüller 1993, S. 101 - 106; vgl. NGZ 13.12.1995; vgl. NGZ 28.11.1995)

[278] Zur Veranschaulichung möchte ich exemplarisch für die Pflege möchte ich aus einem Artikel von Droppleman/Thomas 1996 zitieren: „Suppressing our anger, somatizing it, masking it with food or drugs, or expressing it in a hostile way won´t help us achieve the changes we want. But our anger can act as a liberating force if it´s channeled into productive political action or problem-solving on the unit. When we speak out about injustices and join together to solve our problems in an enrichment of mutual respect, we´ll find that anger can empower us to take actions that enrich our lives and the future of our profession. ...Helplessness and powerlessness, feelings with accompany poor self-esteem, foster inappropriate expressions of anger. But self-esteem can be bolstered and anger expressed constructively. Here are a few tips: * Lern to give yourself credit for your knowledge and competence. * Take responsibility for your mistakes ans successes. * Define your goals, develop strategies to meet them, and be persistent in pursuing them. * Adress issues, not emotions. * Commit to affirming and supporting your peers. * Watch out for scapecoating, blaming, or disrespectful treatment of fellow nurses, and be prepared to intervene on their behalf in appropriate ways. * Take time to take care of yourself - even when you´re on the unit.“ (Dropplement/Thomas, 1996, page 3)

7.6.4 Freiheitsbeschränkende Maßnahmen

In einer Studie von U. Fritz et al. aus dem Jahre 1991 wurden über den Zeitraum eines Jahres Pflegedokumentationen zum Thema Fixierung in psychiatrischen Krankenhäusern daraufhin untersucht, wie häufig, wie lange und aus welchen Gründen Patientinnen fixiert wurden.

Dabei konnte eruiert werden, daß in der regulären Dienstzeit der Stationsärzte, zwischen 8.00 und 16.30 Uhr - innerhalb von achteinhalb Stunden - 50 Prozent aller Fixierungen stattfanden. Eine statistische Analyse der Wochentage ergab eine signifikante Kumulation an Montagen mit 20 Prozent, wohingegen an Samstagen und Sonntagen außergewöhnlich wenig Patientinnen (9,7 % und 5,8 %) mit Gurten fixiert werden mußten (vgl. Fritz et al. 1991, S. 162 - 166). Eine Analyse der Geschlechtszugehörigkeit ergab, daß Männer doppelt so häufig fixiert wurden wie Frauen. Männer neigen offensichtlich viel eher als Frauen dazu, psychosoziale Konfliktsituationen mit körperlicher Gewalt auszudrücken. Die Angst des Pflegepersonals vor den körperlich starken Patienten trägt sicherlich mit zur relativ schnellen Fixierung von männlichen Patienten bei.

Ein weiteres Ergebnis dieser Untersuchung war, daß PatientInnen, welche laut Anamnese vorher bereits aggressiv reagiert hatten, schneller und häufiger fixiert wurden als PatientInnen, bei welchen dies nicht bekannt war. Diese Fixierungspraxis kann präventiv und medizinisch-psychologisch der Situation adäquat sein, kann aber auch einer Überreaktion, Hypersensibilisierung und Ängstlichkeit der Pflegepersonals entspringen.

Die Interpretation des Verhaltens einer Patientin durch das Pflegepersonal als gefährdend, aggressiv und potentiell gewalttätig hängt dabei nicht nur von der (bekannten) Anamnese der Patientin, sondern ebenso von der personellen Besetzung auf der Station, vom Stationsklima und den vorausgegangenen Interaktionen zwischen Pflegepersonal und Patientinnen, Pflegepersonal untereinander (!) und innerhalb des Patientenklientels ab.

Die Anzahl der examinierten Pflegepersonen, ihre Berufserfahrung und das Geschlecht spielen eine wichtige Rolle im Hinblick auf Eskalation und bei der De-Eskalation von Gewalt auf der Station[279].

[279] Zur Korrelation zwischen Personalmangel und Häufung von Fixierungen meinen die Autoren U. Fritz et al.: „Reimer und Starz (1989) fanden im Rahmen ihrer empirischen Untersuchung einen eindeutigen Zusammenhang zwischen Personalbesetzung und Fixierungshäufigkeit. Auch Ernst (1988) weist darauf hin, daß in Zeiten mangelhafter Personaldotierung Fixierungen vermehrt erforderlich werden. Im Rahmen unserer eigenen Untersuchung waren keine gehäuften Fixierungen in Zeiten zu verzeichnen, in denen die personelle Besetzung auf Station geringer als üblich war. Dabei ist jedoch zu berücksichtigen, daß nachts und am Wochenende insgesamt weniger Aufnahmen erfolgen, und gleichzeitig die neu aufgenommenen Patienten einen hohen Anteil der fixierten Patienten ausmachen (...). Obwohl der indirekte Nachweis des Zusammenhangs zwischen personeller Ausstattung und Fixierungshäufigkeit so nicht gelang, bleibt unseres Erachtens unbestritten, daß eine adäquate Patientenbetreuung, die im Einzelfall auch Fixierungen unnötig werden lassen kann, nur mit einer guten personellen Besetzung möglich ist. Die insgesamt recht hohe Prozentzahl an Fixierungen in unserem Haus, speziell

Dabei wird eine Fixierung nicht nur bei einer aggressiven Verhaltensweise eingesetzt, sondern kann auch prophylaktisch bei Patientinnen mit manischer Enthemmung und starker Agitation verwendet werden, um den Ausbruch einer latenten Aggressionsneigung bei anderen Patientinnen zu verhindern.

Eine solche, prophylaktische Fixierungspraxis im Sinne einer Eskalationsprophylaxe darf jedoch immer nur als ultima ratio gesehen werden (vgl. ebd., S. 162 - 166).

Fixierungsmaßnahmen stellen für die Patientinnen ein äußerst traumatisches Erlebnis dar und gehen mit Gefühlen der Ohnmacht, Hilflosigkeit und des Ausgeliefertseins einher.

Sie sind in der Regel mit sehr starken Ängsten verbunden, so daß sich Patientinnen bereits von der verbalen Androhung einer Fixierung - einer Verbalaggression - einschüchtern lassen.

Es erscheint evident, daß sich gewalttätige Patientinnen, welche in ihrer Vorgeschichte oder während ihres vorherigen Aufenthaltes bereits fixiert worden waren, durch die Androhung einer Fixierung eingeschüchtert fühlen, wenn sie wissen, daß diese Maßnahme bei „Nichtgehorchen" auch konsequent erfolgt[280]. Das resolute Durchführen der verbalen Androhung erscheint hierbei mindestens genauso wichtig zu sein, um bei den Patientinnen kongruent und glaubhaft zu bleiben.

Zu den Konsequenzen von Fixierungen auf die durchführenden Pflegepersonen selbst meint Oud:

> „Folgende kürzer oder länger dauernde Reaktionen kommen vor: Furcht, Angst, Irritation, Depression, Schock, Ungläubigkeit, Apathie, Selbstbeschuldigung, Angst vor erneuten Arbeitsbeginn, Mitleid mit dem „Täter", Schlafstörungen, Kopfschmerzen und Veränderungen in den Beziehungen zu anderen Mitarbeitern. Außerdem wird auch größerer Alkohol- und Medikamentenkonsum festgestellt, um den zusätzlichen Streß zu kompensieren. Gefühle wie Inkompetenz, Burnout, Appetitverlust, physische Leiden wie Bluthochdruck und Magengeschwüre; Gefühle von Machtlosigkeit, Verletzlichkeit sowie Schwierigkeiten, adäquat zu reagieren, werden registriert." (Oud 1993, S. 615)

Diese Ausführungen machen klar, daß Gewalttätigkeiten - mit oder ohne Aggression - immer negative Auswirkungen und Folgeerscheinungen auf alle Parteien der Interaktion haben können und zumeist auch haben werden. Gewalttätigkeiten treten - insbesondere in der Psychiatrie, in der Geriatrie, auf internen Stationen und auch im postoperativen

auch im Akutbereich, deutet nach unserer Erfahrung auch auf unzureichende personelle Kapazitäten hin, die häufig keine Einzelbetreuung ermöglichen. Auf den von uns ausgewerteten Fixierungsbogen war von den verantwortlichen Ärzten immer wieder in unsystematischer Weise vermerkt worden, daß bei einer besseren Personalbesetzung eine Fixierung hätte unterbleiben können." (Fritz et al. 1991, S. 164 f.)

Verlauf - gehäuft auf. Die Auswirkungen von Krankheiten wie seniler Demenz und HOPS auf das Verhalten der Patientinnen müssen allen Parteien des multiprofessionellen und interdisziplinären Teams bewußt sein. Das Handeln muß auf dieses Wissen abgestimmt sein.

Die rechtlichen Grundlagen einer Fixierung müssen den ausübenden Pflegekräfte bekannt sein, damit die Patientin nicht unrechtmäßig und ohne rechtliche Absicherung in der Ausübung ihrer Freiheit behindert wird. Dazu gibt es klare rechtliche Hinweise. Ich werde nun kurz die relevantesten Fakten vorstellen.

Die Gratziehung zwischen Gewaltanwendung und Notwehr, zwischen Verletzung des Körpers und Verteidigung, zwischen Aggression und medizinischer Maßnahme ist sowohl für Pflegekräfte als auch für Ärzte schwierig.

Grundsätzlich muß gesagt werden, daß Gewaltanwendungen im Strafrecht mit Sanktionen bedroht werden. Wer durch die Anwendung von Gewalt z. B. eine Patientin verletzt oder auf eine sonstige Art und Weise körperlich Schaden zufügt, macht sich nach dem § 223 ff. des Strafgesetzbuches (StGB) strafbar. Dort heißt es:

> „§ 223. **Körperverletzung**
> (1) Wer einen anderen körperlich mißhandelt oder an der Gesundheit beschädigt, wird mit Freiheitsstrafe bis zu drei Jahren oder mit Geldstrafe bestraft.
> § 223a. **Gefährliche Körperverletzung**
> (1) Ist die Körperverletzung mittels einer Waffe, insbesondere eines Messers oder eines anderen gefährlichen Werkzeugs, oder mittels eines hinterlistigen Überfalls oder von mehreren gemeinschaftlich oder mittels einer das Leben gefährdenden Behandlung begangen, so ist die Strafe Freiheitsstrafe bis zu fünf Jahren oder Geldstrafe.
> (2) Der Versuch ist strafbar.
> § 223b. **Mißhandlung von Schutzbefohlenen**
> (1) Wer Personen unter achtzehn Jahren oder wegen Gebrechlichkeit oder Krankheit Wehrlose, die seiner Fürsorge oder Obhut unterstehen oder seinem Hausstand angehören oder die von dem Fürsorgepatienten seiner Gewalt überlassen worden oder durch ein Dienst- oder Arbeitsverhältnis von ihm abhängig sind, quält oder roh mißhandelt, oder wer durch böswillige Vernachlässigung seiner Pflicht, für sie zu sorgen, sie an der Gesundheit schädigt, wird mit Freiheitsstrafe von drei Monaten bis fünf Jahren bestraft." (StGB 1992, S. 107)

Wenn Gewalt angewendet wird, um das „Opfer" zu einer Handlung, zu einer Duldung oder zu einer Unterlassung (z. B. selbst Gewalttaten durchzuführen) zu zwingen, so kann eine strafbare Nötigung nach § 240 des Strafgesetzbuches vorliegen.

[280] Hierbei wird eine eindeutige Hierarchie und ein starkes Machtgefälle deutlich. Bei Patientinnen mit eingeschränkter Orientierung und mangelnder Krankheitseinsicht (vgl. Kapitel 6.3.4) kann das Androhen der Fixierung und bei „Nichtgehorchen" konsequentes Durchführen *in Einzelfällen* indiziert sein, um Eskalationen im stationären Bereich zu verhindern.

Dort heißt es:

> „§ 240. **Nötigung**
> (1) Wer einen anderen rechtswidrig mit Gewalt oder durch Drohung mit einem empfindlichen Übel zu einer Handlung, Duldung oder Unterlassung nötigt, wird mit Freiheitsstrafe bis zu drei Jahren oder mit Geldstrafe, in besonders schweren Fällen mit Freiheitsstrafe von sechs Monaten bis zu fünf Jahren bestraft."
> (StGB 1992, S. 111)

In Fällen der Notwehr oder der Nothilfe kann Gewaltanwendung nach § 32 des StGB gerechtfertigt sein.

Notwehr ist definiert als erforderliche Handlung, um sich selbst gegen einen gegenwärtigen und rechtswidrigen Angriff zu verteidigen und seine eigene Integrität zu schützen. Nothilfe wird als Hilfeleistung verstanden, welche ein Dritter gegenüber dem Angreifer eines Opfers ausübt (vgl. Kampmann 1995, S. 100).

Relevant für Pflegende ist, ab welchem Punkt eine Gewaltanwendung in der Praxis geeignet ist, ein bestimmtes Ziel zu erreichen, und ab wann ein Rechtsbruch und Überschreiten der Toleranzgrenze vorliegt.

Grundsätzlich kann jede körperliche Verteidigung als legitim angesehen werden, welche geeignet ist, den Angriff zu unterbinden. Dabei muß die Verhältnismäßigkeit des Mittels gewahrt bleiben. Insbesondere die Pflegenden müssen sich dabei auf das moderateste Mittel zur Beendigung der Gewalttat beschränken. Hierbei sollte vom Pflegepersonal immer bedacht werden, daß eine aggressive oder gewalttätige Patientin i. d. R. hierarchisch untergeordnet, häufig in einer psychischen Notlage und kommunikativ und fachlich unterlegen ist. Fachlich hochqualifiziertes Personal sollte das eigene Anwenden psychischer, physischer und verbaler Gewalt als ultima ratio und zur Selbstverteidigung bestimmt anwenden, um das Vertrauensverhältnis zur Patientin und zu sich selbst nicht unnötig zu belasten. Auch hierbei ist wiederum konsequentes Handeln erforderlich.

Gewaltanwendungen sind nicht zulässig, wenn die Verteidigungssituation nicht mehr vorliegt, d. h., wenn der Angriff der Patientin nachgelassen hat oder beendet ist (vgl. ebd.; vgl. Brenner/Adelhardt 1987, S. 69 - 74). Dies kann u. U. vom Pflegepersonal schwierig einzuschätzen sein, wenn nicht klar ersichtlich ist, ob die Handlung von außen oder aus eigener Motivation permanent oder intermittierend blockiert ist.

Bei einem durch Krankheit und Symptome wie räumlicher, zeitlicher und personeller Desorientiertheit eingeschränkten Urteilsvermögen der Patientin sind Gewaltanwendungen ausschließlich auf Abwehr und Verteidigung des Angriffs einzuschränken. Die Patientin kann in einem desorientierten Zustand rechtlich nicht für ihre Tätlichkeiten verantwortlich gemacht werden.

Hierzu steht im Strafgesetzbuch:

> „§ 20. **Schuldunfähigkeit wegen seelischer Störungen**
> Ohne Schuld handelt, wer bei Begehung der Tat wegen einer krankhaften seelischen Störung, wegen einer tiefgreifenden Bewußtseinsstörung oder wegen Schwachsinns oder einer schweren anderen seelischen Abartigkeit unfähig ist, das Unrecht der Tat einzusehen oder nach dieser Einsicht zu handeln.
> § 21. **Verminderte Schuldfähigkeit**
> Ist die Fähigkeit des Täters, das Unrecht der Tat einzusehen oder nach dieser Einsicht zu handeln, aus einem der in § 20 bezeichneten Gründe bei Begehung der Tat erheblich vermindert, so kann die Strafe nach § 49 Abs. 1 gemildert werden." (StGB 1992, S. 19)

Bei dem gewalttätigen Verhalten einer desorientierten Patientin sollte der Angegriffene - wenn möglich - das Zimmer verlassen, um dieser Situation auszuweichen. Dabei muß eine Pflegekraft - auch wenn sie sich als Angehörige eines helfenden Berufes dazu verpflichtet fühlt, Personen in Notsituationen beizustehen - keinerlei Risiko der eigenen Verletzung auf sich nehmen.

In manchen Situationen kann die Gewalt in einem Maße eskalieren, daß von der Patientin die Hausordnung und der Hausfrieden gestört wird. Wegen eines strafbaren Hausfriedensbruchs kann im Notfall die Polizei zur Hilfe gerufen werden, wenn der Störer - Patientin oder Besucher - nicht auf eine andere Art beruhigt und von der Station verwiesen werden kann[281]. Die Krankenhausverwaltung kann Besuchern in solchen Fällen ein legitimes Hausverbot aussprechen. Vorsätzlich gewalttätige oder aggressive Patientinnen können im Notfall disziplinarisch entlassen werden, wenn nicht eine akute Lebensgefahr, eine lebensverlängernde Notfallversorgung, autoaggressive oder suizidale Tendenzen der Patientin dieser disziplinarischen Entlassung widersprechen(vgl. Kampmann 1995, S. 101).

Wenn Patientinnen oder Angehörige aufgrund affektiver Psychosen, einer Alkoholkrankheit, einer Depersonalisation, abnormer Reaktionen oder schwerer Neurosen aggressive Verhaltensweisen zeigen, können sie zwangsweise in ein psychiatrisches Krankenhaus eingewiesen werden.

[281] Hierzu steht im Strafgesetzbuch: „§ 123. Hausfriedensbruch. (1) Wer in die Wohnung, in die Geschäftsräume oder in das befriedete Besitztum eines anderen oder in abgeschlossene Räume, welche zum öffentlichen Dienst oder Verkehr bestimmt sind, widerrechtlich eindringt, oder wer, wenn er ohne Befugnis darin verweilt, auf die Aufforderung des Berechtigten sich nicht entfernt, wird mit Freiheitsstrafe bis zu einem Jahr oder mit Geldstrafe bestraft." (StGB 1992, S. 74)

Der für diese freiheitsentziehende Maßnahmen geltende Paragraph § 63 des StGB hat folgende Wortlaut:

> „§ 63. **Unterbringung in einem psychiatrischen Krankenhaus**
> Hat jemand eine rechtswidrige Tat im Zustand der Schuldunfähigkeit (§ 20) oder der verminderten Schuldfähigkeit (§ 21) begangen, so ordnet das Gericht die Unterbringung in einem psychiatrischen Krankenhaus an, wenn die Gesamtwürdigung des Täters und seiner Tat ergibt, daß von ihm infolge seines Zustandes erhebliche rechtswidrige Taten zu erwarten sind und er deshalb für die Allgemeinheit gefährlich ist." (StGB 1992, S. 34)

Ergänzend hierzu sagt das Unterbringungsgesetz des Landes Nordrhein-Westfalen (NRW) im „Gesetz über Hilfen und Schutzmaßnahmen bei psychischen Krankheiten" (PsychKG) vom 01.02.1975 zur (sofortigen) Einweisung einer Patientin gegen ihren Willen in eine psychiatrische Klinik:

> „§11 **Voraussetzungen der Unterbringung**
> (1) Die Unterbringung von Personen, die an einer Psychose, einer psychischen Störung, die in ihrer Auswirkung einer Psychose gleichkommt, einer Suchtkrankheit oder an Schwachsinn leiden, ist nur zulässig, wenn und solange durch krankhaftes Verhalten gegen sich oder andere eine gegenwärtige Gefahr für die öffentliche Sicherheit oder Ordnung besteht, die nicht anders abgewendet werden kann. Die Unterbringung ist auch dann zulässig, wenn nach dem krankhaften Verhalten eine nicht anders anwendbare gegenwärtige Gefahr besteht, daß die betroffene Person Selbstmord begeht oder sich selbst erheblichen gesundheitlichen Schaden zufügt. Die fehlende Bereitschaft, sich behandeln zu lassen, rechtfertigt für sich allein keine Unterbringung.
> (2) Eine gegenwärtige Gefahr besteht im Sinne von Absatz 1 dann, wenn sich die Krankheit so auswirkt, daß ein schadenstiftendes Ereignis unmittelbar bevorsteht oder sein Eintritt wegen der Unberechenbarkeit des Kranken zwar unvorhersehbar, wegen besonderer Umstände jedoch jederzeit zu erwarten ist.
> § 17 **Sofortige Unterbringung**
> (1) In Fällen, die eine sofortige Unterbringung notwendig machen, kann die örtliche Ordnungsbehörde diese ohne vorherige gerichtliche Entscheidung vornehmen, wenn ein ärztliches Zeugnis über einen Befund vorliegt, der nicht älter als vom Vortage ist. Will die örtliche Ordnungsbehörde in der Beurteilung über die Voraussetzungen für eine sofortige Unterbringung von einem vorgelegten ärztlichen Zeugnis abweichen, hat sie das Gesundheitsamt zu beteiligen.
> (2) Nimmt die örtliche Ordnungsbehörde eine sofortige *Unterbringung* vor, ist sie verpflichtet, unverzüglich beim Amtsgericht einen Antrag auf Unterbringung zu stellen. Ist die Unterbringung und deren sofortige Wirksamkeit nicht bis zum Ablauf des auf den Beginn der sofortigen Unterbringung folgenden Tages durch das Gericht angeordnet, so ist die betroffene Person durch den Leiter des Krankenhauses oder der Anstalt, bei Krankenhäusern oder Anstalten mit selbständigen Abteilungen durch den leitenden Abteilungsarzt zu entlassen." (Schell 1995, S. 96 ff.)

Der Paragraph 26 behandelt die Legitimität ärztlicher Eingriffe:

> „(2) Ärztliche Eingriffe, die mit erheblicher Gefahr für Leben oder Gesundheit verbunden sind oder die Persönlichkeit wesentlich verändern, dürfen nur mit Einwilligung der betroffenen Person und mit Zustimmung des Gerichtsärztlichen Ausschusses vorgenommen werden. Bei Volljährigkeit, welche die Bedeutung und Tragweite des Eingriffs und der Einwilligung nicht beurteilen können, sowie bei Minderjährigen ist für die Einwilligung der Wille des gesetzlichen Vertreters maßgebend." (Schell 1995, S. 99)

Wenn eine Patientin auf einer Station gegen oder ohne ihren Willen mit Fixierungsgurten, Hand- oder Fußfesseln, Bettgittern oder sonstigen Mitteln oder durch Einschließung und Isolierung an der Ausübung ihrer Freiheit gehindert wird, wird sie nach § 239 des Strafgesetzbuches ihrer Freiheit beraubt. Dort heißt es:

> „§ 239. **Freiheitsberaubung**
> (1) Wer widerrechtlich einen Menschen einsperrt oder auf andere Weise des Gebrauchs der persönlichen Freiheit beraubt, wird mit Freiheitsstrafe bis zu fünf Jahren oder mit Geldstrafe bestraft." (StGB 1992, S. 110)

Beraubung und Entziehung der Freiheit werden nur durch richterlichen Beschluß zulässig. Ein ärztlicher Beschluß reicht hierfür *nicht* aus.
Jedoch sind *kurzfristige* Freiheitsbeschränkungen auch ohne richterlichem Beschluß unter folgenden Voraussetzungen möglich:

a) wenn die Patientin einwilligt, daß z. B. in der Nacht zu ihrem eigenen Schutz ein Bettgitter angebracht wird,

b) wenn eine Patientin durch aggressive Verhaltensweisen Signale einer unmittelbar drohenden und erheblichen Gefahr für sich oder andere erkennen läßt und diese Gefahren nur durch freiheitsbeschränkende Maßnahmen zu verhindern sind,

c) wenn eine Patientin z. B. einen Zustand akuter Verwirrtheit unkontrollierter psychomotorischer Unruhe erkennen läßt und dadurch sich und andere in Gefahren zu bringen droht.

Das Pflegepersonal (und die anordnende Ärzteschaft) sollte *sorgfältig* überprüfen, ob die genannten Voraussetzungen *tatsächlich* vorliegen. Grundsätzlich sollte das Selbstbestimmungsrecht der Patientinnen immer als höherwertig eingestuft werden als die Betreuungs- und Aufsichtspflichten des Pflegepersonals.

Eine freiheitsentziehende Maßnahme gegen Patientinnen darf nur auf explizite und schriftliche Anordnung der behandelnden oder diensthabenden Ärztin durchgeführt werden. Dieser Anordnung sollte jedoch nicht unreflektiert Folge geleistet werden.
Hierzu lesen wir bei Böhme:

> „Wie das OVG[282] Berlin mit Urteil vom 30.01.1985 entschieden hat, ist jede Fesselung eines Menschen rechtswidrig und strafbar, wenn die Widerrechtlichkeit nicht ausnahmsweise durch einen Rechtfertigungsgrund ausgeschlossen ist (...). Die Anordnung des Arztes für sich gesehen kann eine Fixierung nicht rechtfertigen. Entscheidend ist einzig und allein die medizinische Indikation, also konkrete Eigengefährdung oder Gefährdung anderer, keinesfalls Störungen des Arbeitsablaufes oder der Ruhe von Mitpatienten!
> ...Zu Recht weist Rieger darauf hin, daß die Anordnung der Fixierung sowie die Entscheidung über die Art und Dauer als Maßnahme im Rahmen der ärztlichen Heilbehandlung - abgesehen von Notfällen - ausschließlich dem Arzt obliegt, der auch für eine entsprechende Dokumentation zu sorgen hat.
> Zutreffend schließt Jacobs hieraus, daß für alle die Fälle, in denen das Pflegepersonal aus Sicherheitsgründen einen Patienten ohne vorherige ärztliche Anordnun *(sic! Anm. d. Verf.)* fixieren muß, diese Anordnung unverzüglich danach einzuholen ist und exakt schriftlich dokumentiert werden muß, warum die Fixierung notwendig war." (Böhme 1991, S. 310 f.)

Wichtig erscheint mir hierbei, daß die Ärztin eine Fixierung nicht willkürlich anordnen darf, sondern dies immer nur unter Berücksichtigung der medizinischen Lage geschehen kann. Das fachlich hochqualifizierte Pflegepersonal hat deshalb die Aufgabe, jede ärztliche Fixierungsanordnung zu hinterfragen und erst dann durchzuführen! Das muß Pflegepersonal *immer* eine schriftliche ärztliche Anordnung der Fixierung vorweisen können, auch wenn dies - wie bei Notfällen unvermeidlich - nachträglich geschehen muß. Eine ausführliche schriftliche Dokumentation hat darüber hinaus von beiden Parteien - Ärzten und Pflegepersonal - zu erfolgen. Hiermit soll der Willkürlichkeit einer freiheitsentziehenden Maßnahme - z. B. aus persönlicher Antipathie oder mangelnder Arbeitsmotivation - ein Riegel vorgesetzt werden.
In dieser schriftlichen, ärztlichen Anordnung müssen neben die obligatorischen biographischen Daten der Patientin und die Gründe für diese Maßnahme, das Datum und die genaue Uhrzeit ihrer Anordnung *und* die Uhrzeit der Beendigung festgehalten werden. Der Zeitraum der Fixierung soll somit *vorher* in etwa eingeschätzt werden. Zusätzlich muß ein ausführlicher, schriftlicher Vermerk in das Pflegedokumentationssystem eingetragen werden (vgl. Ministerium für Arbeit, Gesund und Sozialordnung Baden-

[282] OVG: das Oberverwaltungsgericht

Württemberg 1995, S. 70). Detaillierte Ausführungen zu den Anforderungen an die Dokumentation einer Fixierung können im Annex (Kapitel 10.5) nachgelesen werden.
Für eine prophylaktisch freiheitsentziehende Maßnahme gegenüber einer Patientin ist nach einem Urteil des Oberlandesgerichts Köln (Beschluß vom 28.05.1990) ein Personalmangel kein hinreichender Grund und deshalb rechtswidrig. Wenn eine Patientin durch ärztliche Gutachten gegenüber sich selbst (autoaggressiv) oder gegenüber anderen Personen (alloaggressiv) als gefährlich, unkalkulierbar aggressiv und gewalttätig eingestuft wird und auf der Station zu wenig examinierte und männliche Pflegekräfte zugegen sind, reichen diese Beweggründe nicht aus, eine präventive Fixierung einer Patientin zu rechtfertigen. Es muß gewährleistet sein, daß quantitativ und qualitativ ausreichend Pflegepersonal eingesetzt wird. Wenn dies nicht der Fall sein sollte, ***muß*** vom Klinikdirektorium eine kurzfristige Lösung der Situation erfolgen. Keinesfalls darf dem Pflegepersonal dauerhaft zugemutet werden, aggressive Patientinnen in qualitativ und quantitativ suboptimaler Besetzung zu versorgen (vgl. Markus 1991, S. 306 ff.).
Projiziert auf geriatrische, interne und chirurgische Stationen läßt dieser juristische Tatbestand etliche Fixationsmaßnahmen als fragwürdig und zweifelhaft erscheinen lassen. Dort werden - nach meiner Erfahrung - Patientinnen prophylaktisch fixiert, damit diese z. B. ihre Drainagen, Blasenkatheter, Magensonden, zentrale intravenöse Zugänge und Wundverbände nicht beschädigen oder diskonnektieren können. Sicherheitshalber werden auch geringfügig desorientierte Patientinnen im Bett fixiert, damit diese in der Nacht das Bett nicht verlassen.
Das Pflegepersonal rechtfertigt dies häufig mit Personalmangel und der Verantwortung gegenüber den Patientinnen. Diese Begründung kann in manchen Akutfällen nachvollzogen werden, wenn z. B. eine Pflegekraft in der Nacht für 30 Patientinnen verantwortlich ist. Jedoch muß eine Verletzung der Verhältnismäßigkeit der Zwangsmittel immer bedacht werden. Die Verletzung der Verhältnismäßigkeit tritt zu häufig ein, als daß noch von einer temporären pflegerischen Überlastungsphase gesprochen werden könnte.
Grundsätzlich muß eine Pflegekraft die durchgeführte Fixierung ausreichend begründen und auch verantworten können. Dies scheint nicht immer gegeben zu sein (vgl. Debong/Andreas 1996, S. 558 f.).
Eine Fixierung kann unnötig werden, wenn eine desorientierte Patientin zur nächtlichen Beobachtung im Bett in die Sitzecke des Flurs gebracht wird. Das Aufstehen und ein eventueller Sturz kann mit einem Bettgitter statt einer Gurtfixierung verhindert werden.

Darüber hinaus sollte bei Verwirrtheits- und Agitationszuständen häufiger als sonst üblich die Ärztin differentialdiagnostisch hinzugezogen werden, um medizinische Ursachen (vgl. Kapitel 6.3.4) abklären zu können. Auf pflegerischer Seite sollten immer der Vitalzeichenstatus (wie Blutdruck, Frequenz und Qualität des Pulses, Größe und Reaktion der Pupillen, Atemfrequenz und -tiefe und Blutzucker) erhoben werden, um gezielt bestimmte Erkrankungen und deren Symptome ausschließen zu können.

7.7 Aggressionsrituale

Durch die Etablierung von Ritualen zur Äußerung aggressiver Gefühle können konstruktive Verhaltensweisen in dem Maße gefördert werden, wie der Informationswert in Gesprächen erhöht und die verletzenden Aspekte des Verhaltens und die Erregung verringert werden.

Bevor mit den Ritualen begonnen wird, sollte die Zustimmung aller Beteiligten eingeholt werden. Dadurch wird die Akzeptanz erhöht und ein Gefühl des Übergriffs und der Destruktivität entwickelt sich nicht. Ebenfalls kann eine unfreiwillige und unkontrollierte Gruppendynamik verhindert werden.

Weiter begründen Bach et Goldberg Aggressionsrituale folgendermaßen:

> „Die ... Rituale haben daher das Ziel, einen höheren Informationswert zu erreichen bei gleichzeitiger gefahrenloser Entladung irrationaler, ungesteuerter und intensiver verborgener Wutgefühle, bevor diese sich als destruktive Aggression auf die menschliche Beziehungen auswirken können. ...Das normale Sozialverhalten steht unter dem Grundsatz, alle aggressiven Interaktionen zu meiden, weil es die Menschen voneinander zu trennen scheint. Innerhalb der strukturierten Rituale dagegen stellt man die genau entgegengesetzte Wirkung fest. Hier entsteht aus ausgetauschter Aggressivität statt Trennung und Entfremdung Vertrauen zwischen den Aktionspartnern. Wenn man es nicht selbst einmal miterlebt oder wenigstens beobachtet hat, kann man sich kaum vorstellen, wie schnell sich zwischenmenschliche Beziehungen entwickeln können, wenn die Umstände so strukturiert sind, daß sich Aggression frei und ungestraft äußern kann.“ (Bach/Goldberg 1974, S. 99)

Die Aggressionsrituale sollen ausschließlich als Übergangsstruktur, kurzfristige Lösungshilfe und Stützungsmaßnahme gedacht sein.

Ein kognitiver und intellektuell-diskursiv-kommunikativer Weg zur Lösung von Konflikten und Aggressionssituationen kann nicht immer als alleiniger Weg zur Besserung des Betriebsklimas und des eigenen Zustandes gesehen werden, sondern muß zuweilen von diesen Ritualen ergänzt werden. Die Rituale können in modifizierter und adaptierter Art durchgeführt werden, um Stationsbelange und individuelle Wünsche berücksichtigen zu können und die Akzeptanz aller Teilnehmer zu erhöhen.

Ich werde die zahlreichen Aggressionsrituale aufgrund der Übersichtlichkeit nicht an dieser Stelle in diese Arbeit einbinden. Ich werde sie in komprimierter Form in Kapitel 10.1 des Annex plazieren, um dem Leser die Möglichkeit zu bieten, durch die Anwendung dieser Rituale Spannungen im Team reduzieren und konstruktive Copingstrategien anwenden zu können.

7.8 Strukturelle Veränderungen im Krankenhaus

7.8.1 Berufliche Zufriedenheit des Pflegepersonals

Potentiale der Aggression und Gewalt können durch eine Zufriedenheit des Personals im Beruf vermindert werden. Diese Zufriedenheit kann durch optimale strukturelle Rahmenbedingungen begünstigt und gefördert werden.

Deshalb möchte ich an dieser Stelle die strukturellen Voraussetzungen aufzeigen, deren praktische Umsetzung eine erhebliche Reduzierung von Aggression und Gewalt zur Folge hätte.

Strukturelle Voraussetzungen beruflicher Zufriedenheit:

* klare berufliche Rollendefinition: Definition von Pflege und weiterer pflegerischer Aspekte, wie Arbeitsbereich, Aufgaben, Rechte und Pflichten der Mitarbeiter, Abgrenzungsmöglichkeit von anderen Berufsgruppen etc.)
* Professionalisierung des Berufsbildes (z. B. durch die Institutionalisierung der Berufsorganisationen in Pflegekammern, Akademisierung der Ausbildung von Führungskräften) (vgl. Scheffer 1995, S. 358 - 361; vgl. Moers/Schiemann/ Schröck 1995, S. 909 - 913)
* Verbesserung der Entlohnung/Bezahlung für fort- und weitergebildetes examiniertes Pflegepersonal, insbesondere auf fachlich und psychisch belastenden Stationen
* Abgrenzung berufsfremder Tätigkeiten z. B. von administrativen Schreibdiensten (nach deren vorheriger Definition) (vgl. Stoffels 1996b)
* Festschreibung von offener Kommunikation und Transparenz der Arbeit der Pflegedienstleitung (vgl. Düwel 1994, S. 833 - 840)
* Etablierung einer Corporate Identity[283]
* Qualitätszirkelarbeit zur Organisationsentwicklung im Krankenhaus und auf der Station (vgl. Brunsch et al. 1995, S. 1 f.)
* interne und externe Qualitätssicherung (z. B. durch Einführung von Pflegestandards, EDV-Vernetzung, Einstellung von Hygienefachkräften, Kontrollen durch Gesundheitsämter etc.) (vgl. Cappell/Meyer 1996, S. 3 - 7)

[283] Corporate Identity: engl. „Gemeinschaftspersönlichkeit"; Selbst- oder Außenidentifizierung eines Mitarbeiters mit dem Arbeitgeber, mit der Station, dem Krankenhaus und dem Krankenhausträger (vgl. NGZ 21.03.1996); die Distanzierung, das Ziehen von Grenzen und die Gradwanderung zum Beruf ist dabei nicht immer einfach und unproblematisch (vgl. Kapitel 7.2).

Strukturelle Voraussetzungen beruflicher Zufriedenheit (Fortsetzung):

* Einrichtung individuell flexibler Arbeitszeiten (vgl. FOCUS 1992, S. 216)
* Möglichkeiten der Kinderbetreuung im Betriebskindergarten unter Berücksichtigung der Arbeitszeiten (vgl. FOCUS 1992, S. 216)
* kontinuierliche und kompetente Anleitung von (Wieder-)Einsteigern und Novizen in der Praxis (durch Orientierungskurse, Maßnahmen zur Wiedereingliederung von Müttern und Vätern, Förderung der berufsbegleitenden Ausbildung und unterschiedliche Einstiegsmöglichkeiten mit differenzierter und gestaffelter Verantwortung, Mentoreneinbindung) (vgl. FOCUS 1992, S. 216; vgl. Benner 1984, S. 2 - 38; vgl. Dubin 1996)
* konkrete Werbung von Nachwuchs durch:
  - sachliche Informationen in Medien und Beratungsgesprächen,
  - Möglichkeiten, ein Berufspraktikum zu absolvieren,
  - Öffentlichkeitsarbeit (Tag der Offenen Tür, stadtteilbezogene Werbung, Veranstaltungen der Kommune im Krankenhaus, Informationsstände auf öffentlichen Plätzen, gemeinsame Informationsveranstaltungen des Krankenhaus mit dem Arbeitsamt)
  - gezielte Ansprachen spezifischer Zielgruppen (z. B. Schulgruppen) (vgl. FOCUS 1992, S. 216 - 221)
* teilautonome Arbeitsbereiche in Form von patientinnenzentrierter Bezugs-, Beziehungs- und Bereichspflege, um die Krankenhaushierarchie abzubauen, die Selbständigkeit, Verantwortung, Berufszufriedenheit des Pflegepersonals und die Integration in das Stationskonzept zu verbessern (vgl. Otte 1994, S. 956 - 960; vgl. MAGS 1995, S. 28; vgl. Prager 1996, S. 560 - 568; vgl. Kim 8/96, S. 728 ff.) und um die Wirksamkeit der Betreuung (insbesondere bei psychisch Alterskranken) durch individuelle und persönliche Pflege zu erhöhen (vgl. Grond 1991, S. 237)
* sukzessives Einführen von Primary Nursing[284] auf allen Stationen (vgl. Mühlbauer et al. 1994, S. 465 - 473; vgl. Kim 4/96, S. 308 - 318; vgl. Cheetham/Ramsay 1987, S. 70 ff.; vgl. Kellnhauser 1994, S. 747 - 752)

---

[284] *Primary nursing* ist nach Lathlean definiert als „... die Erbringung von umfassender koordinierter, kontinuierlicher und individualisierter ganzheitlicher Pflege durch die examinierte Krankenschwester, der hierfür Autonomie, Verantwortung und Autorität auf einer 24stündigen Basis übertragen ist." (Lathlean, zit. nach Kellnhauser 1994, S. 747) Krohwinkel schreibt hierzu: „Wichtigstes Merkmal dieses Systems *(des Primary Nursing, Anm. d. Verf.)* ist die Abkehr von fragmentierter Aufgaben- und Verantwortungszuordnung für durchzuführende Einzeltätigkeiten hin zur Übernahme von Gesamtverantwortung der jeweiligen primären pflegerischen Bezugspersonen

Strukturelle Voraussetzungen beruflicher Zufriedenheit (Fortsetzung):

* Informierung des Pflegepersonals über alle berufsrelevanten Fakten im Krankenhaus (Krankenhauszeitung, Krankenhausfernsehen, Radio, schwarzes Brett, Veranstaltungen der Krankenpflegeschule, Fort- und Weiterbildungsmaßnahmen etc. pp.),
* Änderung der Essenszeiten der Patientinnen bezogen auf ihre individuellen Bedürfnisse (vgl. Stoffer 1991, S. 465)
* Anpassung der Dienstzeiten des Personals an die individuell angepaßten Essenszeiten der Patientinnen (vgl. ebd., S. 465)
* transparente Öffnung des Krankenhauses nach außen (durch verknüpfende Aktivitäten mit der Pfarrgemeinde, der Kommune, einzelner Schulen, Vereinen etc.) (vgl. Stoffer 1991, S. 466)
* Zertifizierungen des Krankenhauses durch externe Qualitätskontrollinstanzen mit Prämierungen in der Art der Hotelauszeichnungen (folgende Merkmalen könnten evaluiert und bewertet werden: prozentualer Anteil der examinierten Pflegepersonen an der absoluten Zahl der Pflegekräfte, prozentualer Anteil der Fort- und Weitergebildeten am examinierten Personal, Fläche der Bewegungsfreiheit von Patientin und Pflegepersonal, anonymisierte und standardisierte Fragebogenaktion bei der Entlassung der Patientinnen zur pflegerischen und medizinischen Qualität der Versorgung während ihres Aufenthaltes im Krankenhaus etc. pp.)
* selbstbestimmtes, verantwortungsvolles Pflegehandeln,
* ausreichend qualifiziertes Pflegepersonal
  (ausschließlich examiniertes Pflegepersonal, weitergebildete Stationsleiter und Mentoren, Intensivpersonal mit Fortbildung, speziell dem Fachbereich entsprechend fortgebildetes Pflegepersonal)
* ausschließlicher Einsatz von weitergebildetem Pflegepersonal in Führungspositionen (Krankenpflegeschule, Pflegedienstleitung, Stationsleitung) (vgl. Samson 1991, S. 447 ff.)
* Besetzung aller Pflegeplanstellen, äquivalente Personalausstattung (der sog. *optimale Personalmix*)

für den Pflegeprozeß bei den ihr zugeordneten PatientInnen (in der Regel 1 - 5 PatientInnen). Die pflegerische Bezugsperson ist für diese PatientInnen 24 Stunden am Tag und von der Aufnahme bis zu ihrer Entlassung verantwortlich. ...Es wird davon ausgegangen, daß Bezugspersonenpflege einen kontinuierlichen Problemlösungs- und Beziehungsprozeß (Pflegeprozeß) am ehesten ermöglicht. Bezugspersonenpflege trägt darüber hinaus den Erfordernissen einer gezielten praktischen Ausbildung Rechnung." (Krohwinkel 1993, S. 33 ff.)

Strukturelle Voraussetzungen beruflicher Zufriedenheit (Fortsetzung):

* regelmäßige Mitarbeiterbesprechungen (zusätzlich und bei Bedarf)
* Transparenz: umfangreiche und klare Informationen über Stationsregelungen und Stationsabläufe (z. B. Aushang der Stationsregelungen auf dem Flur in gut lesbarer und verständlicher Form) (vgl. Nagel 1995, S. 1010 - 1015)
* regelmäßige Teambesprechungen (mind. einmal pro Monat) (vgl. Golimbek 1992, S. 297)
* Supervisionen, Transaktionsanalysen[285] und Balint-Selbsterfahrungsgruppen (Anzahl abhängig von Station und Bedarf) zur berufsfeldbezogenen Beratung, Reflexion beruflichen Handelns, Sichtbarmachung unbewußter Verhaltensweisen, Selbsterfahrung und Verständnis von Kommunikationsabläufen (vgl. Edenhofner-Heidinger 1994, S. 309; vgl. Sowinski 1995, S. 222 - 226); diese müssen von der Hierarchie des Krankenhauses unabhängig sein und von einer neutralen an die Schweigepflicht gebundene Person durchgeführt werden. Sie dienen darüber hinaus der psychosozialen Unterstützung von Mitarbeitern, um die Arbeitszufriedenheit zu steigern, die Arbeitsbelastung zu senken und eine psychosoziale Begleitung der Mitarbeiter sicherzustellen (vgl. Weidmann 1989, S. 136).
* demokratischer, partizipativer Führungsstil der Pflegedienstleitung, des Verwaltungsdirektors und des ärztlichen Direktors (vgl. Kapitel 7.6.1)
* regelmäßige pflegerische Qualitätszirkel und Qualitätsevaluierung (bei Arbeitstreffen)
* regelmäßiges Treffen des Mentorenkreises (mind. einmal pro Monat)
* regelmäßiges und umfangreiches Angebot von Fort- und Weiterbildungen mit obligatorischer Teilnahme (auch zur Thematik Gewalt, sexuelle Belästigung, Konfliktlösungsmaßnahmen, Kommunikationstechniken)
* regelmäßige Stationsleiterbesprechungen und -sprechzeiten (vgl. Nagel 1995, S. 1010 - 1015)

[285] Transaktionsanalyse: Das Konzept der Transaktionsanalyse (TA) geht auf den amerikanischen Psychiater E. Berne (1910 - 1970) zurück. In Einzel- und Gruppenpsychotherapiesitzungen werden Denken, Handeln und Fühlen eines Menschen als Ausdruck wechselnder Ich-Zustände (Eltern-, Erwachsenen- und Kindheits-Ich-Zustände) aufgefaßt. Die Beziehungen zwischen den Menschen werden auf Transaktionen zwischen diesen Zuständen zurückgeführt. Durch das Aufdecken typischer Transaktionsmuster und Lebensgrundhaltungen und -pläne sollen individuelle oder partnerschaftliche Veränderungen herbeigeführt werden können (vgl. Meyer Lexikonredaktion 1981, S. 378).

Strukturelle Voraussetzungen beruflicher Zufriedenheit (Fortsetzung):

* regelmäßige Fortbildungen von examiniertem Pflegepersonal zur besseren Anleitung und Ausbildung von KrankenpflegeschülerInnen (insbesondere in bezug auf Kommunikation und Interaktion), weil examinierte Pflegekräfte SchülerInnen als praktisches Modell dienen (mind. einmal pro Vierteljahr) (vgl. Hanke 1982, S. 20 f.) (vgl. Kapitel 3.5.4)
* verbindliche Einführung von Pflegestandards (vgl. Stösser 1992, S. 76 - 95)
* verbindliche Durchführung einer Pflegeprozeßdokumentation (vgl. Exchaquet/Paillard 1986, S. 43 - 138)
* Etablierung eines obligatorischen Erstgespräches einer pflegerischen Bezugsperson (vgl. Stiller 1989, S. 38 f.)
* zeitliche Einplanung von Freiraum für die Dienstplangestaltung, organisatorische Planung, Pflegeprozeßdokumentation etc. (vgl. Golimbek 1992, S. 297)
* transparente Führungsstruktur durch offene und klare Darlegung von Problemen
* transparente Unternehmensplanung (durch Vorgesetzte und Mitarbeiter in allen Bereichen des Krankenhauses) (vgl. Brunsch et al. 1995, S. 1 f.)
* Hausordnung mit klarem, eindeutigem Hinweis auf Intoleranz von Gewalttätigkeit
* namentliche Bezugnahme (Namensschilder an der Dienstkleidung, Aushang der Namen des Stationspersonals, Kennzeichnung am Bett, welche Pflegeperson, welche Ärztin etc. für diese Patientin zuständig ist)
* Krankenhausstatut mit der Kennzeichnung, daß sich das multiprofessionale Team einer humanistischen Ethik verpflichtet fühlt und an den Bedürfnissen der Patientinnen orientiert ist
* Sicherheitsmaßnahmen im Krankenhaus und auf dem Krankhausgelände (Sicherheitspersonal, angemessene Ausleuchtung der Wege, Alarmsysteme, überwachte Parkplätze, Regelung von Transportdiensten im Haus, Überwachung von Personalwohnheimen, Videoobservierung)
* Vermeidung von Wartezeiten durch klare Regelung einer Patientinnenverlegung aus der Notaufnahme (z. B. durch Zuteilungssystem, EDV-Vernetzung)
* besondere Schutzmaßnahmen gefährdeter Bereiche (Betäubungsmittelschränke, Bargeldtresore)

Strukturelle Voraussetzungen beruflicher Zufriedenheit (Fortsetzung):

* gut lesbare und allen verständliche Beschilderung im Krankenhaus
* unmittelbare Nähe des Parkplatzes zum Klinikgebäude
* Einrichtung ruhiger und geräumiger Empfangs- und Aufenthaltsräume
* Einrichtung öffentlicher Toiletten in ausreichender Zahl (u. a. auf den Stationen)
* freundliche Gestaltung der Innenräume durch Auswahl freundlicher, warmer und beruhigender Farben, Vermeidung greller, anregender Farbtöne
* angenehme Raumtemperaturen (weder zu heiß noch zu kalt)
* Vermeidung von Zugluft
* deutliche Abtrennung der Behandlungsräume (optisch, olfaktorisch, visuell, akustisch) von Patientinnenzimmern
* adäquates Kommunikationssystem für das Pflegepersonal (EDV-Vernetzung, ausreichende Anzahl von Telefonen)
* Einrichtung einer offiziellen Anlaufstelle für Gewaltopfer und Opfer sexueller Belästigungen (z. B. beim Betriebsrat)
* Beschäftigungs-, Kontakt- und Ablenkungsmöglichkeiten für die Patientinnen (in Form krankenhauseigener Informationsbroschüren, TV, Fernsehraum, Kiosk, Cafeteria, Theateraufführungen, Krankenhausbibliothek; in der Psychiatrie und Altenpflege: Beschäftigungs- und Ergotherapie[286], Bastelarbeiten, Musik und Spiel, Gymnastik, Tanzgruppen) (vgl. Matthes/Rudolph 1996, S. 553 - 554; vgl. Golimbek 1992, S. 297; vgl. Gottfrois 1995, S. 213 - 216)
* Einrichtung eines Nichtraucher- und eines Raucheraufenthaltsraumes
* Vermeidung von Flur- und Krankenzimmerzusatzbelegung (schriftliche Fixierung im Krankenhaus- oder Stationsstatut)
* Rückzugsmöglichkeit für das Pflegepersonal [u. a. wichtig als Ruheraum nach oder bei streßbedingter Erregung (vgl. Kapitel 7.2)]
* Absprache mit den Funktionseinheiten über absolute Priorität von Notfallpatientinnen (schriftliche Fixierung der Vereinbarung und Unterzeichnung aller Beteiligten)
* Erweiterung des Handlungsspielraumes von Patientinnen und Pflegepersonal (vgl. Kapitel 7.8.3 + Kapitel 7.8.4)

---

[286] Ergotherapie: die zusammenfassende Bezeichnung für Beschäftigungs- und Arbeitstherapie. Sie findet Anwendung zur Therapie von Störungen der Motorik, der Sinnesorgane und der kognitiven und psychischen Fähigkeiten bei Patientinnen und Behinderten jeden Alters (vgl. Pschyrembel 1990, S. 471).

Strukturelle Voraussetzungen beruflicher Zufriedenheit (Fortsetzung):

* Mitgestaltung von Betriebsausflügen und Mitarbeiterfestivitäten
* Erwerb ergonomischer, an der Pflegearbeit orientierter Sachmittel (z. B. Pumpbetten, Badelifter, Aufhängen von Pflegemittelschränken in Brust- oder Augenhöhe)
* Einführung von Pflegeleitbildern als Handlungsorientierungshilfe
* hausinterne Einigung auf eine Pflegetheorie
* ausreichende Ausstattung mit Wäscheartikeln
* ausreichende Sanitärräumlichkeiten
* ausreichend große Räume für Lagerungsmittel
* übersichtliche Trennung von Büro- und Arbeitsräumen
* Einführung von regelmäßigen Pflegevisiten bei schwerkranken Patientinnen zur Steigerung des persönlichen Kontaktes, der pflegerischen Transparenz, der Zuwendung, der Kommunikation, des sichtbaren Interesses, der Mitverantwortung, Orientierung und Selbständigkeit der Patientin, der Information und des Sinns der Pflege (vgl. Mooshuber 1996, S. 68 - 71; vgl. Baumann 1994, S. 819 - 822; vgl. Bieg 1995, S. 208 - 212; vgl. Heering 1995, S. 302 - 306)
* Entlastung von Müttern und Vätern vom Wochenenddienst (Begrenzung auf maximal einmal pro Monat) (vgl. FOCUS 1992, S. 216)
* praktische Ausbilder auf den Stationen als zuständige Bezugsperson für die Auszubildenden (vgl. Merz/Rüb 739 - 746)

(vgl. ICN 1995, S. 14 - 20; vgl. Ruthemann 1993, S. 91 - 138; vgl. Altenpflege 1991, S. 100; vgl. Needham 1990, S. 59 - 67)

Diese Auflistung ist sicherlich nicht vollständig.

Sie kann jedoch eine Tendenz aufzeigen, wie Krankenhäuser für Patientinnen und für Pflegeperson eingerichtet sein sollten, damit von einer gewaltarmen Krankenhausstruktur gesprochen werden kann.

In Wirtschaftsunternehmen und vielen Bereichen der öffentlichen Administration werden viele der genannten Faktoren seit Jahren bereits berücksichtigt. Erkenntnisse der Arbeitsmedizin und der Betriebspsychologie werden angewandt und die Kritik von Arbeitnehmerseite an ihrer Arbeitsatmosphäre - mehr oder weniger - ernst genommen.

Die Arbeitsbedingungen in den Krankenhäusern hingegen sind erneut nicht auf dem Entwicklungsstand vergleichbarer Betriebe aus der Wirtschaft. Die Einflußnahme der ArbeitnehmerInnen in den Kliniken ist sowohl vom Engagement als auch von der Organisation her sehr spärlich ausgeprägt.
Hier wird sich noch vieles ändern müssen, damit die Arbeitszufriedenheit der pflegerischen Mitarbeiter nicht noch weiter abnimmt (vgl. Lambrecht 1996).

7.8.2 Reformierung der Krankenpflegeaus-, fort- und -weiterbildung

Die theoretische Ausbildung zur examinierten Krankenpflegekraft sollte um jene Themengebiete ergänzt werden, welche die Arbeit an und mit Patientinnen kommunikativ erleichtern können. Diese Themen sollten allgemeinbildenden Charakter haben. Sie sollten auf alle Bereiche der Pflege bezogen werden und nicht auf spezielle, klassische „Konfliktherde" wie psychiatrische und allgemeine Notfallmedizin beschränkt bleiben[287].
Diese Themenbereiche können sicherlich nicht bis ins Detail unterrichtet werden, da bereits jetzt Engpässe in der zeitlichen Planung der vorgeschriebenen 1600 Unterrichtsstunden in der Krankenpflegeausbildung zu verzeichnen sind. Das Krankenpflegegesetz läßt jedoch einen gewissen zeitlichen Spielraum für eine individuelle Planung des Unterrichts zu. Die Interessen des Trägers in bezug auf Arbeitsleistung und Funktionalität der SchülerInnen auf den Stationen müssen dabei in einem gewissen Rahmen berücksichtigt bleiben.
Die folgenden Aspekte erachte ich deshalb für außerordentlich wichtig, weil das Berufsbild der Pflege durch die Aufnahme dieser Themen attraktiver und ein Burnout der Mitarbeiter unwahrscheinlicher werden wird.

[287] Nolting argumentierte schon im Jahre 1978 für das Einbringen der Thematik „Konfliktlösung und Umgang mit Aggression" in den Berufsschulunterricht folgendermaßen: „Der große Zeitumfang, der von beruflichen Aktivitäten eingenommen wird, die existentielle Bedeutung, die ihnen zukommt, und das häufige Auftreten von Konflikten am Arbeitsplatz sind jedoch Gründe dafür, auch in diesem Bereich nichtaggressives, konstruktives Problemlösungsverhalten zu fördern. Zu fragen wäre z. B., wieweit Vorgesetzte Modell für Zuhören, Verständnis, rationale Diskussion, Respektierung des Untergebenen sind. Zu fragen wäre, wieweit Ausbilder nicht nur Fachwissen besitzen, sondern auch darin geschult werden, ihr Wissen pädagogisch sinnvoll weiterzugeben sowie Konflikte mit den Auszubildenden zu erkennen und konstruktiv zu handhaben. Generell ist zu fragen, wieweit in Betrieben, Büros und anderen Arbeitsplätzen neben den reinen Fachkenntnissen gelernt wird, Probleme wie Rivalitäten, Mängel am Arbeitsplatz oder unzureichende Information vorzubringen und darüber zu verhandeln, und zwar so frühzeitig und in einer solchen Form, daß es zu destruktiven Auseinandersetzungen gar nicht erst kommt. ...Dies bedeutet keineswegs, daß man ein harmonisches Betriebsklima zum Maß aller Dinge erheben sollte. Es bedeutet zunächst nur, daß auch am Arbeitsplatz ein Stück Frieden gelernt werden kann und sollte. ...Hier sollte nur darauf hingewiesen werden, daß auch das Erlernen von konstruktivem Konfliktverhalten ein wichtiger - persönlich und sachlich wichtiger - Bestandteil professionellen Arbeitsverhaltens sein und daher in Ausbildungspläne mit einbezogen werden sollte." (Nolting 1978, S. 160 f.)

Unterrichtung folgender Themen und Inhalte:

* Konfliktlösungs- und Konfliktaustragungsmöglichkeiten, Kommunikationsfähigkeit (insbesondere bei Orientierungsstörungen, aber auch unter kongenialen Interaktanden) (vgl. Scheidt 1994, S. 626 - 629)
* selbstbewußter Umgang mit der eigenen Kränk- und Verletzbarkeit (vgl. Knobling 1985, S. 199)
* Fähigkeiten zur Empathie, um die Situation der Patientin oder der Kollegin wahrzunehmen, Handeln zu entwickeln und kontrollieren zu können (z. B. durch Einübung von Rollenspielen) (vgl. Krappmann 1983, S. 1317)
* Wahrnehmung, Bewertung und Vergleich einer diffusen, palliativen, evasiven und destruktiven Kritik mit einer gezielten, offenen und konstruktiven Kritik (vgl. Lehr/Thomae 1991, S. 201 - 212)
* Gespräche über Leben, Sterben und Tod unter ethisch-moralischen Gesichtspunkten
* Analyse und Umgang mit eigenen Krisensituationen
* Erkenntnis, daß Aggressivität und Aggression zum menschlichen Dasein gehören, um Lebendigkeit und Erlebnisfähigkeit ausdrücken zu können (vgl. Derbolowsky 1988, S. 18 f.)
* Fähigkeit zur Rollendistanz, nicht um unklaren und paradoxen Ansprüchen gerecht zu werden, sondern um einen Kompromiß zwischen ihnen finden zu können (vgl. Krappmann 1983, S. 1317)
* Fähigkeit zur Steigerung der eigenen Rollenambiguitätstoleranz, um auch dann konstruktiv interagieren zu können, wenn Rollen ungeklärt und Bedürfnisse unberücksichtigt sind (vgl. Krappmann 1983, S. 1317)
* Reflexion der eigenen beruflichen Rolle und des pflegerischen Handelns (vgl. Knobling 1985, S. 198 f.; vgl. Rogers 1939, S. 280 ff.)
* Kenntnisse über Streß, Streßreaktionen und Copingmöglichkeiten zur Wahrnehmung von Belastungen, Fähigkeit zur Erkennung der Ursachen und zur Entwicklung von gemeinschaftlichen Bewältigungskonzepten (z. B. in Gewerkschaften, Mitarbeitsvertretungen, Betriebsräten, politischen Parteien, Kirchen etc.) (vgl. Karmaus et al. 1979, S. 213 - 222)

Unterrichtung folgender Themen und Inhalte (Fortsetzung):

* Korrektur eines allzu hohen Ich-Ideals und Akzeptanz eigener Schwächen, Begrenztheit und Fehlbarkeit (vgl. Knobling 1985, S. 200 f.)
* Kenntnisse medizinischer, sozialer, struktureller und psychischer Ursachen von Aggression und Gewalt
* Kenntnis auslösender und fördernder Faktoren und spezifischer „Schlüsselreize" von Gewalt und Aggression (vgl. Knobling 1985, S. 196)
* Ablauf von Gewaltsituationen
* Merkmale potentieller Gewaltsituationen
* Techniken der Gewaltverhinderung und auch der Gewaltabwehr (nur in Notwehr)
* empathische Einfühlung in die Welt von Patientinnen (in Isolation, Einsamkeit, Angstzuständen, Gefühle der Verlassenheit, Monotonie, des Schmerzes, der Trauer, der Freude und des Glücks) (vgl. Knobling 1985, S. 197)
* Kenntnisse und Fähigkeiten, institutionelle und strukturelle Rahmenbedingungen kreativ und innovativ zu formen, zu erweitern und zu verändern (vgl. Knobling 1985, S. 197)
* Reflexion des Status von frisch examinierten Pflegepersonen mit ihrer Unsicherheit, ihren fachlichen und kommunikativen Defiziten und ihrem Wunsch nach beruflicher Anerkennung und Bestätigung (vgl. Knobling 1985, S. 198; vgl. Hüper 1996, S. 8 - 13)
* Kommunikationstechniken verbaler und non-verbaler Art[288] (vgl. Heinemann/ Heinrich 1985, S. 34 ff.)
* Selbstsicherheits- und Selbstverteidigungstechniken
* juristische Aspekte von Aggression und Gewalt
* Sensibilisierung für den persönlichkeits- und geschlechtsspezifischen Umgang im Erleben von Aggression (vgl. Kerres/Falk 1996, S. 174 - 177)
* Überbelastungen durch Nacht- und Sonntagsdienst (vgl. Knobling 1985, S. 196)
* Themenbereiche wie Sozialgeschichte, Kommunikation, sinnvolle Freizeitgestaltung und Pädagogik (vgl. Gerster 1992, S. 424)
* Arbeitgeber- und Arbeitnehmerrechte in bezug auf Gewalt und Aggression

[288] Eine sehr humorvolle (und real-satirische) Darstellung vom Kommunikationsdefiziten und interaktiven Mißverständnissen hat Paul Watzlawick vorgenommen. Insbesondere „Die Geschichte mit dem Hammer" ist sehr empfehlenswert (vgl. Watzlawick 1983, S. 35 - 46).

Unterrichtung folgender Themen und Inhalte (Fortsetzung):

* Förderung von Präventions- und Rehabilitationsgedanken und Abkehr von einer Reparaturmentalität in der Pflege und Medizin (vgl. Reimer 1989, S. 111 f.)
* Wissen über die psychische Entwicklungsfähigkeit des Menschen
* Wissen über Möglichkeiten, der destruktiven Aggression präventiv entgegenzuwirken (u. a. durch Psychohygiene) (vgl. Reimer 1989, S. 111 f.)
* Förderung kognitiver Lösungsmechanismen und eines kritischen Bewußtseins (bezogen auf Konflikte, Aggression und Gewalt) (vgl. Nolting 1978, S. 147 ff.)
* Förderung des Lernens sozialer Fertigkeiten, um in Konfliktsituationen kommunikativ und souverän agieren zu können (vgl. Schwäbisch/Siems 1974, S. 19 - 51)
* Wissen über Gründe und Ursachen von Desorientiertheit und Einschränkung sensorischer Wahrnehmungsfähigkeiten (z. B. im Alter) (vgl. Knobling 1985, S. 198 - 200; vgl. ICN 1995, S. 16 f.; vgl. Pflege aktuell 1994, S. 138 - 142)

7.8.3 Erweiterung des Handlungsspielraums des Pflegepersonals

Die Erweiterung des Handlungsspielraumes[289] für das gesamte Pflegepersonal kann berufsbezogene Frustrationen reduzieren oder verhindern[290]. Dabei sollte das gesamte Personal involviert sein. Die Maßnahmen dürfen sich nicht nur auf die Leitungsebene (Stationsleitung und Stellvertretung) beschränken, damit sich das „restliche" Personal nicht ausgegrenzt fühlt. Soweit Vertreter abgesandt werden müssen (z. B. zu Besprechungen über die Einführung von Pflegeartikeln), sollten diese vom gesamten Personal in geheimer Wahl bestimmt werden.

Wieder einmal bezieht sich diese Auflistung auf Schaffung von Optimalzuständen, welche angestrebt werden sollten, um eine professionalisierte Berufsgruppe „Pflege" zu entwikkeln.

Erweiterung des Handlungsspielraumes des Pflegepersonals durch:

* <u>Involvierung in alle aktuellen Entscheidungsprozesse</u>, welche die Berufsgruppe unmittelbar tangieren
* <u>Aushandeln von Verträgen und Vereinbarungen</u> mit der Patientin über Grenzen und Konsequenzen gewalttätigen Verhaltens (mit der Konsequenz, daß sich alle an die Übereinkünfte halten müssen, insbesondere auch das Therapeutenpersonal als Modell) (vgl. Steinert 1991, S. 720)
* <u>Einrichtung eines Vorschlagswesens</u> (um mit diesen Verbesserungs- und Optimierungsvorschlägen (wie in der Wirtschaft) immense Kostenersparnisse beim Arbeitgeber zu erzielen; der Arbeitgeber prämiert hierbei die besten Vorschläge der Mitarbeiter) (vgl. RP 22.03.1996)
* <u>Einbeziehung in ein multiprofessionelles, therapeutisch-pflegerisches Handlungsteam</u>, welches die Patientin und ihre aggressiven Verhaltensweisen holistisch betrachtet und differenziert mit ihr interagiert (vgl. Steinert 1993, S. 582)

[289] Mir ist - bedingt durch eigene, negative Erfahrungen - wohl bewußt, daß das Pflegepersonal häufig allein darin involviert ist, einen *eigenen* Handlungsspielraum zu entwickeln und gegen wiederholte und zumeist vehemente Eingrenzungsversuche der Ärzteschaft zu verteidigen. Manchen Pflegekräften wäre ein klar abgegrenzter und abgesicherter Handlungsspielraum allein bereits ausreichend, von einer Vergrößerung des Spielraums ganz abzusehen.

[290] Hierzu führt Zimbardo aus: „Nach Brehm (1966) ist diese Art von „Gegen"-Reaktion ein typisches Beispiel für *Reaktanz*. Die Theorie, die hinter diesem Begriff steckt, geht von der Annahme aus, daß der Mensch sich seine Handlungsfreiheit erhalten will. Ist diese Freiheit in irgendeiner Weise bedroht, „reagiert" er darauf, indem er alles ihm Mögliche tut, um sie wiederherzustellen. Wenn also jemand unsere Freiheit dadurch bedroht, daß er uns zu einer bestimmten Handlung zwingen will, werden wir unsere Freiheit zu bewahren suchen, indem wir uns weigern, so zu handeln. Oder wenn jemand versucht, unsere Entscheidung zu beeinflussen und uns erzählt, „A ist besser als B", kann unsere Reaktion darauf sein, B besser als A zu finden. Diese Voraussagen wurden experimentell bestätigt." (Zimbardo 1983, S. 598 f.)

Erweiterung des Handlungsspielraumes des Pflegepersonals durch (Fortsetzung):

* <u>Mitbestimmung in der Auswahl krankenhauseigener Berufskleidung</u> (Aussehen, Passform, Anzahl)
* <u>berufsautonome Tätigkeiten und Arbeitsfelder</u> (wie z. B. alle sechs Aspekte des Pflegeprozesses, Einführung von Pflegestandards und Pflegevisiten etc.)
* <u>interne Aufstiegschancen</u> (wie z. B. Mentorentätigkeit, EDV-Spezialist, Stomabeauftragte, PEG-Beauftragte, Dokumentationseinführungs- und beratungsbeauftragte, Stationsleitung, Abteilungsleitung, Hygienefachkraft etc. pp.)
* <u>Berücksichtigung von Wünschen</u>, Urlaub, Pausen und Arbeitszeiten individuell gestalten zu können
* <u>Reduzierung von Nacht- und Schichtdiensten</u> soweit möglich auf Notfallbesetzung
* <u>Etablierung einer Kerndienstzeit</u> mit individuellen Gestaltungsmöglichkeiten und gleichzeitiger Verringerung von Schichtdiensten
* <u>Verkürzung der Schichtdienste</u> auf maximal acht Stunden zur Vermeidung eines Überschreitens der Leistungsreserven
* <u>Verkürzung der Nachtdienste</u> auf unter acht Stunden, um eine psychische und physische Verausgabung durch eine Irritation des zirkadinen Rhythmus[291] zu vermeiden
* <u>Zulassungsbeschränkung für Arbeiten im Nacht- und Schichtdienst</u> (Nichtzulassung von kranken Pflegepersonen wie Diabetiker, Epileptiker, Magen-Darm-Erkrankte, Krebskranke)
* Gelegenheit, <u>ganzheitliche Kenntnisse</u> über den gesamten Patientinnenaufenthalt <u>zu erhalten</u> und <u>initiativ</u> und <u>verantwortlich</u> <u>handeln zu können</u>[292]
* <u>Mitwirkung bei der Dienstplangestaltung</u> durch jeden einzelnen Mitarbeiter
* <u>Einbeziehung in Entscheidungen</u> über technische, sachliche und räumliche Ausstattung (Perfusoren, Dokumentationssystem, Kücheneinrichtung etc. pp.)
* <u>Einbeziehung in Entscheidungen</u> über Umbau- und Modernisierungsarbeiten

---

[291] <u>zirkadianer Rhythmus</u>: syn. circadianer Rhythmus, der 24-Stunden-Rhythmus, die biologische Uhr; endogen gesteuerte, alle biologischen Funktionen betreffender Rhythmus, welche durch die Tagesschwankungen geophysikalischer Umweltfaktoren im Sinne von Zeitgeberwirkungen synchronisiert wird. Er funktioniert auch bei Ausschaltung aller Zeitinformationen zunächst unverändert und ist geprägt durch Wendestunden (gegen 3 resp. 15 Uhr) mit stärkstem Parasympathiko- resp. Sympathikotonus, vormittäglichem Aufwärmungsaffekt (Frische- und Wachheitsgefühl mit Anstieg der Kern- und Absinken der Gliedmaßentemperatur), abendlichem Entwärmungsaffekt (Gefühl wohliger Behaglichkeit und Schläfrigkeit mit Sinken der Kerntemperatur) (vgl. La Roche 1993, S. 1805).

[292] Ergebnisse der sog. <u>Mayo-Experimente</u> konnten nachweisen, daß für Angestellte langweilende und demotivierende Arbeiten dadurch interessanter wurden, daß sie Initiative und Verantwortung übernehmen und Wissen über den gesamten Arbeitsprozeß erwerben konnten. Die Angestellte wurden daraufhin erfinderisch, aktiv, innovativ, einfallsreich und auch zufriedener (vgl. Fromm 1976, S. 100 f.).

Erweiterung des Handlungsspielraumes des Pflegepersonals durch (Fortsetzung):

* Autonomisierung der Arbeitsbereiche bei reziproker Vernetzung zur Vermeidung von Chaos und Isolation
* Professionalisierung des Berufsbildes im Krankenhaus vor Ort durch inhaltliche Qualitätsdefinition, konkrete Entwicklungsperspektiven mit Aufstiegschancen und exklusiven Kompetenzen
* Orientierung der Pflegehandlungen an Tatsachen, Werten, Normen, Kontexten und Auffassungen der Patientin (ohne Fachkenntnisse und theoretische Maßnahmen außer acht zu lassen)
* sozial-verträgliches Management- und Führungskonzept mit Steuerungskompetenz, qualitativer und quantitativer Betreuung, Beratung, Unterstützung und Entwicklungsförderung
* Ressourcen- und Lastenverteilung durch autonome, interne Absprachen
* autonom organisierte, interne und externe Repräsentation (z. B. „Station B präsentiert sich“)
* Schaffung von Kommunikationsmöglichkeiten und -strukturen, um selbstverantwortliches und autonomes Arbeiten zu fördern (durch regelmäßige Besprechungen, Vorschlagwesen für quantitative und qualitative Optimierungen, Auszeichnungen von bewährten Mitarbeitern, optisch und inhaltlich einheitliche Präsentation nach außen etc.)
* Mitgestaltung der Räumlichkeiten der Station und anderer Bereiche im Krankenhaus
* Entwicklung einer organisatorischen Dezentralisierung mit stationseigener, selbstentwickelter Konzepthoheit

(vgl. Ruthemann 1993, S. 91 - 138; vgl. Marquard et al. 1993, S. 234 - 241; vgl. Karmaus/Schienstock 1979, S. 9 - 27; vgl. van Schayck-Bergau 1994)

7.8.4 Erweiterung des Handlungsspielraums der Patientinnen

Die Vergrößerung des Handlungsspielraums der Patientin mindert die Frustrationserfahrung ihres Krankenhausaufenthalts. Dabei müssen die Einweisungsdiagnose, eine Multimorbidität, die Einsichtsfähigkeit und der Krankheitsverlauf bei der Patientin immer berücksichtigt werden. Vergrößerungen der Handlungsspielräume von Personal und Patientinnen sollten ineinander verwoben werden, um Kollisionen der Interessen zu vermeiden[293].

Dies ist in der Praxis nicht immer leicht. Dennoch sollte auch der Handlungsspielraum der Patientin erheblich erweitert werden, um deren z. T. traumatische Krankenhauserfahrung zu mildern.

Vergrößerung des Handlungsspielraum der Patientinnen durch:

* die Möglichkeit, das Zimmer selbst individuell zu gestalten,
* die Möglichkeit, Mitpatientinnen selbst zu wählen, resp. bei der Entscheidung über Mitpatientinnen Einfluß zu nehmen,
* Ausübung eigener Aktivitäten und Hobbys,
* Möglichkeit, die Essenszeiten den individuellen Bedürfnissen und Gewohnheiten anzupassen (vgl. Stoffer 1991, S. 465)
* Möglichkeiten, den eigenen Einfluß, die eigene Macht und den eigenen Kompetenzbereich zu erweitern und sich somit gegen Gewalt und Aggression durch das Pflegepersonal zu wehren (durch unabhängige Patientinnenbeauftragte, zentrale Anlaufstellen, Beschwerde- und Meinungsbriefkasten, Sozialarbeiter oder Pfarrer als Ansprechpartner) (vgl. Gerster 1992, S. 425)
* Miteinbeziehung in den Stationsablauf (insbesondere in der Psychiatrie, im Alten- und Pflegeheim)
* Miteinbeziehung in Entscheidungen über Pflege, Diagnostik und Therapie,
* Mitbestimmung über die Regelung der Besuchszeiten (in der Psychiatrie und im Altenheim Regelung der Ausgangszeiten)
* eigenständige Gestaltung von allgemein zugänglichen Stationsräumlichkeiten (insbesondere im Altenheim oder in der Psychiatrie)

[293] Wenn z. B. der PatientIn die Möglichkeiten gegeben wird, ihre MitpatientInnen selbst zu wählen, und das Personal dagegen selbst entscheiden möchte, die Isolierung eines schwerstpflegebedürftigen Patienten durch Belegung des Zimmers mit möglichst kommunikativen Personen zu vermeiden, können zum Teil massive Konflikte entstehen. Eventuell muß das Pflegepersonal den Handlungsspielraum der PatientIn eingrenzen und asymmetrisch die Belegung selbst vorgeben.

Vergrößerung des Handlungsspielraum der Patientinnen durch (Fortsetzung):

* Mitbestimmung über den Zeitpunkt von medizinischen und pflegerischen Maßnahmen
* selbständiger Abbau von Krankheitsängsten der Patientinnen durch das Miteinbeziehung von Mitpatientinnen und Angehörigen in der Art von Gesprächskreisen im Krankenhaus (vgl. Sitzmann 1995, S. 184)

(vgl. Ruthemann 1993, S. 91 - 138)

7.9 Gesellschaftliche Strukturveränderungen

Ich habe in dieser Arbeit aufzeigen können, daß Verbesserungen der gesellschaftlichen Rahmenbedingungen die notwendige Voraussetzung zu einer wirkungsvollen Reduzierung und Minimierung von Aggression und Gewalt im Krankenhaus darstellen. Diese Strukturen können Aggression und Gewalt zum Teil direkt verursachen und eine berufliche Zufriedenheit in der Pflege verhindern.

Ich werde in der folgenden Auflistung einige der zahlreichen gesellschaftlichen Faktoren anführen, deren Veränderung eine gewaltreduzierende Wirkung haben können.

Gesellschaftliche Veränderungsnotwendigkeiten:

* Abbau strenger, kompetitiver Leistungsanforderungen und eines individualistischen Einzelkämpfertums in der allgemeinbildenden Schule und in der Krankenpflegeschule (Reduzierung des Notendrucks, der Selektionsfunktionen etc.) (vgl. Nolting 1978, S. 131 ff.; vgl. Cohn 1976, S. 152 - 175; vgl. Hesse 1993)
* verstärkte Einrichtung wissenschaftlicher Ausbildungsmöglichkeiten in den Fächern Pflegewissenschaft, Pflegepädagogik und Pflegemanagement für Pflegepersonal an Fachhochschulen und Universitäten (vgl. FAZ 16.03.1996; vgl. Wagner 1993, S. 983 ff.; vgl. Geißner 1993, S. 986 ff.; vgl. Blaul 1992; vgl. Pflegezeitschrift 1994, S. 394);
* Intensivierung der Pflegeforschung an Universitäten und Fachhochschulen (vgl. Zegelin 1996, S. 338 ff.; vgl. Schröck 1996a, S. 1 f.; vgl. Schröck 1996b, S. 2 - 8; vgl. Hüper 1996, S. 12 f.; vgl. Wittneben 1993, S. 23 - 36; vgl. Grusdat et al. 1993; vgl. Rogers 1995, S. 106 - 114; Watson 1996, S. 27 - 54)[294]
* inhaltliche Verbesserung der Aus-, Fort- und Weiterbildung in den Pflegeberufen zur Statuserhöhung, Attraktivitätssteigerung und besseren Verdienstmöglichkeiten (vgl. Heinemann 22.04.1996)
* Abkehr von einer erleichterten Zugangsvoraussetzung für Pflegekräften zum Studium der Medizin für Pflegekräfte auch ohne allgemeiner Hochschulreife (vgl. FAZ 21.02.1996, vgl. Bochnik 16.03.1996)
* Enttabuisierung der Thematik Gewalt (sowohl beim Pflegepersonal als bei den PatientInnen) (vgl. NGZ 20.03.1996)

[294] Zur Situation, Position und Funktion einer wissenschaftstheoretischen Orientierung in den Sozialwissenschaften - zu denen ich die Pflegeforschung zähle - vgl. Ossowski 1973, S. 143 - 192; vgl. Kromrey 1994, S. 13 - 50; vgl. Kron 1991, S. 13 - 46; vgl. Bishop1992, S. 57 - 68.

Gesellschaftliche Veränderungsnotwendigkeiten (Fortsetzung):

* Abbau des lehrerzentrierten Frontalunterrichtsstils und Förderung von Schlüsselqualifikationen[295] durch schülerorientierten, verantwortungsbewußten Unterricht (vgl. Bader 1989, S. 70 ff.; vgl. Beck 1993, S. 6 - 11; vgl. Butsch et al. 1991, S. 37 ff.)
* Förderung pro-sozialer Solidarität in der Schule durch Schaffung notenfreier Lernbereiche, individuelle Förderungen versus Selektionsmaßnahmen, Hervorhebung von schülerorientierter Unterrichtsmethodenauswahl zur Stärkung des Selbstbewußtseins und der Eigenaktivität (vgl. Nolting 1978, S. 131 ff.; vgl. Bachmair 1980, S. 64 - 102)
* Förderung und Etablierung einer ausschließlich akademischen Ausbildung des Pflegeführungspersonals an Fachhochschulen und Universitäten (vgl. FAZ 21.02.1996)
* gesetzliche Vorschreibung einer 5-Tage-Woche für alle Mitarbeiter im Krankenhaus
* gesetzliche Begrenzung der Bereitschaftsdienste und Rufbereitschaften auf zwei pro Woche
* Festschreibung einer wöchentlichen Höchstarbeitszeit von 45 h in der Woche (zum Abbau der Überstunden und zum Schutz der Gesundheit) (vgl. ÖTV März 1996)
* Besserung der ökonomischen Lebensbedingungen von Rentnern, Arbeitslosen, Sozialhilfeempfängern und Schülern/Studenten (vgl. Nolting 1978, S. 131 ff.; vgl. Spenneberg 1996)
* Förderung aggressionsmindernder Wohnverhältnisse (Vermeidung von anonymen Hochhäusern, Ballungsbereichen, Förderung von Begrünungen, Spielgelegenheiten für Kinder und Jugendliche, Förderung von Vereinstätigkeiten etc.) (vgl. Nolting 1978, S. 131 ff.)

[295] Nach Beck sind Schlüsselqualifikationen folgendermaßen definiert: „Schlüsselqualifikationen sind relativ lange verwertbare Kenntnisse, Fähigkeiten, Fertigkeiten, Einstellungen und Haltungen zum Lösen gesellschaftlicher Probleme. Als Berufsqualifikationen sind es funktions- und berufsübergreifende Qualifikationen zur Bewältigung beruflicher Anforderungssituationen. Diese Fähigkeiten, Einstellungen und Haltungen reichen über die fachlichen Kenntnisse und Fertigkeiten hinaus und überdauern sie. Qualifikationsziel ist die berufliche Flexibilität und Mobilität. Es sind Selbsthilfequalifikationen, mit deren Einsatz der Arbeitnehmer selbständig die Wandlungen in Arbeit und Beruf bewältigen kann, ohne sogleich auf Fremdhilfe angewiesen zu sein. Für den schulischen Bereich kommt hinzu, daß die Kenntnisse, Fähigkeiten, Fertigkeiten, Einstellungen und Werthaltungen nicht nur auf die Berufsqualifikation abzielen dürfen, sondern auch auf eine ganzheitliche Entwicklung der Persönlichkeit." (Beck 1993, S. 6 f.)

Gesellschaftliche Veränderungsnotwendigkeiten (Fortsetzung):

* gesetzlich Verpflichtung, Krankenhäuser und Altenheime in regelmäßigen Abständen auf unzulängliche räumliche und personelle Bedingungen zu untersuchen, um die Einhaltung gesetzlicher Vorschriften zu überprüfen (z. B. pro Schicht Einsatz mindestens einer examinierten Pflegekraft) (vgl. Samson 1991, S. 447 ff.)
* Reduzierung gewaltverherrlichender Signale, graphischer oder verbal-aggressiver Hinweisreize (Werbung, Diskussionsrunden, Politparolen, Verhalten der Polizei, Spielzeug, Filme etc.) (vgl. Nolting 1978, S. 136 f.)
* Präferierung philanthropischer Normen und Werte wie Respekt, Achtung und Wahrnehmung des Nächsten (vgl. Nolting 1978, S. 156)
* Reformierung der Curricula der allgemeinbildenden Schulen in bezug auf das Erlernen konstruktiver Konfliktlösungsmöglichkeiten wie passiver Widerstand, Formulieren, Präsentieren von Argumenten und Vermeidung resignativen und destruktiven Handelns (vgl. Nolting 1978, S. 187)
* Informierung der Öffentlichkeit über die verschiedenen Formen und Ursachen von Gewalt und Aggression durch Einbindung audiovisueller Massenmedien (vgl. ICN 1995, S. 96)
* öffentliche Verurteilung aller destruktiven Formen der Gewalt und Aggression durch exponierte Politiker (vgl. ICN 1995, S. 96)
* Akzeptanz der konstruktiven Aggression und der konstruktiven Gewalt als konstante Größe des menschlichen Verhaltensrepertoires und Fokussierung auf Modifizierungs- und Minimierungsmaßnahmen der destruktiven Variante (vgl. Guggenbühl 1995, S. 90; vgl. Preiser 1993, S. 121 - 132)
* Umdefinition der Gewalt: Gewalt nicht nur im negativen Sinne als Destruktion, sondern auch im positiven Sinne als konstruktive Kraft, als zivilisatorische Herausforderung und Motor der Entwicklung von Institutionen, Regeln, Leitsätzen und Ritualen (vgl. Guggenbühl 1995, S. 90)
* (forcierte) Bevorzugung ambulanter und teilstationärer Pflegedienste im Rahmen der Pflegeversicherung zur Sicherung einer möglichst langen Verweildauer der Patientinnen in gewohnten domestiziler Gegebenheiten und zur Vermeidung unfreiwilliger Einweisungen ins Krankenhaus oder Altenheim (vgl. Wünsche 1994, S. 291)

Gesellschaftliche Veränderungsnotwendigkeiten (Fortsetzung):

* Etablierung von Unterrichtsthemen wie Sozialgeschichte, Kommunikation, sinnvolle Freizeitgestaltung, Präventionsmedizin, Psychohygiene in allgemeinbildenden Schulen (vgl. Gerster 1992, S. 424)
* Verbesserte Bezahlung von Pflegekräften in der Kranken- und Altenpflege, abhängig von Ausbildungs-, Fort- und Weiterbildungsstand und von dem stationären Einsatzbereich (vgl. NGZ 23.11.1995)
* Festschreibung und Verschärfung der Zugangsbarrieren und Aufnahmeanforderungen zu Ausbildung und Beruf der Alten- und Krankenpflege, um das Prestige dieser Berufe zu erhöhen (vgl. FOCUS 1992, S. 15)
* Veränderung der Ausbildungsinhalte und der Berufsorientierung, um den real existierenden Theorie-Praxis-Konflikt zu entschärfen und die Praxisrelevanz zu erhöhen (vgl. FOCUS 1992, S. 15)
* einheitliche akademische Qualifikation des pädagogischen Personals an den Krankenpflegeschulen zur Optimierung der Ausbildung (vgl. FOCUS 1992, S. 15)
* Novellierung des Krankenpflegegesetzes
  - zur Vereinheitlichung der Ausbildung in den verschiedenen Pflegeberufen (Alten-, Kinderkranken- und Krankenpflege),
  - zur Ausweitung der Ausbildungsanteile in der ambulanten Pflege,
  - zur Verbesserung der praktischen Ausbildung durch ein festgelegtes Ausbildungsberufsbild, durch einen Ausbildungsrahmenplan und durch Festsetzung einer obligatorischen Anzahl von qualifizierten Ausbildern (vgl. ÖTV Report)
* Aufzeigen von Kanalisierungsmöglichkeiten: Es müssen von den Kirchen, der Verwaltung, den Kommunen, dem Arbeitgeber und innerhalb der Familien Möglichkeiten etabliert werden, Frustration, Ärgerpotentiale und auch Aggression in einer pro-sozialen, dem einzelnen *und* der Gesellschaft dienenden konstruktiven Art zur Entfaltung zu bringen (vgl. Haase 1981, S. 350).
* Propagierung einer gesellschaftlichen Streitkultur als Bereicherung der Kultur mit einem positiv verändernden, progressiven Potential (vgl. Ertle 1983, S. 21)

Gesellschaftliche Veränderungsnotwendigkeiten (Fortsetzung):

* stärkere Übernahme von Verantwortung durch jene Gruppen, welche sozial benachteiligt sind (z. B. Frauen, Kinder, Alte, Homosexuelle, psychisch Kranke, Arbeitslose u. ä.) in gesellschaftlichen und politischen Bereichen (vgl. Nini et al. 1995, S. 427)
* Öffentlichkeits- und Aufklärungsarbeit durch staatliche Stellen über tabuisierte, bagatellisierte und zum Teil legitimierte Gewalt in den Bereichen Pflegepersonal versus Patientinnen, Männern versus Frauen, Eltern versus Kindern etc. pp. (vgl. Nini et al. 1995, S. 427)
* Fortbildungsmaßnahmen für pädagogische Multiplikatoren (Pflegepersonal, Pädagogen, Sozialarbeiter, Mediziner) über soziale Lernkonzepte und pädagogisches Familienmanagement zur Gewalt-, Aggressions- und Angstprävention bereits in den Familien (vgl. Hautzinger 1985, S. 74; vgl. Lechner 1985, S. 397 - 408)
* Definition der Gewalt und Aggression als ein gesellschaftliches Problem, welches mit einem Paradigmawechsel angegangen werden muß (vgl. Goldstein 1975, S. 144 ff.)
* Absage an ein monokausales Aggressionsmodell; Abkehr von laborbezogenen Aggressionstheorien als alleinige Erklärungsversion (z. B. durch der Genetik oder Neurophysiologie) (vgl. Verres 1980, S. 55 - 62)
* Favorisierung einer multifaktoriellen, realitätsbezogenen und integrativen Aggressionstheorie (vgl. Verres 1980, S. 55 - 62)
* Betonung eines humanistischen Erziehungsleitbildes, welches die Entwicklung zu einem erkennenden, reflektierenden und freihandelnden Individuum ermöglicht (vgl. Cube 1988, S. 140; vgl. Meyer-Abich 1993, vgl. Classen-Bauer 1993)
* Unterstützung von Mädchen und Frauen hinsichtlich ihres Selbstbestimmungsrechts und ihres autonomen Handlungsspielraums als aktive Präventivmaßnahme gegen Gewalt in einem von Frauen geprägten Beruf Krankenpflege (z. B. durch die staatliche Förderung der Chancengleichheit von Frauen und Mädchen in Staat und Gesellschaft, Abbau gesellschaftlicher Diskriminierungen, Bewußtseinsveränderungen, kognitive Aufklärungsarbeit und Lernprozesse für Frauen und Männer) (vgl. Bundesministerium für Familie, Senioren, Frauen und Jugend 1994, S. 39; vgl. Nini et al. 1995, S. 427 f.)

Gesellschaftliche Veränderungsnotwendigkeiten (Fortsetzung):

* Reduzierung eines überhöhten Anspruchsdenken der Patientinnen an „Hotelleistungen" im Krankenhaus (vgl. Schlüter 1994, S. 309 - 316)
* Hervorhebung und gesellschaftliche Einforderung konstruktiver Kritikleistungen als basisdemokratische Fertigkeit eines jeden mündigen Staatsbürgers (vgl. Kastner 1994, S. 250 f.)
* Gesellschaftliche Sanktionierung dysfunktionale, destruktiver Kritik (vgl. Kastner 1994, S. 250 f.)
* Förderung eines Unrechts- und eines Rechtsbewußtseins („Fairplay", „Fairneß") (vgl. Krech et al. 1992, S. 16)
* Verständnis der Gesellschaft für die Problematik des Pflegepersonals
* Auflösung der strukturellen Gewalt, welche die aktive Auseinandersetzung in einer disputablen und kontroversen Demokratie be- oder verhindert (vgl. Ertle 1983, S. 21)

7.10 Sterbebegleitung

Die Thematik „Sterbebegleitung“ tangiert den Bereich dieser Arbeit nur indirekt, doch führen Prozesse der Begleitung von Schwerstkranken häufig zu Taten wie aktiver oder passiver Sterbehilfe, „Euthanasie“ und Tötung auf oder ohne Verlangen.

Ich möchte in komprimierter Form Vorschläge zum besseren Umgang mit Sterbenden und Schwerstkranken anführen.

Die Sterbebegleitung erfordert immer die gesamte Persönlichkeit der Pflegekraft in wenn auch unterschiedlicher Intensität. Manche Personen gehen damit routiniert, andere eher identifizierend um. Die meisten Pflegepersonen entwickeln Mechanismen in der Spanne zwischen diesen beiden Extremreaktionen (vgl. Schmitz-Scherzer 1983, S. 166 ff.).

Die Angst spielt bei allen Pflegepersonen eine bedeutende Rolle, weil das Versterben einer anderen Person das eigene Leid, die eigene Endlichkeit, Begrenztheit und Sterblichkeit vor Augen führt. Zudem werden durch die gesellschaftliche Tabuisierung des Sterbens und des Todes immer häufiger professionelle Krankenpflegekräfte zur Begleitung in diesem Lebensabschnitt hinzugezogen.

Ethische, moralische und humanistische Gesichtspunkte müssen dabei berücksichtigt werden und in der Aus-, Weiter- und Fortbildung des Personals aufgegriffen werden. Die Probleme der Begleitung liegen jedoch nicht nur in den Defiziten der Ausbildung, sondern hängen auch mit der grundsätzlichen gesellschaftlichen Einstellung zum Leben, Sterben und Tod zusammen (vgl. Zieger 1993, S. 842 - 849; vgl. Bertschi et al. 1978, S. 110 - 114).

Pflegekräfte wurden befragt, welche Situationen sie bei der Begleitung von Sterbenden als belastend empfinden. Folgende Punkte wurden besonders häufig genannt:

* unvorbereiteter, unerwarteter, plötzlicher und ungestützter erster Kontakt mit Sterbenden
* unangenehme Bewußtwerdung eigenen Ohnmacht und Hilflosigkeit gegenüber Sterbenden (insbesondere bei Pflegekräften mit einem Helfer-Syndrom)
* Alter der Sterbenden (je jünger die PatientInnen sind, desto intensiver wird der Sterbeprozeß empfunden).
* Art der Erkrankung (die Identifikation mit der Sterbenden wird dann sehr stark sein, wenn diese unter einer Erkrankung leidet, welche die Pflegeperson und de-

ren Angehörige ebenfalls betreffen könnte, so z. B. Myokardinfarkt, Mamma-CA[296], AIDS etc.)

* (Selbst-)Unsicherheit
* Frustrationen aufgrund der eigenen Hilflosigkeit
* die Angst, um Sterbehilfe gebeten zu werden
* die Unsicherheit darüber, was im Gespräch „richtig" oder „falsch" ist
* Schockreaktionen bei plötzlich eintretendem Tod (Verstärkung des Schocks, wenn dem Tod eine Reanimation vorausgeht)
* Schuldgefühle bei einer nicht offen gestalteten Kommunikation unter KollegInnen (bei einem schlechten Betriebs-, Arbeits- und Teamklima oder Mobbing)
* Angst vor ` Fangfragen´ der Patientin
* permanente Kontrolle und intensive Krankenbeobachtung von ahnungslosen, aber scheinbar „todkranken" PatientInnen
* Identifikation mit der Sterbenden (eigenes Leiden, fraktioniertes, eigenes inneres Sterben, mangelhafte Distanzierung zum Beruf)
* Mangel an Erfolgserlebnissen
* Mangel an Gesprächen mit Sterbenden über das Sterben
(vgl. ebd.; vgl. Sörens 7/94, S. 595 ff.)

Die Gespräche, welche Pflegepersonen mit Sterbenden führen, werden von ihnen als sehr belastend und anstrengend empfunden. Als weitere belastende Faktoren müssen die Sprachlosigkeit, die Reduktion der Kommunikationsmöglichkeiten und die Ungeübtheit des Pflegepersonals mit non-verbalen Kommunikationsmethoden genannt werden. Sie beeinflussen die soziale Situation des Sterbenden zumeist negativ.
Schmitz-Scherzer führt dazu aus:

> „Hier wird deutlich, daß die Reflektion der eigenen Angst eine der Vorbedingungen für den Umgang mit Sterbenden ist, um so mehr als belastende Anfangserlebnisse in der ersten Berufszeit häufig genug die späteren Verhaltens- und Erlebensweisen beim Umgang mit Sterbenden nachhaltig beeinflussen, bzw. die betonte Hilflosigkeit zu funktional-pflegerischen, medizinisch-technischen oder rituellen Handlungen auf Kosten einer wechselseitigen Kommunikation begünstigen können. ...Von entscheidender Bedeutung für die Art der Sterbebegleitung sind auch erste Erlebnisse und deren Verarbeitung in bezug auf das Sterben anderer schon im Vorfeld der beruflichen Sozialisation - sie werden immer wieder erinnert und es scheint, daß hier auch die ersten Erfahrungen mit den eigenen Verarbeitungsmechanismen gesammelt werden. ...Für nicht wenige

[296] Mamma-CA: syn. Mamma-Karzinom, der Brustkrebs der Frau

stellt das Faktum eine besondere Belastung dar, daß sie gerne anders Sterbebegleitung machen würden, die von ihnen erlebten Zwänge der Institution dies aber nicht zulassen. Gefühle der Unehrlichkeit, des persönlichen Unvermögens u. ä. werden oft Sterbenden gegenüber aus diesem Erleben heraus empfunden." (Schmitz-Scherzer 1983, S. 170 f.)

Begleitende Pflegepersonen sehen sehr große Differenzen in den individuellen Bedürfnissen und Verhaltensweisen von Sterbenden. Dennoch können sie folgende, generell geltende Bedürfnisse Sterbender nennen:

* körperliche Bedürfnisse (z. B. Analgesie[297], körperliches Wohlbefinden, Entlastung von unangenehmen körperlichen Empfindungen)
* psychische und soziale Bedürfnisse (Sicherheit und vertrauensvoller Bezug zum Pflegepersonal, welche Informationen über die Erkrankung geben, wenn diese erfragt und erhofft werden; welche der Sterbenden das Gefühl geben können, nicht allein und verlassen zu sein; welche ihr das Gefühl geben, zu etwas dazu zu gehören, akzeptiert und toleriert zu werden)
* Bedürfnisse nach Beantwortung der Frage, ob das eigene Leben Sinn hatte
* Erhalt und weitere Entwicklung des Selbstwertgefühls und der eigenen Persönlichkeit
* Zuwendung und Respektierung durch die soziale Umwelt
(vgl. ebd., S. 171 f.; vgl. Zegelin 1995, S. 199 ff.)

Vor allem Sterbende möchten einen guten, angstfreien Kontakt zum Pflegepersonal aufbauen und von diesem ernstgenommen werde. Sie wünschen sich eine persönliche und positive PatientIn-Pflegeperson-Beziehung (vgl. Sörens 6/94, S. 517).
Folgende Reaktionen können bei PatientInnen mit chronischen Krankheiten und im (langwierigen) Sterbeprozeß auftreten:

* *Verleugnung* der als unangenehm empfundenen und in überkompensierter Weise abgewehrten Krankheit
* *Depression* als tiefes Gefühl der Niedergeschlagenheit, Sinn- und Hoffnungslosigkeit
* *Hypochondrie* in Form einer konzentrierten und ängstlichen Beziehung des Interesses und der Aufmerksamkeit auf alle eigenen körperlichen Beschwerden
* *Anklammerung* als Verlangen eines Übermaßes an Zuwendung

---

[297] Analgesie: die Schmerzfreiheit

* *querulatorisches und mißtrauisches Verhalten*, begründet auf dem (berechtigten) Gefühl, schlecht oder ungenügend versorgt zu werden
* *Flucht in die Krankheit*, weil diese als gerechte Strafe für mit Schuldgefühlen verbundene Versagensempfindungen gesehen wird
* *Eingliederung und Akzeptanz der Krankheit*
* *Wut und Aggressivität*

(vgl. Walcher/Wiesauer 1985, S. 100 ff.)

Dazu führen Walcher/Wiesauer weiter aus:

> „Vor allem bei stark beeinträchtigenden oder lebensbedrohenden Erkrankungen kommt oft die Frage „Warum gerade ich?“ Der Kranke hadert mit sich selbst, mit seinem Schicksal, vielleicht mit Gott. Wütende Reaktionen können sich nicht gegen die Nicht-Betroffenen, die Gesunden, die Betreuer richten. Eine freundlich angebotene Hilfe kann beispielsweise vom Kranken schroff zurückgewiesen werden. Manchmal hört man als Begründung dafür von den Kranken, daß sie kein Mitleid wollen. Aggressives Verhalten wird eher im vertrauten Familienverband als beim professionellen Betreuer, dem gegenüber die Hemmungen größer und die emotionale Bindung geringer sind, losgelassen.“
> (Walcher/Wiesauer 1985, S. 102)

Sicherlich ist bei einer geringen emotionalen Beziehung zwischen professionellen Helfern und Sterbenden die Hemmschwelle für Aggression höher als bei nahen Angehörigen.
Das Vertrauen und die Beziehung zur Patientin sollte gewonnen werden, um sie in diesem Prozeß professionell begleiten und im Umgang mit Trauer, Ärger, Wut, Zorn, Frustrationen und Aggressivität unterstützend zur Seite stehen zu können. Dies kann nur in einer nahen, vertrauensvollen Patientin-Pflegeperson-Beziehung geschehen.
Der Theologe Michael von Brück führt in einem Interview zur Problematik der Angst und der ihr folgenden Wutreaktionen folgendes aus:

> „Wer bin ich? Was wird mit mir? Wo komme ich eigentlich her? Hänge ich einfach in einem leeren, sinnleeren und liebesleeren Universum, oder bin ich letztlich gehalten? Habe ich eine Erfahrung davon, oder nur vom Hörensagen, irgendwie einmal gehört, was ich nun glauben soll? - Also, all das sind Fragen, die mit Angst zusammenhängen. Wo Angst - ich will sagen produktiv überwunden wird, in dem Sinne, daß ich Angst zunächst zulassen und sie dann nicht nur individuell, sondern im Zusammenhang mit der Gemeinschaft, in der ich stehe, wirklich überarbeite. Das heißt, in dem ich einen religiösen Weg gehe und der Angst ins Auge schaue und sie dadurch überwinde, wird auch keine Wut hochkommen. Wo aber Angst wirklich zur Enge führt, zur geistigen Enge, zur Enge des Atems - also psychosomatische Reaktionen hat - , dann wird gleich der

> Bauch eng, und er wird irgendwann platzen, und das könnte eine Wutreaktion sein.“ (Brück 1996)

Wut wird von ihm als Reaktion eines Individuums auf seine physische und psychische Existenz interpretiert. Weiter führt Brück dann aus:

> „Ganz etwas anderes ist der Zorn. Der Zorn ist durch kognitive Prozesse hindurchgegangen. Zorn richtet sich gegen etwas angesichts einer verletzten moralischen Ordnung. Der Zorn ist also eine Bewußtseinsreaktion, die schon spontane Ursachen hat, aber durchgegangen ist durch ein Wertesystem, durch ein Werteraster, das natürlich auch gesellschaftlich, religiös vermittelt ist. Der Zorn ist also weniger unmittelbar. Zorn ist gebunden an eine rationale, ethische, sittliche Qualität.“ (ebd.)

Wenn die Diagnose einer lebensbedrohenden Erkrankung gestellt werden mußte, ist die Mitteilung dieser Information an die Patientin ein schwieriges Unterfangen.
Rechtlich gesehen hat die Ärztin die Informationspflicht. Jedoch werden Pflegepersonen häufig von den PatientInnen und deren Angehörigen befragt, weil die emotionale Beziehung zumeist intensiver oder das Pflegepersonal häufiger vor Ort ist.
In welchem Augenblick welches Ausmaß an Informationen vom Pflegepersonal an die Patientin weitergegeben wird, ist nicht immer einfach zu beantworten. Dies sollte immer im Team abgesprochen werden.
Grundsätzlich sollte die Patientin in einer ausführlichen und gründlichen (Pflege-)Anamnese befragt werden, inwieweit sie in ihrem Leben bereits mit Schwierigkeiten und Problemen konfrontiert wurde, welche Bewältigungsstrategien ihr dabei zur Verfügung standen, welche Situationen und Begebenheiten für sie eher kritisch und welche Aspekte für sie eher unproblematisch gewesen sind. Der Lebenslauf der Patientin sollte vor einer Informierung gut bekannt sein, um psychische Überlastungen zu vermeiden. Die Patientin gibt zumeist selbst an, wieviel sie über ihre Zustand und den Krankheitsverlauf erfahren möchte (vgl. Zapotoczky 1985, S. 188 f.)[298].
Häufig kann bei einer informierten Patientin - insbesondere bei Personen aus medizinischen Fachberufen - ein *Rationalisieren und Leugnen* der Schwere der Erkrankung beobachtet werden.
Eine Form der indirekten Erfragung zu Prognosen und Verlaufsaussichten wird von der Patientin durch eine Einstellung bezeichnet, durch welche sie *Gewißheit gewinnen* will durch eine *Umschreibung der Krankheit*. Die Patientin stellt eine harmlos erscheinende

---

[298] Tief bewegend empfand ich die Lektüre des Buches „Kinder und Tod“ von Raimbault. In ihm wird aus der Sicht von Kindern der Prozeß der Trauer eindringlich geschildert (vgl. Raimbault 1980).

Frage und zeigt durch die Art der Fragestellung an, daß sie mehr wissen möchte. Sie deutet damit an, wie wichtig und wie ernsthaft ihr die Thematik erscheint.
Nach der Mitteilung der Diagnose einer unheilbaren oder todbringenden Krankheit sind nach Meinung verschiedener Autoren die Reaktionsweisen der PatientInnen ziemlich gleichförmig:

* Niedergeschlagenheit, Melancholie, Trauer und Depression mit Rückzug (Disengagement) (Cave! → Suizidgefahr!)
* Auflehnung und Protest gegen das Unausweichliche
* sukzessives Akzeptieren des Unveränderbaren
(vgl. ebd., S. 190 f.).

Kübler-Ross hat die Krisenbewältigung in folgende fünf Phasen unterteilt:

1. Nicht wahrhaben wollen, verleugnen
2. Auflehnung, Auto- oder Allo-Aggression
3. Verhandlung mit dem Schicksal
4. Depression, Trauer
5. Verarbeitung und Akzeptanz des Todes
(vgl. Juchli 1987, S. 356)[299]

Wichtiger als die Diskussion, welche Phasen und Episoden die kranke Patientin in diesem Augenblick durchläuft und wo sie sich befindet, erscheinen mir die Verhaltensweisen des Pflegepersonals im Umgang mit Sterbenden und Schwerstkranken zu sein.

[299] Hierzu schreibt Liliane Juchli: „Diese fünf Phasen laufen nicht streng chronologisch ab. **Trauern** ist ein äußerst dynamischer Prozeß. Das Überspringen einzelner Schritte und/oder das Zurückpendeln auf eine frühere Stufe sind dabei die Regel. Sterben ist wie das Leben selbst nichts Geradliniges, sondern ein Vorwärts und immer wieder neues Beginnen (...). Der unaufhörliche Stimmungswandel, der dabei zu bewältigen ist, ist dem Kranken häufig gar nicht bewußt, er äußert sich aber fortwährend (spricht sich aus!), gibt Signale (verschlüsselte Sprache), die von den Begleitenden gehört werden müssen (...).“ (Juchli 1994, S. 527 f.) Weitere Ausführungen sind bei Kübler-Ross 1969, S. 16 - 93 zu lesen.

Sinnvolle Verhaltensweisen im Umgang mit Sterbenden

Ich möchte die wichtigsten Punkte eines sinnvollen Verhaltens des Pflegepersonals im Umgang mit Sterbenden anführen:

***Grundsatz*: Der sterbenden Patientin ist durch das pflegerische Handeln das Sterben zu erleichtern.**

Dies kann u. a. gewährleistet werden durch folgendes Verhalten:

* Führen eines offenen, gefühlswarmen und zugewandten Gespräches in Form des aktiven Zuhörens (vgl. Schirmacher 1996)
* Ermutigen der Patientin, sich über das Sterben und existentielle Dinge des Lebens zu äußern
* Informieren der Patientin, zu einem von ihr gewünschten Zeitpunkt und auf sie individuell abgestimmten Intensität (unter Berücksichtigung der pflegerischen, sozialen und medizinischen Anamnese)
* Schaffung von physischen Erleichterungen wie:
  - Analgesierung[300]
  - Befriedigung körperlicher Bedürfnisse (Körperpflege, Trinken, Essen, Wärme, Kälte, Schlaf, Ruhe etc. pp.)
  - Reduzierung aversiver vegetativer Dysfunktionen (Schlafstörungen, Obstipation, Diarrhoe, Dyspnoe[301] etc.
  - Erhöhung des Komforts durch Vermeidung von Dekubiti[302], durch Säuberung von Wunden, durch *gewünschte* Benutzung von Geruchssprays, Lagerungshilfen etc.
  - therapeutisches oder palliatives Vorgehen (z. B. durch Analgesierung, durch Bronchialtoilette[303], Applizieren eines Einlaufes, O2-Zufuhr[304], Verabreichung von Antiemetika, Mitteln zur Reduzierung von Singulti[305] etc.)

---

[300] Analgesierung: Schmerzbekämpfung, Schaffung einer Schmerzfreiheit

[301] Dyspnoe: Atemnot, Lungerhungergefühl; meist subjektiv; empfundene Mehrarbeit der Atmung, entweder durch erhöhten Atemantrieb (z. B. bei Hypoxie, Hyperkapnie, Azidose; emotionell) oder durch erhöhte Strömungs- oder Gewebewiderstände im Atemapparat

[302] Dekubiti: Plural zu Dekubitus: das Druckgeschwür; die meist superinfizierte Nekrosen- und Geschwürbildung der Haut oder der Schleimhaut als Folge chronischer regionaler Druckwirkung (evtl. auch Mazeration) und der daraus resultierenden örtlichen Mangel- oder Minderdurchblutung, begünstigt durch Kachexie, generelle Dystrophie etc. (vgl. La Roche 1993, S. 355).

[303] Bronchialtoilette: das Absaugen des Sekrets aus der Trachea und den Hauptbronchien mit einem Tracheal- oder Bronchialkatheter während der Narkose oder Reanimation; eventuell auch als Spülung des Bronchialbaumes mit isotoner Natriumchloridlösung (sog. *Bronchiallavage*).

[304] O2-Zufuhr: die Substitution von konzentriertem Sauerstoff mittels Sauerstoffbrille oder -maske, evtl. auch mit einem Nasentubus

[305] Singulti. Plural zu Singultus: der Schluckauf; unwillkürliche, rasche Zwerchfellkontraktion bei synchron verlaufendem Stimmritzenschluß mit nachfolgender brüsker Einatmung, welche einen hohen Ton hervorruft. Meist vorübergehend und bedeutungslos; anhaltend bei Reizung des Zwerchfells oder angrenzender Organe oder auch zentral bedingt (vgl. La Roche 1993, S. 1526).

* emotionaler Zugang zum Patienten (Zeit nehmen, verfügbar und zugewandt sein),
* Betreuung der Angehörigen (s. u.)
* Berücksichtigung der Verfügbarkeit eines Geistlichen (in Abhängigkeit von den religiösen Beziehungen die Sterbende, der Bedeutung von Religion für sie und von der Ausbildung des Seelsorgers in bezug auf Bewältigung der Todesproblematik) (vgl. Zapotoczky 1985, S. 188 - 196; vgl. Kumasaka 1996).

Grundsätzlich sollten die Gewohnheiten der Patientin so gut wie irgend möglich berücksichtigt werden. Der Respekt vor dem Sterben und vor dem Tod sollte einen individuellen räumliche Einrichtung und eine Intimsphäre für die moribunde Patientin ermöglichen (vgl. Juchli 1987, S. 359 f.; vgl. Hoffmann 1995, S. 55 ff.).

Die Angehörigen können der Sterbenden häufig in vielerlei Hinsicht besser beistehen, als dies professionell Tätige leisten können, weil sie ihnen vertrauter sind. Gegenüber den Angehörigen muß das Pflegepersonal deshalb das Gespräch suchen, um zu eruieren, inwieweit sie zu einem offenen, stützenden und helfenden Sterbebegleitprozeß bereit und fähig sind. Wenn die Bereitschaft vorhanden und die Angehörigen zu diesem Prozeß psychisch und physisch fähig sind, sollten sie vom Pflegepersonal, Ärztin oder Psychologin über den Status der Sterbenden umfassend informiert werden.

Wichtig erscheint mir, daß die Angehörigen ihre eigene Angst annehmen können. Dies kann nur gelingen, wenn sie sich vom Pflegepersonal akzeptiert und verstanden fühlen. Das Pflegepersonal sollte ihnen unterstützend zur Seite stehen, wenn dies gewünscht wird. Kleine Handreichungen und Hinweise über die technische Durchführung kleinerer Pflegemaßnahmen (z. B. Lagerung der Hände, Applizieren von Coolpacks[306] etc.) können den Angehörigen als Hilfestellungen dienen. Durch verständnisvolle Gespräche und Hinweise zur Annahme ihrer eigenen Angst können Angehörige zur aktiven Kommunikation mit der Sterbenden motiviert werden (vgl. ebd., S. 173; vgl. Haupt 1995, S. 8 - 12).

Wenn die Patientin verstorben ist, benötigen Angehörige zumeist Beistand und Begleitung. Sachliche Informationen zum weiteren Vorgehen mit Ämtern und dem Bestatter können ebenfalls hilfreich sein.

[306] Coolpacks: Kältepackungen, gelhaltige Beutel, welche sowohl gefroren als auch erhitzt werden können, zur Kälte- oder Wärmesubstitution

Schmitz-Scherzer führt zum Trauerprozeß und zu Trauergesprächen aus:

> „Trauergespräche müssen vor dem Hintergrund dieser verschiedenen Erscheinungsformen und Aspekte der Trauer geführt werden. Vor allem durch Zuhören gelingt es, die individuellen Momente kennenzulernen und den Trauernden zu ermutigen, seine Gefühle auszudrücken. Dies ist für seine Neuorientierung und Konsolidierung äußerst wichtig. Darüber hinaus kann der aufmerksame Zuhörer dem Trauernden das Gefühl vermitteln, nicht alleine zu stehen. ...Trauergespräche führen, heißt aushalten zu können, heißt zuhören können, heißt geduldig und stetig sein. Ratschläge sind hier gefährlich, da sie nicht selten eigene nicht unbedingt angemessene Trauerstrategien auf den Trauernden übertragen und somit dessen individuelle Trauerarbeit negativ beeinflussen können. Daher sollten sich Ratschläge auf sachliche Informationen beschränken. ...Die mangelnde Bereitschaft und Fähigkeit vieler Menschen, Angst und Trauer anzunehmen, zu ertragen und zu leben, hat ihre Wurzeln im individuellen wie auch im gesellschaftlichen Bereich. Leid, Sterbenden und Tod werden verschwiegen, wenn nicht sogar verdrängt, bestehende Leitbilder lehren nicht den Umgang mit diesen existentiellen Grundsituationen und den dazugehörigen Gefühlen, oft fehlen eigene Erfahrungen.
> ...Die Relevanz einer Berücksichtigung der Persönlichkeit des einzelnen bei der spezifischen Ausbildung zum Umgang mit Sterbenden und deren Angehörigen in den einzelnen Berufen - wie es hier und dort ja auch geschieht, ist klar zu sehen. Damit wird die Bewußtmachung, Aufarbeitung und Akzeptanz der eigenen Ängste, Unsicherheiten etc. zu einem der Themen in der Aus-, Fort- und Weiterbildung. Nur Wissensvermittlung jedenfalls reicht nicht aus."
> (Schmitz-Scherzer 1983, S. 176 f.)

Hier wird evident, daß die Methoden und Mechanismen im Umgang mit aggressiven Verhaltensweisen und mit Individuen in akuten Krisensituationen (zu denen das Sterben zu zählen ist) sehr ähnlich sein können[307].

---

[307] Emrich et Morath führen zum Prozeß der Aggressivität und der Trauer und deren Zusammenhänge folgendes aus: „Daß Übergänge zwischen Trauerreaktion und Aggressivität, die besonders im ersten Beispiel deutlich wurden, auftreten können, ist durch die intentionale Struktur der zugrunde liegenden Vorgänge zu erwarten. In diesem Sinne kann Depression resp. Trauer als Reaktion auf bzw. Bewältigung von Aggression, Aggression im Dienste der Vermeidung von Trauerarbeit bzw. Als Abwehr von Trennungsangst bei Unfähigkeit zu trauern gesehen werden. ...Grundlegend für das Verständnis von Trauer und Aggression scheint vielmehr zu sein, daß es sich hierbei um Reaktionsweisen handelt, die nur im Gesamtgefüge der psychischen Konstellation und der intentionalen Struktur des Betroffenen interpretierbar und verstehbar sind." (Emrich/Morath 1988,S. 32)

8. Schlußwort

Ich konnte in dieser Arbeit aufzeigen, daß die Ursachen von Aggression und Gewalt in der Pflege sehr vielfältig und sehr unterschiedlich sein können. Dabei konnte ich deutlich machen, daß ein monokausaler Erklärungsansatz der Multidimensionalität von Aggression und Gewalt nicht gerecht werden kann. Sowohl individuelle als auch interpersonelle, soziale, politische, traditionelle oder auch geschlechtsspezifische Faktoren können eine Rolle spielen. Dies sollte bei der Bewältigung von Konflikten berücksichtigt werden.
Dabei kann es für die Pflegekraft auf den ersten Blick schwierig erscheinen, die Gründe und Mechanismen der Gewaltsituation genau zu erkennen und zu beeinflussen. Doch gerade die Multidimensionalität bietet die Chance, bei jeder Gewalt- und Aggressionssituation zumindest einen Ansatzpunkt zur Beeinflussung der aggressiven oder gewalttätigen Verhaltensweisen sowohl des „Täters" als auch des „Opfers" zu finden.
Ich konnte in meiner Arbeit darüber hinaus Möglichkeiten aufzeigen, inwiefern aggressives Verhalten in konstruktiver Art und Weise pro-sozial eingebracht werden kann, ohne daß sich eine der Konfliktparteien hintergangen oder benachteiligt fühlt.
Jedoch nicht nur die Hinweise zur Modifikation des individuellen Handelns in der konkreten Situation, sondern vor allem deren Prävention erscheint mir wichtig. Präventive Veränderungen der Rahmenbedingungen in der Pflege im Krankenhaus und im Altenheim sind hier ebenso zu nennen wie eine Erweiterung des pflegerischen Handlungsspielraums in der Gesellschaft und eine klare Rollendefinition des Berufsbilds Pflege. Auch in der Aus-, Fort- und Weiterbildung von Pflegekräften gibt es insbesondere bei der verbalen Kommunikationsfähigkeit noch erheblichen Nachholbedarf, damit Pflegekräfte mit Konflikten und mit aggressivem Verhalten - sowohl fremdem als auch eigenem - besser umgehen lernen.
Diese Faktoren lassen sich *langfristig* nur dann verändern, wenn das Pflegepersonal als Berufsgruppe seine *eigenen* Interessen konsequent vertritt, eine klare Meinung sowohl gegenüber der Gesellschaft, gegenüber den Ärzten als auch gegenüber den PatientInnen äußert und einen seiner qualifizierten Arbeit angemessenen sozialen Status erhält.
Das Pflegepersonal muß in der Gesellschaft als professionelle Berufsgruppe auftreten und als solche akzeptiert werden. Dies bedarf aufgrund des historisch gewachsenen Verständnisses von Pflege als altruistische (Laien-) Arbeit und der sich insbesondere in jüngster Zeit verschärfenden ökonomischen Rahmenbedingungen viel Geduld, Zeit und überzeugende Argumente. Ich hoffe, mit dieser Arbeit Argumentationshilfe zu geben.

9. Bibliographie

ACON (Gesellschaft für Werbung und Kommunikation mbH Köln): Initiative Berufe fürs Leben - Pflegeberufe haben Zukunft, Krankenhäuser und Krankenkassen informieren (Berufsinformations-Broschüre), Initiative „Berufe fürs Leben", Postfach 32 01 20, 40416 Düsseldorf, Düsseldorf 1993

Adler, Alfred: Menschenkenntnis, Frankfurt am Main 1966

Albeck, Hermann; Meinhardt, Volker; Vortmann, Heinz: Der Sozialstaat, in: Informationen zur politischen Bildung - Band 215: Der Sozialstaat, herausgegeben von der Bundeszentrale für politische Bildung, Berliner Freiheit 7, 53111 Bonn, Bonn 1992

Alland, Alexander Jr.: Aggression und Kultur - Plädoyer für menschliche Maßstäbe bei der Erklärung menschlichen Verhaltens, Frankfurt am Main 1974

Altenpflege (Hrsg.): Gewalt gegen Alte - „Macht Schluß mit dem verlogenen Spiel" - Stellungnahme zu den Morden an alten Menschen im Wiener Krankenhaus Lainz und „mysteriösen Todesfällen" in anderen Heimen:, in: Altenpflege 02/1991, S. 202 - 204

Alter, W.: Ethische Bedingungen der Krankenpflege im Krankenhaus, in: Nosokomeion, Nr. 2 1931

Ambrosius, Ingrid: Typisch Frau - Krankenpflege im 19. Jahrhundert, in: Krankenpflege 3/93, S. 168

Ammon, Günter: Gruppendynamik der Aggression - Beiträge zur psychoanalytischen Theorie, Berlin 1970

Andritzky, Walter: Aggression in der Psychoanalyse, Gruppendynamik und dynamischen Psychiatrie - Zur Frage von Umwelt- oder Triebdetermination - Mit einem Anhang zur anthropologischen und philosophie-geschichtlichen Auffassung des Bösen, Frankfurt am Main 1982

Angst, Walter: Aggression bei Affen und Menschen, Berlin 1980

Aristoteles: Zitat, in: Lizius, Angelika: Wut im Bauch - Zorn im Kopf, vom Mythos einer Urkraft, in: Das Südwest-III-Wissenschaftsmagazin Forscher, Fakten und Visionen „Ärger, Zorn, Wut und wie man damit umgeht", Südwest III, 14.02.1996, 20.15 - 21.00 Uhr

Arndt, Uwe; Bodemeyer, Jürgen: Kernspintomographie - Grundlagen, Funktion, Entwicklungen, Medizinische Anwendung und Risiken, Besonderheiten für den Patienten - ,in: Die Schwester Der Pfleger 1/95

Arns, Wolfgang; Jochheim, Kurt-Alphons; Remschmidt, Helmut: Neurologie und Psychiatrie für Krankenpflegeberufe, Stuttgart 1983

Aronson, Elliot; Pines, Ayala M.; Kafry, Ditsa: Ausgebrannt - vom Überdruß zur Selbstentfaltung, Stuttgart 1983

Bader, R.: Übergreifende didaktische Aspekte zur Neuordnung der Elektro- und Metallberufe (Referat), in: Landesinstitut für Schule und Weiterbildung (Hrsg.): Fachtagung zur Neuordnung der industriellen Elektro- und Metallberufe vom 28.11. bis 02.12.1988, Soest 1989

Badzek, Laurie; Cober, Susan: 10 Tips for Success as a Nurse Manager - These practical, easy-to-do strategies can help improve your skill at supervising others., in: American Journal of Nursing 06/96 (Internet access: http://www.ajn.org)

Bach, George R.; Goldberg, Herb: Keine Angst vor Aggression - Wie lerne ich mit Aggressionen kreativ umzugehen und durch offene Auseinandersetzung meine Partnerprobleme neu zu klären, Düsseldorf 1974

Bachmair, Gerd: Handlungsorientierte Unterrichtsanalyse - Praxisnahe Anregungen für die Reflexion von Unterricht, Weinheim 1980

Bahr, Hans-Eckehard: Aggression und Lebenslust - Kooperieren statt konfrontieren, Düsseldorf 1994

Balk, U.: Wie kann man das Ausbrennen der Mitarbeiter vorbeugen, in: Altenheim 10/1988, S. 432 - 437

Bandura, Albert: Aggression - A social learning analysis, New Jersey 1973

Bartholomäus, Ulrike: Bad im Jungbrunnen - Mit Wachstumshormonen wollen Forscher den Verfall im Alter hinauszögern, in: Die Woche vom 01.12.1995, S. 33

Bartholomeyczik, Sabine: Humanität und Wirtschaftlichkeit - unüberbrückbare Gegensätze der Pflege?, in: Die Schwester Der Pfleger 10/95

Bartmann, Ulrich; Wolf, Margarethe; Kassing, Maritta: Joggen als Teil der Ausbildung in der Krankenpflege, in: Die Schwester Der Pfleger 6/95

Battegay, Raymond: Aggression, ein Mittel der Kommunikation?, Bern 1979

Bauer, Franz: Geschichte der Krankenpflege - Handbuch der Entstehung und Entwicklung der Krankenpflege von der Frühzeit bis zur Gegenwart, Schriftenreihe zur Theorie und Praxis der

Krankenpflege, herausgegeben vom Deutschen Zentralblatt für Krankenpflege, Kulmbach 1965, S. 263

Baumann, Helga: Theorie und Praxis der Pflegevisite - 3. Folge: Pflegevisite als Instrument der Qualitätssicherung, in: Die Schwester Der Pfleger 10/94, S. 819 - 822

Bavastro, Paolo: Europäische Initiative gegen „Bioethik" und deren Folgen, in: Die Schwester Der Pfleger 5/95

Beck, Herbert: Schlüsselqualifikationen aus schulischer Sicht, in: a+I/Wirtschaft, Forum, Nr. 10/1993

Beckmann-Marx, Marlies; Dugue, Francoise: Schlaganfall - Praktischer Ratgeber, aktivierende häusliche Pflege durch Angehörige, Hilfsmittelversorgung für den Alltag, herausgegeben vom Bundesministerium für Gesundheit, Am Probsthof 78a, 53121 Bonn, Bonn 1995

Begley, Sharon; Odenwald, Michael: Hirnforschung: Warum Frauen anders denken als Männer - Neue Experimente zeigen: Es gibt geschlechtliche Unterschiede im Gehirn. Das Ende des männlichen Überlegenheitswahns ist in Sicht, in: Focus 14/1995, S. 158 - 164

Beil-Hildebrand, Margitta : Architektonische und künstlerische Gestaltung im Pflegebereich, in: Deutsche Krankenpflege Zeitschrift - Beilage Dokumentation Aus- und Fortbildung 12/92

Belschner, Wilfried: Das Lernen aggressiven Verhaltens, in: Selg, Herbert et al. (Hrsg.): Zur Aggression verdammt? - Ein Überblick über die Psychologie der Aggression, Stuttgart 1982

Benner, Patricia: From Novice to Expert - Excellence and Power in Clinical Nursing Practise, Menlo Park 1984

Berger, Milton M.: Der Patient ist auch ein Mensch - Menschengerechte Behandlung und Pflege Kranker mit psychischen Problemen, Stuttgart 1981

Berkel, Karl: Konflikttraining - Konflikte verstehen und bewältigen, Heidelberg 1992

Berkowitz, Leonard: Roots of Aggression - A Re-Examination of the Frustration-Aggression-Hypothesis, New York 1969

Berkowitz, Leonard: Words and Symbols as Stimuli to Aggressive Responses, in: Knutson, John F. (Hrsg.): The Control of Aggression, Chicago 1973

Berlit, Peter; Seeger, Wolfgang: Neurologie - Ein Bilderlehrbuch, Berlin 1991

Bertelsmann (Hrsg.): Das moderne Lexikon in zwanzig Bänden, herausgegeben vom Bertelsmann Lexikon Institut, Gütersloh 1975

Bertelsmann (Hrsg.): Bertelsmann Neues Lexikon in 10 Bänden, Gütersloh 1995

Bertschi, H. P.; Bremi-Forrer, A. K.; Bunjes, V.; Pfister, L.: Beiträge zur Begleitung Sterbender im Krankenhaus, Basel 1978

Bibliographisches Institut AG (Hrsg.): Meyers Lexikon, Erster Band A - Boll, Leipzig 1936

Bickman, Leonard: „Ehrliche Finder" und sozialer Status, in: Koch, Jens-Jörg (Hrsg.): Altruismus und Aggression - Das Feldexperiment in der Sozialpsychologie 1, Weinheim 1976

Bieg, Ute: Theorie und Praxis der Pflegevisite - 5. Folge: Probleme der Pflegevisite, in: Die Schwester Der Pfleger 3/95, S. 208 - 212

Bienstein, Christel; Fröhlich, A.: Basale Stimulation, Düsseldorf 1991

Bienstein, Christel: Berühren ist begegnen - Bedeutung der Berührung, in: Bienstein, Christel; Zegelin, Angelika: Handbuch Pflege, Düsseldorf 1995

Birbaumer, Niels: Schmidt, Robert F.: Biologische Psychologie, Berlin 1996

Bischoff, Claudia: Krankenpflege heute, in: Münch, G., Reitz, J.: Lehrbuch für Krankenpflege - Ein prinzip- und praxisorientiertes Arbeitsbuch, Berlin 1994a

Bischoff, Claudia: Frauen in der Krankenpflege - Zur Entwicklung von Frauenrolle und Frauenberufstätigkeit im 19. Und 20. Jahrhundert, Frankfurt am Main 1994b

Bishop, Sue Marquis: Wissenschaftsgeschichte und -philosophie, in: Marriner-Tomey, Ann (Hrsg.): Pflegetheoretikerinnen und ihr Werk, Basel 1992

Blanchard et al.: Alcohol and aggression, in: Pohorecky, Larissa A.; Brick, John; Milgram, Gail Gleason (Hrsg.): Journal of studies on alcohol, Supplement No.11, September 1993, Proceeding of the Symposium on Alcohol and Aggression held at the Center of Alcohol Studies Rutger University October 8-9, 1992

Blank, Jéca: Die Pflegedokumentation - anhand des Pflegeprozesses - , in: Die Schwester Der Pfleger 2/96

Blaul, Iris: Vorwort, in: Zur Zukunft der Pflegeberufe in Hessen - Bildungskonzept zur Aus-, Fort- und Weiterbildung im Bereich der Pflegeberufe, herausgegeben vom Hessischen Ministerium für Jugend, Familie und Gesundheit, Wiesbaden 1992

Bliemeister, Gisela; Keim, Vivian; Maletzki, Walter et al.: Umgang mit Problempatienten, in: Maletzki, Walter; Stegmayer-Petry, Angelika (Hrsg.): Klinikleitfaden, Pflege auf Station, Ambulante Pflege, ATLs, Krankheitsbilder, Neckarsulm 1994

Bochnik, Hans J.: Was Mediziner lernen müssen, in: Frankfurter Allgemeine Zeitung vom 16.03.1996

Bock, Andreas; Huber, Robert; Senkpiel, Ralf: Krankenpflege - Ein Beruf nur für Frauen?, in: Die Schwester Der Pfleger 8/92

Böcker-Kamradt, Silvia: Streß & Burnout, in: Pflege aktuell 3/94

Böhme, Hans: Das Recht des Krankenpflegepersonals - Teil 2: Haftungsrecht 1991

Bönsch, Manfred: Nonverbale Kommunikation, in: Deutsche Krankenpflege-Zeitschrift 10/1990, S. 751 - 754

Bommert, Claudia: Körperorientierte Psychotherapie nach sexueller Gewalt, Weinheim 1993

Bonn, A.: Die Pflege des psychisch Kranken, in: Kohlhammer (Hrsg.): Das Neue Lehrbuch der Krankenpflege, Stuttgart 1992

Bonnafont, Claude: Die Botschaft der Körpersprache, Genf 1979

Braitenberg, Valentin; Schüz, Almut: Cortex: hohe Ordnung oder größtmögliches Durcheinander? - Anatomische Betrachtungen des Cortex, der Hirnrinde also, wecken den Verdacht, daß dort die Neuronen-Verschaltungen weitgehend zufällig sind - mit Konsequenzen für die Funktionsweise des Gehirns., in: Spektrum der Wissenschaft Mai 1989, S. 86

Brandis, H. - J.; Schönberger, Winfried: Anatomie und Physiologie für Krankenschwestern und andere Medizinalfachberufe, Stuttgart 1985

Brednich, Rolf Wilhelm: Die Spinne in der Yucca-Palme - Sagenhafte Geschichten von heute, München 1990

Brehm, H. K.: Frauenheilkunde und Geburtshilfe, in: Beske, Fritz (Hrsg.): Lehrbuch für Krankenpflegeberufe in zwei Bänden, Band II Krankheitslehre, Stuttgart 1986

Breit, Achim: Rollenverständnis des Patienten: Kranker, Patient, Klient?, in: Münch, Gerhard; Reitz, Jacques: Lehrbuch für Krankenpflege - Ein prinzip- und praxisorientiertes Arbeitsbuch, Berlin 1994

Brenner, Jürgen; Adelhardt, Margarethe: Rechtskunde für das Krankenpflegepersonal und andere Berufe im Gesundheitswesen - Lehrbuch und Nachschlagewerk für die Praxis, Stuttgart 1987

Brockhaus (Hrsg.): Der große Brockhaus, Handbuch des Wissens in zwanzig Bänden, Erster Band A - Ast, Leipzig 1928

Brockhaus (Hrsg.): Brockhaus Enzyklopädie in zwanzig Bänden, Erster Band A - ATE, Wiesbaden 1966

Brockhaus (Hrsg.): Brockhaus Enzyklopädie in vierundzwanzig Bänden, Erster Band A -APT, Mannheim 1986

Bröcher, Achim: Kreative Intelligenz und Lernen - Eine Untersuchung zur Förderung schöpferischen Denkens und Handelns unter anderem in einem universitären Sommercamp, Dissertation der Heilpädagogischen Fakultät der Universität zu Köln, München 1989

Brunsch, Dorothea; Müntefering, Franz; Stadali, Reinhard: Vorwort, in: Ministerium für Arbeit, Gesundheit und Soziales (MAGS) des Landes Nordrhein-Westfalen (Hrsg.): Neue Formen der Pflege im Krankenhaus, Kurzfassung der Studie „Patientenorientierung und Arbeitszufriedenheit im Krankenhaus", Düsseldorf 1995

Buchanowskij, Alexander: Zitat, in: Krug, Christian; Mathes, Werner: Faszination Serienkiller - Sie töten aus Perversion, Haß, Wahnsinn. Trotzdem üben Serienmörder einen bizarren Reiz auf das Publikum aus., in: Stern 6/96

BÜNDNIS 90/DIE GRÜNEN: Politische Grundsätze, herausgegeben von BÜNDNIS 90/DIE GRÜNEN, Referat Öffentlichkeitsarbeit, Ehrental 2 - 4, 53332 Bornheim 1993, Bornheim 1993

Bundesministerium für Familie, Senioren, Frauen und Jugend (Hrsg.): Bericht der Bundesregierung „Informationen für die UN-Sonderberichterstatterin Gewalt gegen Frauen", herausgegeben vom Bundesministerium für Familie, Senioren, Frauen und Jugend, Rochusstraße 8 - 10, 53123 Bonn, Bonn 1995

Bundesministerium für Gesundheit: Gesundheit in Deutschland - Das Gesundheitswesen in der Bundesrepublik, herausgegeben vom Bundesministerium für Gesundheit, Am Probsthof 78a, 53121 Bonn, Bonn 1993

Butsch, Werner; Gairing, Fritz; Peterßen, Wilhelm H.; Riedl, Armin: Ausbildung im Wandel: Konsequenzen für Selbstverständnis und Aufgabe des Ausbilders, Weinheim 1991

Buttlar, Johannes von: Abenteuer Wissenschaft, Wien 1991

Byrne, P. S., Long, B. E. L.: Einübung in helfende Interaktion - Vorbereitung und Einführung in die Berufsausübung für Ärzte, Therapeuten, Schwestern, Pfleger, Sozialarbeiter, München 1978

Camenzind, Elisabeth: Sollen, dürfen Frauen aggressiv sein?, in: Camenzind, Elisabeth; Knüsel, Kathrin (Hrsg.): Starke Frauen Zänkische Weiber - Frauen und Aggression, Zürich 1992

Cappell, Eckhard; Meyer, Jörg Alexander: Die Auswirkungen der Pflegeversicherung auf die Pflege, in: Pflege & Gesellschaft 1/96

Carlson, Neil R.: Discovering psychology, Boston 1988

Carlson, Neil R.: Foundations of Physiological Psychology, Boston 1992

Casimir, Torsten: Universitätskliniken sind in finanzieller Not - Ambulanzen machen vorübergehend zu, in: Rheinische Post vom 17.08.1996

Cauer, Marie: Der Mensch in der Pflegerin, in: Die Krankenpflege, 2. Jahrgang, 1902 a

CDU Deutschland: Freiheit in Verantwortung - Grundsatzprogramm der Christlich Demokratischen Union Deutschlands, beschlossen vom 5. Parteitag Hamburg, 20. - 23. Februar 1994, herausgegeben von der CDU-Geschäftsstelle, Abteilung Öffentlichkeitsarbeit, Konrad-Adenauer-Haus, 53113 Bonn, Bonn 1994

Chang, Il-Soon: Eine intra-kulturelle empirische Untersuchung zum Zusammenhang zwischen Wertvorstellungen, Erziehungseinstellungen der Eltern und Aggression bei modernen und traditionellen Jugendlichen in Korea - Dissertation zur Erlangung des akademischen Grades eines Doktors der Philosophie der Philosophischen Fakultät der Universität des Saarlandes, Saarbrücken 1986

Cheetham, Christina; Ramsay, Joan: Bailliére's Self-Assessment for Nurses - Revise General Nursing 3, London 1987

Classen-Bauer, Ingrid: Wege der Erziehung zum ökologischen Humanismus, in: Hasenclever, Wolf-Dieter (Hrsg.): Reformpädagogik heute: Wege der Erziehung zum ökologischen Humanismus - Marienauer Symposium zum 100. Geburtstag von Max Bondy, Frankfurt am Main 1993

Clausewitz, Carl von: Vom Kriege, Augsburg 1990

Cohn, Ruth C.: Von der Psychoanalyse zur themenzentrierten Interaktion, Stuttgart 1976

Cremer-Schäfer: Helga: Interview, in: Die Woche 02.08.1996

Crider, Andrew B.; Goethals, George R. et al.: Psychology, Glenview 1983

Crisand, Ekkehard; Lyon, Ursula: Anti-Streß-Training - Autogenes Training mit Yoga und Meditation, Heidelberg 1991

Cromm, Jürgen: Bevölkerungsentwicklung in Deutschland, in: Informationen zur politischen Bildung - Band 220: Bevölkerungsentwicklung, herausgegeben von der Bundeszentrale für politische Bildung, Berliner Freiheit 7, 53111 Bonn, Bonn 1988

Cube, Felix von: Besiege deinen Nächsten wie dich selbst - Aggression im Alltag, München 1988

Czerwiec, Marykay: When a Loved One Is Dying - Families Talk about Nursing Care - Interviews with family members of patients who died in the hospital reaveal with aspects of nursing care the families valued most. Here's what they had to say, plus some interventions you can use to access the type of care each family need.,: in: Americasn Journal of Nursing (AJN) 05/96, Internet access: http://www.ajn.org

DBfK (Deutscher Berufsverband für Pflegeberufe) (Hrsg.): ZAG Altenpflege: Gewalt in der Pflege, Eschborn 1994

Debong, B.; Andreas, M.: Leseranfrage zum Verhalten gegenüber zwangsuntergebrachten Patienten, in: Die Schwester Der Pfleger 6/96

De Geest, Sabina; Wiebalck, Albrecht; Evers, Georges: Pflegeforschung: Der Weg zur effektiven und effizienten Pflege - Projekte an der Katholischen Universität Leuven, Belgien, in: Die Schwester Der Pfleger 3/94

Degen, Rolf: Vergewaltigung im Tierreich - Massive sexuelle Nötigung bei Primaten; Selbstschutz durch Allianzen von Weibchen, in: Frankfurter Allgemeine Zeitung vom 27.10.1993

Degen, Rolf: Bei Schwermut bringt Fieber Erleichterung - Stimmungsaufhellende Wirkung/Überraschende Einsichten der Psychoneuroimmunologie, in: Frankfurter Allgemeine Zeitung vom 13.03.1996

Demling, J.: Erkennung und Behandlung der Suizidalität - Teil 1: Praxisrelevante Ergebnisse der wissenschaftlichen Suizidforschung, in: Fortschritte der Medizin Nr. 25/92

Denzer, Claudia: Wenn das Ich verloren geht - Morbus Alzheimer, Teil 2: - Erste Symptome, Verlauf der Krankheit, pflegerische Maßnahmen - , in: Die Schwester Der Pfleger 6/96

Derbolowsky, Udo: Aggressivität und Aggression - ihre Licht- und Schattenseiten, in: Steinaecker, Karoline von, Derbolowsky, Jakob (Hrsg.): Der schwierige Fall - Aggression und Trauer in der therapeutischen und pädischen Arbeit, Heidelberg 1988

Dethlefsen, Thorwald; Dahlke, Rüdiger: Krankheit als Weg - Deutung und Be-Deutung der Krankheitsbilder, München 1989

Diamond, Harvey; Diamond, Marilyn: Fit fürs Leben - Fit for Life, Ritterhude bei Bremen 1986

Diamond, Harvey; Diamond, Marilyn: Fit fürs Leben - Fit for Life 2, Ritterhude bei Bremen 1989

Diebäcker, Jürgen: Bürger sollen ihre Wohnungen besser sichern: Mehr Erfolg, aber auch mehr zu tun für die Polizei, in: Rheinische Post vom 21.02.1996

Diebäcker, Jürgen: Der Pflegedienst kann hart und aggressiv machen - „Weißer Ring" will ein Tabu-Thema mit einem Forschungsauftrag erhellen, in: Rheinische Post vom 23.07.1996

Dießenbacher, Hartmut: Gewalt gegen Alte. Über Vernachlässigungs-, Mißhandlungs- und Tötungsrisiken in Einrichtungen der Altenpflege, in: Schröder, Peter A., Viechtbauer, Hans-Peter: Sozialpolitik Beispiel: Politik für alte Menschen, Paderborn 1993

Dießenbacher, Hartmut; Schüller, Kirsten: Gewalt im Altenheim - Eine Analyse von Gerichtsakten, Freiburg im Breisgau 1993

Dilling, Horst; Reimer, Christian: Psychiatrie, Berlin 1990

Ditfurth, Hoimar von: So laßt uns denn ein Apfelbäumchen pflanzen - Es ist soweit, Hamburg 1985

Doenges, Marilynn E.; Moorhouse, Mary Frances: Pflegediagnosen und Maßnahmen, Bern 1993

Dornheim, Jutta: Entwicklungstrends in der Krankenpflege - Theoretische Weiterentwicklung, in: Münch, Gerhard; Reitz, Jacques: Lehrbuch für Krankenpflege - Ein prinzip- und praxisorientiertes Arbeitsbuch, Berlin 1994

Dörner, Klaus; Plog, Ursula: Irren ist menschlich - Lehrbuch der Psychiatrie/Psychotherapie, Bonn 1992

Dorsch, Friedrich: Aggression, in: Dorsch, Friedrich (Hrsg.): Dorsch Psychologisches Wörterbuch, Stuttgart 1987

Droppleman, Patricia Gentry; Thomas, Sandra Paul: Anger in Nurses: Don´t Lose It, Use It - two nurses who have studied anger extensively outline why nurses are angry and explore some self-destructive expressions of that anger. They also suggest constructive ways you can use anger to make real changes in your workplace., in: American Journal of Nursing (AJN), 04/96, Internet access: http://www.ajn.org

Dubin, Shelly: Nursing Rounds - Geriatic Assessment, a holistic multidisciplinary approach goes beyond the admitting diagnosis., in: Americasn Journal of Nursing (AJN) 05/96, Internet access: http://www.ajn.org

Duden Redaktion (Hrsg.): Fremdwörterbuch, Mannheim 1982

Duden Redaktion (Hrsg.): Duden Das Herkunftswörterbuch - Etymologie der deutschen Sprache, Die Geschichte der deutschen Wörter und der Fremdwörter von ihrem Ursprung bis zur Gegenwart, Mannheim 1989

Duden Redaktion (Hrsg.): Duden Bedeutungswörterbuch, herausgegeben von der Duden-Redaktion und Müller, Wolfgang, Mannheim 1985

Duden Redaktion (Hrsg.): Duden Zitate und Aussprüche, Mannheim 1993

Düwel, Michael: Mehr Anerkennung für das Pflegepersonal, in: Die Schwester Der Pfleger 10/94

Eblesch, Martin: Patient (und) Helfer - ...oder das Problem der Nudel im Gesicht: Über den Umgang mit Patienten im Krankenhaus und seine Hintergründe, in: Die Schwester Der Pfleger 12/95

Eckardt, Thomas: Streßbewältigung - 4. Folge: Was ist Streß und wie geht man damit um?, in: Die Schwester Der Pfleger 9/95

Eckardt, Thomas: Streßbewältigung: Entspannungstechniken - 6. Folge: Progressive Muskelentspannung nach Jacobsen, in: Die Schwester Der Pfleger 3/96

Edelmann, Walter: Entwicklungspsychologie - Ein einführendes Arbeitsbuch, München 1980

Edenhofner-Heidinger, Elisabeth: Seelische Betreuung - Krankenpflege und Religion, in: Lehrbuch für Krankenpflege - Ein prinzip- und praxisorientiertes Arbeitsbuch, herausgegeben von G. Münch und J. Reitz, de Gruyter Verlag, Berlin 1994

Eichhorn, Christoph: Arzneimittellehre - Eine kurzgefaßte, prüfungsrelevante Darstellung unter Berücksichtigung des Lernzielkataloges für Pflegeberufe, Völklingen 1991

Eibl-Eibesfeldt, Irenäus: Liebe und Haß - Zur Naturgeschichte elementarer Verhaltensweisen, München 1970

Elashoff, Janet D.; Snow, Richard E.: Pygmalion auf dem Prüfstand - Einführung in empirisch-statistische Methoden auf der Grundlage einer kritischen Analyse der Rosenthal-Jacobsen-

Studie ' Pygmalion im Klassenzimmer ', herausgegeben von Achtenhagen, Frank, München 1972

Ellsworth, Phoebe C.; Ludwig, Linda M.: Visuelles Verhalten in der sozialen Interaktion, in: Scherer, Klaus R.; Wallbott, Harald G. (Hrsg.): Nonverbale Kommunikation: Forschungsberichte zum Interaktionsverhalten, Weinheim 1979

Emrich, Hinderk M.; Morath, Anne E.: Trauer und Aggression in der psychiatrischen Therapie, in: Steinaecker, Karoline von; Derbolowsky, Jakob: Der schwierige Fall - Aggression und Trauer in der therapeutischen und pädischen Arbeit, Heidelberg 1988

Engel, Andreas: Vom Sein zum bewußt Sein, in: Geo-Wissen Intelligenz + Bewußtsein, Hamburg 24.08.1992

Englert, Ewald H.: Zur Sozialpsychologie der Gewalt, in: Kroker, Eduard J. M. (Hrsg.): Die Gewalt in Politik, Religion und Gesellschaft, Stuttgart 1976

Eron, Leonhard D.; Walder, Leopold O.; Huesmann, L. Rowell; Lefkowitz, Monroe M.: The convergence of laboratory and field studies of the developement of aggression, in: Hartup, Willard W.; de Wit, Jan: Origins of Aggression, New York 1978

Eritt, Jürgen: Wuchernde Spekulationen um das Hormon aus Zirbeldrüse, Darmgewebe und mehreren Pflanzen - Hemmung des Alterns ist nicht erwiesen, in: Rheinische Post vom 22.01.1996

Ertle, Christoph: Aggression, in: Lenzen, Dieter (Hrsg.): Pädagogische Grundbegriffe - Band 1 Aggression bis Interdisziplinarität, Stuttgart 1983

Exchaquet, N. F.; Paillard, L. A.: Der Pflegeprozeß - Eine Herausforderung für den Beruf, Bericht der Nationalen Studie über den Pflegeprozeß, Bern 1986

Exline, Ralph V.; Thribaut, John; Hickey, Carole B.; Gumpert Peter: Machiavellismus, unethisches Verhalten und visuelle Interaktion, in: Scherer, Klaus R.; Wallbott, Harald G. (Hrsg.): Nonverbale Kommunikation: Forschungsberichte zum Interaktionsverhalten, Weinheim 1979

Fahrni, Oliver: S.O.S. Violence! - Alarm in Frankreichs Vorstädten: Wo die Armut wächst, steigt die Gewaltbereitschaft der Jugendlichen - überall brennen Schulen, in: Die Woche 16/1996 vom 12.04.1996

Falk, Juliane; Kerres, Andrea: Gewalt in der Pflege: Sensibilisieren sie sich für den Umgang mit den eigenen Aggressionen, in: Pflegezeitschrift 3/1996, S. 174 - 177

Farrington, David P.: Childhood, Adolescent, and Adult Features of Violent Males, in: Huesmann, L. Rowell (Hrsg.): Aggressive Behavior - Current Perspectives, New York 1994

FAZ (Frankfurter Allgemeine Zeitung) vom 21.11.1995: Das Defizit der gesetzlichen Krankenkassen steigt weiter, in: Frankfurter Allgemeine Zeitung vom 21.11.1995

FAZ (Frankfurter Allgemeine Zeitung) vom 06.12.1995: Feigheit vor dem Feind - Unterschiedlicher Charakter bei Löwinnen im Rudel, in: Frankfurter Allgemeine Zeitung vom 06.12.1995

FAZ (Frankfurter Allgemeine Zeitung) vom 21.02.1996: Akademisierung der Pflege - Mehr Forschung / Denkschrift der Robert-Bosch-Stiftung, in: Frankfurter Allgemeine Zeitung vom 21.02.1996

FAZ (Frankfurter Allgemeine Zeitung) vom 21.02.1996: Kriminalitätsstatistik besorgniserregend, in: Frankfurter Allgemeine Zeitung vom 21.02.1996, Seite 4

FAZ (Frankfurter Allgemeine Zeitung) vom 21.02.1996: Krankenschwestern sollen ohne Abitur Ärztinnen werden dürfen, in: Frankfurter Allgemeine Zeitung vom 21.02.1996

FAZ (Frankfurter Allgemeine Zeitung) vom 05.03.1996: Mit der Armut wächst die Kriminalität - Immer mehr jugendliche Täter/Niedersächsische Polizeistatistik, in: Frankfurter Allgemeine Zeitung vom 05.03.1996

FAZ (Frankfurter Allgemeine Zeitung) vom 07.03.1996: Krankenhausausgaben „gedeckelt", in: Frankfurter Allgemeine Zeitung vom 07.03.1996

FAZ (Frankfurter Allgemeine Zeitung) vom 16.03.1996: Grundlagen der Pflegewissenschaft - 25 Studiengänge in Deutschland/Denkschrift der Bosch Stiftung, in: Frankfurter Allgemeine Zeitung vom 16.03.1996

FAZ (Frankfurter Allgemeine Zeitung) vom 30.07.1996: Nach Horrorangriff Bewährungsstrafe - Einfluß eines Videofilms strafmildernd gewertet, in: Frankfurter Allgemeine Zeitung vom 30.07.1996

F.D.P.: Liberal denken. Leistung wählen. - Das Programm der F.D.P. zur Bundestagswahl 1994, herausgegeben von der F.D.P.-Bundesgeschäftsstelle, Adenauerallee 266, 53113 Bonn, Bonn 1994

Federspiel, Krista; Herbst, Vera: Die andere Medizin - Nutzen und Risiken sanfter Heilmethoden, herausgegeben von Stiftung Warentest, Berlin 1992

Feyerabend, Erika: Ist die Bioethik-Kommission korrigierbar? - Nachlese zum Scheitern des europäischen Entwurfs, in: Dr. med. Mabuse 12/94,01/95

Finzen, Asmus: Medikamentenbehandlung bei psychischen Störungen - Leitlinien für den psychiatrischen Alltag, Rehburg-Loccum, 1981

Finzen, Asmus: Psychisch Kranke - unberechenbar? - Die Attentate auf Lafontaine und Schäuble verändern die Einstellung der Bevölkerung, in: Frankfurter Allgemeine Zeitung vom 03.08.1994

Foa, Edna B.; Rothbaum, Barbara O.: Post-Traumatic Stress Disorder: Clinical Features and Treatment, in: Peters, Ray DeV.; McMahon, Robert J.; Quinsey, Vernon L.: Aggression and Violence Throughout the Life Span, Newbury Park 1992

FOCUS (Forschungsgruppe Kommunikation und Sozialanalysen): Motivationsanalyse von derzeitigen, ehemaligen und potentiellen Altenpflegekräften - Ein Beitrag zur Personalbindung und Personalgewinnung in der Altenpflege im Auftrag des Ministeriums für Arbeit, Gesundheit und Soziales des Landes Nordrhein-Westfalen, Horionplatz 1, 40213Düsseldorf, Düsseldorf 1992

Forster, Jürgen: SZ-Gespräch mit Bundesgesundheitsminister Horst Seehofer: Gegen die Plünderung der Portmonnaies von Kranken, in: SZ (Süddeutsche Zeitung) vom 05.12.1995

Freedman, Norbert; Blass, Thomas; Rifkin, Arthur; Quitkin, Frederic: Handbewegungen und die verbale Enkodierung aggressiver Affekte, in: Scherer, Klaus R.; Wallbott, Harald G. (Hrsg.): Nonverbale Kommunikation: Forschungsberichte zum Interaktionsverhalten, Weinheim 1979

Freud, Anna: Das Ich und die Abwehrmechanismen, Frankfurt am Main 1984

Friebel, Harry: Aggressivität und Gewalt - Arbeitsmaterialien und Diskussionen zur konstruktiven Aggressionserziehung und kritischen Gewaltkontrolle, Wuppertal 1976

Fritz, U.; Mack, B.; Rave-Schwank, M.: Gewalt in der Psychiatrie - Evaluation der Fixierungsdokumentation in einem psychiatrischen Krankenhaus, in: Psychiatrische Praxis 18/91

Fromm, Erich: Die Kunst des Liebens, Stuttgart 1956

Fromm, Erich: Die Revolution der Hoffnung - Für eine Humanisierung der Technik, Stuttgart 1971

Fromm, Erich: Anatomie der menschlichen Destruktivität, Stuttgart 1974

Fromm, Erich: Haben oder Sein - Die seelischen Grundlagen einer neuen Gesellschaft, Stuttgart 1976

Fromm, Erich: Über den Ungehorsam, München 1982

Frommer, Helmut: Lernen, Wissen, Bildung, Villingen-Schwenningen 1991

Frühwald, Wolfgang: Keine Eingriffe ins menschliche Erbgut! - „Unser Problem heute ist, daß verfügbares Wissen geheimgehalten, also weder patentiert noch publiziert wird", Interview von Heidrun Graupner, in: Süddeutsche Zeitung (SZ) vom 08.12.1995

Fuchs, Christoph: Ethische Trends infolge medizinischen Fortschritts, in: Deutsches Ärzteblatt Nr. 51/52 1992

Fuchs, Ursel: Interview, in: Matthies, Silvia: Mensch in Gefahr - Die wissenschaftliche Revolution überrollt ihre Kinder, Dokumentationssendung, ARD, 14.03.1996, 23.00 - 23.45 Uhr

Füsgen, U.: Die Pflege auf der geriatrischen Station, in: Kohlhammer (Hrsg.): Das Neue Lehrbuch der Krankenpflege, Stuttgart 1992

Gamm, Hans-Joachim: Aggression und Friedensfähigkeit in Deutschland, München 1968

Gangloff, Tilmann P.: Tagung in Arnstadt - Ostdeutsche Kinder und die Medien, in: Rheinische Post vom 30.09.1995

Ganser, Martina: Aggressionsfördernde Strukturen - Wie kann man ihnen begegnen?, in: Krankenpflege 3/93

Geisler, Linus: Arzt und Patient - Begegnung im Gespräch - Wirklichkeit und Wege - , Frankfurt am Main 1987

Geißner, Ursula: Pflege studieren?, in: Die Schwester Der Pfleger 11/93

Gerow, Josh R.; Brothen, Thomas; Newell, Jerry D.: Fundamentals of psychology, Glenview 1989

Gerster, Eyke: Schlechten Heimleitern droht Entlassung - Züricher Altenexperte verlangt mehr Radikalität von Heimträgern und Pflegenden, in: Altenpflege 7/92, S. 423

Gerstner, Eckart: Pflegerischer Alltag mit „Problempatienten" - Anmerkungen zu Genese und Interaktion zwischen Krankenpflegepersonal und „schwierigen Patienten", in: Krankenpflege 9/88

Glaubrecht, Matthias: Duett für Frosch und Vogel - Neue Erkenntnisse der Evolution, Düsseldorf 1990

Glogger, Helmut-Maria: Der sprachlose Mann - Warum es Männern neuerdings Liebe, Lust und Worte verschlägt, Genf/München 1992

Gorgs, Michael: Mit Realismus in den Job: Helfersyndrom ist tabu: 21 Prüflinge legten ihr Examen an der Krankenpflegeschule in Hackenbroich ab, in: Neuss-Grevenbroicher Zeitung vom 27.07.1996

Goldstein, Jeffrey H.: Aggression and crimes of violences, New York 1975

Goldstein, Arnold R.; Keller, Harold: Aggressive Behavior - Assessment and Intervention, New York 1987

Golembiewski, Robert T.; Munzenrider, Robert F.: Phases of Burnout . Developements in Concepts and Applications, New York 1988

Golimbek, Petra: Aggressionen auf einer Altenpflegestation, in: Krankenpflege 5/92

Gordon, Thomas: Die neue Familienkonferenz, Hamburg 1993

Gottfrois, Winfried: Umgang mit aggressiven Heimbewohnern, in: Pflegezeitschrift 4/95

Graber, Gustav Hans: Psychologie des Mannes - Neue Erkenntnisse über Triebleben, Ich-Struktur und Selbstverwirklichung, München 1974

Grimm, Rudolf: Die Experten streiten sich: Wieviel Gewalt gibt es an den Schulen?, in: Rheinische Post vom 02.12.1995

Grimm, Rudolf: Zuviel und Zuwenig medizinischen Handelns kontrovers diskutiert - Was dürfen und sollen Ärzte tun?, in: Rheinische Post vom 01.03.1996

Groebel, Jo: Gewaltdarstellungen im Fernsehen - Analyse und Empfehlungen im Auftrag des Ministeriums für Arbeit, Gesundheit und Soziales des Landes Nordrhein-Westfalen, in: Ministerium für Arbeit, Gesundheit und Soziales des Landes Nordrhein-Westfalen (MAGS) (Hrsg.): Gewaltdarstellungen im Fernsehen, Düsseldorf 1994

Grond, Erich: Sozialmedizin - Hilfen für Behinderte und Kranke in ihrer Umwelt - Band 1: Allgemeiner Teil, Dortmund 1984

Grond, Erich: Gerontopsychiatrie, in: Grond, Erich; Schwarzer, Wolfgang (Hrsg.): Einführung in die Sozialmedizin für Sozialarbeiter, Sozial- und Heilpädagogen, Dortmund 1985

Grond, Erich: Umgang mit Verwirrten im Heim, in: Altenpflege 3/1987, S. 135 - 140

Grond, Erich: Schimpfen, Schlagen, Beißen, Fußtritte und auch sexuelle Nötigung - Vor allem alkoholkranke Heimbewohner sind häufig aggressiv, in: Altenpflege 9/1989, S. 511 - 513

Grond, Erich: Einsamkeit macht aggressiv - Gründe und Folgen der Aggression alter Menschen/Teil I, in: Altenpflege 7/1991, S. 412 - 414

Grond, Erich: Pflegende sollen ihre Gewalt aussprechen - Aggressionen des Pflegepersonals gegenüber Alten/Teil 2, in: Altenpflege 8/1991, S. 467 - 471

Grond, Erich: Geklärte Bedingungen mindern Gewalt - Über den konstruktiven Umgang mit der Aggression in der Altenpflege/Teil 3, in: Altenpflege 9/1991, S. 529 - 535

Grond, Erich: Praxis der psychischen Altenpflege - Betreuung körperlich und seelisch Kranker, München 1991

Groothoff, Hans-Hermann: Einführung in die Erziehungswissenschaft, Ratingen 1975

Gross, Steffen, Haus, Eric: Anatomie und Physiologie - Eine kurzgefaßte, prüfungsrelevante Darstellung unter Berücksichtigung des Lernzielkataloges für Pflegeberufe, Völklingen 1990

Gründler, Elisabeth C. von: Am Rande des Todes - Bei richtiger Behandlung kommen viele Menschen aus dem Wachkoma wieder zu sich - zuweilen nach Jahren. Dennoch wird darüber debattiert, ab wann man sie sterben lassen sollte, in: Wochenpost Nr. 03 vom 11.01.1996, S. 52 f.

Grundgesetz für die Bundesrepublik Deutschland, herausgegeben von der Bundeszentrale für politischen Bildung, Berliner Freiheit 7, 53111 Bonn, Bonn 1996

Grusdat, Matthias; Wolters, Paul; Domscheit, Stefan: Pflegeförderung - Zur Situation in der Bundesrepublik Deutschland, herausgegeben von der Robert Bosch Stiftung, Stuttgart 1993

Guggenbühl, Allan: Die unheimliche Faszination der Gewalt - Denkanstöße zum Umgang mit Aggression und Brutalität unter Kindern, München 1995

Gurvitz, Milton S.: Psychopathy: Suicide and Homicide as Unconscious Expressions of Aggression, in: Goldmann, George D.; Milman, Donald S. (Hrsg.): Psychoanalytic Perspectives on Aggression, Dubuque 1978

Gusy, Burkhard: Stressoren in der Arbeit, soziale Unterstützung und Burnout: eine Kausalanalyse, Berlin 1995

Haas, J.; Malin, J.-P.: Krankheiten des Nervensystems, in: Mischo-Kelling, Maria; Zeidler, Henning: Innere Medizin und Krankenpflege, München 1989

Haase, Hans-Joachim.: Die unter sich selbst leiden - Hilfe für psychisch Kranke, Ein Psychiatrielehrbuch für Behandelnde und Betroffene, Erlangen 1981

Haasen, Nele: Frauen steigen ein - Jobs, Berufe, Karrieren mit Zukunft, München 1995

Haesler, Ludwig: Auf der Suche nach einer erträglichen Welt - Über den Umgang des Menschen mit der Wirklichkeit, Darmstadt 1995

Hagemann, Wolfgang: Psychotherapie - heilende Begegnung, Anforderungen an den Therapeuten, in: Zeitschrift für Allgemeinmedizin, Nr. 24/92

Hanke, Barbara; Huber, Günter L.; Mandl, Heinz: Aggressiv und unaufmerksam - Die Aufgaben des Lehrers bei Schulschwierigkeiten, München 1976

Hanke, Dieter: Aggressives Verhalten von psychisch Kranken - Entstehung und Abbau von Aggressionen auf einer psychiatrischen Aufnahmestation, in: Deutsche Krankenpflegezeitschrift 1/1982

Haupt, Martin: Angehörigenarbeit - Die Einbeziehung von Angehörigen in die Betreuung von Demenzkranken, in: Home Care - Journal für Betreuung und Praxis, Nr. 2/95

Haupt, Walter F.; Jochheim, Kurt-Alphons; Remschmidt, Helmut: Neurologie und Psychiatrie für Krankenpflegeberufe, Stuttgart 1993

Hausen, Harald von: Doch noch ein deutsches Genomprojekt - Aufholjagd beginnt mit der Entwicklung von Technologien, in: Frankfurter Allgemeine Zeitung vom 21.02.1996

Hautzinger, Charis: The Case of incomplete therapy: Treatment outcome study of aggressive behavior, Berlin 1985

Heckhausen, Heinz: Motivation und Handeln, Berlin 1989

Heering, Kristina: Theorie und Praxis der Pflegevisite - 6. Folge: Erfahrungsbericht, in: Die Schwester Der Pfleger 4/95

Heinemann, Klaus: CDU: Bankrotterklärung der Landespolitik - NRW kürzt die Sozialzuschüsse um 30 Prozent, in: Rheinische Post vom 16.11.1995

Heinemann, Klaus: Klinikkosten als Treibsätze/Seehofer will Reform durchsetzen - Höhere Beiträge auch bei den BKK, in: Rheinische Post vom 12.12.1995

Heinemann, Klaus: Rentenversicherungen sehen keinen Spielraum für Kürzungen - Vor weiteren Einsparungen bei Kuren gewarnt, in: Rheinische Post vom 24.02.1996

Heinemann, Klaus: Zuwendung statt Pillen, in: Rheinische Post vom 26.02.1996

Heinemann, Klaus: Ortskrankenkassen wollen Service stärken/Kritik an „Flickschusterei" der Politik - „Null-Runde" für Ärzte und Krankenhäuser?, in: Rheinische Post vom 14.03.1996

Heinemann, Klaus: Für Sie Notiert - Boombranche Altenpflege, in: Rheinische Post vom 22.04.1996

Heinemann, Klaus: AOK Rheinland stellte eine EMNID-Studie vor - Krebs-Kranke beklagen die psychischen Defizite, in: Rheinische Post vom 22.08.1996

Heinemann, Ursula; Heinrich, Brigitte: Reden - Zuhören - Antworten, Methoden des richtigen Gespräches für Gruppe und Schule, München 1985

Heinrich-Heine-Broschüre: Krankenpflege - Soziale Phantasie ist gefragt; herausgegeben von der Krankenpflegeschule der medizinischen Einrichtungen der Heinrich-Heine-Universität Düsseldorf, Moorenstraße 5, 4000 Düsseldorf 1, Düsseldorf 1993

Hermann, Lutz: Amokläufer in einem englischen Kindergarten - Mit einer Machete Gesichter entstellt, in: Rheinische Post vom 10.07.1996

Herrmann, Theo; Hofstätter, Peter R.; Huber, Helmuth P.; Weinert, Franz E.: Handbuch psychologischer Grundbegriffe, München 1977

Herold, Gerd: Innere Medizin - Eine vorlesungsorientierte Darstellung, Köln 1991

Herz, Carsten: Milliardenschaden durch Mobbing: Wenn einem Arbeit den Schlaf raubt, in: Rheinische Post vom 17.10.1995

Hesse, Hermann: Zitat, in: Widerreden - Worte gegen Gewalt, Friedenspreisträger des Deutschen Buchhandels 1950 - 1992, herausgegeben vom Börsenverein des Deutschen Buchhandels e. V., Frankfurt am Main 1993

Hessisches Ministerium für Umwelt, Energie, Jugend, Familie und Gesundheit (Hrsg.): Gentechnik - Was ist das?, Wiesbaden 1995; die Broschüre ist zu erhalten unter der Adresse des Ministeriums, Referat Öffentlichkeitsarbeit, Postfach 3109, 65021 Wiesbaden

Hester, Lynne E.: Coordinating a Successful Discharge Plan - Whether you're working with a team or serving as liaison to a specially designated home care coordinator, your role is crucial in paving the way home for your patient. Here are the essential steps to take, in: Americasn Journal of Nursing (AJN) 06/96, Internet access: http://www.ajn.org

Hirth, Rainer; Bubser, Hanspeter: Handbuch der Anästhesie für Schwestern und Pfleger, Stuttgart 1992

Hobmair, Hermann; Altenthan, Sophia; Dirrigl, Werner et al. (Hrsg.): Psychologie für Fachoberschulen, Köln 1994

Höfling, Siegfried: Psychologische Vorbereitung auf chirurgische Operationen - Untersuchungen bei erwachsenen Patienten mit elektiven Eingriffen, Berlin 1988

Hoffmann, Lutz: Sterbebegleitung - Orte des Sterbens heute, in: Geriatrie Praxis 5/95

Hoffmann, Reinhard: Interview, in: Mona Lisa: ZDF, 17.12.1995, 18.15 - 19.00 Uhr
Hoffmann, Sven Olaf; Hochapfel, Gerd: Einführung in die Neurosenlehre und Psychosomatische Medizin, Stuttgart 1992
Honnefelder, Ludger: Pro & Contra: Brauchen wir eine neue Sterbehilfe-Diskussion? - „Ja! Ziel ist es, Würde und Lebensrecht der Patienten zur Geltung zu bringen", in: Fokus 50/1995, S. 152
Horney, Karen: Unsere inneren Konflikte - Neurosen in unserer Zeit - Entstehung, Entwicklung und Lösung, München 1973
Houston, John P.; Bee, Helen; Rimm, David C.: Invitation to psychology, New York 1983
Hüper, Christa: Schmerz in der Pflege und Pflegeforschung, in: Pflege & Gesellschaft 1/96
Hüwel, Detlev: CDU: Laut Umfrage mehr als 70 Prozent der Krankenhäuser nicht ausgelastet - In NRW bis zu 10 000 Betten zuviel, in: Rheinische Post vom 23.11.1995
Hüwel, Detlev: Minister Horstmann lehnt Krankenhaus-Finanzierungskonzept der Union ab - CDU: Willkür beim Betten-Abbau, in: Rheinische Post vom 09.08.1996
Hug, Mirjam; Susan, Reiner; Surina, Gabi: Routinierte Berührungen, in: Die Schwester Der Pfleger 10/88, S. 770 - 780
Humphry, Derek: In Würde sterben ` Final Exit ´ - Praxis Sterbehilfe und Selbsttötung, Hamburg 1992
Huppmann, Gernot; Wilker, Friedrich-Wilhelm: Medizinische Psychologie Medizinische Soziologie, München 1988
Hurrelmann, Klaus: Erziehungssystem und Gesellschaft, Reinbek bei Hamburg 1975
Hurrelmann, Klaus: Schicht, soziale, in: Lenzen, Dieter (Hrsg.): Pädagogische Grundbegriffe - Band 2: Jugend bis Zeugnis, Stuttgart 1983
ICN (International Council of Nurses): Leitfaden zum Umgang mit Gewaltsituationen im Pflegealltag, herausgegeben vom Deutschen Berufsverband für Pflegeberufe e. V. (DBfK), Eschborn 1995 (im Original erschienen unter dem Titel „Guidelines on Coping with Violence in the Workplace", International Council of Nurses (ICN), Genf, 1994)
IMP Kommunikation (Hrsg.): Gelbe Liste - Pharmaindex, 2. Quartal 1995, herausgegeben von der IMP Kommunikation, Division der MMI - Medizinische Medien Informations GmbH, Neu-Isenburg 1995
Jakobi, Ute; Selg, Herbert; Belschner, Wilfried: Triebmodelle der Aggression, in: Selg, Herbert et al.: Zur Aggression verdammt? - Ein Überblick über die Psychologie der Aggression, Stuttgart 1982
Janicek, Robert: Mit Patienten richtig reden - Gesprächsführung im Krankenhaus, Melsungen 1985
Jeismann, Michael: Angststörung - Wenn Wissenschaft fürchtet, in: Frankfurter Allgemeine Zeitung vom 07.04.1993
Juchli, Liliane: Krankenpflege - Praxis und Theorie der Gesundheitsförderung und Pflege Kranker, Stuttgart 1983
Juchli, Liliane: Pflege - Praxis und Theorie der Gesundheits- und Krankenpflege, Stuttgart 1994
Kahle, Werner: Taschenatlas der Anatomie für Studium und Praxis in 3 Bänden, Band 3: Nervensystem und Sinnesorgane, Stuttgart 1986
Kaiser, Arnim; Kaiser, Ruth: Studienbuch Pädagogik - Grund- und Prüfungswissen, Frankfurt am Main 1981
Kampmann, Andrea: Gewalt oder Notwehr? - Eine tätliche Auseinandersetzung, in: Pflege aktuell 2/95
Kanemeier, Rudolf H.: Kriminalitätsstatistik 1995: 77 881 Fälle: Mehr Gewalt in Düsseldorf, in: Rheinische Post vom 21.02.1996
Kappelmüller, Irmgard: Die Überwachung des Patienten als Aufgabe der Krankenschwester, München 1985
Karmaus, Wilfried; Schienstock, Gerd: Körperliche, psychische und soziale Auswirkungen von Nacht- und Schichtdienst, in: Karmaus, Wilfried et al. (Hrsg.): Streß in der Arbeitswelt, Köln 1979
Kaschka, Wolfgang P.; Aschauer, Harald N.: Psychoimmunologie, Stuttgart 1990
Kastner, Michael: Streßbewältigung - Leistung und Beanspruchung optimieren, Wiesbaden 1994
Kater, Michael H.: Der Buchenwaldgeruch - Was bringt Ärzte dazu, ihren Eid zu brechen? Ein amerikanischer Medizinhistoriker kommentiert die jüngst aufgedeckten Menschenversuche in den USA, in: Die Zeit vom 14.01.1994
Kellnhauser, Edith: - Primary Nursing - Ein neues Pflegemodell, in: Die Schwester Der Pfleger 9/94
Kellnhauser, Edith: Humanität und Wirtschaftlichkeit in der Pflege - Widerspruch oder Chance? -, in: Die Schwester Der Pfleger 4/96

Kern, Werner: Gewalt an Frankreichs Schulen: Mitschüler erstochen, in: Rheinische Post vom 05.02.1996

Kerner, Charlotte: Hirntod - Wenn das Großhirn schweigt, in: Geo-Wissen Gehirn - Gefühl - Gedanken, Hamburg 25.05.1987

Kiener, Franz: Das Wort als Waffe - Zur Psychologie der verbalen Aggression, Göttingen 1983

Kim, Jong-Duk: Gruppenpflege - Wege zur patientenorientierten Pflege, 1. Teil, in: Die Schwester Der Pfleger 4/96

Kim, Jong-Duk: Gruppenpflege - Wege zur patientenorientierten Pflege - 2. Teil: Darstellung der Gruppenpflege anhand eines Beispiels, in: Die Schwester Der Pfleger 8/96

Kindermann, Wilfried; Rost, Richard: Aktuelles Wissen Hoechst - Hypertonie und Sport, Körperliche Aktivität, Sport, Bewegungstherapie, herausgegeben von der Hoechst AG, München 1991

Kirsch, Mechthild: Ekelgefühle - Pflegepraxis: Umgang mit Emotionen, in: Pflegezeitschrift 5/95, S. 267

Kjellrup, Mariann: Eutonie in bezug auf Trauer und Aggression, in: Steinaecker, Karoline von; Derbolowsky, Jakob: Der schwierige Fall - Aggression und Trauer in der therapeutischen und pädischen Arbeit, Heidelberg 1988

Klama, John: Aggression - Conflict in Animals and Humans Reconsidered, Essex 1988

Klau-Fischer, Monika; Jancke, Gabriele: Umgang mit Belastungssituationen, in: Bienstein, Christel; Zegelin, Angelika: Handbuch Pflege, Düsseldorf 1995

Kleiber, Dieter; Giese, Eckhard: Erkundungen in neuen Landschaften: Psychotherapie als Chance und Wagnis, in: Giese, Eckhard; Kleiber, Dieter (Hrsg.): Im Labyrinth der Therapie - Wege, Chancen, Risiken, Weinheim 1993

Klonovsky, Michael: Dein Feind, der Nachbar, in: Focus Nr. 39/94

Klonovsky, Michael: Die Neid-Gesellschaft - Erfolg wird verfolgt, in: Focus Nr. 42/94

Knobling, Cornelia: Konfliktsituationen im Altenheim - Eine Bewährungsprobe für das Pflegepersonal, Freiburg im Breisgau 1985

Knoche, Monika: Der andere Tod - Zur Kontroverse um das Hirntodkonzept, in: Dr. med. Mabuse 08/09/95

Knutson, John F.: Aggression as Manipulatable Behavior, in: Knutson, John F. (Hrsg.): The Control of Aggression, Chicago 1973

Kober, Klaus: Was bringt die Bundespflegesatzverordnung 1995 für die Krankenpflege?, in: Die Schwester Der Pfleger 4/96

Koch, Nele: Sexualität und Krankenpflege, in: Münch, Gerhard; Reitz, Jacques: Lehrbuch für Krankenpflege - Ein prinzip- und praxisorientiertes Arbeitsbuch, Berlin 1994

Koch, Sannah: Bereit zu töten - Erstmals diskutieren in Deutschland Fachleute darüber, ob Patienten im Wachkoma weiter am Leben gehalten werden sollen oder nicht, in: Die Woche vom 08.12.1995, S. 46

König, Stefan: Kindermord - Genetische Strategie bei Affen, in: Rheinische Post vom 22.01.1996

König, Traugott (Hrsg.): Satre Lesebuch - Den Menschen erfinden, Reinbek bei Hamburg 1986

Kokemohr, Rainer: Sprach- /Sozialverhalten, schichtenspezifisches, in: Lenzen, Dieter (Hrsg.): Pädagogische Grundbegriffe, Band 2: Jugend bis Zeugnis, Stuttgart 1983

Kolb, Bryan; Whishaw, Ian Q.: Neuropsychologie, Heidelberg 1993

Kolb, Lawrence C.: Control of Violence, in: Frazier, Shervert H. (Hrsg.): Aggression - Proceedings of the Association, December 1 and 2, 1972, New York, N. Y. , Baltimore 1974

Kopp, Willi: Nähe oder Distanz? - Was ist eine „pflegerische Beziehung"? - ,in: Die Schwester Der Pfleger 5/96

Krankenpflege (Redaktion): Zum Berufsbild von Krankenschwester und Krankenpfleger in der Öffentlichkeit - Eine Umfrage von KrankenpflegeschülerInnen, in: Krankenpflege 6/93

Krappmann, Lothar: Rolle, in: Lenzen, Dieter (Hrsg.): Pädagogische Grundbegriffe - Band 2: Jugend bis Zeugnis, Stuttgart 1983

Krause, Gerd: Über das Einlassen und Loslassen in der Krankenpflege, in: Die Schwester der Pfleger 9/94

Krech, David; Crutchfield, Richard S. et al.: Grundlagen der Psychologie - Studienausgabe, Weinheim 1992

Kretz, Franz-Josef; Kretz, Agnes; Schroedl, Peter: Medikamentöse Therapie - Arzneimittellehre für Krankenpflegeberufe, Stuttgart 1985

Krisean, R.; Reimann, R.; Wlodasczak, A.: Soziologie in der Krankenpflege, Stuttgart 1985

Krohwinkel, Monika: Der Pflegeprozeß am Beispiel von Apoplexiekranken - Eine Studie zur Erfassung und Entwicklung ganzheitlich-rehabilitierender Prozeßpflege, im Auftrag des Bundesministeriums für Gesundheit, Am Probsthof 78a, 53121 Bonn, Baden-Baden 1993

Kromrey, Helmut: Empirische Sozialforschung - Modelle und Methoden der Datenerhebung und Datenauswertung, Opladen 1994

Kron, Friedrich W.: Grundwissen Pädagogik, Basel 1991

Kron, Friedrich W.: Grundwissen Didaktik, München 1993

Kronemeyer, Anke: Jugendliche und ihre Identitätsprobleme - „Gewalt schafft Klarheit in unklaren Situationen", in: Rheinische Post vom 01.05.1996

Krug, Christian; Mathes, Werner: Faszination Serienkiller - Sie töten aus Perversion, Haß, Wahnsinn. Trotzdem üben Serienmörder einen bizarren Reiz auf das Publikum aus., in: Stern 6/96

Krüger, Ralf (dpa) : Kleine „Seelentröster" bei wirtschaftlicher Flaute - Der Alkohol bringt's nicht, in: Rheinische Post vom 14.12.1995

Kübler-Ross, Elisabeth: Interviews mit Sterbenden, Berlin 1969

Kumasaka, Lydia: ` My Pain Is God's Will ´ - Two colleagues, a clinical nurse specialist and a chaplain, explain how they've dealt with patients who feel obligated to suffer for religious reasons., in: Americasn Journal of Nursing (AJN) 06/96, Internet access: http://www.ajn.org

Lagerspetz, Kirsti M. J.; Björkqvist, Kaj: Indirect Aggression in Boys and Girls, in: Huesmann, L. Rowell (Hrsg.): Aggressive Behavior - Current Perspectives, New York 1994

Lakotta, Beate: Ohne Bremse - Die Gewalt auf dem Schulhof nimmt zu - aber auch der Widerstand gegen den Terror, in: Spiegel special 9/1995

Lambrecht, Matthias: Der Dienst macht krank - Mit Lohnkürzungen ist dem Krankenrekord im Öffentlichen Dienst kaum beizukommen, in: Die Woche vom 24.05.1996

Lang, Erich: Altern - Medizinische Aspekte, in: Lehr, Ursula: Altern - Tatsachen und Perspektiven, Ergebnisse interdisziplinärer gerontologischer Forschung, Bonn 1983

Lang, Erich: Interview - „Der ältere Patient braucht mehr Zeit und Zuwendung", in: Geriatrie Praxis 1 - 2/95

Langenscheidt (Hrsg.): Langenscheidts Handwörterbuch Englisch, Berlin 1988

Laplanche, J.; Pontalis, J.- B.: Das Vokabular der Psychoanalyse, Frankfurt am Main 1972

La Roche (Hrsg.): Der kleine La Roche, Ein Lexikon für Freunde und Besucher der F. Hoffmann-La Roche AG, Basel, Basel 1992

La Roche AB und Urban & Schwarzenberg (Hrsg.): Roche Lexikon Medizin, München 1993

Larousse (Hrsg.): Dictionnaire Francais Allemand, Apollo par Jean Clédiére et Daniel Rocher, Paris 1975

Larsen, Reinhard: Anästhesie und Intensivmedizin für Schwestern und Pfleger, Berlin 1992

Lasogga, Frank: Gesprächstherapie - Zu viel Ideologie?, in: Psychologie heute Redaktion (Hrsg.): Psychotherapie als Chance - Die wichtigsten Formen und Methoden - Ein Leitfaden, München 1987

Latka, Hermann Florian: Aggression und Echtheit in der therapeutischen Beziehung, in: Petzold, Hilarion; Scharfe, Hartmut (Hrsg.): Kreative Aggression - Festschrift für George Bach, Paderborn 1985

Lausch, Erwin: Manipulation - Der Griff nach dem Gehirn - Methoden, Resultate, Konsequenzen der Gehirnforschung, Stuttgart 1974

Lauster, Peter: Lassen sie sich nichts gefallen - Die Kunst sich durchzusetzen, Mut zum Ich, Düsseldorf 1985

Lechner, Peter: Institutionelle und individuelle Aspekte der Angst und Aggression des Lehrers - Versuch einer selbstreflexiven Bearbeitung pädagogischer Praxis, Dissertation zur Erlangung des Grades eines Doktors der Philosophie der Freien Universität Berlin, Berlin 1985

Leeman, Sue: Vierte Bluttat an Schulen binnen zwei Jahren - Nach Amoklauf: Debatte über mehr Sicherheit, in: Rheinische Post vom 15.03.1996

Lefrancrois, G. R.: Psychologie des Lernens, Berlin 1976

Lehr, Ursula M.; Thomae, Hans: Alltagspsychologie - Aufgaben, Methoden, Ergebnisse, Darmstadt 1991

Lehr, Ursula: Lebensqualität im Alter - Voraussetzung und Folgen, in: Lehr, Ursula (Hrsg.): Altern - Tatsachen und Perspektiven: Ergebnisse interdisziplinärer gerontologischer Forschung, Bonn 1983

Lehrmann, Daniel S.: Eine Kritik an Konrad Lorenz' Theorie des Instinktverhaltens, in: Scherer, Klaus R.; Stahnke, Adelheid; Winkler, Paul (Hrsg.): Psychobiologie - Wegweisende Texte der Verhaltensforschung von Darwin bis zur Gegenwart, München 1987

Leichtenberger, Rainer: Macht - Ohnmacht - Gewalt, in: Soziale Psychiatrie 3/93

Leick-Belger, Janine: Soziale Rollen und deren Auswirkungen, in: Die Schwester Der Pfleger 8/95

Lemmermann, Heinz: Grundlagen und Technik der Redekunst - Mit Schule der Debatte, Redetraining mit Übungen, Bindlach 1990

Lempp, Reinhart: Psychiatrie einschließlich Psychotherapie, Berlin 1994

Lenz-Ziegenbein, Martina: Psychologische Aspekte im Umgang mit neurochirurgisch-erkrankten Patienten, in: Die Schwester Der Pfleger 8/96

Leonhard, Wolfgang: Die Revolution entlässt ihre Kinder, Köln 1955

Leyhausen, Paul: Die soziale Funktion des Angst-Aggressions-Antagonismus, in: Lorenz, Konrad, Leyhausen, Paul: Antriebe tierischen und menschlichen Verhaltens - Gesammelte Abhandlungen, München 1968

Lischke, Gottfried: Psychophysiologie der Aggression, in: Selg, Herbert et al. (Hrsg.): Zur Aggression verdammt? - Ein Überblick über die Psychologie der Aggression, Stuttgart 1982

Lorenz, Konrad: Aggressivität - arterhaltende Eigenschaft oder pathologische Erscheinung, in: Eibl-Eibesfeldt, Irenäus (Hrsg.): Konrad Lorenz: Das Wirklichkeitsgefüge der Natur und das Schicksal des Menschen - Gesammelte Arbeiten, München 1978

Lorenz, Konrad: Über die Bildung des Instinktbegriffes, in: Scherer, Klaus R.; Stahnke, Adelheid; Winkler, Paul: Psychobiologie - Wegweisende Texte der Verhaltensforschung von Darwin bis zur Gegenwart, München 1987

Lorenz, Konrad: Der Abbau des Menschlichen, München 1983

Losee, John: Wissenschaftstheorie - Eine historische Einführung, München 1977

Loskamp, Beate; Pilgrim, Karin: Arbeitszufriedenheit und Belastung auf der Intensivstation, in: Krankenpflege 6/93

LTZ (Lingener Tageszeitung): „Alte Menschen besser schützen" - Grüne: Tausende werden mißhandelt, in: Lingener Tageszeitung vom 24.08.1996

Lüllmann, Heinz; Mohr, Klaus; Ziegler, Albrecht: Taschenatlas der Pharmakologie, Stuttgart 1990

Luczak, Hania: Intensivpflege - Im Einsatz bis zum letzten, in: Geo-Wissen Ärzte - Technik - Patienten, Hamburg 04.11.1991

Maaz, Hans-Joachim: Der Gefühlsstau - Ein Psychogramm der DDR, Berlin 1990

MAGS (Ministerium für Arbeit, Gesundheit und Soziales des Landes Nordrhein-Westfalen) (Hrsg.): Neue Formen der Pflege im Krankenhaus, Kurzfassung der Studie „Patientenorientierung und Arbeitszufriedenheit im Krankenhaus", Düsseldorf 1995

Maier-Opitz, Monika: Aggressionstheoretische Kenntnisse als Hilfe bei der Pflege im Krankenhaus, in: Deutsche Krankenpflegezeitschrift Beilage Dokumentation Aus- und Fortbildung Heft 1 Januar 1990

Maisonneuve, Jean-Louis; Geue, Bernhard: Körpersprache in der Anamnese - Der andere Schlüssel zum Patienten, Berlin 1995

Mantell, David Mark: Familie und Aggression - Zur Einübung von Gewalt und Gewaltlosigkeit - Eine empirische Untersuchung, Frankfurt am Main 1972

Maravic, Manio von: Neurologische Notfälle, in: Braun, Jörg; Preuss, Roland: Klinikleitfaden Intensiv - Untersuchung, Diagnostik, Therapie, Notfall, Neckarsulm 1992

Marcuse, Herbert: Aggressivität in der gegenwärtigen Industriegesellschaft, in: Späth, Bernhard (Hrsg.): Aggressivität und Erziehung, München 1979

Markus, Katrin: Vorsorglich festbinden? Nein! - Gericht: Personalmangel rechtfertigt keine vorbeugende Freiheitsberaubung, in: Altenpflege 5/91, S. 306 ff.

Markward, Renate: Gesprächsführung, in: Münch, Gerhard; Reitz, Jacques: Lehrbuch für Krankenpflege - Ein prinzip- und praxisorientiertes Arbeitsbuch, Berlin 1994, S. 24 - 39

Markward, Renate: Besondere Gesprächssituationen, in: Münch, Gerhard; Reitz, Jacques: Lehrbuch für Krankenpflege - Ein prinzip- und praxisorientiertes Arbeitsbuch, Berlin 1994, S. 40 - 57

Marquard, Albrecht; Runde, Peter; Westphal, Gert: Psychische Belastung in helfenden Berufen - Bedingungen, Hintergründe, Auswege, Opladen 1993

Martin, M.: Kinder- und Jugendpsychiatrie, in: Beske, Fritz (Hrsg.): Lehrbuch für Krankenpflegeberufe in zwei Bänden, Band II Krankheitslehre, Stuttgart 1986

Matthes, Anja; Rudolph, Maik: „Der kleine Ratgeber" - Informationsbroschüre für Patienten und Angehörige einer geschlossenen psychiatrischen Station - ,in: Die Schwester Der Pfleger 6/96

Matthies, Silvia: Mensch in Gefahr - Die wissenschaftliche Revolution überrollt ihre Kinder, Dokumentationsfilmsendung, ARD 14.03.1996, 23. 00 - 23.45 Uhr
Mayer, Robert F.: Motivation und Lernerfolg - Wie Lehrer ihren Unterricht verbessern können, Weinheim 1968
Mechsner, Franz: Kann das Hirn das Chaos bändigen?, in: Geo-Wissen Chaos + Kreativität, Hamburg 07.05.1990
Mechsner, Franz: Konnektionismus - Wo das Chaos sinnvoll waltet, in: Geo-Wissen Intelligenz + Bewußtsein, Hamburg 24.08.1992
Meichsner, Irene: Menschenversuche - Ein neuer Entwurf zur Bioethik-Konvention erlaubt, daß an Alzheimerkranken geforscht wird - ohne ihre Zustimmung, in: Die Woche vom 08.12.1995, S. 47
Menge, Hermann: Langenscheidts Taschenwörterbuch der lateinischen und deutschen Sprache, Erster Teil Lateinisch - Deutsch, Berlin 1963
Mertens, Wolfgang: Erziehung zur Konfliktfähigkeit - Vernachlässigte Dimensionen der Sozialisationsforschung, München 1975
Merz, Ferdinand: Aggression und Aggressionstrieb, in: Thomae, H.(Hrsg.): Allgemeine Psychologie, Band II. Motivation, Göttingen 1965
Merz, Dieter; Rüb, Friedbert: 3000 Stunden - Wie sehen und beurteilen Schüler ihre praktische Ausbildung im Krankenpflegeberuf?, in: Die Schwester Der Pfleger 9/94
Meyer, Merle E. (Hrsg.): Foundations of contemporary psychology, New York 1979
Meyer-Abich, Klaus-Michael: Zwölf Thesen zur Schulreform unter dem Gesichtspunkt einer ganzheitlichen Ethik, in: Hasenclever, Wolf-Dieter (Hrsg.): Reformpädagogik heute: Wege der Erziehung zum ökologischen Humanismus - Marienauer Symposium zum 100. Geburtstag von Max Bondy, Frankfurt am Main 1993
Meyer Redaktion (Hrsg.): Meyers neues Konservations-Lexikon - Ein Wörterbuch des allgemeinen Wissens in 16 Bänden, Erster Band A - Armenwesen, Hildburghausen 1871, einzusehen in der Staatsbibliothek zu Berlin,
Meyer Lexikonredaktion (Hrsg.): Schülerduden „Die Psychologie", Mannheim 1981
Meyer Lexikonredaktion (Hrsg.): Schülerduden „Die Philosophie", Mannheim 1985
Meyer Lexikonredaktion (Hrsg.): Schülerduden „Die Pädagogik", Mannheim 1989
Meyer Lexikonredaktion (Hrsg.) : Meyers Großes Taschenlexikon in 24 Bänden , Mannheim 1995
Miketta, Gaby; Siefer, Werner; Begley, Sharon: Kindergehirn - Kluge Köpfchen, Neurowissenschaftler entdecken Zeitfenster für die entscheidende Entwicklung des kindlichen Gehirns, in: Focus 10/1996
Milgram, Stanley: Das Milgram-Experiment - Zur Gehorsamsbereitschaft gegenüber Autorität, Reinbek bei Hamburg 1974
Milgram, Stanley: Die Problematik des Gehorsams, in: Scherer, Klaus R.; Stahnke, Adelheid; Winkler, Paul (Hrsg.): Psychobiologie - Wegweisende Texte der Verhaltensforschung von Darwin bis zur Gegenwart, München 1987
Miller, Neal E.: Die Frustrations-Aggressions-Hypothese, in: Kornadt, Hans-Joachim (Hrsg.): Aggression und Frustration als psychologisches Problem in zwei Bänden, Erster Band, Darmstadt 1981
Miltner, F., Sanides, S.: Biorhythmen: Dem Takt des Lebens auf der Spur - Auf der Suche nach dem genetischen Geheimnis von biologischen Uhren dient als Unkraut als Wegweiser, in: Fokus 14/1995, S. 174 - 179
Ministerium für Arbeit, Gesundheit und Sozialordnung Baden-Württemberg (Hrsg.): Pflegerische Aspekte und rechtliche Anforderungen beim Umgang mit verwirrten und psychisch kranken Menschen im Heim, herausgegeben vom Ministerium für Arbeit, Gesundheit und Sozialordnung Baden-Württemberg, Rotebühlplatz 30, 70178 Stuttgart, Stuttgart 1995
Ministerium für Arbeit, Gesundheit und Sozialordnung Baden-Württemberg (Hrsg.): Betreuung verwirrter und psychisch kranker alter Menschen - Aktivitäten, Hilfen, Ideen, herausgegeben vom Ministerium für Arbeit, Gesundheit und Sozialordnung Baden-Württemberg, Rotebühlplatz 30, 70178 Stuttgart, Stuttgart 1993
Mitscherlich, Alexander; Muck, Mario: Der psychoanalytische Ansatz in der Sozialpsychologie, in: Graumann, C. F. (Hrsg.): Sozialpsychologie, Göttingen 1975
Mitscherlich, Alexander: Krankheit als Konflikt, Studien zur psychosomatischen Medizin I, Frankfurt am Main 1966

Mitscherlich, Alexander: Die Idee des Friedens und die menschliche Aggressivität - Vier Versuche, Baden-Baden 1969

Mitscherlich, Margarete: Müssen wir hassen? - Über den Konflikt zwischen innerer und äußerer Realität, München 1972

Moers, Martin; Schiemann, Doris; Schröck, Ruth: Das Osnabrücker Konzept für praxisbezogene Studiengänge, in: Die Schwester Der Pfleger 10/95

Moll, Anne: Fragen der Ethik in der Reanimation, in: Pflege - Leicht?! - Krankenhaus Spezial, München 1996

Mooshuber, Marion: Dienstübergabe am Patientenbett, in: Die Schwester Der Pfleger 1/96

Mrkwicka, Lenore: Sexuelle Belästigung am Arbeitsplatz, in: Pflege aktuell 2/1995, S. 90 f.

MSD Manual: MSD-Manual der Diagnostik und Therapie, herausgegeben von MSD Sharp & Dohme GmbH, München 1993

Mücke, Helmar: Entwicklungstrends in der Krankenpflege - Praktische Weiterentwicklung, in: Münch, Gerhard; Reitz, Jacques: Lehrbuch für Krankenpflege - Ein prinzip- und praxisorientiertes Arbeitsbuch, Berlin 1994

Mück-Raab, Marion: Wie lange dauert lebenslänglich? - Das Schlimmste an der „lebenslangen" Haft ist die Unbestimmtheit ihrer Dauer: Politiker und Bürgerrechtler plädieren für eine Höchststrafe von 25 Jahren, in: Die Woche vom 28.06.1996

Mühlbauer, Bernd H.; Reinardt, Jürgen; Süllwold, Gundula: Bereichs- und Bezugspflege im Spannungsfeld zwischen Theorie und Praxis, in: Die Schwester Der Pfleger 6/94

Mülheimer Abendblatt vom 25.10.1995: Staatsanwaltschaft ermittelt gegen Personal des Altenheims Gracht - „Diese Zustände sind menschenunwürdig", Mülheimer Abendblatt, 2. Jahrgang, Ausgabe 43, vom 25.10.1995

Müller, Christian et al.: Lexikon der Psychiatrie - Gesammelte Abhandlungen der gebräuchlichsten psychiatrischen Begriffe, Berlin 1986

Müller-Hill, Benno: Humangenetik der Gewalttätigkeit - „Aggressions-Gen" als Testfall für den Umgang mit der Menschenwürde, in: Frankfurter Allgemeine Zeitung vom 30.03.1994

Mummendey, Amélie: Aggression und Attribution, Bielefelder Arbeiten zur Sozialpsychologie, Münster 1978

Murphy, Robert D.: Mass Communication and Human Interaction, Boston 1977

Nagel, Claudia: Gestaltung eines gewaltarmen Milieus im psychiatrischen Pflegealltag - Wunschdenken oder Möglichkeit?, in: Die Schwester Der Pfleger 11/95

NDR-Nordschau: Archivaufnahmen vom 27.05.1969, in: Tolmein, Oliver, Rotermund, Bertram: Der Griff ins Gehirn - Biologie zwischen therapeutischem Fortschritt und Menschenversuch, Ein Film von Oliver Tolmein und Bertram Rotermund, BR III 12.12.1995, 21.00 - 21.45 Uhr

Needham, Ian: Ansichten und Meinungen zum Pflegeprozeß: Eine hermeneutische Untersuchung von Aussagen in Fachschriftenartikeln - St. Gallische Schule für psychiatrische Krankenpflege Wil und Pfäfers, in: Pflege, Band 3, 1990, Heft 1, S. 59 - 67

Nentwig, Armin: Pro & Contra: Brauchen wir eine neue Sterbehilfe-Diskussion? - „Nein! Das Projekt ist moralisch, ethisch und sozial verwerflich. Das ist Euthanasie.", in: Fokus 50/1995, S. 152

Neubauer, Erika; Steinbrecher, Ute; Drescher-Aldendorff, Susanne: Gewalt gegen Frauen: Ursachen und Interventionsmöglichkeiten im Auftrag des Bundesministerium für Familie, Senioren, Frauen und Jugend, Rochusstraße 8 - 10, 53123 Bonn, Bonn 1994

Neuberger, Oswald: Miteinander arbeiten - miteinander reden! - Vom Gespräch in unserer Arbeitswelt, herausgegeben vom Bayerischen Staatsministerium für Arbeit, Familie und Sozialordnung, Winzererstraße 9, 80797 München, München 1992

Neumann, Udo: Streßbewältigung - Autogenes Training für Pflegekräfte - Ein Hilfsmittel der Entspannung oder mehr? - 1. Folge, in: Die Schwester Der Pfleger 12 /94

Neumann, Udo: Streßbewältigung - Autogenes Training für Pflegekräfte - Ein Hilfsmittel der Entspannung oder mehr? - 3. Folge, in: Die Schwester Der Pfleger 6/95

NGZ (Neuss-Grevenbroicher Zeitung)-Extra vom 11.11.1995: Aufopferungsvoll und verantwortungsvoll: Die Pflege am Krankenbett - Ärzte, Schwestern und Pfleger diskutierten in Viersen: Teamarbeit in der Klinik, in: NGZ-Extra vom 11.11.1995

NGZ(Neuss-Grevenbroicher Zeitung)-Extra vom 20.04.1996: Umfassende Aus-, Fort- und Weiterbildung an der Uniklinik Düsseldorf - Das Haus der 1001 Möglichkeiten/ Berufsausübung im Pflegebereich sehr vielfältig - Akademisierung führt zur Aufwertung des Berufsbildes, in: NGZ-Extra vom 20.04.1996

NGZ (Neuss-Grevenbroicher Zeitung) vom 23.11.1995: Gewalt gegen Alte hat viele Formen und Ursachen - „Waschstraße" und die Menschenwürde im Heim, in: Neuss-Grevenbroicher Zeitung vom 23.11.1995

NGZ (Neuss-Grevenbroicher Zeitung) vom 28.11.1995: Selbstverteidigungs-Kursus für Mädchen an der Mildred-Scheel-Realschule: Keine Unsicherheit zeigen und die gelernten Griffe anwenden, in: Neuss-Grevenbroicher Zeitung vom 28.11.1995

NGZ (Neuss-Grevenbroicher Zeitung) vom 13.12.1995: Gewalttaten abwehren, in: Neuss-Grevenbroicher Zeitung vom 13.12.1995

NGZ (Neuss-Grevenbroicher-Zeitung) vom 19.12.1995: Resolution des Kreises zur Krankenhausfinanzierung - „Pflegepersonal und Ärzte demotiviert", in: Neuss-Grevenbroicher-Zeitung vom 19.12.1995

NGZ (Neuss-Grevenbroicher-Zeitung) vom 06.02.1996: Verein „Frauen helfen Frauen" mit neuem Programm: Schwerpunkt ist der Umgang mit Gewalt, in: Neuss-Grevenbroicher Zeitung vom 06.02.1996

NGZ (Neuss-Grevenbroicher Zeitung) vom 20.03.1996: Gesprächsrunde der Frauenberatungsstelle Neuss - Thema „Gewalt" ein gesellschaftliches Tabu, in: Neuss-Grevenbroicher Zeitung vom 20.03.1996

NGZ (Neuss-Grevenbroicher Zeitung) vom 21.03.1996: Zum Thema Sprachvereinfachung in den Rathäusern und die Realität, in: Neuss-Grevenbroicher Zeitung vom 21.03.1996

Nickel, Horst: Entwicklungspsychologie des Kindes- und Jugendalters - Ein Lehrbuch für Studierende der Psychologie, Erziehungs- und Sozialwissenschaften, Band I, Stuttgart 1976

Nickel, Horst: Entwicklungspsychologie des Kindes- und Jugendalters - Einlehrbuch für Studierende der Psychologie, Erziehungs- und Sozialwissenschaften, Band II, Stuttgart 1979

Niemöhlmann, Susanne: Veranstaltungen der Beratungsstelle Neuss zum Thema „Gewalt gegen Frauen" - „Viele mißhandelte Frauen suchen die Schuld für ihr Leiden bei sich", in: Neuss-Grevenbroicher Zeitung vom 28.02.1996

Niessen, Joachim: Altenpflegehelferin verurteilt - 84jährige Gelähmte geschlagen, in: Rheinische Post 22.03.1996

Nietzsche, Friedrich: Das Hauptwerk - Band 1: Menschliches, Allzumenschliches, München 1990

Nietzsche, Friedrich: Das Hauptwerk - Band 3: Also sprach Zarathustra, Die Geburt der Tragödie, Jenseits von Gut und Böse, München 1990

Nietzsche, Friedrich: Das Hauptwerk - Band 4: Zur Genealogie der Moral, Der Fall Wagner, Nietzsche contra Wagner, Götzen-Dämmerung, Der Antichrist, Ecce homo, Dionysos-Dithyramben, München 1990

Nini, Maria; Bentheim, Alexander; Firle, Michael et al.: Abbau von Beziehungsgewalt als Konfliktlösungsmuster - Abschlußbericht - 1994, Opferhilfe Hamburg e. V. in Zusammenarbeit mit Männer gegen Männer-Gewalt e. V. im Auftrag des Bundesministeriums für Familie, Senioren, Frauen und Jugend (Hrsg.), Rochusstraße 8 - 10, 53123 Bonn, Bonn 1995

Nold, Georg A.: Feindselige Aggression und nichtaggressive Verhaltensweisen in einer Frustrationssituation, Dissertation der Universität Konstanz, Konstanz 1986

Nolting, Hans-Peter: Lernfall Aggression - Wie sie entsteht - Wie sie zu vermindern ist - Theorie und Empirie aggressiven Verhaltens und seiner Alternativen, Reinbek bei Hamburg 1978

Norfolk, Donald: Endlich frei von Rückenschmerzen - So werden Sie wieder fit und beweglich, München 1992

ÖTV (Hrsg.): Arbeitspunkte - Auftakt: Tarifverhandlungen zur Gestaltung der Arbeitszeit für Arbeiterinnen, Arbeiter, Angestellte im öffentlichen Dienst, ÖTV-Broschüre, März 1996

ÖTV Report: Ausweg: Novellierung des Krankenpflegegesetzes, in: ÖTV Report Kranken- und Kinderkrankenpflege November 1995

O'Neal, Edgar C.; McDonald, Peter J.: The environmental psychology of aggression, in: Geen, Russell G.(Hrsg.): Perspectives on aggression, New York 1976

Oraison, Marc: Mit Konflikten leben, Freiburg im Breisgau 1973

Ossowski, Stanislaw: Die Besonderheiten der Sozialwissenschaften, Frankfurt am Main 1973

Ostendorf, Heribert: Lagebild der Kriminalität, in: Informationen zur politischen Bildung - Band 248: Kriminalität und Strafrecht, herausgegeben von der Bundeszentrale für politische Bildung, Berliner Freiheit 7, 53111 Bonn, Bonn 1995a

Ostendorf, Heribert: Ursachen von Kriminalität, in: Informationen zur politischen Bildung - Band 248: Kriminalität und Strafrecht, herausgegeben von der Bundeszentrale für politische Bildung, Berliner Freiheit 7, 53111 Bonn, Bonn 1995b

Oswald, Hans: Interaktion. in: Lenzen. Dieter (Hrsg.): Pädagogische Grundbegriffe - Band 1: Aggression bis Interdisziplinarität. Stuttgart 1983

Otte, Rainer: Dialoge sind das Lebenselement der Moral - Plädoyer für offene Kommunikationsstrukturen im Krankenhaus. in: Die Schwester Der Pfleger 11/94

Oud, Nico: Aggression und Gewalt: Wie kann Pflege damit professionell umgehen?. in: Pflege aktuell 10/93

Overbeck, G.; Möhlen, K.; Brähler, E. (Hrsg.): Psychosomatik der Ulcuskrankheit - Psychodiagnostik. soziales Arrangement und Prognose beim Ulcus duodeni. Berlin 1990

Paetz, Burkhard: Chirurgie für Krankenpflegeberufe. Stuttgart 1990

Parish, Amy: Verhalten - Moral hat nicht der Mensch allein. in: Geo-Wissen Intelligenz + Bewußtsein, Hamburg 24.08.1992

Petzold, Hilarion: Die pathologischen Formen der Inhumanität - Über die Entstehung und Möglichkeiten der Verhinderung von Gewalt gegenüber alten Menschen (Teil II). in: Altenpflege 10/90

Pflege aktuell (Redaktion): Streß - Studie des Irischen Berufsverbandes für Pflegeberufe. in: Pflege aktuell 3/94

Pflege aktuell (Hrsg.): Erklärung des International Council of Nurses - Gewalt gegen beruflich Pflegende. in: Pflege aktuell 2/95

Pflegezeitschrift (Redaktion): Die Angst der Pflege vor Eliten - Heidelberger Pflegekongreß im Spannungsfeld von Wunsch und Wirklichkeit, in: Pflegezeitschrift 7/94

Pihl, Peterson and Lau: Alcohol and Aggression, in: Pohorecky, Larissa A.; Brick, John; Milgram, Gail Gleason (Hrsg.): Journal of studies on alcohol, Supplement No.11, September 1993, Proceeding of the Symposium on Alcohol and Aggression held at the Center of Alcohol Studies Rutger University October 8-9, 1992

Piliavin, Irving M.; Rodin, Judith; Piliavin, Jane A.: Barmherzige Samariter in der U-Bahn. Feldexperimente zur Hilfeleistung in Notsituationen, in: Koch, Jens-Jörg (Hrsg.): Altruismus und Aggression - Das Feldexperiment in der Sozialpsychologie 1, Weinheim 1976

Plankermann, Natascha: Nach Ergebnissen einer Fragebogenaktion geht der Trend zu mehr Lebensqualität in der Pause: Öde Schulhöfe fördern die Gewalt, in: Rheinische Post vom 14.02.1996

Poeck, Klaus: Neurologie, Berlin 1992

Pöldinger, Walter: Klinische Aspekte der Aggression und Selbstaggression - ein integrales Konzept der Suizidalität, in: Pöldinger, Walter; Wagner, Wolfgang: Aggression, Selbstaggression, Familie und Gesellschaft - Das Mayerling-Symposium, Berlin 1989

Pöppel, Ernst: Ausgewählte Themen der Medizinischen Psychologie: Limbisches System, in: Haase, Joachim (Hrsg.): Arbeitsbuch Physiologie in drei Bänden, Band 3, Neurophysiologie, München 1984

Pomykala, Brigitte: Altenpflege - Ein praxisorientiertes Lehrbuch, Stuttgart 1991

Prager, Silvia: Psychische und physische Arbeitsbelastung und -beanspruchung von Krankenpflegepersonal, in: Die Schwester Der Pfleger 6/96

Preiser, Siegfried: Kontrolle, Geborgenheit und Gewalt - Motivationale und gesellschaftliche Bedingungen von Gewaltbereitschaft und Gewaltakzeptanz, in: Kempf, Wilhelm; Frindte, Wolfgang; Sommer, Gerd; Spreiter, Michael (Hrsg.): Gewaltfreie Konfliktlösungen - Interdisziplinäre Beiträge zu Theorie und Praxis friedlicher Konfliktbearbeitung, Heidelberg 1993

Presse- und Informationsamt der Bundesregierung (Hrsg.): Almanach der Bundesregierung 1993/94, herausgegeben vom Presse- und Informationsamt der Bundesregierung, Welckerstraße 11, 53113 Bonn, Bonn 1993

Presse- und Informationsamt der Bundesregierung (Hrsg.): Almanach der Bundesregierung 1995/96, herausgegeben vom Presse- und Informationsamt der Bundesregierung, Welckerstraße 11, 53113 Bonn, Bonn 1995

Pritchard, A. Phylip; Mallett, Jane: Foreword - Philosophy for Nursing, in: The Royal Marsden Hospital Manual of Clinical Nursing Proceedings, Oxford 1991

Pschyrembel (Hrsg.): Klinisches Wörterbuch mit klinischen Syndromen und Nomina Anatomica, Berlin 1990

Quast, Gerhard: Die jungen Rußlanddeutschen vermissen gesellschaftliche Akzeptanz (2): Der Isolierung folgt die Eskalation, in: Junge Freiheit 3/1996 vom 19.01.1996

Rabe-Kleberg, Ursula: Sind wir (k)ein Beruf im Gesundheitswesen - Teil 1, in: Pflege aktuell 11/93a

Rabe-Kleberg, Ursula: Sind wir (k)ein Beruf im Gesundheitswesen - Teil 2, in: Pflege aktuell 12/93b

Rachels, James: Active and Passive Euthanasia, in: Singer, Peter (Hrsg.): Applied Ethics, New York 1986

Raimbault, Ginette: Kinder sprechen vom Tod - Klinische Probleme der Trauer, Frankfurt am Main 1980

Rattner, Josef: Aggression und menschliche Natur - Individual- und Sozialpsychologie der Feindseligkeit und Destruktivität des Menschen, Olten 1970

Reimer, Christian: Familiendynamische Aspekte der Aggression, in: Pöldinger, Walter; Wagner, Wolfgang: Aggression, Selbstaggression, Familie und Gesellschaft - Das Mayerling-Symposium, Berlin 1989

Remschmidt, Helmut: Psychologie für Krankenpflegeberufe, Stuttgart 1988

Reuter, Hans; Wetterling, Tilman: Psychiatrische Notfälle, in: Braun, Jörg; Preuss, Roland: Klinikleitfaden Intensiv - Untersuchung, Diagnostik, Therapie, Notfall, Neckarsulm 1992

Riedl, Rupert: Evolution und Erkenntnis: Antworten auf Fragen unserer Zeit, München 1992

Richter, Horst-Eberhard: Die hohe Kunst der Korruption - Erkenntnisse eines Politikberaters, Hamburg 1989

Riecher, Anita; Rössler, Wulf: Kommunikation zwischen Partner - Psychische Krankheiten im Alter, Informationsschrift herausgegeben von der Bundesarbeitsgemeinschaft Hilfe für Behinderte e. V., Kirchfeldstraße 149, 40215 Düsseldorf, Tel.: 0211/310060, Fax: 0211/3100648, Düsseldorf 1990

Rogers, Martha: Theoretische Grundlagen der Pflege - Eine Einführung, Freiburg im Breisgau 1995

Rogers, Carl R.: The Clinical Treatment of the Problem Child, Boston 1939

Rogers, Carl R.: Client-Centered Therapy - It´s Current Practise, Implications, and Theory, Boston 1965

Rolfs, Jutta: Ein Mobbing-Opfer wehrt sich - Jahrelang terrorisierte der Chef Roswitha Rohs, heute hilft sie Menschen, die selbst ähnliche Erfahrungen machen mußten, in: Auf einen Blick, Nr. 10/1996, S. 6

Roper, Nancy; Logan, Winifred W.; Tierney, Alison J.: Die Elemente der Krankenpflege - Ein Pflegemodell, das auf einem Lebensmodell beruht, Basel 1993

Rosemeier, Hans Peter: Medizinische Psychologie, Stuttgart 1987

Rosenhan, David L.; Seligman, Martin E. P.: Abnormal Psychology, New York 1984

Roskamp, Hermann: Nackenbeschwerden und Aggressionsangst, in: Institut für Psychotherapie und Tiefenpsychologie e.V. Stuttgart (Hrsg.): Angst und Aggression, Stuttgart 1963

RP (Rheinische Post) 07.10.1995: Frauen wirken beruhigend, in: Rheinische Post vom 07.10.1995

RP (Rheinische Post) 17.10.1995: Sie lernen kein Zusammenleben, Rheinische Post vom 17.10.1995

RP (Rheinische Post) 08.11.1995: Bonn will Krankenhaus-Kosten bremsen - Kassen erhalten mehr Einfluß auf Kliniken, in: Rheinische Post vom 08.11.1995

RP (Rheinische Post) 14.11.1995: 42jährige will aus Mitleid gehandelt haben: Vier Heiminsassen durch Insulinspritzen getötet; Rheinische Post vom 14.11.1995

RP (Rheinische Post) 16.11.1995: Seehofer und Fink verteidigen Krankenhausplan - Medizinstudenten: Reform begünstigt Privatinteressen, in: Rheinische Post vom 16.11.1995

RP (Rheinische Post) 23.11.1995: Gewalt gegen Alte hat viele Formen und Ursachen - „Waschstraße" und die Menschenwürde im Heim; Rheinische Post vom 23.11.1995

RP (Rheinische Post) 29.11.1995: Immer mehr Jugendliche durch Ecstasy-Pillen aus Holland gefährdet: Modedroge erobert Discos, in: Rheinische Post vom 29.11.1995

RP (Rheinische Post) 12.12.1995: Britische Polizei: Verbot der langen Messer - Schulleiter ermordet; Rheinische Post vom 12.12.1995

RP (Rheinische Post) 05.01.1996: Bundesärztekammer diskutiert Sterbebegleitung: Wann darf medizinische Hilfe eingestellt werden?, in: Rheinische Post vom 05.01.1996

RP (Rheinische Post) 09.01.1996: Gewaltverbrechen nahmen 1995 offenbar beträchtlich zu; Rheinische Post vom 09.01.1996

RP (Rheinische Post) 20.01.1996: Mannheimer Medienforscher rät: Die Leiden der Opfer auch zeigen, in: Rheinische Post vom 20.01.1996

RP (Rheinische Post) 22.01.1996: Jugendliche haben keine Lust auf Soziales, in: Rheinische Post vom 22.01.1996

RP (Rheinische Post) 22.03.1996: Milliarden sparen mit pfiffigen Mitarbeitern, in: Rheinische Post vom 22.03.1996

RP (Rheinische Post) 23.03.1996: Das menschliche Erbgut wird sehr schnell entschlüsselt, in: Rheinische Post vom 23.03.1996

RP (Rheinische Post) 12.04.1996: Dem Phänomen des mürrischen Alten auf der Spur - Das Gehirn schrumpft, in: Rheinische Post vom 12.04.1996

RP (Rheinische Post) 11.05.1996: Kurz berichtet - Blei steigert die Aggressivität, in: Rheinische Post vom 11.05.1996

RP (Rheinische Post) 08.06.1996: Kinder und die Medien, in: Rheinische Post vom 08.06.1996

RP (Rheinische Post) 08.07.1996: Alarmierende Studie für das Bundeskriminalamt: Kriminalität wird deutlich steigen, in: Rheinische Post vom 08.07.1996

RP (Rheinische Post) 23.07.1996: Krankenkassen: 1997 müssen die Beiträge steigen - FDP gegen Seehofers Festschreibungs-Pläne, in: Rheinische Post vom 23.07.1996

RP (Rheinische Post) 26.07.1996: Stadt der Kriminalität - Zerstörungswut in Berlin nimmt überhand, in: Rheinische Post vom 26.07.1996

RP (Rheinische Post) 27.07.1996: NRW-Krankenhäuser auf dem Prüfstand, in: Rheinische Post vom 27.07.1996

RP (Rheinische Post) 15.08.1996: Auch bei der DAK enorme Ausgabensteigerungen - Beitragssatz-Senkung wird zu einer Illusion, in: Rheinische Post vom 15.08.1996

RP (Rheinische Post) 17.08.1996: Internationale Studien: Behinderte oft Opfer von Gewalt, in: Rheinische Post vom 17.08.1996

Rubin, Carol and Jeffrey: Warum Familien streiten müssen - Konflikte, Kräche, Kabbeleien und was wir daraus lernen können, Hamburg 1990

Rückriem, G. M.: Der gesellschaftliche Zusammenhang der Erziehung, in: Klafki, W. et al. (Hrsg.): Funk-Kolleg Erziehungswissenschaft, Band 1, Frankfurt 1970

Rüppell, Georg: „Am Steuer wird der Steinzeit-Mensch im Mann wach", in: Neue Revue (Hrsg.): Warum flippt mein Mann hinterm Lenkrad immer aus?, Neue Revue 51/1995, S. 70

Ruthemann, Ursula: Aggression und Gewalt im Altenheim - Verständnishilfen und Lösungswege für die Praxis, Basel 1993

Sachse, Ulrich: Interview, in: „Wenn Frauen sich selbst verletzten", NDR III vom 24.01.1996

Sacks, Oliver: Der Mann, der seine Frau mit einem Hut verwechselte, Reinbek bei Hamburg 1987

Sacks, Oliver: Stumme Stimmen, Reinbek bei Hamburg 1990

Sacks, Oliver: Zeit des Erwachens - Das Buch zum Film, Reinbek bei Hamburg 1991

Sager, Peter: Jugendkrawalle - Symptom einer Fehlerziehung, Bern 1980, S. 42 f.

Samson, Elisabeth von: 5000 Mark Geldstrafe für eine Ohrfeige - Gericht konnte Vorwürfe gegen Altenheimleiterin aus Garmisch nicht restlos aufklären, in: Altenpflege 8/91

Schäfer, Dirk: „My bed is my castle" - Die Begrenzung der Privatsphäre, in: Die Schwester Der Pfleger 5/96

Schäffler, Arne; Menche, Nicole (Hrsg.): Pflege konkret Innere Medizin - Lehrbuch und Atlas für die Pflegeberufe, Ulm 1996

Schaller, Klaus: Pädagogik der Kommunikation - Annäherungen - Erprobungen, Sankt Augustin 1987

Schambortski, Heike: Mobbing - Wenn die Arbeit zur Hölle wird, Die alltägliche Aggression am Arbeitsplatz, in: Pflege aktuell 2/95, S. 98 f.

Schandry, Rainer: Psychophysiologie - Körperliche Indikatoren menschlichen Verhaltens, München 1981

Schandry, Rainer: Lehrbuch der Psychophysiologie - Körperliche Indikatoren psychischen Geschehens, München 1989

Scheffer, Werner: Die Pflegekammer - Sinn, Zweck und Aufgaben, in: Die Schwester Der Pfleger 4/95

Scheidt, Jörg von: Kommunikative Didaktik in der Pflege, in: Die Schwester Der Pfleger 8/94

Scheidt, Jörg von: Supervision in der Pflege, in: Die Schwester Der Pfleger 7/96

Schell, Werner: Handbuch des Betreuungs- und Unterbringungsrechts für die Angehörigen der Gesundheitsberufe, Hagen 1995

Scherer, Klaus R.: Die Funktionen des nonverbalen Verhaltens im Gespräch, in: Scherer, Klaus R.; Wallbott, Harald G. (Hrsg.): Nonverbale Kommunikation: Forschungsberichte zum Interaktionsverhalten, Weinheim 1979

Schirmacher, Wolfgang: Sterbeforscherin Elisabeth Kübler-Ross wird 70 - Über Hilfe und Verstehen zur Todes-Verklärung, in: Rheinische Post vom 06.07.1996

Schlierf, Christa: Braves Kind - Krankes Kind?, Frankfurt am Main 1985

Schlüter, Gabriele: Arbeitsbelastungen und Arbeitszufriedenheit beim Krankenpflegepersonal, in: Die Schwester Der Pfleger 4/94

Schmidbauer, Wolfgang: Die sogenannte Aggression - Die kulturelle Evolution und das Böse, Hamburg 1972

Schmidbauer, Wolfgang: Hilflose Helfer - Über die seelische Problematik der helfenden Berufe, Reinbek bei Hamburg 1977
Schmidbauer, Wolfgang: Helfen als Beruf - Die Ware Nächstenliebe, Reinbek bei Hamburg 1983
Schmidt, Elisabeth: Gespräche mit Patienten, in: Die Schwester Der Pfleger 9/95
Schmidt, Lothar R.: Psychologie in der Medizin - Anwendungsmöglichkeiten in der Praxis, Stuttgart 1984
Schmidt, Thomas H.; Adler, Rolf et al.: Koronargefährdende Verhaltensweisen und Typ-A-Muster, in: Uexküll, Thure von (Hrsg.): Psychosomatische Medizin, München 1986
Schmidt-Atzert, Lothar: Auf der Suche nach dem „richtigen" Zuhörer, in: Spitznagel, Albert; Schmidt-Atzert, Lothar (Hrsg.): Sprechen und Schweigen - Zur Psychologie der Selbstenthüllung, Bern 1985
Schmitz-Scherzer, Reinhard: Tod, Sterben, Sterbebegleitung - auch Themen der Gerontologie, in: Lehr, Ursula (Hrsg.): Altern - Tatsachen und Perspektiven, Ergebnisse interdisziplinärer gerontologischer Forschung, Bonn 1983
Schneider, Walter (Hrsg.): Der schwierige? Patient, Basel 1978
Schönpflug, Ute: Psychologie - Allgemeine Psychologie und ihre Verzweigungen in die Entwicklungs-, Persönlichkeits- und Sozialpsychologie - Ein Lehrbuch für das Grundstudium, München 1989
Schönpflug, Wolfgang; Schönpflug, Ute: Psychologie - Allgemeine Psychologie und ihre Verzweigungen in die Entwicklungs-, Persönlichkeits- und Sozialpsychologie, Ein Lehrbuch für das Grundstudium, Weinheim 1995
Schopenhauer, Arthur: Der menschliche Charakter, in: Lehmann, Jürgen: Nachtgedanken - Späte Einsichten mit Hans-Joachim Kulenkampff, München 1986
Schott, Franz: Was ist Aggression? - Ein Beitrag zum Problem der begrifflichen Eingrenzung und Anwendung psychologischer Konzepte, in: Selg, Herbert et al. (Hrsg.): Zur Aggression verdammt? - Ein Überblick über die Psychologie der Aggression, Stuttgart 1982
Schröck, Ruth: Wieder eine Premiere, in: Pflege & Gesellschaft, herausgegeben vom Deutschen Verein zur Förderung von Pflegewissenschaft und -forschung e. V., Bürgerstraße 47, 47057 Duisburg, Nr. 1/96a
Schröck, Ruth: Aufbruch und Umbruch in einem Jahrzehnt deutscher Pflegeforschung, in: Psychiatrische Pflege 2/96b
Schütz, Erich; Caspers, Heinz; Speckmann, Erwin-Josef: Physiologie - Lehrbuch für Studierende, München 1982
Schulz-Malin, Gert J.: Macht und Institution - Der Entwurf eines tiefenpsychologischen Konzeptes zur Untersuchung von Macht in totalen Institutionen, Inaugural-Dissertation des Fachbereiches Sozialwesen der Gesamthochschule Kassel, Kassel 1986
Schulz von Thun, Friedemann: Miteinander reden 1 - Störungen und Klärungen, Allgemeine Psychologie der Kommunikation, Reinbek bei Hamburg 1981
Schulz von Thun, Friedemann: Miteinander reden 2 - Stile, Werte und Persönlichkeitsentwicklung, Differentielle Psychologie der Kommunikation, Reinbek bei Hamburg 1989
Schumacher, C.; Schwartz, S.: Arbeitsmarkt: 100 Jobs im Test - Überfüllte Unis, Lehrstellenmangel, neue Jobprofile: Der Berufsreport untersucht erstmals, welche Ausbildungen beste Chancen haben, in: Focus 11/1996
Schwäbisch, Lutz; Siems, Martin: Anleitung zum sozialen Lernen für Paare, Gruppen und Erzieher - Kommunikations- und Verhaltenstraining, Reinbek bei Hamburg 1974
Schwartz, Steven: Wie Lorenz auf die Graugans kam... - Klassische Experimente der Psychologie, Weinheim 1988
Schwendemann, Wilhelm; Howoldt, Sven: Man brächte eine Meßlatte fürs Glück - Schüleräußerungen und eine Reflexion der Denkvoraussetzungen in der Ethik Peter Singers, in: Die Schwester Der Pfleger 12/94
Schwenkmezger, P.; Steffgen, G.: Interventionsverfahren zur Modifikation von Ärger, in: Hodapp, Volker; Schwenkmezger, Peter (Hrsg.): Ärger und Ärgerausdruck, Berlin 1993
Schwertfeger, Bärbel; Lewandowski, Norbert: Die Körpersprache der Bosse, München 1990
Schwind, Hans-Dieter: Kriminologie - Eine praxisorientierte Einführung mit Beispielen, Heidelberg 1995
Seel, Mechthild: Die Pflege des Menschen, Hagen 1994
Seipel, Hans: Bioethik-Kommission - oder die Ethik der Würde, in: Die Schwester der Pfleger 5/95
Selg, Herbert: Die Frustrations-Aggressions-Theorie, in: Selg, Herbert et al. (Hrsg.): Zur Aggression verdammt? - Ein Überblick über die Psychologie der Aggression, Stuttgart 1982

Shaw, George Bernhard: Tugend und Laster, in: Lehmann, Jürgen (Hrsg.): Nachtgedanken - Späte Einsichten mit Hans-Joachim Kulenkampff, München 1986

Simon, Claus Peter: Gott auf der Spur - Ist der Tod des Menschen in der Erbmasse programmiert? Fieberhaft arbeiten Forscher an der Entschlüsselung der „Gene des Lebens", in: Die Woche vom 01.12.1995

Singer, Peter: Praktische Ethik, Frankfurt am Main 1984

Singer, Peter: All Animals Are Equal, in: Singer, Peter (Hrsg.): Applied Ethics, New York 1986

Singer, Peter: Interview, in: Schuh, Hans: Läßt sich Euthanasie ethisch begründen, in: Die Zeit vom 16.06.1989

Singer, Peter: Wie sollen wir leben? - Ethik in einer egoistischen Zeit, Erlangen 1996

Sitzmann, Franz (Hrsg.): Pflegehandbuch Herdecke, Berlin 1995

Skinner, B. F.: Futurum Zwei „Walden Two" - Die Vision einer aggressionsfreien Gesellschaft, Reinbek bei Hamburg 1972

Sörens, Andrea: Sterben im Krankenhaus - Teil 1, in: Die Schwester Der Pfleger 6/94

Sörens, Andrea: Sterben im Krankenhaus - Teil 2, in: Die Schwester Der Pfleger 7/94

Sowinski, Christine: Seelische Belastungsfaktoren in der stationären Altenpflege - aus der Sicht des Pflegepersonals, in: Die Schwester Der Pfleger 3/95

SPD: Grundsatzprogramm der Sozialdemokratischen Partei Deutschlands, beschlossen vom Programm-Parteitag der Sozialdemokratischen Partei Deutschlands am 20. Dezember 1989 in Berlin, herausgegeben vom Vorstand der SPD, Referat Öffentlichkeitsarbeit, 5300 Bonn 1, Bonn 1989

Specks, Franz: Kostenschub durch Sozialversicherungen - „Zweiter Lohn" erhält immer mehr Gewicht - Die Zusatzkosten klettern auf eine Rekordhöhe, in: Rheinische Post vom 02.03.1996

Spenneberg, Lutz: Titel-Thema Armes Deutschland - Leben auf Stütze, Armut trifft vor allem Frauen. Und jeder dritte Sozialhilfeempfänger ist minderjährig. Doch wer arm ist, bleibt es oft nicht lange, in: Die Woche vom 09.08.1996

Speier, Hans: Witz und Politik - Essay über die Macht und das Lachen, Zürich 1975

Spiegel, Rose: The Depressions in the Perspective of Aggression, in: Goldmann, George D.; Milman, Donald S. (Hrsg.): Psychoanalytic Perspectives on Aggression, Dubuque 1978

Der Spiegel (Redaktion): Genetik - Reines Blut: Ist kriminelles Verhalten erblich? Eine Tagung zu diesem Thema löste in den USA scharfe Kontroversen aus., in: Der Spiegel 40/1995, S. 230 - 232

Der Spiegel (Redaktion): Gentechnik: Hilfe vom Rechner - In Berlin traf sich die Elite der Genomforscher. Ihr Fazit: Das Zusammenspiel der Erbfaktoren ist komplizierter als angenommen, in: Der Spiegel 41/1995, S. 208 - 210

Der Spiegel (Redaktion): Aggression - Geborene Killer, Ausgabe 48/1995, S. 208

Spiegel special 9/1995: Kindesmißhandlung: Vernachlässigt, verprügelt, in: Spiegel special 9/1995, S. 94

Springer, Astrid: „Jetzt nehmen sie Rache" - Gewalt gegen Alte: Obwohl die Würde des Menschen als unantastbar gilt, wird sie täglich verletzt - in gutbürgerlichen Privathäusern ebenso wie in Pflegeheimen, in: Deutsches Allgemeines Sonntagsblatt vom 14.01.1994

Steinert, T.; Vogel, W. D. et al.: Aggressionen psychiatrischer Patienten in der Klinik - Eine 1-Jahres-Studie an vier psychiatrischen Landeskrankenhäusern, in: Psychiatrische Praxis 18/91

Steinert, Tilman: Der aggressive Patient in der Psychiatrie - Herausforderung für eine durchdachte Pflegeplanung, in: Die Schwester Der Pfleger 7/93

Steinert, Tilman: Die psychiatrische Behandlung rezividierend gewalttätiger Patienten, in: Deutsche Krankenpflege-Zeitschrift 10/91

Steppe, Hilde: Krankenpflege ab 1933, in: Steppe, Hilde (Hrsg.): Krankenpflege im Nationalsozialismus, Frankfurt am Main 1993

Steuble, Annette: Integrative Konversationsanalyse: zum Zusammenhang von Sprache, nonverbaler Kommunikation und interaktiver Beziehung menschlicher Aggression, Marburg 1986

Stiller, Sabine: Unterrichtseinheit Pflegeplanung, Düsseldorf 1989

Störig, Hans Joachim: Weltgeschichte der Wissenschaft - Band 1: Natur- und Geisteswissenschaften von der Antike bis ins 18. Jahrhundert, Augsburg 1992

Störig, Hans Joachim: Weltgeschichte der Wissenschaft - Band 2: Natur - und Geisteswissenschaften des 19. und 20. Jahrhunderts, Augsburg 1992

Stösser, Adelheid von: Pflegestandards - Erneuerung der Pflege durch Veränderung der Standards, Berlin 1992

Stoffels, Chris: Auch die Neusser Krankenhäuser unter Sparzwang - Mehr leisten mit weniger Personal, in: Neuss-Grevenbroicher Zeitung vom 16.03.1996a

Stoffels, Chris: Zweite Stufe der Pflegeversicherung tritt in Kraft - Weniger Zeit für die Pflegedienste, in: Neuss-Grevenbroicher Zeitung vom 18.06.1996b

Stoffer, Franz Josef: Freundlichkeit ist nicht teuer - Vorschläge für menschlicheres Miteinander in Heimen, in: Altenpflege 8/91

Steil, Lyman K.; Summerfield, Joanne; DeMare, George: Aktives Zuhören - Eine Anleitung zur erfolgreichen Kommunikation, Heidelberg 1986

StGB (Strafgesetzbuch), Textausgabe mit ausführlichem Sachregister, Sonderausgabe unter redaktioneller Verantwortung des Verlages C. H. Beck, München 1992

St. Josefshospital-Broschüre: Die Krankenpflege - Der ganze Mensch ist Mittelpunkt, herausgegeben vom St.Josefshospital Uerdingen, Kurfürstenstraße 69, 47829 Krefeld, Krefeld 1993

Stuhr, Ulrich, Karmaus, Wilfried: Streß und Krankheit, in: Karmaus, Wilfried et al. (Hrsg.): Streß in der Arbeitswelt, Köln 1979

Stumpfe, Klaus-Dietrich: Psychosoziale Auswirkungen von Krankheiten, in: Grond, Erich, Schwarzer, Wolfgang (Hrsg.): Einführung in die Sozialmedizin für Sozialarbeiter, Sozial- und Heilpädagogen, Dortmund 1994

Sturm, Shirley C.: Leben unter Pavianen - Fünfzehn Jahre in Kenia, Darmstadt 1989

Sutherland, Margaret: Education and gender differences, in: Entwistle, Noel (Hrsg.): Handbook of educational ideas and practises, London 1990

Szymaniak, Peter: Pläne sehen Belohnung für Gesunde, Strafen für Kranke vor - Politiker müssen wachsende Finanzprobleme des Gesundheitssystems lösen - Gefahr für das Solidarprinzip, in: WAZ vom 29.03.1996

Tannen, Deborah: Das hab´ ich nicht gesagt - Kommunikationsprobleme im Alltag, Hamburg 1992

Taubert, Johanna: Was könnte Krankenpflege leisten, wenn sie einen anderen Stellenwert hätte?, in: Krankenpflege 1/89

Tausch, Reinhard; Tausch, Anne-Marie: Gesprächspsychotherapie - Hilfreiche Gruppen- und Einzelgespräche in Psychotherapie und alltäglichem Leben, Göttingen 1990

Tavris, Carol: Wut - Das mißverstandene Gefühl, München 1992

Thayer, Robert E.: The biopsychology of mood and arousal, New York 1989

Tinbergen, Nikolaas: Krieg und Frieden bei Mensch und Tier - Zur Biologie der Aggression aus der Sicht eines Ethologen, in: Scherer, Klaus R.; Stahnke, Adelheid; Winkler, Paul (Hrsg.): Psychobiologie - Wegweisende Texte der Verhaltensforschung von Darwin bis zur Gegenwart, München 1987

Thomas, Lothar (Hrsg.): Labor und Diagnose - Indikation und Bewertung von Laborbefunden für die medizinische Diagnostik, Marburg 1992

Thorbrietz, Petra: Jugend + Gewalt - Lebensangst, Armut und kaputte Familien machen aus immer mehr Jugendlichen Kriminelle. Sozialarbeiter, Lehrer und die Polizei sind hilflos, in: Die Woche 16/1996 vom 12.04.1996

Tillmann, Klaus-Jürgen: Sozialisationstheorien - Eine Einführung in den Zusammenhang von Gesellschaft, Institution und Subjektwerdung, Reinbek bei Hamburg 1989

Tooley, Michael: Abortion and Infanticide, in: Singer, Peter (Hrsg.): Applied Ethics, New York 1986

Trautwein (Hrsg.): Neues großes Wörterbuch Fremdwörter, Trautwein Wörterbuch Edition, Weinheim 1994

Ueding, Gert: Gedanken von Gert Ueding - Die Kunst des Zuhörens, in: Die Welt vom 25.11.1995

Uhlemann, Godehard: Der Weltmeister der Langlebigkeit bekommt Probleme - Japan ergraut immer mehr, in: Rheinische Post vom 06.04.1996

Ulrich, Dieter; Mayring, Philipp: Psychologie der Emotionen, Stuttgart 1989

Ullmann, Dagmar: Aggression und Schule (Unterrichtsmodell), in: Ullmann, Dagmar: Aggression und Schule - Unterrichtsmodelle zur Friedenserziehung, München 1974

Unterberger, Regina: Studie über die Verwandtschaft von Affe und Mensch - Vorwiegend Jüngere haben damit keine Schwierigkeit, in: Rheinische Post vom 03.05.1996

van Husen, Norbert: Akute Vergiftungen, in: Gerlach, Ulrich; van Husen, Norbert; Wagner, Hermann; Wirth, Wilhelm: Innere Medizin für Krankenpflegeberufe, Stuttgart 1989

van Schayck-Bergau, Susanne: Diskussion: Der Pflegeprozeß, in: Heilberufe 3/94

Veit, Georg: Sprache und Pflege in der Intensivpflege, in: Die Schwester Der Pfleger 5/96

Verres, Rolf: Ärger, Aggression und soziale Kompetenz - Zur konstruktiven Veränderung destruktiven Verhaltens, Stuttgart 1980

Vester, Frederic: Denken, Lernen, Vergessen - Was geht in unserem Kopf vor, wie lernt das Gehirn, und wann läßt es uns im Stich?, Stuttgart 1978

Vincentz Verlag (Hrsg.): Von Freiheit, Recht und Würde - Gewalt und Zwang in der Pflege, Altenpflege: Aus- und Fortbildung durch Video, herausgegeben vom Vincentz-Verlag, Postfach 62 47, 30062 Hannover 1995

Wagner, Martin: Ausbildung von Pflege-Eliten, in: Die Schwester Der Pfleger 11/93

Wagner-Link, Angelika: Interview, in: Mona Lisa: Gewalt gegen Frauen, ZDF, vom 17.12.1995, 18.15 - 19.00 Uhr

Wagner-Ross, Luise: Schönheitschirurgie - Der modellierte Mann, in: Focus 46/1995, S. 183 - 192

Wahrig, Gerhard (Hrsg.): Fremdwörterbuch, München 1985

Walcher, R.; Wiesauer, K.: Psychologische Aspekte in spezifischen Betreuungssituationen - Interaktion zwischen Kranken und Betreuern, in: Zapotoczky, H.; Nutzinger, D. O.: Psychologie am Krankenbett - Die seelische Not von Kranken und Betreuern, Wien 1985

Wallis, Claudia: Faith & Healing - Can prayer, faith and spirituality really improve your physical health? A growing and surprising body of scientific evidence says they can, in: Time vom 24. 06.1996

Wanner, Bernd: Lehrer zweiter Klasse? - Historische Begründung und Perspektiven der Qualifizierung von Lehrerinnen und Lehrern in der Pflege, Frankfurt am Main 1993

Watson, Jean: Pflege: Wissenschaft und menschliche Zuwendung, Bern 1996

Watzlawick, Paul; Beavin, Janet H.; Jackson, Don D.: Menschliche Kommunikation - Formen, Störungen, Paradoxien, Bern 1969

Watzlawick, Paul; Weakland, John H.; Fisch, Richard: Change - Principles of Problem Formation and Problem Resolution, New York 1974

Watzlawick, Paul: Selbsterfüllende Prophezeiungen, in: Watzlawick, Paul (Hrsg.): Die erfundene Wirklichkeit - Wie wissen wir, was wir zu wissen glauben, Beiträge zur Konstruktionismus, München 1981

Westdeutsche Allgemeine Zeitung (WAZ) vom 11.07.1996: Kliniken entlassen Patienten früher, in: WAZ vom 11.07.1996

Weber, Hannelore: Interview, in: Harms, Astrid: Ärger, Zorn, Wut und wie man damit umgeht", Das Südwest-III-Wissenschaftsmagazin Forscher, Fakten und Visionen vom 14.02.1996, Südwest III, 20.15 - 21.00 Uhr

Weber, Sybille: „Die Männer drücken ihre innere Anspannung ins Gaspedal", in: Neue Revue (Hrsg.): Partnerschaft im Alltag - Warum flippt mein Mann hinterm Lenkrad immer aus?, Nr. 51/1995, S. 70

Weber, Wilfried: Wege zum helfenden Gespräch - Gesprächspsychotherapie in der Praxis, Ein Lernprogramm mit kurzen Lernimpulsen, konkreten Hinweisen und vielen praktischen Übungen, München 1982

Weidemann, Siggi: Niederlande: Sterbehilfe soll bald straffrei werden, in: Rheinische Post vom 20.01.1996

Weidenmann, Bernd et al. (Hrsg.): Pädagogische Psychologie - Ein Lehrbuch, München 1986

Weidenbrück, Claudia: Streß & Streßbewältigung, in: Pflege aktuell 3/94

Weidmann, Reiner: „Macht doch euren Mist alleine!" - Zur psychosozialen Förderung von Mitarbeitern in Krankenhäusern, in: Krankenpflege 3/89

Weidner, Jens: Standpunkt: Radikale Sturmtrupps auf dem Rückzug - Die Jugendgewalt ebbt ab. Die Erziehung zum Bösen bleibt, in: Focus 17/1995

Weinstein, Allan M.: Ratgeber Asthma - Für Patienten und ihre Familien, München 1989

Die Welt vom 15.11.1995: Er wollte, daß ihr Leid endet - Belgischer Gesundheitsminister gibt Sterbehilfe für seine Mutter zu, in: Die Welt vom 15.11.1995

Wendt, Wolfgang: Statistik in der Psychologie und den Sozialwissenschaften, Eschborn 1987

Werbik, Hans: Das Problem der Definition „aggressiver" Verhaltensweisen, in: Kornadt, Hans-Joachim (Hrsg.): Aggression und Frustration als psychologisches Problem in zwei Bänden, Erster Band, Darmstadt 1981

Weyler, Klaus: Personalmanagement - Der Mensch im Mittelpunkt? - Mitarbeiter sind keine Maschinen/Führungskräfte als Katalysatoren, in: Blick durch die Wirtschaft vom 21.06.1996

Wieck, Wilfried: Männer lassen lieben - Die Sucht nach der Frau, Frankfurt am Main 1990

Wiegandt, Manfred H.: Gewalt wird mit Gewalt begegnet - Im Strafvollzug der USA macht der Resozialisierungsgedanke dem Ruf nach Vergeltung und Sicherung Platz, in: Die Welt vom 15.04.1996

Winter, Arthur; Winter, Ruth: Die Einstein-Diät - Richtige Ernährung zur Steigerung der Gehirnleistung. München 1989

Wispe, Lauren G.; Freshley, Harold B.: Rassenzugehörigkeit. Geschlecht und Hilfsbereitschaft. Die geplatzte Einkaufstüte. in: Koch. Jens-Jörg (Hrsg.): Altruismus und Aggression - Das Feldexperiment in der Sozialpsychologie 1. Weinheim 1976

Wiswede, Günter: Soziologie - Ein Lehrbuch für den wirtschafts- und sozialwissenschaftlichen Bereich. Landsberg am Lech 1991

Wittneben, Karin: Pflegedidaktik als Integrationswissenschaft: Referat gehalten zum 1. Internationalen Kongreß zur Didaktik der Pflege. in: Schwarz-Govaers (Hrsg.): Standortbestimmung Pflegedidaktik - Referate zum 1. Internationalen Kongreß zur Didaktik der Pflege, publiziert vom Verlag der Kaderschule in Aarau (Schweiz) 1994

Witzig, Heidi: Historische Dimensionen weiblicher Aggressivität. in: Camenzind. Elisabeth; Knüsel, Kathrin (Hrsg.): Starke Frauen Zänkische Weiber? - Frauen und Aggression, Zürich 1992

Wolff, Otto: Mahatma Gandhi - Politik und Gewaltlosigkeit, Göttingen 1963

Wünsche, Joachim: Alte als Opfer - Fachtagung Gewalt gegen alte Menschen, in: Altenpflege 5/94

Zapotoczky, Hans G.: Leben mit dem Tod. in: Zapotoczky. H. G.; Nutzinger, D. O.: Psychologie am Krankenbett - Die seelische Not von Kranken und Betreuern, Wien 1985

Zedler, Johann Heinrich (Hrsg.): Großes vollständiges Universal-Lexikon aller Wissenschaften und Künste. welche bisher durch menschlichen Verstand und Witz erfunden und verbessert worden. Erster Band A. - Am., Halle und Leipzig 1732, einzusehen in der Staatsbibliothek zu Berlin

Zegelin, Angelika: Umgang mit Schmerzen, in: Bienstein, Christel; Zegelin, Angelika: Handbuch Pflege. Düsseldorf 1995

Zegelin, Angelika: Pflegerituale. in: Die Schwester Der Pfleger 4/96

Zieger, Gabriele: Sterben und Tod im Krankenhaus - Belastung, Trauma der Pflegenden? - , in: Die Schwester Der Pfleger 10/93

Zietz, Karl: Abriß der Kinder- und Jugendpsychologie, Schriftenreihe der Pädagogischen Hochschule Braunschweig. Nr. 5, Braunschweig 1967

Zimbardo, Philip G.: Psychologie. Berlin 1983

Zimbardo, Philip G.: Psychologie, Berlin 1988

Zimbardo, Philip G.: Psychologie. Berlin 1995

10. Annex

10.1 Aggressionsrituale

Vesuvius

Bei dieser Form sollen die Interaktionspartner zu einem bestimmten, vorher von allen Beteiligten festgesetzten Termin Frustrationen, Ärger, Erregungen, Abneigungen, verborgene Feindseligkeiten und empfundene Kränkungen in voller Lautstärke herausschreien. Möglichst nach Abschluß einer Tätigkeit (in der Familie, privat oder beruflich) kann dieses Instrument zur Reduktion von physiologischer Erregung beitragen, damit danach die Frustrationstoleranz wieder erhöht werden kann.

Vesuvius kann als eine kathartische Methode bezeichnet werden.

Bach et Goldberg nennen folgende Vorteile dieser Methode:

> „Die Wirkung des „Vesuvius" ist von prophylaktischer Natur. Viele kleinliche, abstoßende Streitereien, der Wunsch, sich von einem Intimpartner zurückzuziehen, trübsinnige Grübelei, Launenhaftigkeit und Depressionen entstehen als Folge einer unterdrückten, unausgesprochenen Wut. Der „Vesuvius" kann dazu beitragen, daß die Luft rein genug bleibt, um langanhaltendes beleidigtes Schweigen oder plötzliche bösartige und entfremdende Angriffe wegen einer Bagatelle auf ein Minimum zu beschränken. Man kann dieses Ritual ohne weiteres den verschiedenen Verhältnissen anpassen, in denen Menschen täglich miteinander zu tun haben und wo die ständig unterdrückten Gefühle immer wieder eine gespannte Atmosphäre schaffen." (Bach/Goldberg 1974, S. 101)

Der Transfer auf eine Stationssituation erscheint auf den ersten Blick schwierig, doch kann dieses Instrument bei Besprechungen, in welchen Probleme und „heikle" Themen zur Sprache kommen, eingesetzt werden. Wenn eine Stationsleiterin in sich aufkeimende Wut verspürt, diese nicht der Situation angemessen ist und sie diese auch nicht in diesem Maße äußern kann, - oder wenn sie in einer ähnlichen Situation bereits einmal erfahren hat, daß ihre innere Wut die Besprechungssituation nicht positiv beeinflußt - , sollte sie die Situation verlassen, z. B. auf den Balkon gehen und dort „Vesuvius" und Katharsis ` begehen ´. Nach dem Herausschreien kann sie in die Konfrontationssituation zurückkehren, ohne dieselbe Erregungssituation vorzufinden (vgl. ebd., S. 100 f.).

Virginia Woolf

Hierzu führen Bach et Goldberg aus:

> „Das „Virginia Woolf"-Ritual ist ein Austausch von Beleidigungen zwischen zwei Personen, bei dem es keine Regeln des guten Anstands oder der Rücksichtnahme zu beachten gilt. Seine Dauer wird vorher gemeinsam festgelegt, etwa auf zwei Minuten. Das Ritual bietet die Möglichkeit, die Atmosphäre zu bereinigen, indem zwei Menschen in einer vorgegebenen Situation straffrei alles gegeneinander vorbringen können, was sie an Vorwürfen und Anklagen in sich fühlen und was normalerweise so lange nicht zum Ausdruck kommt, bis das Maß schließlich voll ist und eine entfesselte Streitorgie echten Schaden durch innere Entfremdung anrichtet." (Bach/Goldberg 1974, S. 102)

Durch dieses Ritual wird das Ausmaß an Freiheit, Vertrauen, Verständnis, Verbundenheit und Sicherheit in der Beziehung sichtbar. Diese Methode läßt einen sicheren Zugang zu irrationalen Gedanken und Wünschen offen und macht eine bessere Beziehung möglich.

Als Voraussetzungen müssen folgende Punkte erfüllt sein:

1. Die Durchführung muß von beiden Parteien gewünscht sein, und von beiden muß eine Einverständniserklärung - verbal oder schriftlich fixiert - vorliegen.
2. Beide Personen müssen damit einverstanden sein und erklären, keine körperliche Gewalt anzuwenden.
3. Beide müssen versprechen, die gesagten Dinge nicht wörtlich zu nehmen, um das Äußern von irrationalen, absurden, grausamen und bösartigen Gedanken nicht zu verhindern.
4. Beide müssen sich von Beginn an über eine zeitliche Limitierung einig sein und sich strikt daran halten.

In der Pflege kann dieses Ritual in Supervisionen und Besprechungen angewandt werden. Die Wirkungen werden kathartisch sein (vgl. ebd., S. 103 f.).

Standpauke mit Wiedergutmachung

Eine Standpauke kann als eine einseitige anklagende Zurechtweisung bezeichnet werden. Sie sollte rituell nach Verhaltensweisen erfolgen, welche der Halter der Standpauke vorher selbst als Kränkung oder Beleidigung seiner eigenen Person empfunden hat. Er versucht mit dieser Standpauke also, das Gleichgewicht der Beleidigungen und Kränkungen wiederherzustellen.
Bach et Goldberg meinen hierzu:

> „Die „Standpauke" darf nur ein ganz bestimmtes, vom Ankläger als besonders belastend empfundenes Verhalten zum Inhalt haben, zu dem der Beleidiger sich bekannt hat. Es kann sich hierbei um ein Versprechen handeln, das nicht gehalten wurde, um einen Vertrauensbruch, um das Vergessen eines wichtigen Anlasses, wie etwa einen Hochzeitstag oder Geburtstag, oder irgendein anderes entsprechendes Fehlverhalten. Die „Standpauke" als Ritual ist auch in lockeren Beziehungen zu empfehlen, etwas für Menschen, die nur begrenzte Kontaktmöglichkeiten haben, die aber ihre Beziehung von heimlichen Ärgerarsenalen freihalten wollen und sich lieber alle Störfaktoren oder Reizmomente offen mitteilen."
> (Bach/Goldberg 1974, S. 104)

Erst nach Beendigung der Standpauke kann der Rezipient um Klarstellungen und Erläuterungen bitten, sich verteidigen und eigene Standpunkte vertreten. Nach dem Ritual kann er selbst eine Standpauke mit Wiedergutmachung initiieren. Dies kann dann von dem anderen wieder aufgegriffen werden etc.
Danach kann in beiderseitigem Einverständnis beiden Gnade erteilt werden, Verzeihung erteilt und die Kränkung als vergessen betrachtet werden.
In Pflegesituationen ist dieses Ritual schwerlich verstell- und durchführbar, dennoch sollte es - insbesondere in Supervisionen - eingeübt und dann in der Praxis nach Vorschrift eingeprobt werden. Dieses Ritual dient ebenfalls der Katharsis (vgl. ebd., S. 104 f.).

Bataca-Kampf

Dieses Ritual kann als eine Art „Kissenschlacht" mit Bataca-Schlägern bezeichnet werden. Bataca-Schläger sind mit Stoff bezogene und mit einer Füllung aus weichem, nachgiebigen Material bezogene Schlagwerkzeuge. Eine Verletzungsgefahr besteht deshalb praktisch nicht.

Die Kontrahenten sollen nun mit Hilfe dieser Schläger aufeinander einschlagen. Personen mit Handicaps wie geringe Körpergröße oder Gelenkverletzungen o. ä. können bei ihrem Gegner Einschränkungen einfordern. Diese müssen dann auf den Knien rutschen oder auf einem Bein hüpfen, damit die körperlichen Voraussetzungen und der Kraftausgleich wieder hergestellt ist.
Dieses Ritual kann bei Menschen einen Zugang zu ihrem (Fremd-) Körper schaffen und durch den spielerischen und befriedigenden Anteil Spaß machen. Insbesondere Personen mit Artikulations-, Wortfindungs- und Verbalisierungsschwierigkeiten können auf diese Art innere Erregungen und Spannungen gefahrlos äußern. Dabei sollten andere Methoden ergänzend und unterstützend hinzugezogen werden (vgl. ebd., S. 106 f.).
Bei der Bataca-Züchtigung wird die Standpauke mit Wiedergutmachung auf körperliche Art und Weise durchgeführt. Dabei sollte der Rezipient ruhig stehenbleiben, damit der „Züchtiger" plazierte Schläge durchführen kann.
Die Durchführung kann auf fünfzehn Sekunden beschränkt sein, bis sich die schlagende Person erleichtert fühlt (vgl. ebd., S. 107).
Zur Anwendung meinen Bach et Goldberg:

> „Die Bataca-Züchtigung sollte manchmal nach einem Todesfall oder einer Scheidung angewendet werden, wenn man Aggressionsgefühle wegen „unerledigter Probleme" zurückbehalten hat, denen sich der Partner entzogen zu haben scheint. Hier kann eine Stoffpuppe oder ein Lumpensack als Opfer für die Züchtigung dienen." (ebd., S. 108)

Weiterhin können solche Rituale bei Patientinnen mit (noch) nicht-verbalisierter Aggression und starker Autoaggression zur Anwendung kommen. Dabei sollen Erregungen und Spannungen durch Methoden der Katharsis reduziert werden, um andere therapeutische Methoden zu ermöglichen.
Im Stationsalltag ist dieses Ritual nicht durchzuführen. In Krankenhäusern, welche Betriebssport anbieten, könnte dieses Ritual in supervisorischer Begleitung mit dem Sport verknüpft werden. Die Akzeptanz und Effizienz des Rituals könnte dadurch erhöht werden.

Sklavenmarkt
Bei diesem Ritual werden Rollen gespielt. Abwechselnd übernehmen die Kandidaten eine Rolle „Herr" und dann eine Rolle „Sklave". Dieses sollte auf drei bis fünf Minuten beschränkt bleiben. Der Sklave muß sofort alle Befehle auszuführen. Dabei hängt der Erfolg dieses Rituals von der Phantasie des „Herrn" und des „Sklaven" ab, Dinge zu befehlen und zu tun, welche im „normalen Leben" niemals getan werden würden.
Bei asymmetrischen und komplementären Macht- und Beziehungsstrukturen mit hohem Leidenspotential kann diese Methode sehr gut angewendet werden.
In der Pflege kann dieses Ritual in einer Supervision eingebracht werden, in dem z. B. eine autoritäre Stationsleiterin und eine schüchterne Pflegekraft aus ihrer normalen Stationssituation herausgenommen werden und das Verhalten der anderen nachspielen müssen. Dadurch kann ein empathisches Verständnis für Gefühlszustände der anderen und deren Verhaltensweisen deutlicher und nachvollziehbarer werden (vgl. ebd., S. 108 f.).

Attraktion - Reservation
Bei diesem Ritual sollen die Kontrahenten zu jeweils einem Aspekt der anderen Bezug nehmen, welcher ihnen angenehm (attraktiv) und welcher ihnen unangenehm und störend (reserviert) erscheint. Hierbei kann und soll Aggression konstruktiv formuliert und kon-

struiert werden. Hier werden Störfaktoren nicht infolge von Höflichkeit und Aggressionsrepression bagatellisiert. Es werden konstruktiv und realitätsbezogen Vor- und Nachteile und negative und positive Aspekte einer Person genannt.
Eine intensive und offene Zusammenarbeit auf einer Station kann hierdurch ermöglicht werden. Die Initiative kann in diesem Fall von einer Supervision ausgehen.

Selbstanklage
Diese Ritual soll Personen zum besseren Umgang mit sich selbst führen.
Nach der Arbeit soll die Person in Gedanken oder verbalisierend vor dem Spiegel alle Begebenheiten des Tages Revue passieren lassen und sich auf jene Punkte konzentrieren, welche von ihr selbst als Inkompetenz, Dilettantismus oder schwerer Fehler gewertet werden.
Wenn dies getan ist, kein Ärger und keine Selbstvorwürfe mehr aufkommen, kann das Ritual abgebrochen werden.
Durch dieses Ritual werden Selbstvorwürfe reduziert und die Neigung zu Depressionen und Hypochondrie minimiert (vgl. ebd., S. 111).

Beharren und Widerstehen
Dieses Ritual hat zum Ziel, alle Vor- und Nachteile einer Sache abzuwägen, bevor man mit einer Entscheidung aufwartet.
Die beharrende Ja-Sager-Person beginnt das Ritual. Sie begründet ihre Thesen und Argumente einfallsreich und verschiedenartig. Der Nein-Sager beantwortet alles mit „Nein!" und muß dies ebenfalls entsprechend begründen. Nur als überzeugend empfundene Argumente und Gründe werden dabei zugelassen. Das Ritual wird solange durchgeführt, bis der Ja-Sager oder der Nein-Sager aufgibt, weil ihm der andere argumentativ überlegen ist, oder weil er überzeugt worden ist.
Bach et Goldberg meinen zum Sinn und Zweck dieser Übung:

> „Diese Ritual bezweckt also zweierlei. Einerseits übt es den Menschen in seiner Selbstbehauptung, andererseits hilft es ihm, die heuchlerischen Verbindlichkeits- und Anpassungstendenzen in seiner Persönlichkeit zu überwinden. Die letztere Problematik äußert sich darin, daß man den Menschen gefallen möchte, daß man leicht nachgibt und Ja sagt, wenn auch zögernd.
> ...Wenn dieses Ritual als regelmäßige Übung im Berufsleben, zu Hause oder zwischen Freunden oder Liebenden durchgeführt würde, hätte man damit eine gesellschaftliche Möglichkeit, Bitten und Anfragen gründlich und aufrichtig zu erwägen, anstatt sich von einem falschen Anpassungsbedürfnis leiten und sich voreilig eine ungewollte Zusage abzwingen zu lassen; und man könnte gleichfalls das quälende Gefühl des Zurückgewiesenseins überwinden, daß man bei jedem Nein, dem man sich ausgesetzt hat, empfindet und dessen Gründe herauszufinden man sich nie bemüht hat. Es ist für viele Menschen eine bedeutungsvolle Erfahrung auf dem Gebiet der Aggressionsäußerung, tatsächlich einmal Nein zu sagen und sich auch in der Folge dazu zu bekennen, oder ihr Selbstbewußtsein zu bewahren, wenn sie ein klares Nein hören, und dies nicht sogleich als eine persönliche Zurückweisung oder einen Vorwand sich zurückzuziehen aufzufassen." (vgl. ebd., S. 112 f.)

Insbesondere in der Krankenpflege sind viele Personen beschäftigt, welche allzuschnell Ja sagen, obwohl sie Nein meinen. Die Gründe hierfür kann und möchte ich hier aus Platzgründen nicht nennen, doch mögen Helfer-Syndrom-Aspekte eine (große) Rolle dabei spielen (vgl. Kapitel 6.2.3).

In der Pflege kann dieses Ritual von sehr großem Nutzen sein. Insbesondere in Rollenspielen, in welchen die eine Person z. B. eine Ärztin und die andere die Pflegekraft spielen müssen, können konfligierende Situationen exemplarisch exerziert werden.
Der Arbeitgeber wird nicht erfreut sein, wenn Pflegepersonen die Notwendigkeit der Durchführung von Überstunden und ärztlichen Dienstleistungen immer häufiger in Zweifel ziehen.
Die Fluktuation, ein Burnout und Aspekte eines Helfer-Syndroms können jedoch hierdurch reduziert werden (vgl. ebd., S. 112 f.).

Museum der bösen Erfahrungen

Bei diesem Ritual werden nach beidseitigem Einverständnis auf einer Beschwerdeliste heimliche Enttäuschungs- und Kränkungserlebnisse beider Parteien aufgeschrieben, welche zuvor noch nie ausgesprochen worden sind. Dann wird diese Liste vorgelesen und vom Leser entsprechend kommentiert. Ein zeitliches Limit des Vorlesens gibt es nicht, der Zuhörer jedoch kann das Lesen abbrechen, sobald er sich von dem Vorgetragenen überlastet und überfordert fühlt. Dann beginnt der andere mit dem Vorlesen. Nachdem beide Parteien die Punkte ihrer Liste vorgelesen haben, kann die Diskussion darüber beginnen.
Bach et Goldberg geben zum Umgang mit diesem Ritual folgende Hinweise:

> „Für die Partner in einer schon länger bestehenden Beziehung gibt es anschließend mehrere Möglichkeiten, die neugewonnene Information zu verarbeiten.
> 1. Sie einigen sich darauf, einige der angeführten Beschwerdepunkte zu begraben und für alle Zeit als vergessen zu betrachten.
> 2. Sie machen ein Tauschgeschäft, etwa so: „Ich bin bereit zu vergessen, wie du mich damals in Gegenwart eines Klienten beleidigt hast, wenn du die Nacht vergißt, in der ich ausgeblieben bin, ohne dich anzurufen".
> 3. Sie einigen sich, daß einige der Punkte noch einer Auseinandersetzung bedürfen, da es scheint, daß aus ihnen eine Änderung zum Besseren hergeleitet werden könnte.
> 4. Sie stellen einige Gegenstände der Klage für immer wieder zurück ins „Museum", einfach weil es Spaß macht, sich gelegentlich gegenseitig an sie zu erinnern."
> (ebd., S. 114 f.)

Der wunde Punkt

Bei diesem Ritual sollen die Partner alle kritischen Angelegenheiten aufschreiben, welche durch das Verhalten des Partners, durch dessen Kritik oder Reaktion berührt und verletzt worden ist. Danach liest jeder dem anderen seine aufgelisteten Punkte einzeln vor und kommentiert diese, wenn nötig.
Durch die Kenntnis der intimen und wunden Punkte können unnütze Dispute und Eskalationen von Konflikten vermieden werden. Respekt und Vertrauen kann entstehen.
In der Pflege wird dieses Ritual nur dann angewandt werden können, wenn die Beteiligten sich schon länger und intensiver kennen, ein Vertrauen bereits aufgebaut haben und beide mit dieser Methode einverstanden sind (vgl. ebd. 115 f.).

Gemeinschaftsbeleidigungen

Bei diesem Ritual werden zwei unterschiedliche (Berufs-) Gruppen gegenübergesetzt und aufgefordert, eine Liste über die primitivsten, ordinärsten, perfidesten, infamsten, vulgärsten und irrationalsten Pauschalisierungen aufzuschreiben, welche sie sich als Attribute der anderen Gruppe erdenken können.

Dann sollen die Gruppen alternierend Einzelpunkte vortragen und sich von einem neutralen Schiedsrichter kontrollieren lassen. Ein Gruppenmitglied steht dabei vor der anderen Gruppe und wirft diese Beleidigungen circa eine Minute entgegen. Die Länge der Vorhaltungen sollte zuvor abgesprochen werden.
Dann fährt die andere Gruppe fort. Das Ritual ist beendet, wenn alle Gruppen ihre Beleidigungen und begleitenden Kommentare ausgesprochen haben.
Durch gemeinschaftlich ausformulierte und vorgetragene (Gruppen-) Beleidigungen kann eine Reduzierung der Gruppendistanz auftreten. Durch den Spaß der gemeinschaftlichen Austragung sind die Gruppen leicht zu motivieren, daran zu partizipieren (vgl. ebd., S. 116 f.)[308].

[308] Über den Sinn und Zweck führen Bach et Goldberg nochmals aus: „Wir sehen in diesen Ritualen in erster Linie einen „Erlaubnisschein", durch den die Menschen die Berechtigung erhalten, Aggressionen zu empfinden und zu äußern, wobei das letztere sogar auf gefahrlose und konstruktive Weise geschieht." (ebd., S. 118) Die gesellschaftlichen Bedingungen der Aggression kommentieren sie wie folgt: „In unserer heutigen Gesellschaft gilt persönliche Aggression als asozial, da keine sozialen Rituale oder strukturierte Formen vorgesehen sind, innerhalb derer sie auf unschädliche, gesteuerte und spielerische Weise zum Ausdruck kommen könnte. So muß sie immer als „schmutzig", widerwärtig und destruktiv erscheinen. Da Ärger- und Zorngefühle immer hinuntergeschluckt oder verleugnet werden müssen, hat der Mensch nur wenig oder keine Kontrolle über sie, wenn sie einmal mit Macht aufwallen." (ebd.)

10.2 Der Burnout-Test:

Beantworten Sie jede Frage auf einer Skala zwischen 1 und 5.
1 bedeutet nie, 2 selten, 3 manchmal, 4 oft und 5 immer.
Am Ende des Fragebogens finden Sie eine Auswertungstabelle, die Ihnen andeutet, wie stark Sie ausgebrannt sind.

Ihre Arbeit

- ☐ Sind Sie mit Arbeit überhäuft?
- ☐ Verweigert man Ihnen arbeitsfreie Zeit - Pausen, Mittagszeit, Krankenzeit, Ferien?
- ☐ Wird von Ihnen viel Schichtarbeit und häufige Überstunden verlangt?
- ☐ Haben Sie zu wenig Ausbildung hinsichtlich zwischenmenschlicher Beziehungen?
- ☐ Vermissen Sie klare Richtlinien für Ihre Arbeit?
- ☐ Beinhaltet Ihre Arbeit so viele verschiedenartige Aufgaben, daß Sie sich verzettelt und überwältigt fühlen?
- ☐ Ist Ihre Bezahlung zu niedrig?
- ☐ Fehlt Ihnen der Zugang zu einer zwanglosen Selbsthilfegruppe in Ihrem Berufsbereich?
- ☐ Verbringen Sie beträchtliche Zeit nach der Arbeit mit Ihren Kollegen?

Ihre Einstellung

- ☐ Scheint übermäßiger Papierkrieg Sie von pflegerischer Arbeit abzuhalten?
- ☐ Scheint es, daß Sie es sind, die / der alle Entscheidungen an Ihrer Arbeitsstelle treffen müssen?
- ☐ Scheinen Sie Fähigkeiten Ihrer Vorgesetzten völlig unangemessen für deren Stellung zu sein?
- ☐ Wissen Sie manchmal nicht, ob Sie Menschen helfen oder sie kontrollieren sollen?
- ☐ Scheint es, daß völlig erschöpfte Leute nicht fähig sind, wichtige Entscheidungen zu treffen?
- ☐ Werden Ihre emotionalen Bedürfnisse fast ausschließlich durch Ihre Arbeit und Ihre Beziehung zu Ihren Kollegen und Kolleginnen befriedigt?
- ☐ Glauben Sie, all das tun zu müssen, worum man Sie an der Arbeitsstelle bittet?
- ☐ Glauben Sie, daß es eine Vorschrift für jede Situation gibt und daß jede Situation in Übereinstimmung mit einer Regel ist?
- ☐ Scheint es hoffnungslos, das System verändern zu wollen?

Ihre Gefühle

- ☐ Fühlen Sie einen Verlust Ihrer Fähigkeit, ein wirkungsvoller Helfer (oder Leiter) zu sein?
- ☐ Graut es Ihnen, zur Arbeit zu gehen?
- ☐ Sind Sie erschöpft, selbst wenn Sie genug Schlaf hatten?
- ☐ Fühlen Sie sich nicht anerkannt und ausgenutzt von Ihren Anvertrauten und Mitarbeitern?
- ☐ Werden Sie leicht ärgerlich?
- ☐ Quälen Sie abends sorgenvolle Gedanken, und haben Sie Schwierigkeiten einzuschlafen?
- ☐ Haben Sie wiederholt auftretende Kopfschmerzen, Magenschmerzen oder Schmerzen im unteren Rückenbereich?
- ☐ Fühlen Sie sich von Ihrer Arbeit erdrückt?
- ☐ Zögern Sie, Leuten zu sagen, was Ihr Beruf ist?

Ihr Verhalten

- ☐ Ist es schwierig für Sie, an Problemen Ihrer Anvertrauten Anteil zu nehmen?
- ☐ Scheinen Sie alte Menschen eher zu kategorisieren, als deren individuellen Bedürfnisse zu berücksichtigen?
- ☐ Gebrauchen Sie dauernd Kategorien, wenn Sie über Ihre Anvertrauten reden?
- ☐ Teilen Sie mit Ihren Kollegen `schwarzen Humor ´ über alte Menschen?
- ☐ Versuchen Sie, Anvertraute und Mitarbeiter zu meiden?
- ☐ Wenden Sie Vorschriften starrer an, als Sie es früher taten?
- ☐ Scheinen Sie gemeinhin negative Einstellung auszudrücken?
- ☐ Haben Sie den Gebrauch von Tabak, Tabletten und / oder Alkohol verstärkt?
- ☐ Fehlen Sie häufig auf der Arbeitsstelle?
- ☐ Schauen Sie dauernd auf die Uhr?

Auswertung:
Sie haben die folgende Gesamtpunktzahl erreicht

<u>unter 40:</u>
Sie befinden sich in guter Verfassung und zeigen fast keinen Berufsstreß.

<u>41 bis 80:</u>
Sie zeigen einen geringen Anteil an berufsbezogenen Streß und sind kein Kandidat für Ausgebranntheit.

<u>81 bis 120:</u>
Sie stehen unter einem mittelmäßigen Anteil von berufsbezogenem Streß und haben eine einigermaßen große Chance, auszubrennen.

<u>121 bis 160:</u>
Sie zeigen einen hohen Anteil an berufsbezogenem Streß und mögen schon begonnen haben, auszubrennen.

(vgl. Balk 1988, S. 432 - 437)

10.3 Checkliste 1:

Erscheinungsformen von auffälligem Verhalten im Alter

Grundfragen zur Abklärung der Situation

(Was geht in dem/der Bewohner/in vor sich?)

* Liegt akute, vorübergehende Verwirrtheit (räumlich, zeitlich, situative und personale Desorientierung) oder chronische Verwirrtheit (Hirnleistungsschwäche, Persönlichkeitsveränderung) vor?
* Führen körperliche und/oder psychische Faktoren zur Verwirrtheit: Z. B. Sauerstoffmangel des Gehirns, Hirnstoffwechselstörungen, Hirnerkrankungen, Wahrnehmungsstörungen wie Seh- und Hörbehinderung, körperliche Störungen wie Inkontinenz, Verstopfung, Schlafstörungen, Schmerzen infolge Gelenkverschleißes, Störung der Berührungsempfindlichkeit, psychische Erkrankungen)? Ist dies ausreichend abgeklärt?
* Wie viele verschiedene Medikamente erhält die Bewohnerin?
* Sind die Medikamente der Bewohnerin aufeinander abgestimmt?
* Leidet die Bewohnerin an Status- und Rollenverlust = Verunsicherung durch Verlust der eigenen Identität?
* Hat die Bewohnerin täglich ausreichend Bewegung?
* Kann sich die Bewohnerin täglich sinnvoll entsprechend ihrer Bedürfnisse beschäftigen?
* Fühlt sich die Bewohnerin verlassen und einsam?
* Zieht sich die Bewohnerin zurück, sitzt sie apathisch in der Ecke?
* Scheint die Bewohnerin durch die Heimsituation belastet (Fehlen von Bezugspersonen, Eingriff in die Intimsphäre, Schwinden eigener Wünsche und des persönlichen Besitzes)?
* Ist die Ernährung auf Bedürfnisse und Beschwerden der Bewohnerin abgestimmt?
* Trinkt die Bewohnerin genug?
* Bestehen familiäre Belastungen (unverarbeitete Konflikte, Tod des Partners)?
* Beeinträchtigt die Raumsituation die Bewohnerin (bauliche Mängel)?
* Hat die Bewohnerin Angst, evtl. durch falsche Interpretation der Situation?
* Läßt sich das Verhalten auf ausgeprägte Charakterzüge zurückführen?

(Ministerium für Arbeit, Gesundheit und Sozialordnung Baden-Württemberg 1995, S. 15)

10.4 Checkliste 2:

2. Aggressives Verhalten

2.1 Beispiel: Schlagen nach Pflegepersonal, nach Mitbewohnerinnen

Einschätzung der Gefahr:

* Sind Pflegepersonal, Mitbewohnerinnen, Bewohnerin selbst gefährdet?

Wo liegen die Ursachen?

* Wird die pflegende Person wiedererkannt oder liegt eine personelle Desorientierung vor?
* Wird das Schamgefühl der Bewohnerin verletzt?
* Verhält sich die Bewohnerin nur gegenüber bestimmten Personen aggressiv?
* Ist die Bewohnerin in bestimmten Situationen überfordert?
* Entsteht aggressives Verhalten aus einer Angst heraus (falsche Interpretation der Situation, Phobie)?
* Ist der Bewohnerin Unrecht widerfahren?
* Handelt es sich um eine aggressive Persönlichkeit?

Reaktionsmöglichkeiten in Situationen, beispielsweise:

* „Bewohnerin läßt sich nicht waschen“:
  - Verlassen des Raumes; später nochmals versuchen.
  (Absprache innerhalb des Teams: Ein wiederholter Anlauf darf nicht als Versagen gewertet werden; Abklärung unterschiedlicher Pflegenormen und -werte).
  - Eine andere Mitarbeiterin versucht die Bewohnerin zu versorgen.
* „Mitbewohnerin wird angegriffen“:
  - Angreiferin beruhigen, dem Opfer zur Seite stehen.
* „Aggressives Verhalten aus einer Angst heraus“:
  - Vermittlung von Sicherheit und Geborgenheit, Vertrauen von Bewohnerin gewinnen (regelmäßige Besuche, bezeichneter (nicht unbedingt fester) Platz im

Aufenthaltsraum, Gewohnheiten respektieren, persönliche Gegenstände, klar strukturierter Tagesablauf usw. vermitteln Sicherheit).

* Aggressive Persönlichkeit: auf Grenzen hinweisen.

Vorschläge für präventive Maßnahmen:

* Intimsphäre achten: Anklopfen vor Betreten des Zimmers, nach Einverständnis bei Pflegemaßnahmen fragen.
* Respektvoller Umgang mit Bewohnerin
* Bei Pflegemaßnahmen der Bewohnerin die Durchführung der einzelnen Handlungen ständig erläutern.
* Angenehme Situationen schaffen:
  Z. B. Einführung von individuellen Ritualen beim „Wecken" (Radio einstellen; Bewohnerin streicheln; fragen, ob sie schon aufstehen will; Bad erwärmen; noch etwas länger schlafen lassen, usw.)
* Bewohnerin nicht überfordern.
* Orientierungstraining, da häufig personelle Desorientierung vorliegt (siehe unter „Umtriebigkeit")
* Für ausreichende Bewegungsmöglichkeiten sorgen, Förderung des Sozialverhaltens durch Kooperationsspiele.
* Reizkontrolliertes Milieu schaffen (angenehme Atmosphäre; Vermeidung von zuviel Lärm, von verwechselbaren Designs: Bilder mit einfachen Motiven bevorzugen).
* Wenn möglich auf ausgeprägtes Schamgefühl durch geschlechtsspezifische Auswahl des Personals eingehen.
* Abbau von Berührungsempfindlichkeiten (z. B. durch rhythmisches Bewegen, Körper- und Berührungsspiele)
* Für ausreichende Wahrnehmung sorgen (Brille, Hörgerät).
* Bewohnerin selbst bestimmen lassen, „eigene Ordnung" gewähren lassen.
* Verlegung in Einzelzimmer bedenken.
* Frühzeitiges Erkennen von Aggressionen (z. B. demonstratives Schweigen).
* Gespräche über Konflikte in der Gruppe mit Bewohnerinnen führen.
* Besondere Fürsorge auch Nicht-Desorientierten zukommen lassen.

* Für gemischte Gruppen sorgen (Desorientierte und Nicht-Desorientierte)
* Gegenseitige Information über Umgang mit Bewohnerin innerhalb des Teams.
* Angriffe der Bewohnerin soweit als möglich nicht persönlich nehmen.
* Dem Pflegepersonal Raum für Rückzug, Fortbildung und Supervision gewährleisten.
* Ausbau der Kooperation: Heim-Arzt-Angehörige.
* Hinzuziehung eines gerontopsychiatrisch erfahrenen Arztes.

(vgl. Ministerium für Arbeit, Gesundheit und Sozialordnung Baden-Württemberg 1995, S. 33 - 36)

10.5 Dokumentation

Dokumentation freiheitsbeschränkender und -entziehender Maßnahmen

Vom Pflegepersonal ist jeder Fall einer freiheitsentziehenden oder -beschränkenden Maßnahme zu dokumentieren.
Die Dokumentation muß Grund, Art und Dauer der Maßnahme angeben sowie die Beurteilung ihrer Rechtmäßigkeit und der Beachtung des Grundsatzes des Übermaßverbotes (Eignung, Erforderlichkeit sowie Verhältnismäßigkeit der Maßnahme) ermöglichen.
Insbesondere ist der Eingriff zu wählen, der am geringsten in die Rechtssphäre des Bewohners eingreift.
In kritischen Situationen empfiehlt sich - wenn möglich - eine Beratung mit Kollegen, Vorgesetzten oder dem Arzt durchzuführen, sowie eine entsprechende Pflegedokumentation. Dann können jederzeit die betreffenden Entscheidungssituationen und die zugrundeliegenden Erwägungen nachvollzogen und ggf. bewiesen werden. Verantwortung trägt sich gemeinsam besser als alleine.
Eine sachgemäße Führung der Dokumentation liegt nicht zuletzt im Interesse des Pflegepersonals und der Heimleitung. Sie ist ein wichtiger Beleg für die Rechtmäßigkeit des Handelns der Mitarbeiter des Heimes und kann so vor strafrechtlicher Verfolgung sowie zivilrechtlichen Ersatzansprüchen schützen
Wie die Dokumentation konkret gestaltet wird, entscheidet jede Einrichtung in eigener Zuständigkeit und Verantwortung. Aus der Dokumentation müssen jedoch in jedem Fall folgende Punkte ersichtlich sein:

* Name, Vorname, Geburtsdatum des Bewohners
* Grund der Maßnahme
* Art der Maßnahme (konkrete Beschreibung: z. B. Bettgitter, Schutzdecke, Bauchgurt im Stuhl)
* Dauer der Maßnahme mit Angabe des Datums sowie der Stunde von Beginn und Ende
* Angabe über die Einwilligung des Bewohners, bei fehlender Einsichtsfähigkeit des Betreuers, bei freiheitsentziehender Maßnahme Entscheidung des Vormundschaftsgerichtes

* Bei Zweifeln an der Einsichtsfähigkeit des Bewohners: Bestätigung durch den Arzt
* Anordnung und Durchführung der Maßnahme: Angabe über die jeweils tätig gewordene Pflegeperson
* Bei medizinischer Erforderlichkeit: Bestätigung durch den Arzt, der eine Maßnahme veranlaßt oder gebilligt hat
* Datum, Teilnehmer und wesentliches Ergebnis der Fallbesprechung

  (Ministerium für Arbeit, Gesundheit und Sozialordnung Baden-Württemberg 1995, S. 70)

Name der Einrichtung Anlage

(Stempel)

Vorschlag für eine

Dokumentation über freiheitsbeschränkende und -entziehende Maßnahmen

Name: ______________________________

Vorname: ______________________________

geb. am: ______________________________

1. Grund der Maßnahme

- ❒ motorische Unruhe
- ❒ Verwirrtheitszustände mit motorischer Unruhe, bedingt durch
  - ❒ organische Erkrankung ____________________
  - ❒ psychiatrische Erkrankung ____________________
- ❒ zum Schutz liegender Sonden/Katheter/Tubi
  - ❒ kurzfristig, z. B. postoperativ
  - ❒ längerfristig, z. B. wegen Sedierung oder Somnolenz
- ❒ andere Gründe: ______________________________

2. Art und Dauer der Maßnahme:

(Bitte konkret angeben: z. B. Bettgitter, Schutzdecke, Bauchgurt im Stuhl)

Art der Maßnahme		Datum/Uhrzeit		Datum/Uhrzeit
__________	von	__________	bis	__________

3. Die Maßnahme erfolgte:

❒ mit Einwilligung des Bewohners vom _____________ (Datum angeben)

Die Einsichtsfähigkeit des

Bewohners wird bestätigt: ____

Unterschrift des Arztes

(nur bei Zweifeln an Einsichtsfähigkeit)

❒ mit Einwilligung des Betreuers vom _____________ (Datum angeben)

Die o. a. freiheitsentziehende Maßnahme ist vom Vormundschaftsgericht mit Entscheidung vom ____________________ mit Wirkung bis _____________ genehmigt worden.

❒ im Rahmen der Notwehr oder des Notstandes

4. Die Maßnahme wurde angeordnet von:

Name Vorname

____

5. Die Maßnahme wurde durchgeführt von:

Name Vorname

____

6. Fallbesprechung (Datum, Teilnehmer, wesentliches Ergebnis):

____

____

7. Unterschrift des Arztes, der eine ärztlich gebotene Maßnahme veranlaßt oder gebilligt hat:

____

8. Bemerkungen:

(vgl. Ministerium für Arbeit, Gesundheit und Sozialordnung Baden-Württemberg 1995, S. 71 f.)